Descobrindo crianças

CIP-BRASIL. CATALOGAÇÃO NA PUBLICAÇÃO
SINDICATO NACIONAL DOS EDITORES DE LIVROS, RJ

011d

Oaklander, Violet, 1927-2021
 Descobrindo crianças : a abordagem gestáltica com crianças e
adolescentes / Violet Oaklander ; tradução Janaína Marcoantonio. -
[18. ed., rev.]. - São Paulo : Summus, 2023.
 376 p. ; 21 cm.

 Tradução de: Windows to our children
 Inclui bibliografia
 ISBN 978-65-5549-103-6

 1. Psicoterapia infantil. 2. Gestalt-terapia. 3. Psicoterapia do
adolescente. I. Marcoantonio, Janaína. II. Título.

23-82693   CDD: 618.928914
                           CDU: 615.851:159.9.019.2-053.2-053.6

Meri Gleice Rodrigues de Souza - Bibliotecária - CRB-7/6439

www.summus.com.br

EDITORA AFILIADA

Descobrindo crianças

A abordagem gestáltica com crianças e adolescentes

Violet Oaklander

summus
editorial

Do original em língua inglesa
WINDOWS TO OUR CHILDREN
Copyright © 1988, 2007 by Violet Oaklander
Direitos desta edição adquiridos por Summus Editorial

Editora executiva: **Soraia Bini Cury**
Tradução: **Janaína Marcoantonio**
Revisão técnica: **Ênio Brito Pinto**
Preparação: **Mariana Marcoantonio**
Revisão: **Samara dos Santos Reis**
Capa: **Alberto Mateus**
Projeto gráfico e diagramação: **Crayon Editorial**

Summus Editorial
Departamento editorial
Rua Itapicuru, 613 – 7º andar
05006-000 – São Paulo – SP
Fone: (11) 3872-3322
http://www.summus.com.br
e-mail: summus@summus.com.br

Atendimento ao consumidor
Summus Editorial
Fone: (11) 3865-9890

Vendas por atacado
Fone: (11) 3873-8638
e-mail: vendas@summus.com.br

Impresso no Brasil

Este livro é dedicado à memória do meu filho Michael

Sumário

Apresentação da coleção *Clássicos da Gestalt-terapia* 9

Prefácio 11

Introdução à edição do *The Gestalt Journal* 13

1. Fantasia 15

2. Desenhos e fantasias 35

   Seu mundo em cores, formas e linhas 35 • Desenhos de famílias 41 • A roseira 47 • A garatuja 52 • Imagens de raiva 58 • Minha semana, meu dia, minha vida 60 • O rabisco 60 • Cores, curvas, linhas e formas 61 • Desenho em grupo 61 • Desenho livre 63 • Pintura 64 • Pintura a dedo 66 • Pintura com os pés 67

3. Meu modelo de trabalho 69

   Mais ideias para fantasia e desenhos 80

4. Criar coisas 85

   Argila 85 • Outros exercícios com argila 94 • Plastilina 95 • Massa de modelar 96 • Água 97 • Escultura e construções 97 • Madeira e ferramentas 99 • Colagem 100 • Imagens 103 • Cartas de tarô 103

5. Contação de histórias, poesia e bonecos 105

   Contação de histórias 105 • Livros 112 • Escrita 116 • Poesia 119 • Bonecos 126 • Teatro de bonecos 129

6. Experiência sensorial 133

   Tato 134 • Visão 135 • Audição 138 • Música 139 • Paladar 144 • Olfato 144 • Intuição 145 • Sentimentos 147 • Relaxamento 149 • Meditação 151 • Movimento corporal 152

7. Encenação 163
Dramatização criativa 163 • Tato 166 • Visão 166 • Audição 166 • Olfato 167 • Paladar 167 • O corpo 167 • Mímica de situações 168 • Caracterização 168 • Improvisações com palavras 169 • Sonhos 172 • A cadeira vazia 179 • Polaridades 185

8. Ludoterapia 187
A caixa de areia 194 • Jogos 201 • Os testes projetivos como técnica terapêutica 204

9. O processo terapêutico 211
A criança vem à terapia 211 • A primeira sessão 216 • Como é o meu consultório 222 • O processo de terapia 223 • Resistência 226 • Encerramento 230

10. Problemas específicos de comportamento 237
Agressão 238 • Raiva 241 • A criança hiperativa 255 • A criança retraída 265 • Medos 273 • Experiências traumáticas ou situações de estresse específicas 283 • Sintomas físicos 289 • Insegurança; grude; complacência excessiva 298 • O solitário 302 • Solidão 306 • A criança que está dentro e fora da realidade 309 • Autismo 312 • Culpa 315 • Autoestima; autoconceito; autoimagem 319

11. Outras considerações 325
Grupos 325 • Adolescentes 331 • Adultos 339 • As pessoas idosas 341 • Irmãos 341 • Crianças muito pequenas 342 • A família 345 • Escolas, professores e formação 353 • Sexismo 359

12. Uma nota pessoal 361

Referências bibliográficas 367

Apresentação da coleção
Clássicos da Gestalt-terapia

Podemos apontar o início da abordagem gestáltica no ano de 1951, ocasião em que o livro *Gestalt therapy*, escrito por Perls, Hefferline e Goodman foi lançado em Nova York, embora seja importante lembrar que suas raízes já estavam presentes em textos anteriores de Fritz e de Laura Perls e de seus colaboradores. A Gestalt-terapia aparece desde aquela época como uma das abordagens do grupo das psicologias humanistas, movimento que emergiu com o propósito de ir além da psicanálise e do behaviorismo, predominantes naquele contexto. Os psicólogos humanistas trouxeram uma nova visão de ser humano, compreendido a partir daí, entre outros aspectos, como apto a escolher com liberdade relativa e responsabilizar-se existencialmente por suas escolhas, sempre em constante interação com seu ambiente e com seu campo.

Nas décadas que se seguiram, e até hoje, tanto o movimento humanista na psicologia quanto a abordagem gestáltica evoluíram e se transformaram, acompanhando e influenciando os novos conhecimentos humanos nas mais diversas áreas.

A Gestalt-terapia, como criação dinâmica e viva, compõe-se historicamente, desenvolve-se e frutifica ao longo do tempo e em provocativa relação com seu campo. Torna-se paulatinamente mais e mais complexa, como uma árvore que aos poucos proporciona frutos cada vez mais nutritivos e sombra progressivamente cada vez mais acolhedora. Tem em suas raízes o fundamento necessário e consistente para exercer, com ampliada e ampliável potência, sua função ante o ser humano e suas coletividades.

Essas raízes, fundadoras de paradigmas, modelos de originalidade e de criatividade, bases para uma série de desenvolvimentos teóricos e práticos, compõem-se de obras que podemos, com muita propriedade, chamar de *clássicos*, pois são fundamentais e imprescindíveis para que se conheça a abordagem.

Pioneira na publicação e na divulgação da Gestalt-terapia no Brasil, com edições que remontam à década de 1970 e continuam ininterruptamente desde então, a Summus Editorial reúne nesta coleção **Clássicos da Gestalt-terapia** o que há de mais importante nas obras que enraízam a abordagem.

Cada uma das obras dessa coleção recebeu uma nova tradução para o português, atualizada de acordo com a renovação da abordagem e de seu vocabulário, feita para servir — de maneira ainda mais clara e fidedigna — como base para o conhecimento e o aprimoramento da Gestalt-terapia brasileira.

Trata-se de livros que não se voltam apenas para os profissionais da área da psicologia e das ciências afins, mas, dada sua riqueza e clareza, destinam-se também às pessoas que desejam ampliar seu autoconhecimento e sua percepção e compreensão do ser humano.

São clássicos, são um passado que se atualiza a cada leitura e fundamenta ações e olhares para a construção de novos e férteis horizontes.

ÊNIO BRITO PINTO
Coordenador da coleção

Prefácio

Quando li o manuscrito deste livro, pensei: "Deve interessar a todos — a todos que tenham algo que ver com crianças". Não percebei que o meu "todos" deixava alguém de fora. Quando as provas estavam sendo lidas em voz alta para serem comparadas com o original, Summer, de 7 anos, entrou. Ela começou a desenhar com giz de cera. Não fez bagunça; não perguntou à mãe quando iria para casa. Ficou absolutamente quieta, escutando a leitura. Depois, disse que gostou. Uma parte considerável deste livro são crianças falando de si mesmas, com a honestidade que Violet Oaklander lhes possibilita. Quem poderia estar mais interessado nisso do que outra criança? Mas, quando pensei nas pessoas que estariam interessadas, só vi adultos: terapeutas, professores, pais. Não incluí as pessoas de quem o livro trata. Violet mostra que esta é uma causa primordial de muitas das dificuldades que as crianças enfrentam. Nós, adultos, muitas vezes as privamos de informações e não permitimos que se expressem, deixando-as confusas.

Pare por um instante para recordar sua própria infância, e seus esforços para compreender o mundo dos adultos...

Violet se lembra claramente, e esta é uma parte importante de seu conhecimento e compreensão das crianças. Ela tem todas as credenciais oficiais, mas suas experiências com as crianças e as memórias de sua própria infância são muito mais importantes. É nisso que ela se apoia para sua compreensão única de "como elas se perderam".

Alguns adultos nunca se encontraram. Para eles, este livro pode ser o começo de uma autodescoberta: um reencontro de partes de si mesmos que foram abandonadas na infância.

Violet afirma que não criou nenhum dos métodos que usa. Mas a *maneira* como os usa é extremamente original e criativa, uma *gestalt* viva e flexível: "Eu me guio pela observação e pela intuição, e me sinto livre para mudar de direção a qualquer momento". Todos os seus sentidos estão envolvidos quando ela trabalha com as crianças na redescoberta de suas próprias experiências. Ela se sente à vontade com seus erros, os menciona de passagem e diz: "Acredito que não há como errar se você tiver boa vontade e se abstiver da interpretação e dos julgamentos". (A maioria de nós tem boa vontade; poucos de nós nos abstemos dos julgamentos, ou sequer notamos que estamos interpretando.)

Violet fala com as crianças de uma maneira simples e direta — como a maioria de nós gostaria que falassem conosco o tempo todo, mas raramente vivencia isso, mesmo com amigos próximos e pessoas íntimas.

"Eu começo uma grande explicação [...] e finalmente digo: 'Debby, na verdade eu não sei ao certo'."

"Nós conversamos sobre sua solidão por um tempo e eu lhe contei algo sobre a minha própria solidão."

Este livro pode ser uma janela para a criança dentro de você, e também para as crianças com quem você convive.

BARRY STEVENS
Junho de 1978

Introdução à edição do
The Gestalt Journal

Debby (9 anos): "Como você faz as pessoas se sentirem melhor?"
"Como assim?" (Obviamente, estou sendo evasiva.)
Debby: "Quando as pessoas te veem, elas se sentem melhor. O que você faz para isso acontecer? É difícil fazer isso?"
"Parece que você se sente melhor."
Debby (fazendo que sim com a cabeça, vigorosamente): "Sim! Agora eu me sinto melhor. Por quê?"
Eu começo uma grande explicação sobre fazer as pessoas falarem sobre seus sentimentos, como faço isso, como fiz isso com ela, e finalmente digo: "Debby, na verdade eu não sei ao certo".

* * *

Escrevi os parágrafos acima há mais de dez anos e desde então passei muito tempo tentando responder à pergunta de Debby. Hoje, não posso dizer honestamente que não sei o que faz as pessoas se sentirem melhor, já que estou muito mais perto da resposta do que estava na época. Tenho uma ideia bem mais clara do processo terapêutico com crianças e de como, com o tipo adequado de experiências, o organismo encontra seu caminho para o crescimento e uma vida saudável.

Nesses dez anos, estive em contato com literalmente centenas de crianças e famílias e, provavelmente, milhares de pessoas que trabalham com crianças no mundo todo. Todas essas pessoas foram meus professores e me ajudaram a me aproximar da resposta à pergunta de Debby. Este livro viajou ainda mais longe do que eu e, com base nos milhares de cartas que recebi, algumas das quais as mais afetuosas que já li, sei que cumpriu seu propósito.

Sinto-me privilegiada por ter encontrado maneiras eficazes de ajudar as crianças a atravessarem com mais tranquilidade algumas passagens difíceis em sua vida. O mundo não foi amável com as crianças nesses dez anos. O que me encoraja é a *awareness* cada vez maior das necessidades das crianças. Escrevi este livro para compartilhar minhas experiências com aqueles de vocês que conhecem essas necessidades e procuram formas de ajudar as crianças a crescerem fortes apesar dos traumas de sua vida.

Uma década é muito tempo. Quando leio este livro, ainda estou profundamente sintonizada com o que escrevi dez anos atrás. Mas tenho plena consciência de querer dizer mais a cada página. Fui enriquecida por muitas, muitas outras crianças, tive experiências incríveis com elas; expandi várias das técnicas descritas aqui e desenvolvi novas técnicas maravilhosas. Fiquei entusiasmada com novos conceitos e reorganizei alguns antigos. Encontrei muitos novos recursos para ajudar a mim mesma, e a aqueles a quem ensino, em nosso trabalho. Tudo isso é esperado. Eu aprecio o fato de que, à medida que envelheço, continuo a expandir meus limites. Talvez um dia chegue o momento de incluir esses novos aprendizados em um novo livro.*
Enquanto isso, espero que este continue a comunicar e a inspirar.

VIOLET OAKLANDER
Santa Bárbara, Califórnia, 1988

---

* De fato, 25 anos depois, a autora concluiu seu segundo e último livro, em que consolida a experiência acumulada ao longo da vida: *Hidden treasure – A map to the child's inner life* (2005), traduzido para o português como *O tesouro escondido – A vida interior de crianças e adolescentes* (São Paulo: Summus, 2022). [N. T.]

1. Fantasia

"Em um minuto, vou pedir a todos vocês no grupo que fechem os olhos, e vou levá-los para uma fantástica viagem imaginária. Quando terminarmos, vocês vão abrir os olhos e desenhar alguma coisa que estará no fim dessa viagem. Agora, quero que vocês fiquem bem confortáveis, o máximo que puderem, e fechem os olhos. "Vá para o seu espaço. Quando fecha os olhos, há um espaço onde você se encontra. É o que eu chamo de seu espaço. Você ocupa esse espaço nesta sala e onde quer que esteja, mas normalmente não o percebe. Com os olhos fechados, pode perceber esse espaço — onde está o seu corpo, e o ar que está à sua volta. É um belo lugar para estar, porque é o seu lugar, o seu espaço. Perceba o que está acontecendo no seu corpo. Perceba se você está tenso em algum lugar. Não tente relaxar esses lugares onde você talvez esteja contraído e tenso. Simplesmente os perceba. Percorra o seu corpo da cabeça aos pés e perceba. Como você está respirando? Está inspirando profundamente ou sua respiração é curta e rápida? Agora, quero que você faça duas respirações muito profundas. Deixe o ar sair com algum som. Aaaaaaaaaa. Muito bem. Agora vou contar uma pequena história e levar você por uma viagem de faz de conta. Veja se consegue acompanhar. Imagine o que eu digo, e veja como se sente ao fazer isso. Perceba se gosta desta pequena viagem, ou se não gosta. Quando chegar a partes de que não gosta, você não precisa ir até lá. Apenas ouça a minha voz; acompanhe, se quiser, e vamos ver o que acontece.

"Quero que você imagine que está caminhando pelo bosque. Há árvores por toda parte e há pássaros cantando. O sol penetra por entre as árvores, e há sombra. Caminhar por esse bosque é muito agradável. Há pequenas flores, flores silvestres, à beira do caminho. Você está caminhando por uma trilha. Há pedras de ambos os lados da trilha e de tempos em tempos você vê um animalzinho correndo, talvez um coelhinho. Você está caminhando, e logo percebe que a trilha está subindo. Agora você sabe que está escalando uma montanha. Quando chega ao topo da montanha, você se senta numa grande pedra para descansar e olha ao redor. O sol está brilhando; os pássaros estão voando à sua volta. Do outro lado, com um vale no meio, há outra montanha. Você vê que na montanha há uma caverna, e gostaria de poder estar lá. Você observa que os pássaros voam até lá com facilidade, e gostaria de ser um pássaro. De repente, porque isto é uma fantasia e qualquer coisa pode acontecer, você percebe que se transformou num pássaro! Você experimenta suas asas e tem certeza de que pode voar. Então, você decola e voa facilmente até o outro lado. (Pausa para dar tempo para voar.)

"Do outro lado, você pousa numa pedra, e instantaneamente volta a ser você mesmo. Você escala as pedras à procura de uma entrada para a caverna, e vê uma pequena porta. Você se agacha, abre a porta e entra na caverna. Quando está dentro, tem espaço suficiente para ficar em pé. Você caminha pela caverna examinando as paredes e, de repente, percebe uma passagem — um corredor. Você caminha por esse corredor e logo percebe que há fileiras de portas, cada uma delas com um nome escrito. De repente você chega a uma porta com o *seu* nome nela. Fica lá parado na frente da porta, pensando. Você sabe que logo a abrirá e passará para o outro lado. Sabe que será o seu lugar. Pode ser um lugar de que você se lembra, um lugar que você conhece agora, um lugar com o qual você sonha, um lugar de que você nem gosta, um lugar que você nunca viu, um lugar interno ou um lugar externo. Você não saberá enquanto não abrir a porta. Mas qualquer que seja, será o seu lugar.

"Então você gira a maçaneta e entra. Veja o seu lugar! Você está surpreso? Dê uma boa olhada nele. Se não vê um lugar, invente um agora mesmo. Veja o que há aí, onde é, se é dentro ou fora. Quem está aí? Há pessoas, pessoas que você conhece ou não conhece? Há animais? Ou não há *ninguém*? Como você se sente nesse lugar? Perceba como se sente. Você se sente bem, ou não tão bem? Olhe à sua volta, caminhe pelo seu lugar. (Pausa.)

"Quando estiver pronto, você vai abrir os olhos e se encontrar novamente nesta sala. Quando abrir os olhos, quero que você pegue um papel e giz de cera ou pastel ou canetinha, e desenhe o seu lugar. Peço que não converse enquanto estiver fazendo isso. Se precisar dizer alguma coisa, por favor, sussurre. Se não tiver as cores adequadas para o seu lugar, pode vir em silêncio e buscar o que necessita, ou pegar emprestado de alguém. Desenhe o seu lugar o melhor que conseguir. Ou, se quiser, você pode desenhar seus sentimentos sobre o lugar, usando cores, formas e linhas. Decida se você vai se colocar nesse lugar e onde e como — como uma forma, cor ou símbolo. Eu não preciso saber sobre o que é o seu lugar olhando para o seu desenho; você vai saber explicar para mim. Confie no que você viu quando abriu a porta, mesmo que não goste do que viu.

"Vocês têm cerca de dez minutos. Quando se sentirem prontos, podem começar..."

Uma fantasia como essa precisa ser contada com uma voz de fantasia. É contada lentamente, com muitas pausas, para dar às crianças a chance de fazer as coisas que eu lhes peço para fazer. Geralmente fecho os olhos e eu mesma embarco na fantasia enquanto a conto. Usei essa técnica individualmente e em grupos, com crianças de diferentes idades, a partir de uns 7 anos, e até com adultos. A seguir há alguns exemplos dos "lugares" das crianças e de como trabalho com eles.

Os desenhos infantis que aparecem aqui são os desenhos originais. Os traços principais de alguns deles foram reforçados com caneta hidrográfica ou giz de cera para uma reprodução mais nítida.

Linda, de 13 anos, fez o desenho de um quarto que incluía uma cama, uma mesa, uma cadeira, três cachorros no chão, e o quadro de um cachorro na parede. O desenho era bem-ordenado e tinha muitos espaços vazios. Linda o descreveu. Como estava em um grupo, as outras crianças fizeram perguntas, como "Para que é isso?" e ela as respondeu. Eu pedi a Linda que escolhesse alguma coisa no desenho que ela gostaria de fingir ser. Ela escolheu o cachorro do quadro na parede. Pedi que ela falasse como o cachorro do quadro e se descrevesse e contasse o que estava fazendo. Ela disse: "Sou um quadro aqui na parede". Eu lhe perguntei como ela se sentia sendo um quadro lá na parede.

Linda: "Eu me sinto sozinha, totalmente sozinha. Não gosto de assistir aqueles cachorros brincarem."

"Converse com os cachorros e conte isso para eles."

Linda: "Eu não gosto de estar aqui em cima vendo vocês brincarem. Eu gostaria de sair da parede e estar junto com vocês no chão."

"Você, Linda, a menina, já se sentiu assim, como o cachorro no quadro?"

Linda: "Já! Aquele cachorro sou eu. Eu sempre estou de fora."

"Eu gostaria de saber se você se sente assim aqui também... agora."

Linda: "Sim, eu me sinto assim aqui também. Mas agora talvez não tanto."

"O que você está fazendo aqui que faz que agora não seja tanto?"

Linda (com a voz muito pensativa): "Bem, estou fazendo alguma coisa. Não estou só sentada aqui fazendo nada além de parecer aquele cachorro na parede."

Pedi a Linda que me desse uma frase que melhor resumisse seu desenho, para escrever nele. "Eu gostaria de sair da parede e participar."

Com frequência, peço às crianças que me digam uma frase para escrever em seu desenho, e com frequência suas declarações resumem de maneira um tanto sucinta onde elas se encontram na vida. Oferecer a Linda um canal para se tornar mais ciente de sua postura na vida, de ser capaz de se empoderar, é o meu objetivo para ela. Com mais *awareness*, vem a oportunidade de mudança. Em seu desenho, ela não só deu voz ao seu sentimento de solidão e isolamento, como se permitiu experimentar algo diferente, participar. Além disso, acho que percebeu que poderia assumir responsabilidade pela sua vida, que poderia fazer alguma coisa a respeito de sua solidão.

Tommy, de 8 anos, fez um desenho do menino Jesus, Maria, e os reis magos trazendo presentes. (Faltava pouco para o Natal.) Depois que ele descreveu seu desenho, eu lhe pedi que se deitasse sobre algumas almofadas e fosse o bebê. Com muitos risinhos, ele o fez. Eu disse que as outras crianças seriam os reis magos e eu seria a Mãe. Todos representamos uma pequena cena de trazer presentes e conversar sobre esse bebê maravilhoso. Minha própria encenação entusiástica serviu de modelo para as outras crianças. Tommy ficou muito quieto. Enquanto descansava sobre as almofadas, seu corpo relaxado e seu rosto sereno e sorridente evidenciaram que ele desfrutava plenamente o momento. Eu lhe perguntei quanto ele gostava de ser um bebê. Ele disse que gostava muito, porque recebia muita atenção.

"Você realmente gosta de receber atenção."

Tommy: "Sim!"

"Você gostaria de receber mais atenção do que recebe."

Tommy: "Isso mesmo!"

Tommy me pediu que escrevesse a seguinte declaração em seu desenho: "Eu gosto de ser o centro das atenções e de receber presentes, e assim fico feliz".

Em sessões anteriores, Tommy teve que escolher entre ficar no grupo e esperar em outra sala por causa de seu comportamento perturbador. Em muitas ocasiões, ele escolheu ir para a outra sala, pois sentia que "não conseguia se controlar". Durante o resto desta sessão, Tommy participou e ouviu às outras crianças, e não perturbou de maneira alguma. Permaneceu calmo e relaxado (ele havia sido diagnosticado como "hiperativo"), e suas perguntas e seus comentários às outras crianças sobre os desenhos delas foram pertinentes e perceptivos. De algum modo, Tommy sempre havia conseguido obter atenção por meio de seu comportamento perturbador. O tipo de experiência que ele teve nesta seção em particular foi muito importante para ele; seu comportamento perturbador diminuiu acentuadamente daquele momento em diante, e ele atraiu atenção para si mesmo por meio da bela sabedoria que foi capaz de mostrar em nosso grupo.

Numa sessão individual comigo, Jeff, de 12 anos, fez o desenho de um castelo com a cara do Pato Donald e a do Mickey Mouse espiando pela janela. Ele chamou esse lugar de Disneylândia e o descreveu para mim, contando o quanto amava a Disneylândia. Eu lhe pedi uma frase que pudesse escrever em seu desenho para resumir seu lugar e os sentimentos que lhe despertava. Ele ditou: "Meu lugar é a Disneylândia porque acho *divertido* e gosto dos personagens. Lá, tudo é feliz". Minha atenção se centrou na ênfase que deu à palavra *divertido*, e em suas palavras "Lá, tudo é feliz". Conversamos um pouco sobre a Disneylândia e seus personagens, e então lhe pedi que me contasse sobre a parte da vida dele que não era tão divertida. Jeff fez isso com facilidade, contrariando sua resistência anterior a adentrar áreas desagradáveis de sua vida.

Lisa, de 13 anos, desenhou uma cena deserta, um tema típico em seus desenhos e em seus trabalhos na caixa de areia. Lisa esteve em uma casa de acolhimento, foi classificada como "pré-delinquente" pelas autoridades, era extremamente disruptiva na escola, não tinha amigos, não se dava bem com as outras crianças na casa de acolhimento e, por seu modo de falar, agir e se vestir, geralmente se caracterizava como "durona". Nada a incomodava. Nesta sessão, ela desenhou um deserto, uma cobra e um buraco. Depois que descreveu seu desenho, eu lhe pedi que fosse a cobra, que lhe desse uma voz como se fosse um fantoche, e descrevesse sua existência como cobra.

Lisa: "Eu sou uma cobra, sou comprida e escura, vivo aqui no deserto, procuro comida e depois volto para o meu buraco."

"Isso é tudo que você faz? O que faz para se divertir?"

Lisa: "Nada. Não tem ninguém para brincar por aqui."

"Como você se sente com isso?"

Lisa: "Muito sozinha."

"Lisa, você se sente como essa cobra?"

Lisa: "Sim, eu sou sozinha."

Então, Lisa perdeu sua postura de rapaz durão e começou a chorar. Nós conversamos sobre sua solidão por um tempo e eu lhe contei algo sobre a minha própria solidão.

Um menino de 14 anos, Glenn, desenhou uma banda de rock chamada "The People". Sua declaração: "Uma fantasia que meio que abandonei temporariamente".

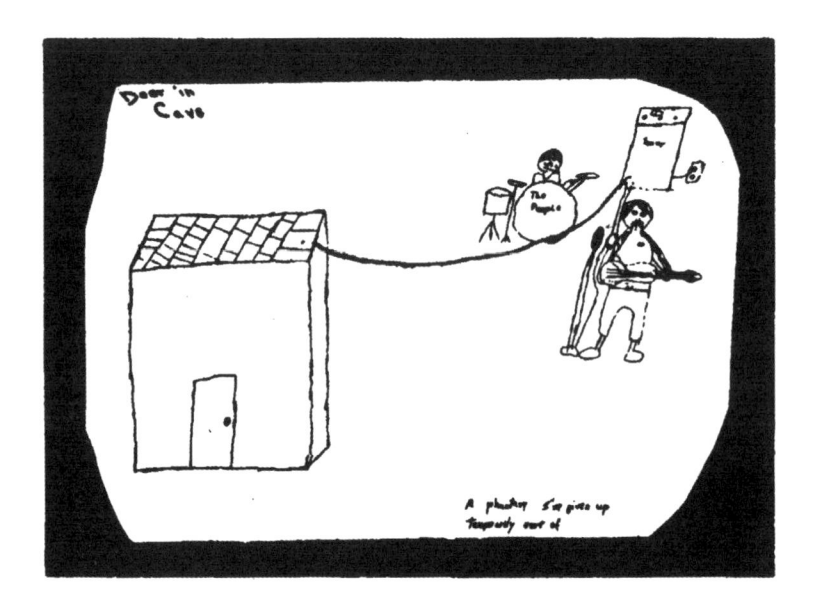

Aquela foi a primeira vez em várias semanas de terapia que ele conseguiu ou quis admitir estar interessado em alguma coisa. Suas palavras "meio que" e "temporariamente" me diziam que algo dentro dele estava se abrindo à possibilidade de fazer algo na vida, afinal. Até então, nossas sessões haviam sido tomadas pelo seu desespero; agora começávamos a explorar sua esperança.

Muitas vezes, as crianças desenham lugares que estão em oposição direta a seus sentimentos do presente. Cenas de fantasia com castelos e princesas, cavaleiros e belos refúgios nas montanhas são comuns. Ajudar as crianças a falarem sobre os sentimentos representados por esses desenhos abre a porta para a expressão de seus sentimentos opostos. Às vezes peço a uma criança que "desenhe um lugar da sua infância que você se lembra como sendo agradável, ou um lugar que você sabe que é agradável, seja ele real ou imaginário". Mais uma vez, como no exercício da caverna, eu peço a elas que fechem os olhos e entrem em seu espaço, como fiz ao descrever a primeira fantasia.

Um menino de 13 anos desenhou uma cena de quando ele tinha 7. Eu escrevi em seu desenho, conforme ele me ditou: "Isso foi quando eu tinha 7 anos. Nós morávamos em Ohio. Meu pai tinha acabado de voltar do Vietnã. Eu estava feliz. Mas então ele começou a me fazer contar tudo que eu faço. Minha mãe me deixava fazer qualquer coisa quando ele estava fora. Ele me incomoda. Meus irmãos estão subindo na árvore. Eu queria que eles caíssem e quebrassem o braço. Eu gostava de Ohio". Então, com uma voz extremamente suave, ele começou a falar sobre seu desejo de ser livre "apenas para pequenas coisas". Essa criança estava sempre inquieta e era considerada hiperativa. Ele realmente não conseguia ficar sentado no mesmo lugar durante muito tempo, e se movia com frequência nos encontros do grupo. Mas quando terminou de falar, se deitou e logo caiu no sono. Nas sessões seguintes, nós examinamos seu desenho e suas declarações — eu as havia escrito exatamente como ele as ditara — e conversamos sobre alguns de seus sentimentos ambivalentes, sua alternância entre o antes de sua memória de Ohio e o agora de sua vida presente.

A maior parte das coisas sobre as que escrevo neste livro envolve o uso de fantasia. Para quem não está convencido do imenso valor da fantasia no crescimento e desenvolvimento das crianças, recomendo um livro muito abrangente sobre o assunto: *The child's world of make-believe* [O mundo do faz de conta da criança], de Singer.* Ele e outros realizaram vários estudos que mostram que, estatisticamente, as crianças capazes de ser imaginativas têm um QI mais alto e conseguem lidar melhor com dificuldades, e que incentivar as crianças a serem imaginativas melhora sua capacidade de lidar com os problemas e aprender com eles.

Por meio da fantasia, podemos nos divertir com a criança e descobrir qual é o processo dela. Normalmente, seu processo de fantasia (o modo como ela faz as coisas e se move em seu mundo fantasioso) é o mesmo que seu processo de vida. É possível investigar o mundo interno de uma criança por meio da fantasia. Podemos trazer à tona o que a criança evita ou mantém escondido, e também descobrir o que está acontecendo na vida da criança da perspectiva dela. Por essas razões, incentivamos a fantasia e a usamos como ferramenta terapêutica.

Quando penso no valor da fantasia para as crianças, lembro de uma época em minha própria vida em que a fantasia me serviu enormemente. Quando eu tinha 5 anos, sofri queimaduras graves e precisei ficar hospitalizada durante muitos meses. Como isso foi antes da época da penicilina,

---

* Todos os livros e outras fontes mencionadas estão numa bibliografia no fim deste livro, listados por título em ordem alfabética. [N. A.] A edição em português, quando disponível, é indicada entre colchetes logo após o título original na bibliografia. [N. T.]

não me deixaram ter brinquedos de nenhum tipo, por medo de infecção. (Eu sei disso hoje; ninguém me contou na época.) Além disso, o horário de visitas era muito limitado, e eu passava horas e mais horas deitada na cama sem ninguém com quem conversar e nada com que brincar. Sobrevivi a esse calvário mergulhando na fantasia. Contei a mim mesma histórias intermináveis enquanto estive lá deitada, e com frequência me envolvia nos enredos.

Alguns pais me pedem para distinguir entre fantasia e mentira. Outros estão preocupados porque seus filhos parecem estar perdidos em um mundo fantasioso. Mentir é um sintoma de que algo não está bem para a criança. É um modo de comportamento e não uma fantasia, embora às vezes os dois possam se confundir. As crianças mentem porque têm medo de se posicionar, de enfrentar a realidade tal como é. Elas muitas vezes estão imersas em medo, insegurança, autoimagem negativa ou culpa. São incapazes de lidar com o mundo real à sua volta, e por isso recorrem a um comportamento defensivo, agindo de maneira oposta a como de fato se sentem.

Muitas vezes, são os pais que forçam as crianças a mentir. Os pais podem ser excessivamente rígidos ou inconsistentes, ter expectativas demasiado elevadas para a criança ou não ser capazes de aceitá-la como ela é. A criança, então, é forçada a mentir como uma forma de autopreservação.

Uma criança, quando mente, costuma acreditar em si mesma. Tece uma fantasia em torno do comportamento que é aceitável para ela. A fantasia se torna um meio de expressar aquilo que ela tem dificuldade de admitir como realidade.

Eu levo a sério as fantasias de uma criança, como expressões de seus sentimentos. Porque outras pessoas em geral não ouvem, não entendem ou não aceitam os sentimentos dela, a criança também não. Ela não aceita a si mesma. Precisa recorrer a uma fantasia e, subsequentemente, a uma mentira. Portanto, mais uma vez, é necessário começar a sintonizar com os sentimentos da criança em vez de com o comportamento; começar a conhecê-la, ouvi-la, entendê-la e aceitá-la. Os sentimentos são o âmago da criança. Ao refleti-los para ela, ela também começará a conhecê-los e aceitá-los. Somente então a mentira poderá ser vista de maneira realista como aquilo que é: um comportamento ao qual a criança recorre para sobreviver.

Crianças fabricam um mundo de fantasia porque consideram difícil viver em seu mundo real. Quando trabalho com uma criança assim, posso encorajá-la a me falar sobre suas ideias e imagens fantasiosas, e inclusive a elaborá-las, para que eu possa entender seu mundo interno.

As crianças têm uma porção de fantasias de coisas que nunca aconteceram realmente. No entanto, tais fantasias são muito reais para elas e costumam ser mantidas dentro de si, o que às vezes as leva a se comportarem de maneiras inexplicáveis. Essas fantasias reais-imaginadas com frequência despertam sentimentos de medo e ansiedade; precisam ser colocadas para fora para que se possa lidar com elas e concluí-las.

Há muitos tipos diferentes de material fantasioso. A brincadeira imaginativa das crianças é uma forma de fantasia que pode ser ampliada para improvisações dramáticas com crianças mais velhas. Outra forma de fantasia é a contação de histórias em todas as suas formas: falar, escrever, usar fantoches, o flanelógrafo. A poesia é fantasia e também imagética e simbolismo. Há fantasias dirigidas longas e fantasias curtas com final aberto. As fantasias dirigidas geralmente são feitas com os olhos fechados, mas também há fantasias com os olhos abertos. Às vezes, expressamos a fantasia por meio de um desenho ou com argila.

Há ocasiões em que as crianças resistem a fechar os olhos. Algumas ficam assustadas com a perda de controle que sentem com os olhos fechados. Se reclamam, eu costumo dizer: "experimente, e sinta-se livre para dar uma espiada sempre que precisar". Geralmente as crianças acabam fechando os olhos depois de um tempo, quando, após algumas tentativas, percebem que nada terrível aconteceu. Pedir que se deitem de barriga para baixo enquanto eu conto a fantasia também ajuda, às vezes.

Algumas crianças simplesmente não conseguem ou não querem embarcar na fantasia quando são dirigidas. Algumas não se dispõem, outras ficam contidas e tensas. Algumas, no começo, pensam que é bobo.

Para essas crianças que têm dificuldade de "embarcar" na fantasia, é útil começar com uma em que os olhos permanecem abertos.

Put your mother on the ceiling [Coloque sua mãe no teto], de Richard de Mille, tem algumas fantasias excelentes e irresistíveis em que as crianças ficam com os olhos abertos. Por exemplo:

Este jogo se chama *Animais*. Vamos começar com um ratinho e ver o que podemos fazer. Imaginemos que há um ratinho na sala. Onde você gostaria de colocá-lo? Muito bem, faça-o ficar sentado e acenar para você./ Faça-o ficar verde./ Mude a cor dele novamente./ Mude novamente./ Faça-o plantar bananeira./ Faça-o correr até a parede./ Faça-o subir pela parede./ Faça-o sentar de cabeça para baixo no teto./ Vire-o de cabeça para cima e coloque-o num canto lá no alto./ Coloque outro rato em outro canto./ Coloque outros ratos nos quatro cantos, embaixo./ Estão todos aí?/ Faça todos eles ficarem amarelos./ Faça-os dizer "Oi", todos ao mesmo tempo./ Faça-os dizer "Como vai você?"/ Faça-os prometer que vão ficar cada um no seu canto e assistir ao resto do jogo. (p. 56-8)

Depois de fazer isso com um grupo de crianças de 11 e 12 anos, uma menina observou: "Eu nunca consigo entrar nesta sala sem examinar meus ratos".

Outra maneira de iniciar as crianças nas fantasias é pedir que elas fechem os olhos e imaginem que estão sentadas em sua sala de estar (ou em qualquer sala). Peço que olhem ao redor. Se conseguem fazer isso, eu lhes digo que não terão dificuldade com as fantasias. A técnica da garatuja, que será descrita mais adiante, é outro método útil para ajudar as crianças a se libertarem para o trabalho com fantasia.

Depois que as crianças já tiveram algumas experiências de fantasia com os olhos abertos, gosto de começar todas as fantasias seguintes com um exercício de meditação com os olhos fechados, como o descrito no começo da fantasia da caverna. As fantasias dirigidas podem ser bastante breves. Ariel Malek, uma colega minha, cria as suas. Ela tem uma série de excelentes fantasias dirigidas breves. Com sua permissão, reproduzo aqui uma das que usei:

Faça de conta que você percebe algo engraçado nas suas costas. De repente, você percebe que está criando asas! Como é ter asas nas costas? Tente mover as asas e veja como se sente. Agora, olhe-se no espelho e bata as asas. Agora, imagine que você está subindo uma colina com esse novo par de asas nas costas. Quando chega no topo, você abre suas novas asas e se lança no ar. O que você vê enquanto voa? Como é ser capaz de voar? Você vê outros animais ou pessoas? Agora, imagine que está indo para a terra. Quando aterrissar, suas asas desaparecerão e você estará de volta nesta sala.

John, de 6 anos, desenhou a si mesmo indo de encontro a uma rocha escura. Ele disse: "Eu fiz uma coisa. Fiz um sol e uma rocha. Eu tenho um capacete. Então coloco a minha cabeça assim e vou dar uma cabeçada na rocha. Eu vou sentir náusea. Vai, super-homem!"

"Você gostaria de poder voar?"

John: "Ah não, não, não."

"Você sente que dá muitas cabeçadas na vida?"

John: "Sim!"

A irmã dele (presente na sala): "Ele sempre se mete em problemas."

John: "É."

"Conte para mim como você se mete em problemas." (John começa a me contar muito especificamente sobre seus problemas.)

Jill, de 6 anos, disse acerca de seu desenho: "Tenho uma pessoa feia. Estou subindo a montanha. Fiz meus pés como pássaros. Estou começando a voar da montanha. Nos meus sonhos, eu gostaria de ser um pássaro gigante e poder levar a escola inteira numa viagem. Temos 150 crianças na escola. Meu nome é Jill. Quando o vento sopra, bagunça as minhas penas".

"Você se sente uma pessoa feia, Jill?"

Jill: "Sim! Alguns meninos não gostam de mim porque acham que eu sou feia. Isso me faz sentir mal."

"Às vezes você gostaria de poder fazer algo maravilhoso para todas as crianças da sua escola, e então todas iriam gostar de você?"

Jill: "Sim, como na minha história."

Então conversamos sobre os sentimentos de Jill, de estar de fora e ser rejeitada pelas crianças da escola. Ela não tinha amigos e, antes disso, jamais admitira esse fato.

Cindy, de 8 anos, disse acerca de seu desenho: "Eu voei da montanha e estou observando as flores e a bela grama verde, e minhas asas são prateadas. Meu nome é Cindy. Eu gostaria de ser uma bruxa boa e então poderia voar para casa em vez de caminhar".

"Conte-me sobre as bruxas."

Cindy: "Bem, existem bruxas boas e bruxas más. As bruxas más fazem coisas más. As bruxas boas são legais, e é claro que as bruxas sabem voar em vassouras."

"Você é uma bruxa má?"

Cindy: "A minha mãe acha que eu sou!"

"A sua vida é sempre cheia de flores e coisas boas?"

Cindy: "Não! Só às vezes."

Então, Cindy e eu conversamos sobre ela achar que sua mãe a considerava má.

Karen, de 12 anos, desenhou uma bela borboleta. Ela disse: "Minhas asas são lindas. Eu voo com os pássaros, sobre a água e as montanhas, rumo a um novo planeta verde e brilhante". Ao longe, estava desenhado um pequeno círculo verde com linhas amarelas em volta, que lhe davam o efeito de energia vindo do planeta.

"Conte-me um pouco mais sobre o seu novo planeta."

Karen: "É um lugar bonito. Tudo é novo e verde e lá não tem gente má."

"Tem gente má aqui, na sua vida?"

Karen: "Parece que o mundo está cheio de gente má."

De fato, na vida de Karen, parecia assim para ela. Nós continuamos a comparar este mundo com o planeta dela, com Karen expressando muito sentimento.

Uma excelente fonte de ideias de fantasias é *Making it strange* [Tornando estranho]. Trata-se de uma série de quatro grandes brochuras concebidas como cadernos de escrita criativa. As ideias de fantasias contidas nesses livros são maravilhosas. Em vez de usá-los para escrita criativa, eu os adaptei para o trabalho com fantasia. Uma das minhas favoritas se chama "Fighting back" [Resistindo]:

Escreva uma história sobre um barquinho na tempestade. O vento está forte e as ondas arremessam o barquinho de um lado para outro. Tente imaginar que você é o barquinho e explique como você se sente. Use comparações na sua história para contar como é SER um barquinho numa tempestade.

O vento ruge e assobia enquanto tenta afundar o barquinho. O barquinho resiste. Pense em algum tipo de luta do mundo animal que seja *como* a situação do barquinho na tempestade. Escreva-a aqui.

Descreva por que essa luta do mundo animal é como a situação do barquinho na tempestade.

Imagine que você é o barquinho. Diga o que as diferentes partes do seu corpo devem fazer para combater a tempestade.

Como as diferentes partes do seu corpo lhe dizem se você está ganhando ou perdendo a luta?

De repente, o vento faz um último ataque ao barquinho; então cessa. O barquinho ganhou! Que experiências da vida real você teve que são como o vento cessando e o barquinho ganhando a luta?

Imagine que você é o barquinho que acabou de vencer a tempestade. Como você se sente em relação à tempestade?

Imagine que você é a grande tempestade que não consegue sequer afundar um barquinho. Como você se sente em relação ao barquinho? (Livro 4, p. 37-43)

Há muitas maneiras de usar essa fantasia. Para mim, a mais eficaz é meramente pedir à criança (depois de um exercício meditativo de respiração) que imagine com os olhos fechados que ela é um barquinho numa tempestade. Eu digo algo sobre as ondas e o vento e a luta. Peço à criança que seja o barco, que perceba como se sente sendo esse barco, o que está

acontecendo agora, o que acontece em seguida. Então, peço-lhe que faça um desenho de si mesma como sendo esse barco numa tempestade. Invariavelmente, vem à tona muito material sobre o lugar da criança em seu mundo e sobre como ela lida com as forças exteriores.

Outro exercício trata de uma aranha. Uma bela fotografia de uma teia, ocupando uma página inteira, é acompanhada de instruções sobre ser uma aranha tentando tecer uma teia num dia de chuva forte. Num grupo de crianças, usei essa ideia para dar início a uma história de continuação. Comecei dizendo: "Era uma vez uma aranha que estava tentando construir uma teia num dia de chuva forte. Então..." E cada criança, na sua vez, acrescentava alguma coisa à história. Quando a história terminou, lhes pedi que desenhassem suas ideias sobre a aranha construindo uma teia.

Um menino de 9 anos ditou para mim enquanto eu escrevia no verso do seu desenho: "Meu nome é Irving. Tenho uma teia com uma porção de buracos por causa da chuva, e a chuva a deixou de várias cores. Porque as pessoas colocam giz em cima dela, e da casa. Ela fica azul. A cerca fica de todas as cores. Eu me sinto bem e bom para as pessoas porque elas fizeram a minha teia de várias cores". No decurso do nosso trabalho em conjunto sobre esse desenho, ele nos contou que vinha se sentindo muito feliz ultimamente; as coisas estavam indo bem para ele.

Por outro lado, uma menina de 11 anos ditou: "Eu me sinto muito irritada. Não consigo fazer minha teia por causa desse tempo feio e úmido. Sinto que não consigo alcançar meu objetivo. Sinto-me um grande fracasso. Não importa quanto eu me esforce, não consigo construir minha teia. Mas sou determinada e não vou desistir". Ela abraçou prontamente seus sentimentos de fracasso e os expôs para nós no grupo. Cada desenho e relato era diferente, revelador e comovente. Alguns tinham toques de humor, como o de um menino de 10 anos que disse: "Se essa chuva não parar em dez minutos, vou recolher minhas teias e ir para casa".

Em outro grupo, eu pedi às crianças que imaginassem, de olhos fechados, que cada uma delas era uma aranha, e que compartilhassem em voz alta suas experiências de ser uma aranha construindo uma teia na chuva.

"Eu sou uma aranha. Não moro em lugar nenhum. Gosto de perambular por aí. Tenho muitos amigos, mas hoje queria estar sozinha e não estar perto de ninguém."

"Eu sou uma aranha. Gosto de subir em flores. Gosto de ver flores e pássaros. Eu me sinto um pouco mal nesta chuva."

"Eu sou uma viúva-negra picando um menino."

"Eu estava dando uma volta. Tentei subir numa flor, mas não consegui chegar no alto. Eu caí."

Num exercício sobre um balão que voa para longe (Livro 3, p. 38), uma menina fez o desenho de um balão sobrevoando uma cidade e disse: "Eu gosto de estar aqui; é divertido". Então acrescentou: "Minha mãe está sempre no meu pé, mas eu não quero ser livre como um balão". Outra menina fez um desenho similar e disse: "Estou muito longe da minha casa e isso está bem para mim".

Ideias para fantasias não faltam. Na bibliografia, há muitos livros onde é possível encontrar material para fantasia. Com o novo interesse em educação humanista, o ensino de valores nas escolas e a estimulação do hemisfério direito do cérebro, há uma proliferação de livros relacionados com esses assuntos e contendo muitas ideias maravilhosas. No livro *Toward humanistic education* [Rumo a uma educação humanista], são apresentadas várias boas fantasias que são especialmente adequadas para adolescentes.

Esta é uma fantasia de que gosto. "Você está caminhando há muito tempo. Está muito, muito cansado. Você se deita para descansar e adormece. Quando acorda, vê que está preso em uma armadilha. Como você está preso? Onde está preso? O que você faz?" O dr. Herbert Otto, em seu livro *Fantasy encounter games* [Jogos de encontro de fantasia] oferece várias fantasias similares a essa, que podem ser modificadas para se adequar a diferentes idades.

Peço às crianças que imaginem que são um animal e, dependendo da idade, que se movam e soem como um. Peço a cada criança que seja esse animal e fale de si, talvez conte uma história sobre si.

Tenho uma grande chave antiga que às vezes uso em brincadeiras de fantasia para "dar corda" em uma criança para que ela faça uma série de coisas, e ela pode fazer o mesmo comigo. Uma varinha mágica também funciona bem.

Muitas técnicas de arte se prestam ao uso da fantasia depois de concluído o trabalho. As manchas de tinta obtidas com técnicas como a pintura simétrica (borboleta) e a pintura com barbante são formas interessantes a serem exploradas. Eu peço às crianças que deem títulos a esses trabalhos, que me contem o que veem nas figuras, que criem uma história da forma ou objeto que veem em uma. Em livros de atividades para a educação infantil, é possível encontrar instruções para confeccionar essas figuras e outras boas ideias. É péssimo que muitos de nós paremos de fazer coisas criativas assim que saímos do jardim de infância.

Uma das experiências de arte-fantasia mais bem-sucedidas que já usei é *drip painting* com tinta automotiva, que pode ser comprada em lojas especializadas. Funciona da seguinte forma: primeiro, deve ser feita num espaço em que se possa fazer sujeira. É melhor cobrir bem a área com jornal. Derramam-se algumas colheres de tinta branca numa placa de MDF de mais ou menos 12 x 18 cm para cobri-la por completo. Sobre essa superfície branca, a criança derrama um pouco de tinta colorida e move a placa, permitindo que a tinta escorra para criar seu próprio padrão. Em seguida, usa outra cor, e assim por diante. A tinta automotiva fica com um acabamento pegajoso e seca depressa — o que é uma vantagem nesse tipo de pintura. As cores não se misturam como as da aquarela, e os resultados são brilhantes, bonitos e puros.

Nós erguemos os trabalhos e nos afastamos para apreciá-los. As crianças dão nome às suas belíssimas criações, e têm facilidade em contar histórias maravilhosas sobre elas. Uma pintura parecia uma caverna de cores brilhantes. Pedi à sua criadora que entrasse na caverna e me contasse o que via, como era, o que acontecia. Essa atividade é tão gratificante que até mesmo as crianças mais hiperativas ou "incontroláveis" a fazem sem problemas. A maioria delas jamais criou algo tão belo na vida, nem sentiu tanta satisfação.

2. Desenhos e fantasias

SEU MUNDO EM CORES, FORMAS E LINHAS

Outras vezes, peço às crianças que criem seu próprio mundo no papel, usando apenas formas, linhas, curvas, cores — mas nada real. Posso dizer: "Feche os olhos e vá para o seu espaço. Veja o *seu* mundo — como é para você? Como você mostraria o seu mundo no papel usando apenas curvas e linhas e formas? Pense nas cores do seu mundo. Quanto espaço cada uma delas ocuparia no papel? Onde você se coloca no desenho?"

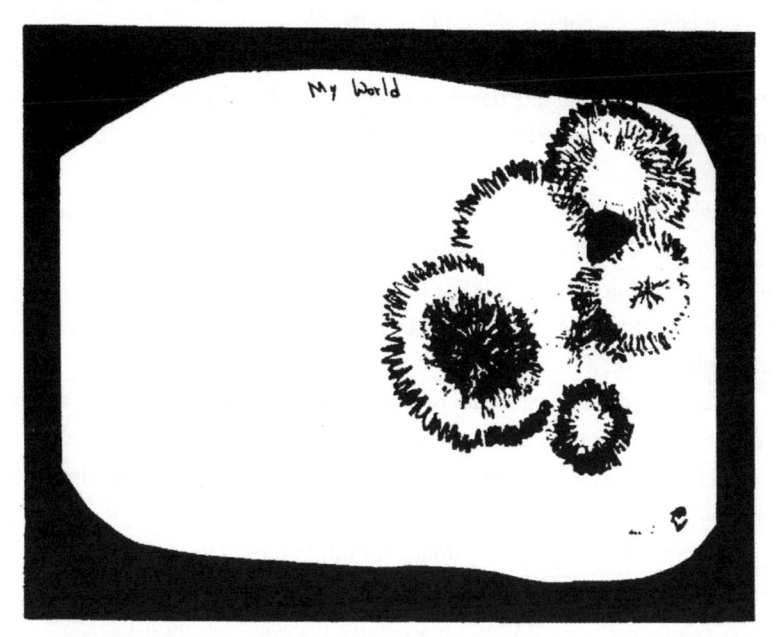

Susan, de 13 anos, ocupou apenas metade da folha com seu desenho, deixando a outra metade em branco. Usou pastéis de muitas cores, intercalados com figuras escuras. Seus desenhos consistiam em figuras redondas com raios como os do sol, todas tocando umas nas outras, com um triângulo preto e vermelho, de traços fortes, feito com caneta hidrográfica no centro dos raios. No grupo, Susan descreveu seu desenho dizendo que ela estava no centro dos elementos que desenhou, os quais representavam suas preocupações, suas decepções, suas coisas divertidas e seus sentimentos felizes. Suas preocupações e suas decepções eram de cores escuras.

Criança: "Você poderia nos contar algumas dessas decepções?"

Susan: "Não, prefiro não contar agora, mas eu sei quais são."

Criança: "Você está decepcionada com algum de nós?"

Susan: "Bem... sim." (Susan começou a falar sobre uma situação desagradável que teve com um dos meninos no grupo — algo que ele havia dito que a vinha incomodando, mas que ela guardara para si mesma. Eles discutiram isso por um tempo — ela e o menino — e então pareceram encerrar o assunto.)

"Você estaria disposta a dar uma voz ao triângulo vermelho e preto, você, e conversar com as suas outras partes?"

Susan: "Claro. Eu sou a Susan e estou aqui no meio de todos vocês. Às vezes estou no meio das preocupações e das decepções e me sinto péssima, e às vezes estou no meio das coisas divertidas e felizes e me sinto bem."

"O que você poderia dizer para as suas preocupações e decepções?"

Susan: "Eu não gosto quando vocês estão por perto. Não quero falar sobre vocês. Eu gostaria que vocês nunca viessem. Mas vocês estão aí às vezes, e não posso impedi-las de vir. Mas não preciso falar sobre vocês se eu não quiser!"

"Eu sei que você se sente péssima sobre suas preocupações e decepções, Susan. Está tudo bem não falar sobre elas agora se você não quiser. Fico feliz que tenha contado ao Jimmy sobre a sua decepção com ele. Qual era ela no seu desenho?"

Susan: "Esta." (Ela risca uma com um grande X preto. Uma preocupação a menos agora.)

"Agora você está disposta a ser outra preocupação ou decepção e lhe dar uma voz?"

Susan: "Não."

"Está bem. O que você pode dizer para as suas coisas divertidas e sentimentos felizes?"

Susan: "Eu gosto muito de vocês. Gosto de me sentir bem e de me divertir." (Sentir-se bem e divertir-se eram experiências *novas* para Susan.)

"Vejo que você tem muitos deles no seu mundo."

Susan: "Sim! Eu costumava me sentir péssima o tempo todo. Mas agora eu me divirto muito e me sinto bem uma porção de vezes."

"Você quer ser alguma dessas coisas e sentimentos felizes?"

(Susan prontamente nos conta sobre algumas das coisas que gosta de fazer e sobre como elas a fazem sentir.)

"Tem alguém aqui (apontando para a figura) no seu mundo feliz?"

Susan: "Claro. Esta é minha melhor amiga. E esta é uma professora de que eu gosto muito este ano. E esta é a minha mãe, que não grita mais tanto comigo, e este é o meu pai (alcoólatra), que está se esforçando muito para que as coisas funcionem, como eu, e esta é a minha irmã, que não é assim tão fedelha (aqui ela deu uma piscadela para a irmã, que estava no grupo), e este é todo o grupo e esta é você!"

"Você pode nos contar sobre a parte em branco no papel?" (O desenho dela estava todo espremido de um lado só.)

Susan: "Esta é a minha vida que eu vou viver. Eu não sei como vai ser, por isso não pus nada aqui."

"Tem muito espaço para todo tipo de coisa."

Susan: "Verdade!"

Esse me parece um bom exemplo da importância de não fazer interpretações. Ao ver o desenho de Susan e observar que ele estava espremido de um lado do papel e que ela havia deixado uma grande parte em branco, eu poderia ter dito a mim mesma: "A-há — esta criança obviamente é restringida e reprimida. Ela é medrosa e se mantém extremamente fechada, ou está desequilibrada de alguma maneira". Qualquer uma dessas afirmações, e outras, poderiam ser verdadeiras. Talvez Susan se sentisse fechada e reprimida quando fez seu mundo. Talvez sentisse que seu mundo era apertado e restrito e confinado. Não posso ter certeza disso; mas o que de fato sei é que depois da experiência de visualizar e desenhar seu mundo, e então compartilhá-lo e elaborá-lo conosco, Susan foi capaz de olhar para o espaço em branco e oferecer a possibilidade de que havia mais por viver. Observando sua voz e a expressão em seu rosto, senti que sua declaração mostrava otimismo, esperança e abertura para a vida.

Outra observação sobre este trabalho com Susan: ao reler isso, percebo que poderia ter me demorado um pouco mais no "triângulo" que representava Susan, levando-a adentrar mais em si mesma, em sua experiência de si. Eu poderia ter dito: "Seja essa parte, o triângulo, e descreva a si mesma". Gostaria de ter lhe pedido que fosse a borda escura ao redor do triângulo. "Seja essa borda e diga o que você faz." Talvez ela tivesse falado sobre como se protege em seu mundo (uma interpretação). Eu gostaria de ter lhe perguntado sobre seu âmago, o centro, que me parecia tão intenso e cheio de energia. Eu poderia ter explorado os pontos do triângulo. Em retrospecto, não há como saber se isso teria sido útil. Agora me parece que Susan poderia ter fortalecido seu senso de *self* se eu tivesse feito isso.

Tommy, de 9 anos, coloriu uma série de curvas que pareciam colinas e fez um enorme sol sorridente saindo de trás delas. Ele nos disse que era um pontinho atrás de uma colina escura, bem embaixo. Algumas das colinas tinham cores vivas e outras eram escuras. Ele usou caneta hidrográfica, giz de cera, pastel e lápis de cor para obter efeitos diferentes. Falou: "Estou bem no pé de um morro e preciso subir. Não é fácil fazer isso. Alguns dos morros são fáceis e outros são difíceis. Eu posso descansar em alguns deles, e brincar também. Estou tentando chegar no topo, onde está o sol. Vai levar muito tempo".

Eu lhe peço para ser o sol e conversar com o pontinho.

Tommy (como o sol): "Eu vejo você aí embaixo. Você tem um longo caminho a percorrer. Mas vai conseguir. Eu estou sempre aqui."

Tommy (como o ponto): "Estou tentando. Parece um longo caminho. Eu vejo você aí e você me faz sentir aquecido. Vou continuar tentando."

Esse tipo de expressão contém as sementes de muito trabalho produtivo. O próprio desenho revela muito sobre o que acontece dentro de Tommy. Ao trabalhar com esse desenho, eu poderia pedir para ele elaborar sobre cada uma de suas colinas, sobre como se sente sendo um pontinho atrás de uma colina, sobre como é estar sob o sol. Nunca deixo de me comover com a profundidade dos sentimentos e percepções que as crianças expressam. Enquanto escrevo sobre isso, que aconteceu há cerca de cinco anos, me arrepio como me arrepiei ao ouvir a sabedoria interior de Tommy pela primeira vez.

Três meses depois dessa sessão, o mesmo grupo, incluindo Tommy, estava trabalhando com argila. Eu instruí as crianças a fazerem algum tipo de criação abstrata que pudesse ser o seu mundo, e a se colocarem, como um símbolo, nesse mundo. Tommy fez uma forma triangular alta com uma bolinha apoiada no topo. Ele descreveu seu mundo de argila, seus sentimentos enquanto trabalhava com o material, e terminou dizendo: "E esta bolinha aqui em cima sou eu". Imediatamente, uma das crianças se lembrou de seu desenho anterior e comentou. O rosto de Tommy estava radiante e ele falou: "Uau! Acho que no fim das contas eu não demorei tanto assim para subir o morro!" Isso me impressionou, pois era uma demonstração de que Tommy, cada vez mais, tinha bons sentimentos sobre seu próprio valor. Esse é o mesmo menino que, na fantasia da caverna descrita anteriormente, desenhou a cena de Natal sobre receber atenção.

Numa sessão individual com um garoto de 14 anos, eu lhe pedi que fechasse os olhos e imaginasse seu mundo em cores, linhas e formas. Então, lhe pedi que desenhasse o que tinha visto: "Não desenhe nada real, mas veja que formas você vai usar, que tipos de linhas são adequadas para o seu mundo, que cores. Você vai usar cores claras, cores escuras? Como é o seu mundo?" Ele desenhou uma grande caixa azul com linhas grossas de várias cores dentro da caixa.

Jim: "Meu desenho tem uma caixa grande e um monte de linhas curvas coloridas dentro dela. Eu não sei o que significa. Só desenhei."

"Tudo bem. Quero que você seja essa linha azul escura que faz a caixa e converse com as coisas que estão dentro."

Jim: "Eu sou uma caixa grande em volta de vocês e vou manter vocês aí dentro."

"Agora faça essas linhas responderem. Como elas são? O que dizem para a caixa?"

Jim: "Ah, nós somos um monte de linhas curvas e finas. Somos muito felizes e gostamos de correr por aí, mas não podemos porque você não deixa."

"O que é essa linha grossa? O que ela poderia ser na sua vida? Tem alguma coisa na sua vida que te impeça de fazer o que você quer fazer?"

Jim: "Bem, sim, meus pais não me deixam. E o meu pai não me deixa fazer um monte de coisas." (Então ele começa a falar sobre as coisas que queria fazer, apontando para a área fora da caixa no desenho.) "Ele não me deixa ir para estes lugares aqui que são meio assustadores."

"Imagine que o seu pai está sentado aqui e diga isso para ele. Ele é esta almofada."

Jim: "Bem, fico feliz que você não me deixe sair. Estou meio assustado." (Ele ainda estava falando como se fosse as linhas dentro da caixa, e tinha um olhar muito assustado.)

"Seja as coisas fora da caixa e diga o que são."

Jim (desenhando algumas linhas no espaço fora da caixa): "Sou um monte de linhas aqui fora, fora da linha escura. O Jim acha que quer fazer aquilo que eu sou, mas está muto assustado. Eu sou um monte de coisas que as crianças na escola querem que ele faça, mas o pai dele não deixa, e isso é uma coisa boa. Ele poderia se machucar ou se meter em problemas." (Então acrescentou, olhando para mim perplexo:) "Acho que estou feliz por ter esses limites à minha volta. Minhas linhas dentro são felizes! Eu gosto desses limites."

DESENHOS DE FAMÍLIAS

Um exercício muito eficaz é pedir às crianças que desenhem sua família como símbolos ou animais. "Feche os olhos e vá para o seu espaço. Agora pense em cada membro da sua família. Se você fosse desenhá-los numa folha de papel, não como pessoas reais e sim como alguma coisa que cada um deles te faz lembrar, que coisa seria essa? Se alguém na sua família te fizesse lembrar uma borboleta porque está sempre indo de um lado para outro, é assim que você desenharia essa pessoa? Ou talvez alguém te faça lembrar um círculo porque está sempre à sua volta. Comece com a pessoa em quem você pensar primeiro. Se não conseguir avançar, feche os olhos novamente e volte para o seu espaço. Pode usar manchas coloridas, formas, objetos, animais e qualquer outra coisa que lhe vier à mente."

Um menino de 11 anos desenhou vários símbolos para sua família. Isto foi o que ele disse (os comentários entre parênteses são meus): "Estou numa jaula, preso no meio (um estrela-do-mar verde numa estrutura similar a uma caixa). Meu irmão (16 anos) acha que ele é o número um (um grande círculo roxo com um número 1 bem grande no meio). Minha irmã (12 anos) se acha muito genial — ela engana todo mundo, menos eu (um círculo azul com um coração vermelho no meio e garras saindo do coração por todos os lados). Minha mãe é legal (uma flor). Eu fiz o meu pai como um cérebro porque ele acha que sabe tudo. Donna (8 anos) é legal: ela não me xinga (uma borboleta rosa e azul). Meu irmão (10 anos) me dedura. Ele faz coisas

e apenas sorri o tempo todo e as pessoas não percebem, então ele se safa (um rosto vazio e sorridente). Eu sou mais próximo da minha mãe. Todo mundo me diz o que fazer, me critica, me dedura. Eu estou preso no meio."

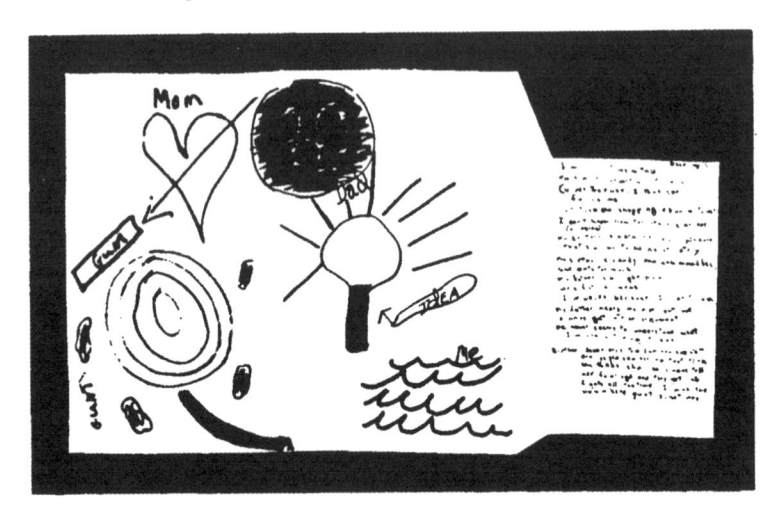

Uma garota de 15 anos afirmou acerca de seu desenho: "Eu sou mais próxima da minha mãe (um coração atravessado por uma flecha); ela às vezes é boazinha demais. Ela cede muito facilmente. Eu acho que ela me favorece. Ela me leva para fazer compras e compra coisas para mim. Eu não sei como os outros filhos se sentem (um irmão de 11 e uma irmã de 13). Meu irmão é uma bola de boliche porque ele só fala disso ultimamente. Minha irmã é toda doces e chicletes. Ela come demais. Meu pai é uma lâmpada — ele é cheio de ideias. Eu sou ondas porque amo nadar. Meu pai me ouve, mas nós sempre acabamos discutindo — ele nunca parece entender o que eu estou tentando dizer". O desenho dela foi feito numa sessão familiar em que toda a família participou, fazendo esses desenhos e se abrindo uns aos outros como nunca tinham feito.

Diante da última afirmação da garota, o irmão de 11 anos falou: "É, ela uma vez contou para o papai como se sentia e ele a elogiou por isso, então agora ela acha que sempre pode contar o que sente e eles brigam o tempo todo. Eu queria que ela ficasse quieta às vezes". O irmão, que não gosta nem um pouco de conflitos, disse acerca de seu próprio desenho: "Eu sou uma abelha na minha flor preferida. Minhas irmãs são borboletas. Meus pais são pássaros. Tudo está se movendo — eu gosto de coisas que se movem. Tudo é feliz, claro e fluido. (Seu desenho incluía muitas linhas fluidas e coloridas.) O sol fuma um cachimbo como o papai. Ele diz: 'Eu gosto da sua família aí embaixo!' As coisas são boas agora que o papai não bebe mais. Estamos todos nos dando melhor. Nós, os filhos, não brigamos *nenhuma* vez esta semana. Eu parei de roubar há quatro meses. Decidi que não valia a pena. Ainda me meto em problemas, mas por pequenas coisas. Eu gosto de manter a paz, de que as coisas estejam em paz. Não gosto de brigas".

Para este exercício, muitas vezes eu vario as instruções ao trabalhar com a imagem completa. Depois de uma descrição geral feita pela criança, posso pedir que ela diga uma frase sobre cada pessoa, se isso parecer estar faltando na descrição; ou que diga algo para cada pessoa no desenho, ou faça cada pessoa dizer algo para ela; ou posso ser mais específica sobre o que quero que seja dito: "Diga algo de que você gosta e algo de que não gosta para cada uma, ou sobre cada uma". Posso lhe pedir que crie um diálogo entre dois símbolos quaisquer. Emerge tanto material desse exercício que às vezes me sobrepassa. Falar através dos desenhos é muito mais seguro e fácil do que falar uns para os outros numa sessão familiar, ou para mim numa sessão individual. Esse mesmo exercício (ou qualquer outro exercício deste livro) pode ser feito mensalmente, e a cada vez se revelam novos sentimentos e materiais. Também é divertido e interessante voltar e observar os velhos desenhos e conversar com a criança sobre o que continua sendo verdadeiro e o que mudou.

Uma menina de 13 anos: "O meu pai é o mais legal — eu gosto mais dele. Sou ligada a ele (círculo amarelo com coração no centro). Eu sou redonda para ser como ele (ela é um círculo com uma linha que a liga ao pai) e também porque acho que sou gorda. A minha mãe é super amorosa (uma flor rosa). O meu irmão está no meio, ligado a todos. A minha mãe é mais próxima da minha irmã — elas estão ligadas. A minha irmã é um muro de tijolos (desenho de um muro de tijolos) porque não consigo chegar até ela. Eu a desenhei como um muro azul porque é a cor favorita dela e eu queria ser legal com ela. Eu queria que fôssemos próximas".

Muitas vezes, numa sessão familiar, passamos do desenho à pessoa. Eu pedi a essa menina que contasse diretamente à irmã que ela gostaria de ser mais próxima. A resposta da irmã: "Nós não temos muito em comum". Esse foi o começo. Numa sessão posterior em que a família fez desenhos similares, a menina de 13 anos desenhou um muro com um buraco e falou: "Estou começando a me abrir".

Uma menina de 11 anos desenhou a família meramente como manchas coloridas, com um código de cores no canto. Cada cor significava uma coisa para ela — sua cor favorita, uma cor triste etc. Isso foi ideia dela, e desde então passei a usar essa ideia com outras crianças. Outras usaram formas — quadrados, círculos etc. — em vez de cores.

Embora a maioria das crianças não entenda a palavra "símbolo", elas têm uma capacidade incrível de entender e usar o significado da palavra. Eu uso a palavra "símbolo" em minhas instruções e lhes dou vários exemplos do que quero dizer.

Também posso pedir a elas que desenhem sua família ideal em símbolos. Uma menina de 13 anos usou apenas grupos de círculos, triângulos, pontos e estrelas para sua família. "O meu pai é o triângulo laranja. Sou mais próxima dele, apesar de ele não morar com a gente. Eu gosto de fazer as coisas com ele. Ele é mais legal desde que se separou da minha mãe. Eu brigo muito com a minha irmã e a minha mãe. Tem muita discussão, muita briga o tempo todo. Estamos sempre envolvidas demais, sabemos tudo umas das outras. Eu gostaria de fugir às vezes. Minha família ideal é esta flor aqui. Eu sou o ponto laranja no meio." Toda essa informação veio à tona quando ela explicou as formas no desenho, e apontou para elas enquanto falava. Foi apresentado como algo corriqueiro — "É assim que as coisas são".

As crianças mais novas, geralmente antes dos 8 anos, preferem desenhar pessoas reais quando lhes pedimos que desenhem sua família (embora às vezes concordem em desenhar animais). Pedir a uma criança que desenhe sua família é uma técnica tradicional de diagnóstico, e certamente é possível aprender muito sobre a criança com base nesse tipo de desenho. Usar as informações para se relacionar e trabalhar com a criança torna essa tarefa muito mais útil e significativa.

Uma criança de 7 anos, quando lhe pedi que desenhasse sua família, continuamente fazia a "coisa errada", em sua opinião. Ela desenhou a mãe mais alta do que o pai, e disse: "Ah, eu errei, minha mãe é mais baixa do que o meu pai". Então escreveu os nomes sobre as figuras e começou a escrever "mamãe" sobre a cabeça do pai. Ela riscou a palavra e falou: "Ah, é papai". Primeiro fez ambos os braços do pai atrás das costas. Depois mudou um braço de modo que estivesse estendido em direção ao braço da mãe (que também o tinha atrás das costas), dizendo: "Eu deveria fazer o meu pai segurando o braço da minha mãe. É assim que deveria ser". A essa altura, estava claro para mim que havia algo acontecendo com seus sentimentos em relação ao pai, e pude focar parte das sessões seguintes em tentar fazê-la expressar quais eram esses sentimentos. Então ela desenhou um bebê, um menino de 7 meses, a uma certa distância dela mesma, da mãe e do pai, que agora estavam juntos e tocando uns nos outros. O bebê estava sozinho e sua boca era redonda, como se estivesse aberta. Ela e a mãe estavam sorrindo, ao passo que a boca do pai estava um tanto séria. Eu perguntei: "O bebê está chorando?" Laura respondeu: "Está".

"Por que ele está chorando?"

Laura: "Bem, ele não está de mãos dadas comigo."

Então ela desenhou uma casa em volta de toda a família, incluindo o bebê.

"Você está feliz de que o bebê esteja na casa?"

Laura: "Ah, sim. Eu gosto muito dele. Ele gosta de mim."

"Você às vezes fica feliz de que o bebê não esteja lá?" (Esta parece ser uma pergunta peculiar agora que a escrevo, mas Laura pareceu entender seu significado.)

Laura: "Às vezes eu queria que ele não tivesse nascido!"

Então ela começou a me contar que sua mãe a deixa segurar o bebê e cuidar dele, mas que ele é muito chato. Ela foi ficando cada vez mais aberta em relação aos seus sentimentos, e cada vez mais confortável com a ideia de que poderia ter ao mesmo tempo sentimentos positivos e negativos em relação ao bebê.

Um incidente similar ocorreu com um menino de 5 anos. Eu lhe pedi que fosse o bebê em seu desenho.

Jimmy: "Unhééé, unhééé!"

"Quando isso acontece?"

Jimmy: "De noite, e eu não consigo dormir."

"É, isso deve te deixar muito irritado."

Jimmy: "É, eu não consigo dormir, e fico cansado."

"Sua mãe sabe disso?"

Jimmy: "Não, minha mãe não sabe."

Então, começou a expressar a raiva que sentia da mãe, quem, segundo sentia, não percebia quanto o bebê estava interferindo na vida dele. A mãe me havia dito. "Ah, ele ama o bebê. Não tem nem um pouco de ciúme". Ele ama o bebê, mas o bebê também ocupa todo o tempo da mãe e o desperta à noite e o deixa irritado. De algum modo, ele não conseguia ou não estava disposto a expressar esses sentimentos diretamente para a mãe, e os expressava de outras maneiras: urinando na cama e se comportando mal na escola. Eu lhe pedi que conversasse com a mãe e com o bebê em seu desenho, e depois que expressou seus sentimentos ele começou a conversar comigo sobre seu orgulho: ia ensinar muita coisa a esse bebê; afinal, é seu irmão mais velho!

Um menino de 8 anos, incendiário, fez um desenho de sua família com a mãe, o pai e a irmã todos juntos, mas desenhou a si mesmo bem longe, na outra ponta. Ao olhar para um desenho como esse, eu poderia deduzir o que está acontecendo. Mesmo que eu esteja correta, escrever isso num relatório não ajuda a criança em nada. Mas se eu puder fazê-la expressar seus sentimentos sobre o que está acontecendo, estamos a caminho de resolver a situação. Depois que Lance descreveu seu desenho, contando-me quem era cada pessoa, eu lhe pedi que me contasse sobre cada uma delas — o que cada uma fazia o dia todo, e o que cada uma gostava de fazer. Então falei: "Você parece muito distante do resto da família no seu desenho".

Ele respondeu: "Bem, eu não tinha muito espaço para mim daquele lado".

"Ah", falei, "Eu pensei que talvez seja assim que você se sente às vezes com a sua família — distante deles."

"Bem, sim, eu me sinto às vezes. Acho que eles dão mais atenção para a minha irmã do que para mim. Estão sempre gritando comigo por tudo, não importa o que eu faça".

Este foi o começo de muita comunicação entre nós sobre seus sentimentos. Mais tarde, quando trabalhei com a família inteira, eu mencionei isso (com a permissão de Lance), e esse foi o primeiro indício que eles tiveram de tais sentimentos. Antes disso, Lance havia sido incapaz de conversar seriamente sobre o que estava sentindo na presença da família. De fato, talvez nem estivesse ciente do que sentia. Às vezes ouvimos os adultos dizerem: "Preciso ordenar meus sentimentos". As crianças também ficam bagunçadas e confusas.

A ROSEIRA

No livro *Awareness — Exploring, experimenting, experiencing* [*Tornar-se presente — Experimentos de crescimento em Gestalt-terapia*], de John Stevens, há algumas fantasias maravilhosas que podem ser usadas junto com desenhos. Uma que uso com frequência é a fantasia da roseira. Peço às crianças que fechem os olhos, entrem em seu espaço e imaginem que são roseiras. Quando faço esse tipo de fantasia com crianças, lhes dou muitas sugestões e possibilidades. Penso que as crianças, especialmente aquelas que são defensivas e muitas vezes reprimidas, precisam dessas sugestões para se abrirem à associação criativa. Elas escolhem a sugestão que mais se adequa à sua vida ou percebem que podem pensar em muitas outras possibilidades.

Então, eu poderia dizer: "Que tipo de roseira você é? Pequenina? Grande? Gorda? Alta? Você tem flores? Se tem, de que tipo? (Não precisam ser rosas.) De que cor são as suas flores? Você tem muitas, ou só algumas? Já desabrocharam, ou são apenas botões? Você tem folhas? De que tipo? Como são seu caule e seus galhos? Como são suas raízes?... Ou talvez você não tenha nenhuma. Se sim, são longas e retas? São retorcidas? São profundas? Você tem espinhos? Onde você está? Num quintal? Num parque? No deserto? Na cidade? No campo? No meio do oceano? Há árvores? Animais? Pessoas? Pássaros? Você parece uma roseira, ou parece outra coisa? Tem alguma coisa em volta de você, como uma cerca? Se sim, como é? Ou você está num lugar aberto? Como é ser uma roseira? Como você sobrevive? Alguém cuida de você? Como está o clima neste instante?"

Então eu peço às crianças que abram os olhos quando estiverem prontas, e desenhem sua roseira. Geralmente acrescento: "Não se preocupem com seu desenho; vocês poderão explicá-lo para mim". Mais tarde, quando a criança explica o desenho para mim, eu anoto a descrição. Peço que descreva a roseira no tempo presente, como se ela fosse a roseira. Às vezes faço perguntas como: "Quem cuida de você?" Depois da descrição, eu volto e leio cada frase, perguntando à criança se o que ela disse como roseira se encaixa de alguma forma em sua própria vida.

Carol, de 10 anos, disse acerca de sua roseira: "Estou começando a florescer. Sou de todas as cores porque sou mágica. Minhas raízes são longas e curtas e emaranhadas. Como sou mágica, não preciso de ninguém para me ajudar. Quando tenho sede, faço chover, e se há água demais faço o sol sair. Tenho botões de várias cores nas minhas folhas. Cresço num lugar especial onde é muito verde e ensolarado. Estou sozinha; a grama, o sol, o ar, o vento e o céu são meus amigos. Hoje o céu está azul e está bonito e ensolarado. Não tenho espinhos que possam machucar. Eu nunca vou morrer".

Quando eu li cada frase de volta para ela, Carol falou acerca de si mesma: "Estou começando a crescer. Às vezes não preciso de ninguém que me ajude. Às vezes me sinto sozinha. Eu sei que vou morrer". Grande parte do que Carol disse como roseira pareceu extremamente significativo para mim, conhecendo-a tão bem como eu a conhecia. Nós conversamos sobre o

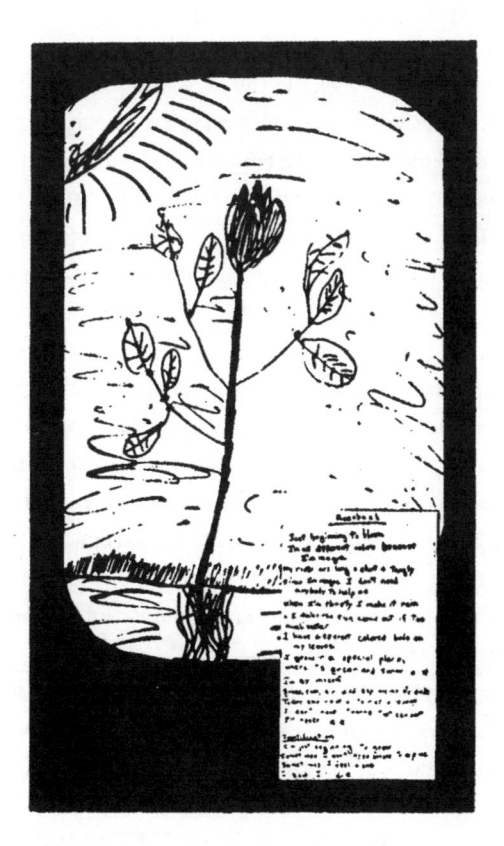

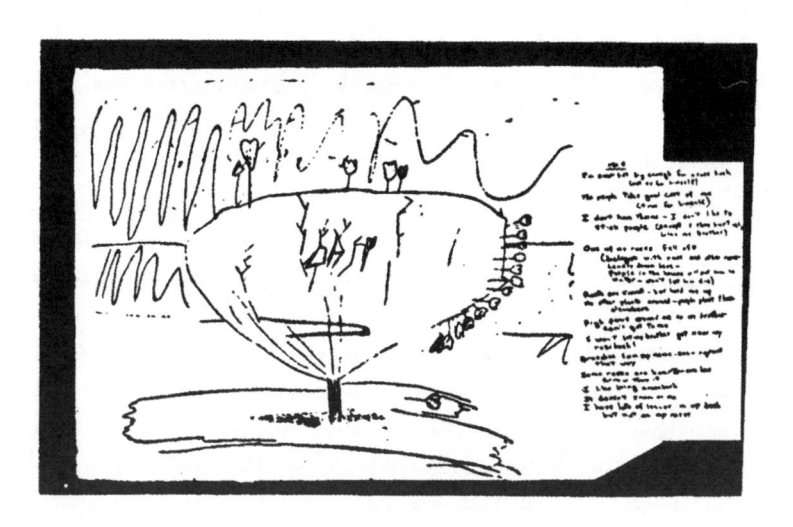

que era mais importante para ela. Eu poderia gentilmente tê-la levado a falar sobre algumas outras áreas se tivesse sentido necessidade de fazê-lo, como seus sentimentos sobre ser mágica ou sobre desejar ser mágica. Talvez ela não tivesse desejado falar sobre isso, e tudo bem. Ela estava muito disposta a falar sobre as coisas que tinha escolhido abordar.

David, de 9 anos, disse acerca da roseira: "Eu sou pequena, mas grande o bastante para uma roseira. As pessoas cuidam muito bem de mim e me dão muita água. Eu não tenho espinhos e não gosto de espetar as pessoas, a não ser que elas me machuquem, como o meu irmão. Uma das minhas rosas caiu. Minhas raízes são pequenas, mas me mantêm em pé. Não há outras plantas por perto; as pessoas as plantam em algum outro lugar. Há uma cerca alta em volta de mim, para que o meu irmão não consiga se aproximar, eu não vou deixar o meu irmão chegar perto da roseira! Os galhos formam o meu nome e cresceram dessa maneira. Algumas rosas são corações; um deles é atravessado por uma flecha. Eu gosto de ser uma roseira. Não neva em cima de mim. Tenho um monte de folhas no meu arbusto, mas não nas minhas rosas".

David aplicou muito do que disse à sua própria vida. Ele tinha muitos sentimentos de raiva em relação ao irmão, os quais vieram à tona em grande parte das atividades que realizou comigo. Também tinha muitas reclamações acerca de seus pais, e agora, como roseira, conseguiu sentir que "as pessoas (seus pais) cuidam muito bem de mim". Eu lhe pedi que criasse um diálogo com a rosa que caiu do arbusto. Como rosa, ele disse: "Sou muito solitária no chão, mas as pessoas da casa vão me colocar na água e não vão me deixar morrer". Em diversas ocasiões, ele expressara sentimentos de ser "descartado", abandonado, ignorado. Este era um sentimento novo em relação a si mesmo — que seus pais o amavam e cuidavam dele.

Gina, de 8 anos, falou: "Eu tenho rosas vermelhas, não tenho espinhos, nem folhas, nem raízes. O solo me ajuda. Estou na Disneylândia, porque gosto de ser feliz. Estou protegida — não como na minha vida; o cuidador cuida de mim e me rega uma vez por dia. O dia está ensolarado. Eu sou bonita. Às vezes sou solitária. Vou ver o meu pai esta noite. Sou pequena e cheia. Eu queria ser baixa — sou alta demais. Nunca chove — eu não gosto de chuva. Às vezes neva — eu sinto falta da neve aqui. Eu vejo gente. Estou cercada de grama. Posso crescer mais facilmente se não tenho raízes; se quiserem me replantar, será mais fácil. Eu sempre tenho botões".

Às vezes as crianças se identificam facilmente com a roseira, como Gina fez. Gina é adotada e seus pais se separaram; desde a separação, ela tem tido muitos sentimentos desconfortáveis sobre sua situação — muita ansiedade sobre o que poderia lhe acontecer. Sua identificação com uma roseira tornou mais fácil para nós começar a lidar com suas preocupações.

Cheryl, de 10 anos, morou em várias casas de acolhimento desde que sua mãe a abandonou quando ela tinha por volta de 5 anos. Por questões legais, ela não podia ser adotada permanentemente até pouco tempo atrás. É uma menina muito bonita e inteligente, e começou a fazer terapia por causa de sonambulismo e pesadelos terríveis. Ela disse acerca de sua roseira: "Eu sou muito grande. Tenho flores de todas as cores. Não tenho galhos retos; eles são inclinados e curvos. Estou em terra fofa e tenho raízes compridas, enterradas bem fundo no solo. Tenho uma porção de amigos — os pássaros pousam na cerca para conversar comigo. Tem uma cerca preta e grande ao meu redor, para que as pessoas não pisem em mim nem me arranquem. Eu vivo num quintal. Sou só uma roseira comum. Tenho folhas verdes".

Eu perguntei: "Quem toma conta de você?"

"A natureza cuida de mim — a chuva e o sol e o solo."

"Quem mora na casa?"

"Algumas pessoas."

"Você gosta delas?"

"Eu nunca as encontro; elas estão sempre indo para algum lugar. Eu estou sozinha."

A partir dessa experiência, pudemos lidar abertamente com algumas questões que estavam muito bem guardadas dentro de Cheryl. Uma delas era a "cerca preta e grande" que a protegia. Ela falou sobre sua necessidade de proteção para não se machucar. Ela era uma criança indiferente, e outras crianças muitas vezes a chamavam de "metida". Conversamos sobre as pessoas de sua roseira e sobre seu próprio relacionamento com as pessoas que cuidam dela. Isso nos levou aos seus sentimentos em relação à sua mãe e à questão da adoção. Embora fosse óbvio que essas coisas a vinham incomodando, Cheryl não falava sobre elas, até esse momento. O desenho da roseira e outras atividades similares libertaram alguma coisa dentro dela. Ela realmente se sentia só como a roseira, mas nunca havia falado com ninguém sobre esse sentimento. No fim dessa sessão, ela falou: "Ah, sim, mais uma coisa. Eu sou uma roseira famosa por causa das minhas cores".

A GARATUJA

Em *Art as therapy with children* [A arte como terapia com crianças], Edith Kramer descreve o uso (e o mau uso) da técnica da garatuja com pré-adolescentes. Eu considero a garatuja um método inofensivo de ajudar as crianças a expressarem abertamente algo de seu eu interior. O procedimento original consiste em primeiro fazer a criança usar o corpo inteiro para fazer um desenho no ar com grandes movimentos rítmicos. Depois, a criança, de olhos fechados, desenha esses movimentos num papel grande. Eu gosto da ideia de fazer as crianças fingirem que há um papel gigante na frente delas, tão largo e tão alto quanto seus braços possam alcançar. Peço à criança que imagine que está segurando um giz de cera em cada mão e rabisque no papel imaginário, tratando de que cada cantinho e cada parte do papel seja tocada. Esse exercício corporal parece ter o efeito de afrouxar e libertar a criança para uma garatuja menos contida no papel de verdade.

Então, peço à criança que rabisque no papel, às vezes com os olhos fechados, outras vezes com os olhos abertos. O passo seguinte consiste em examinar a garatuja de todos os ângulos, encontrando formas que insinuem uma imagem, e então completar a imagem, obliterando linhas conforme desejado. Às vezes as crianças encontram várias imagens pequenas; outras vezes contornam e colorem uma imagem grande de uma cena coesa. Elas se divertem conversando sobre as formas que encontram e às vezes imitando essas formas — como quando observam as nuvens e imitam as formas que encontram. As crianças me contam histórias sobre suas imagens. Às vezes, se uma criança só consegue encontrar uma imagem pequena, eu lhe sugiro que crie uma cena e incorpore essa imagem.

Melinda, de 8 anos, desenhou uma grande cabeça de menina. Eu lhe pedi para *ser* essa menina e falar sobre si mesma. Ela ditou uma pequena história e eu fui anotando. "Eu sou uma menina com cabelo bagunçado e acabei de acordar. Meu nome é Melinda. Eu pareço um cachorro felpudo. Não estou bonita. Estaria bonita se o meu cabelo estivesse penteado. O meu cabelo tem várias cores. Eu fui para a piscina e o meu cabelo é comprido e eu não usei touca, então ficou de várias cores. Aconteceu com a minha amiga — o cabelo dela ficou verde. Eu queria ter cabelo comprido, e vou ter. Gosto de cabelo comprido." Ao contar sua história, Melinda facilmente começou a falar de sua imagem de si, de seus sentimentos sobre sua aparência e de como ela se via como pessoa.

Cindy, de 8 anos, encontrou muitos chapéus na sua garatuja. Esta é a sua história: "A história dos chapéus. Estes chapéus têm problemas. Um chapéu tem um problema porque tem botões. Outro tem um problema

porque se manchou quando foi lavado e ninguém quer usar. Um chapéu tem um problema porque ficou todo pintado de bolinhas, e o chapéu de duas cabeças tem um problema porque tem buracos com remendos e ninguém quer usar, e um chapéu está feliz porque é bonito e roxo e alguém está usando. Um chapéu está triste porque é todo listrado e ninguém quer comprar. O chapéu roxo é mágico, e com ele você não ouve gritos. Eu estou usando o chapéu roxo". É interessante notar que todos os chapéus de Cindy são masculinos. Eu não mencionei isso para ela, mas agora, enquanto escrevo, gostaria de saber o que ela teria dito a esse respeito. O que fiz foi lhe pedir que imaginasse que estava usando seu chapéu mágico e me contasse mais sobre os gritos que ela não ouvia.

Carol, de 11 anos, desenhou um grande pato na água. Sua história: "Eu sou um patinho. Tenho asas, mas ainda não sei voar. Quando eu nasci, estava todo molhado, mas ganhei penas e agora sou fofinho. Eu moro na água e sigo a minha mãe para todo lado — nós moramos num parque e tem um lago. Quando as pessoas vêm, às vezes nos alimentam com migalhas de pão. Eu tenho patas que me ajudam a me locomover pela água, e os dedos têm pele no meio". Eu pedi a Carol que se comparasse com o pato. Ela

disse: "Eu também mudei muito desde que nasci, mas ainda preciso da minha mãe. Ainda não tenho idade suficiente para me cuidar sozinha". Carol era uma criança que ficava muito tempo sozinha.

Um menino de 8 anos desenhou uma figura de um menino sentado bem no meio da sua garatuja. Ele desenhou um balão de história em quadrinhos saindo da sua boca com a palavra "Ha!" escrita dentro nove vezes. Eu lhe pedi que fosse o menino e contasse do que estava rindo. Ele falou: "Estou rindo porque este rabisco está impedindo todo mundo de vir até mim. É como uma cerca ao meu redor. Eu consigo vê-los, mas eles não conseguem se aproximar". Pode-se adivinhar para onde fomos a partir daí.

Greg, de 13 anos, tinha muita dificuldade de encontrar imagens em suas garatujas. Ele olhou para a primeira que fez, a virou de um lado para outro, e finalmente disse que não havia imagem alguma. Eu falei: "Está bem, aqui está outra folha de papel; tente de novo". Ele fez uma garatuja e, depois de examiná-la atentamente, não conseguiu encontrar uma imagem. Então lhe pedi que fizesse mais uma. Dessa vez, encontrou um rosto muito pequeno. Ele fez um quarto desenho, e dessa vez desenhou vários peixes, um sendo pescado, um polvo sendo atravessado por uma flecha e um peixe nadando ao lado. Ele falou: "Eu sou um peixe roxo e amarelo. Todo mundo está sendo levado, mas eu estou nadando sozinho em segurança". Eu lhe pedi que fizesse um poema simples, estilo haicai, com base na imagem:

peixe
roxo amarelo
nadando sozinho em segurança
vindo na hora certa
peixe

Ele quis muito fazer mais uma garatuja. Desenhou peixes outra vez. Falou: "Um monstro enorme está tentando pegar este peixe. O amigo do peixe, uma espécie de animal usando um boné, está puxando o peixe por

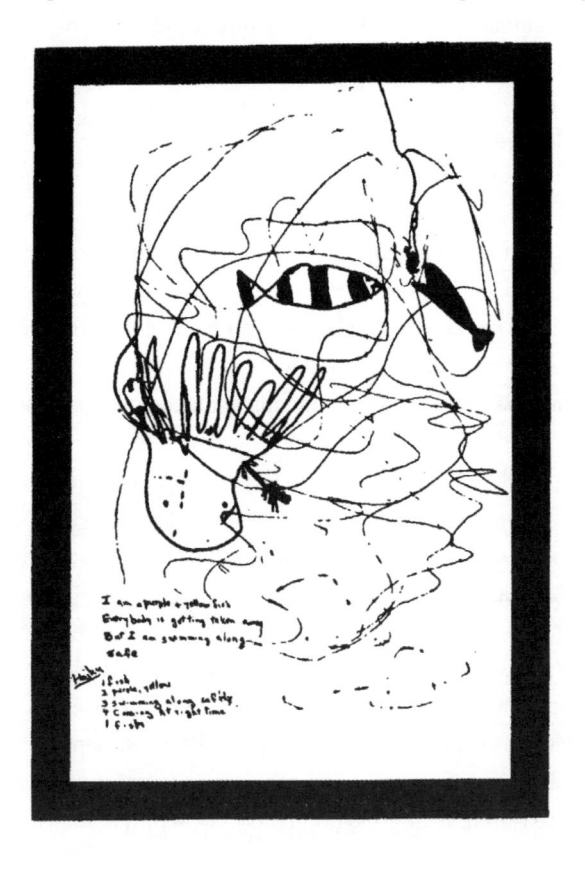

uma corda para salvá-lo. Eu sou o peixe sendo salvo". Quando lhe perguntei se algo do que ele havia dito tinha alguma relação com sua própria vida, ele falou sobre o primeiro peixe na imagem: "Eu consigo me manter longe dos problemas", e sobre o segundo: "Acho que eu sou salvo de me meter em problemas, mas não sei como". Greg sofria de sintomas físicos psicossomáticos (incluindo enurese noturna) e essa foi uma boa abertura para eu começar a abordar a maneira como ele usava esses sintomas para se proteger. Greg era muito sociável e quieto, nunca mostrava raiva nem admitia que houvesse algo de errado em sua vida. Ele me perguntou por que não tinha conseguido ver nenhuma imagem nas primeiras garatujas, e eu falei que talvez só agora ele estivesse começando a soltar seus olhos, a deixá-los "percorrer" o desenho. Ele concordou e imediatamente pegou sua primeira garatuja e desenhou uma mão agarrando um muro. Disse que um homem estava tentando pular o muro, mas que não conseguia segurar firme e estava tendo dificuldade. Então olhou para mim e falou: "Talvez este seja eu tentando descobrir o que há do outro lado".

IMAGENS DE RAIVA

De tempos em tempos uma criança expressa raiva intensa durante a sessão, e posso usar a ocasião para mostrar a ela que desenhar os sentimentos pode oferecer um alívio. Um menino de 11 anos ficou muito furioso ao falar sobre o irmão. Eu lhe pedi que desenhasse o que sentia no momento. Ele pegou um giz de cera preto e grosso e riscou o papel freneticamente. Quando terminou, parecia calmo e relaxado.

Uma menina de 13 anos fez a mesma coisa com giz de cera vermelho e laranja, e intitulou seu desenho "Fervendo de raiva". Mas ela não parecia estar relaxada, e percebi que seus traços não fluíam como os do menino que mencionei antes; eram traços separados e distintos, cada um deles encerrado em seu próprio contorno dentado. Pedi a ela que fosse um daqueles riscos vermelhos intensos, e ela falou: "Eu sou uma cor muito furiosa e estou trancada". Ela disse que embora pudesse sentir intensamente sua raiva, era verdade que não sabia expressá-la. Então pudemos conversar sobre o que ela estava fazendo consigo mesma e sobre maneiras apropriadas de extravasar esses sentimentos.

Um desenho feito por outra menina de 13 anos, depois que lhe pedi que desenhasse sua raiva, mostrava algumas cores claras e vivas cercadas por uma borda preta bem grossa. Quando lhe pedi que me contasse sobre

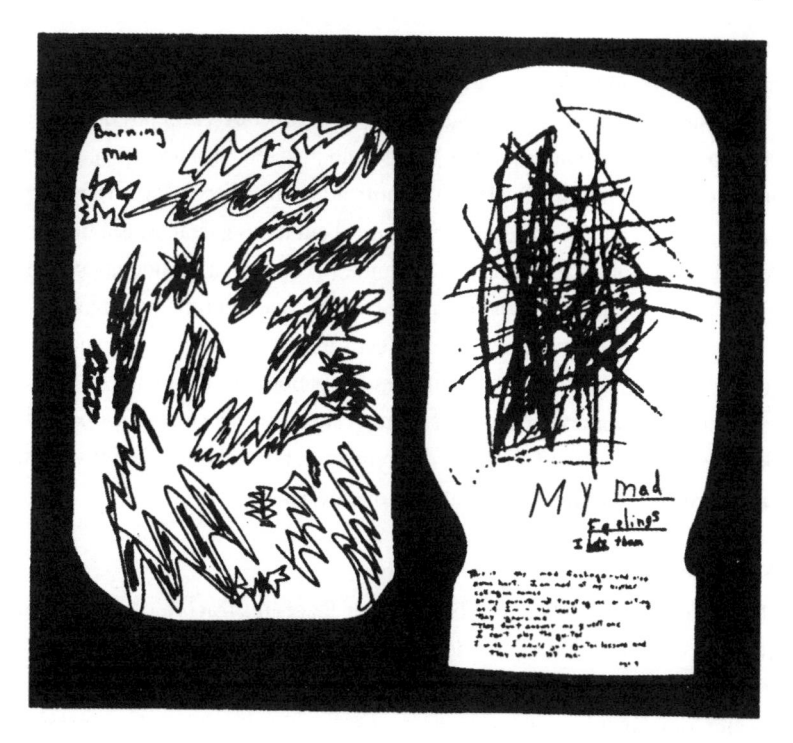

o desenho, ela falou: "A raiva me cerca e comprime os bons sentimentos e eles não conseguem sair". Sua declaração descrevia com exatidão o seu comportamento. As pessoas em sua vida raramente viam algum de seus bons sentimentos; só viam sua depressão e seu mau humor. A partir desse desenho, eu pude começar a ajudar essa menina a falar sobre sua ira, sobre as coisas que a irritavam, e a encontrar maneiras de expressar sua raiva para que bons sentimentos pudessem emergir. Parte disso conseguimos fazer no meu consultório com desenho e argila usando uma Bataca (um bastão revestido de espuma resistente), mas ela precisava aprender a tomar conta de si fora do consultório. Precisava aprender a dirigir parte do seu ressentimento verbalmente para a origem deste. Para as crianças que são constantemente caladas, não é fácil ser diretas e honestas sobre o que estão sentindo — a não ser que os sentimentos sejam aprovados pelos adultos em sua vida. Nesse caso, eu consegui trazer a família ao consultório para algumas sessões conjuntas. Eu já havia tentado isso previamente e essa criança se sentou num canto, amuada; agora ela foi capaz de manter sua posição, de convocar sua própria força e apoio.

MINHA SEMANA, MEU DIA, MINHA VIDA

Eu consigo ter uma ideia da vida da criança pedindo a ela que faça um desenho de sua semana, ou do seu dia, ou da sua vida. O desenho nos dá abertura para conversar. Uma criança, ao desenhar o seu dia, fez, entre muitas outras coisas, um retângulo grande identificado como "escola", com a palavra *"YUCK"* ["ARGH", uma expressão de desgosto] em letras garrafais. Ela também desenhou um coração atravessado por uma flecha e uma grande inicial dentro dele — a inicial do menino de quem gostava. Seus sentimentos em relação à escola e seus anseios por esse menino consumiam grande parte de sua energia. Algumas crianças fazem desenhos esparsos porque é assim que se sentem em relação à própria vida. Às vezes, sem receber instrução específica para tal, elas fazem um desenho fantasioso de como gostariam que seu dia ou semana fosse, e isso me dá muito material com que trabalhar.

O RABISCO

O rabisco é uma técnica que consiste em fazer um traço aleatório, geralmente preto, sobre uma folha de papel e pedir à criança que termine o desenho. Depois, a criança pode contar uma história sobre o desenho, encená-lo, falar sobre ele etc.

Há adaptações do rabisco na forma de livro de colorir. Um deles se chama *The non-coloring book* [O livro de não colorir] e outro, *The un-coloring book* [O livro de descolorir]. Ambos empregam uma série de garatujas, em vez de um único traço indefinido, e estas podem ser completadas para formar figuras. Elas são mais sugestivas de conteúdo do que o rabisco.

Em seu livro *Therapeutic consultation in child psychiatry* [*Consultas terapêuticas em psiquiatria infantil*], D. W. Winnicott descreve um método para entrar em contato com as crianças, usando o que chama de Jogo do Rabisco. Seu método consiste em sentar-se com uma criança em uma mesa com dois lápis e algumas folhas de papel à sua frente. O terapeuta fecha os olhos, faz um rabisco no papel e pede à criança que o transforme em alguma coisa; e a criança também faz um rabisco para que o terapeuta transforme em alguma coisa. À medida que o procedimento avança, eles conversam sobre as figuras e qualquer outro material que surja. Fica claro, com base nesses estudos de caso, que uma boa dose de comunicação resulta dessa maneira única de fazer uso de um velho jogo.

CORES, CURVAS, LINHAS E FORMAS

Eu gosto de incentivar crianças mais velhas, adolescentes e adultos a desenharem seus sentimentos e respostas em cores, curvas, linhas e formas. Eu as encorajo a buscar a expressão de sentimentos em vez de desenhar coisas reais. Um bom método que encontrei é pedir a uma pessoa ou grupo que observe algum objeto que considero muito bonito durante cinco minutos, e então desenhe os sentimentos que esse objeto lhe despertou usando apenas cores, linhas e formas. Alguns objetos que uso são: uma flor, uma folha, uma planta, uma concha, um pôr do sol (se possível) ou uma pintura. De fato, qualquer objeto serve para despertar algum tipo de sentimento — um utensílio de cozinha, um brinquedo, algum item doméstico. Ou posso fazê--los ouvir uma bela música.

Às vezes as pessoas necessitam de uma espécie de treinamento para se permitirem relaxar, confiar em seus próprios sentimentos e na expressão desses sentimentos. Posso pedir às crianças: "Faça um desenho de como você se sente todos os dias a uma mesma hora. Traga todos esses desenhos na nossa próxima sessão para que possamos examiná-los". Eu provavelmente primeiro as faria praticar isso comigo. "Feche os olhos e perceba como você se sente, como sente o seu corpo. O seu estado de ânimo muda, as sensações no seu corpo mudam. Observe como estão agora. Então, expresse isso no papel usando apenas cores, linhas e formas." Muitas vezes, eu mesma faço isso para dar às crianças uma ideia do que estou pedindo.

DESENHO EM GRUPO

Em algumas ocasiões, convido uma família, ou duas crianças, ou só uma criança e eu, para desenhar algo em conjunto na mesma folha. "Simplesmente desenhe uma porção de linhas e círculos e outras formas e cores numa folha de papel. Veja como você se sente fazendo isso." Às vezes há uma disputa por espaço no papel, e é interessante ver como esse problema é resolvido: um dá espaço ao outro; há um acordo; um invade o território do outro? As crianças mais velhas podem ser instruídas a fazer isso como um exercício silencioso, ao passo que as mais novas necessitam falar. Eu observo o que acontece e depois nós conversamos sobre a experiência. Posso perguntar: "Como você se sentiu ao ser expulsa do seu espaço? Você se sente assim na sua vida? Você se sente assim na sua casa?" Muitas vezes, o processo de uma criança num exercício específico é um bom indicador de seu processo na vida.

Já pedi a um grande grupo de crianças que desenhassem algo juntas. Há várias maneiras de fazer isso, sendo o mural a mais comum. Num grupo de oito crianças, eu dou um papel a cada uma e peço que comecem um desenho. Então, ao meu sinal, todas param de desenhar e o desenho é passado para a criança seguinte, que acrescenta algo a ele. O ciclo é repetido até que, no fim, temos oito desenhos para observar e comentar. As crianças gostam dessa experiência. Elas se divertem falando sobre o que veem nas imagens e partilhando seus sentimentos sobre deixar sua marca em um desenho coletivo.

Outra maneira de fazer um desenho em grupo é ter um único papel; uma criança por vez acrescenta algo ao desenho, enquanto as demais esperam. Como numa história em grupo, a criança pode falar sobre o que está fazendo enquanto as outras observam e escutam. Às vezes eu mesma começo o desenho com um tema em particular. Ou então desenho uma linha ou forma ou mancha colorida e começo a contar uma história sobre isso. A pessoa seguinte continua a história enquanto acrescenta alguma coisa ao meu desenho, e assim por diante. Mais uma vez, o que interessa aqui é o processo de cada criança. Posso começar dizendo: "Era uma vez um pequeno círculo vermelho que morava num grande campo no espaço. Um dia..." A criança seguinte, então, pode dizer: "Um dia, um quadrado roxo apareceu e disse para o círculo: 'você quer brincar comigo?' O círculo respondeu: 'sim' e eles começaram a brincar". A criança seguinte pode dizer: "Então, um triângulo preto grande veio e começou a empurrar o círculo e o quadrado" (linhas pretas saindo do triângulo em direção ao círculo e ao quadrado para representar o empurrão), e assim por diante. Quando o desenho é concluído, posso perguntar à criança que desenhou o círculo como esse círculo se sentiu ao ser empurrado. Depois de um tempo, posso perguntar se *ela* alguma vez empurra os outros em sua vida. Se não surgir nenhum material específico como esse do desenho em grupo, não importa. O que importa é o que acontece: a cooperação do grupo (ou falta de cooperação), a paciência ou impaciência de determinada criança, e assim por diante. Também não devemos subestimar a diversão quase garantida de ser parte da experiência. Muitas crianças com problemas emocionais necessitam de mais experiências divertidas para preservar sua alegria de viver.

DESENHO LIVRE

Muitas vezes, as crianças preferem desenhar ou pintar o que quiserem, em vez de seguir instruções. Isso não prejudica o processo terapêutico; a importância reside no que está em primeiro plano para a criança.

Allen, de 9 anos, desenhou um grande dinossauro verde comendo a copa de uma árvore. No começo, foi mais fácil para ele falar sobre o dinossauro. Então ele se tornou o dinossauro e falou sobre seu grande poder e magnitude, em contraste direto com a impotência que sentia em sua vida.

Phillip, de 6 anos, desenhou uma casa com um ônibus ao lado. Ele contou uma história muito elaborada sobre para onde o ônibus o levava.

Todd, de 5 anos, desenhou uma flor grande ao lado de uma árvore. Eu lhe pedi que as fizesse conversar uma com a outra. Ele falou: "Oi, árvore e flor. *Eu* quero conversar com elas. Oi, árvore e flor. Eu gosto de vocês. Vocês ficam grandes e altas. Vocês acham que eu vou ficar grande e alto algum dia?" Eu anotei isso em seu desenho enquanto ele falava, e li para ele quando terminou. Nós discutimos seus sentimentos em relação a crescer, e então ele me pediu para acrescentar ao que escrevi, em resposta à sua própria pergunta: "Sim".

Carl, de 5 anos, desenhou várias formas. Quando terminou, ele olhou para o seu desenho e ditou: "Esta é uma piscina de bebê, e esta é para pa-

pais e mamães e gente grande. Eu vou para a piscina grande porque sou grande". Isso levou a uma discussão sobre como teria sido quando ele era bebê. "Eu morava com o meu pai e a minha mãe" (agora ele morava numa casa de acolhimento). Numa sessão subsequente, ele declarou, acerca de outro desenho: "Esta é uma piscina de gigantes. Um gigante está nadando nela. Isso é tudo". Ele adorou ser esse gigante. Acerca de outro desenho, falou: "Este é um besouro, sem olhos. Este é o caranguejo. Este é o King Kong. Esta é a viúva-negra. Ela vai pegar algumas pessoas e o bebê a morde. Ele não quer ser morto por um monstro". Por meio de seu próprio processo, Carl estava começando a permitir e vivenciar seus sentimentos de raiva e a recuperar parte de sua própria força.

PINTURA

A pintura tem seu próprio valor terapêutico especial. Conforme a pintura flui, frequentemente a emoção também flui. As crianças gostam de pintar, sobretudo aquelas que já passaram da etapa de educação infantil. Geralmente não têm a experiência de pintar depois dessa idade, exceto, talvez, com pequenos estojos de aquarela. As crianças adoram a qualidade fluida e o brilho das cores das tintas. Elas gostam da experiência de pintar, e muitas vezes lhes sugiro que pintem qualquer coisa, espero e vejo o que acontece.

Nancy, de 7 anos, pintou um céu com nuvens e um grande avião voando. Quando terminou, conversamos sobre sua pintura e sobre voar. Ela pegou o pincel e pintou um ponto em uma das janelas. "Esta é a minha mãe", falou. Eu lhe pedi que falasse mais sobre isso: para onde sua mãe estava indo? "A minha mãe está no avião. Ela está indo para algum lugar — eu não sei para onde." Eu lhe pedi que dissesse alguma coisa à sua mãe no avião. "Eu não quero que você vá embora e me deixe." Eu lhe perguntei se ela falava sobre isso com a mãe às vezes. (Ela e a mãe moram juntas — só elas duas.) E então veio uma enxurrada de medos secretos de abandono. "Não, eu não falo para a minha mãe; falei uma vez e ela disse que era besteira." Esses temores, baseados em um divórcio, uma mudança para longe e a separação de seu pai e de outros familiares próximos, tinham muito que ver com sua atitude queixosa e grudenta em relação à mãe. Trazer isso à tona e permitir que ela tenha seus sentimentos levados a sério teve um grande efeito sobre ela. Passei várias sessões deixando-a focar nesses sentimentos — contando histórias, pedindo-lhe que desenhasse ou encenasse a situação de ser abandonada, como essa bonequinha se sentiria com isso, o que faria, e assim por diante.

Uma vez que o tom, a cor e a fluidez da pintura se prestam tão bem a estados de sentimento, eu poderia pedir a uma criança que pinte uma imagem de como está se sentindo agora, ou de como se sente quando está triste e quando está feliz. As crianças parecem representar sentimentos mais facilmente com tinta do que com qualquer outro meio artístico. Quando elas têm giz de cera ou caneta hidrográfica nas mãos, tendem a ser mais gráficas e figurativas.

Pedi a Candy, de 9 anos, que pintasse como se sentia quando estava feliz e como se sentia quando estava triste. De um lado do papel, ela fez uma pintura abstrata, sobre a qual posteriormente falou: "Eu me sinto separada e aberta. Sinto como se estivesse em toda parte. Os pontos são meus sentimentos que vêm e vão, de todos os tipos, mas principalmente bons". Sobre as linhas e cores que pintou do outro lado, falou: "Eu me sinto nervosa, retraída como um bichinho preto, uma centopeia que se enrola sobre si mesma. Esta é uma imagem de quando penso em dormir fora de casa".

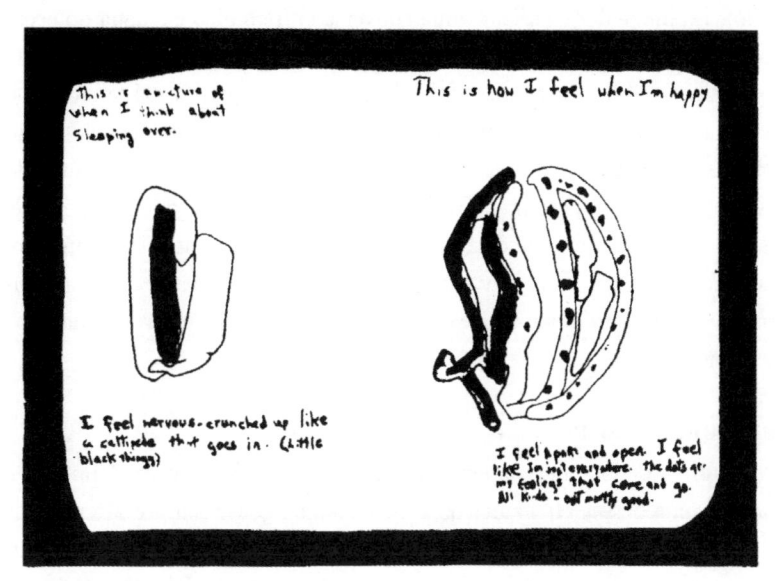

Um menino de 13 anos pintou uma imagem muito grande de como se sentia ao urinar na cama. A pintura consistia em grandes áreas azuis, pretas e cinzas. Antes disso, eu lhe havia perguntado como se sentia e ele meramente encolhera os ombros e dissera: "Não sei".

As crianças pequenas gostam de pintar sem instruções. Elas ficam muito absortas espalhando e misturando cores. Depois descrevem o que veem como uma espécie de história fantástica. John, de 6 anos, disse acerca de sua pintura: "Esta é uma máquina e saem coisas dela. Estes são canos com óleo saindo. O óleo entra aqui. É óleo quente e não se pode tocar". Eu lhe pedi que fosse essa máquina e me contasse a história sobre o óleo novamente. Ele o fez com muita energia. Eu falei: "Você parece uma máquina que está furiosa". "É", ele falou, "eu vou cuspir meu óleo em todo mundo que me incomoda". Então se levantou e caminhou pela sala agachado, com os braços flexionados, rindo e cuspindo e gritando palavras furiosas como "Eu vou pegar você! Cuidado! Cuidado!" Finalmente se sentou no chão perto de mim e conversamos um pouco sobre seus sentimentos de raiva.

Em uma sessão com outro menino de 6 anos, tive uma experiência similar. Ele pintou quase tudo de preto. Do lado havia um pequeno anel de cores vibrantes. Ele falou: "Isso é óleo e água. Tem um pouco de sujeira vindo aqui. Tem água do oceano entrando" (apontando para o anel colorido). Eu lhe pedi que criasse uma conversa entre o óleo e a água do oceano. Ele disse, como se fosse o óleo: "Não chegue perto de mim. Eu vou te estragar. Você vai ficar toda suja". Quando, depois, perguntei se o óleo ou a água se pareciam com seus sentimentos de alguma forma, ele falou: "Esse óleo é quando eu estou com raiva! Não chegue perto de mim quando estou com raiva!" Esse menino tinha machucados por todo o corpo onde havia se arranhado e se cortado — sua única maneira (até esse momento) de fazer algo com a sua raiva. Nós tivemos muitas sessões com tinta e outros recursos para ajudá-lo a expressar sua raiva de maneiras que não fossem autodestrutivas.

PINTURA A DEDO

A pintura a dedo e a argila têm qualidades táteis e cinestésicas. A pintura a dedo é uma dessas atividades que, infelizmente, quase sempre são restritas à educação infantil. Tem tantas qualidades. É reconfortante, fluida. O pintor pode criar imagens e desenhos experimentais e desfazê-los rapidamente. Ele não vivencia o fracasso e não necessita muita habilidade. Pode contar uma história sobre uma pintura que decidiu que está terminada ou falar sobre algo que a imagem o faz lembrar. Eu faço minhas próprias tintas para pintura a dedo usando guache pulverizada sobre um pouco de goma líquida para roupas. Já experimentou fazer pintura a dedo usando vaselina, creme hidratante ou pudim de chocolate? Phillip, de 10 anos, costumava fazer pinturas a dedo em nossas sessões. Ele era uma criança inquieta e não conseguia permanecer sentado na escola. Batia em outras crianças com frequência, discutia com todo mundo, tinha muita dificuldade em sua coordenação motora. Mas sempre que fazia pintura a dedo ficava absorto, parecia calmo e satisfeito e respirava profundamente. Durante muitas sessões de pintura a dedo, não concluiu nenhum trabalho. No entanto, começou a me contar mais sobre a sua vida, seus sentimentos ruins acerca de si mesmo e seus sentimentos em relação aos pais e professores.

Finalmente, um dia, Phillip concluiu sua experiência de pintura a dedo com uma imagem. Ele parecia pronto para se comprometer — forte o suficiente para deixar sua marca. Sua pintura era o rosto de um palhaço. Eu lhe pedi que me contasse uma história sobre seu palhaço. "O meu palhaço faz as pessoas rirem. Todo mundo o acha engraçado. Mas por dentro ele é muito triste. Precisa pintar o rosto e usar roupas engraçadas para fazer as pessoas rirem, ou elas poderiam chorar, porque se ele se mostrasse como é realmente, todo mundo sentiria pena dele." Pela primeira vez, Phillip conseguiu falar sobre o desespero que sentia.

PINTURA COM OS PÉS

Pintura com os pés? Sim, com os pés! Os pés são muito sensíveis, e a maior parte do tempo estão trancados nos sapatos, onde não podem sentir nada. Lynn Pelsinger, terapeuta de crianças, casais e famílias e professora de educação especial, usa a pintura com os pés com grupos de crianças em classes especiais em escolas públicas. Ela pede às crianças que tirem os sapatos e as meias — algo que, infelizmente, não costuma ser incentivado nas escolas — e descrevam como sentem seus pés agora que estão livres. Então anuncia que elas vão pintar com os pés. Depois que a ideia é assimilada, ela pede às crianças que falem sobre o que imaginam que os pés são capazes de fazer. Ela coloca papel pardo no chão e pequenas bandejas de tinta. Em seguida, orienta as crianças a ver quanta tinta conseguem pegar com os dedos dos pés e o que acontece quando soltam a tinta. As crianças experimentam com isso por um tempo e depois pintam com todas as partes dos pés, caminhando sobre o papel para fazer uma variedade de marcas, pintando com vários dedos, com o calcanhar, com a lateral do pé, experimentando com ambos os pés para ver se há diferenças.

Às vezes, Pelsinger dirige a *awareness* para os pés o tempo todo; outras vezes, as crianças experimentam livremente, sem orientação. Ficam disponíveis um balde com água para lavar os pés e toalhas para secá-los. Quando a sessão termina, as crianças se sentam juntas e conversam sobre a experiência. Acabaram de ter uma das experiências mais relaxantes, agradáveis e sensuais de sua jovem vida. Pelsinger afirma que nunca errou a mão (nem o pé) em nenhuma das vivências que conduziu. Há uma sensação de calma e alegria, uma compreensão de que elas estão participando de uma atividade que é especial e privilegiada num ambiente escolar.

Há várias maneiras de usar a pintura com os pés. As crianças podem fazer pinturas individuais, pinturas em grupo e murais. O processo na interação em grupo é frutífero para a discussão posterior. Pelsinger conta sobre sua própria *awareness* dos pés e sapatos das crianças depois de ter apresentado a pintura com os pés pela primeira vez e ouvido o que elas tinham a dizer sobre seus pés, sobre sapatos, sobre meias, sobre caminhar e correr. Ela começou a *observar* a maneira como as crianças andavam. Algumas, com meias rasgadas, pareciam estar caminhando sobre vidro. As crianças com sapatos ou meias que não calçam bem têm um temperamento ruim, genioso — você não teria? Pelsinger notou que, a caminho da escola depois de uma chuva, essas crianças saíam de seu trajeto para molhar os pés, sabendo que ela as deixaria tirar os sapatos.

Quando as crianças terminam a pintura e lavam os pés, ela as ajuda a secá-los com uma toalha e as incentiva a fazer isso umas pelas outras. Massagear os pés dessa maneira é agradável e relaxante, e as crianças adoram. (Pelsinger também observou que, depois de uma chuva, elas estavam mais desejosas de que lhes secasse a cabeça com uma toalha, esfregando o couro cabeludo.)

3. Meu modelo de trabalho

Há inúmeras técnicas específicas para ajudar as crianças a expressarem os sentimentos por meio do desenho e da pintura. Independente do que a criança e eu escolhemos fazer em determinada sessão, meu propósito básico é o mesmo: ajudar a criança a se tornar consciente de si e de sua existência no mundo. Cada terapeuta encontrará seu próprio estilo para alcançar o delicado equilíbrio entre dirigir e guiar a sessão, por um lado, e acompanhar e seguir a criança, por outro. As sugestões apresentadas aqui pretendem apenas lhe mostrar as possibilidades infinitas e libertar seu próprio processo criativo. Não se pretende que sejam seguidas mecanicamente. O processo de trabalho com a criança é orgânico — delicado e fluido. O que acontece dentro de você, terapeuta, e dentro da criança em cada sessão é uma combinação suave.

Os desenhos podem ser usados de infinitas maneiras, para uma variedade de finalidades e em diferentes níveis. O próprio ato de desenhar, sem qualquer intervenção por parte do terapeuta, é uma potente expressão de si mesmo que ajuda a estabelecer a própria identidade e proporciona uma maneira de expressar sentimentos. Usando o desenho como ponto de partida, o processo terapêutico pode se dar das seguintes formas:

1. Pedir à criança que compartilhe a *experiência* de desenhar — seus sentimentos sobre começar e realizar a atividade, como ela iniciou e continuou seu desenho, como foi o seu processo. Isso significa compartilhar quem ela é.

2. Pedir à criança que compartilhe o próprio desenho, descrevendo-o à sua maneira. É uma forma de compartilhar mais sobre si mesma.

3. Num nível mais profundo, promover a autodescoberta da criança pedindo a ela que elabore sobre partes do desenho; que torne algumas partes mais claras, mais óbvias; que descreva formas, contornos, cores, representações, objetos, pessoas.

4. Pedir à criança que descreva a imagem como se fosse ela, usando a palavra "eu": "Eu sou esta imagem; tenho linhas vermelhas por toda parte e um quadrado azul no meio".

5. Escolher coisas específicas na imagem para que a criança se identifique com elas: "Seja o quadrado azul e descreva a si mesma — como você é, qual é a sua função etc.".

6. Se necessário, fazer perguntas à criança para auxiliar o processo: "O que você faz?", "Quem usa você?", "Quem está mais perto de você?" Essas perguntas surgirão de sua habilidade de "entrar" no desenho junto com a criança e de se abrir para as muitas maneiras possíveis de existir, funcionar e se relacionar.

7. Focar a atenção da criança e aguçar sua *awareness* enfatizando e exagerando uma ou mais partes de um desenho. Incentivar a criança a ir o mais longe que puder com uma parte específica, sobretudo se houver alguma energia e entusiasmo em você ou na criança, ou se houver uma excepcional *falta* de energia ou entusiasmo. Perguntas normalmente ajudam. "Aonde ela está indo?", "O que este círculo está pensando?", "O que ela vai fazer?", "O que vai acontecer com ele?", e assim por diante. Se a criança disser que não sabe, não desista; passe para outra parte do desenho, faça outra pergunta, dê sua própria resposta e pergunte à criança se é correta ou não.

8. Fazer a criança criar um diálogo entre duas partes de seu desenho ou dois pontos de contato ou opostos (como a estrada e o carro, ou a linha em torno do quadrado, ou o lado feliz e o lado triste).

9. Incentivar a criança a prestar atenção às cores. Ao dar sugestões para um desenho enquanto a criança mantém os olhos fechados, eu muitas vezes digo: "Pense nas cores que você vai usar. O que as cores vivas significam para você? O que as cores escuras significam? Você vai usar cores vivas ou opacas, claras ou escuras?" Uma criança desenhou seus problemas com cores escuras, e suas alegrias com cores claras e vivas, e havia inclusive uma diferença na intensidade com que pressionava o giz de cera ao usar diferentes cores. Eu poderia dizer: "Estas parecem mais escuras do que estas", para encorajá-la a se expressar, ou: "Parece que você pintou com força esta aqui". Quero que a criança esteja o mais consciente possível daquilo que fez, ainda que não esteja disposta a falar a respeito.

10. Procurar pistas no tom de voz da criança, em sua postura corporal, sua expressão corporal e facial, sua respiração, seu silêncio. O silêncio pode significar censura, pensamento, lembrança, repressão, ansiedade, medo ou *awareness* de alguma coisa. Use essas pistas para ajudar seu trabalho a fluir. A seguir, apresento um exemplo de como observar uma pista corporal foi o fator mais importante para esclarecer uma situação difícil.

Cindy, de 5 anos, foi trazida para uma consulta comigo porque estava tendo dificuldade para dormir. Na sessão, eu lhe pedi que desenhasse sua família, e ela prontamente desenhou a si mesma, a irmã e a mãe. Eu sabia que seus pais eram divorciados e que ela via o pai regularmente. Dei-lhe outro papel e falei: "Eu sei que o seu pai não mora com você, mas também é sua família; você o desenharia aqui?" Por um instante, o pânico atravessou o rosto dela, e desapareceu tão depressa quanto surgiu. Mas percebi sua expressão fugaz e falei com gentileza: "Você teve medo de alguma coisa quando eu te pedi para fazer isso". Ela respondeu bem baixinho: "Bem, a Jill também mora lá". Então falei: "Ah, bom, e que tal desenhar o seu pai e a Jill neste outro papel?" Ela sorriu, alegre, e começou a desenhar. (Foi quase como se precisasse da minha permissão.) Ela gostava da Jill (um fato que surgiu em seus diálogos com as figuras da família), mas a mãe dela, não. Essa menina de 5 anos de idade estava se sentindo responsável pelos sentimentos da mãe e, por causa disso, teve medo de incluir Jill em seu primeiro desenho. Quando falei: "Acho que sua mãe não gosta muito da Jill", ela assentiu e olhou para mim com um ar envergonhado.

Com a permissão de Cindy, pedi à mãe dela, que estava na sala de espera, que se juntasse a nós na sessão. Eu queria dizer a ela que por causa de seus sentimentos negativos em relação a Jill, Cindy não se sentia no direito de desfrutar os sentimentos positivos que tinha, e que ela precisava ajudar a filha a saber que cada pessoa pode ter seus próprios sentimentos, que estava tudo bem Cindy gostar de Jill, ainda que sua mãe não gostasse. Com essa nova *awareness*, ela conseguiu deixar de impor seus próprios sentimentos à filha, e eu não precisei ver Cindy novamente. Um desfecho rápido, baseado em uma pequena pista corporal.

11. Trabalhar com a identificação, ajudando a criança a "reconhecer" o que foi dito sobre o desenho ou partes dele. Posso perguntar: "Você já

se sentiu assim?", "Você faz isso?", "Isso se parece com a sua vida de alguma forma?", "Existe alguma coisa do que você disse como roseira que poderia dizer de si mesma como pessoa?" e assim por diante. Perguntas como essas podem ser formuladas de muitas maneiras. Eu as faço com muito cuidado e gentileza.

As crianças nem sempre precisam "reconhecer" as coisas. Às vezes elas se detêm e têm muito medo de fazê-lo. Às vezes não estão prontas. Às vezes simplesmente parece ser suficiente terem expressado algo por meio do desenho, mesmo que não o reconheçam como seu. Elas percebem que eu ouvi o que tinham a dizer. Expressaram o que necessitavam ou queriam no momento, à sua própria maneira.

12. Trabalhar nas questões inacabadas e situações de vida da criança que surgem do desenho. Às vezes, isso é precipitado pela pergunta: "Isso se parece com a sua vida?"; outras vezes, é a criança quem faz a associação de forma espontânea. Há ocasiões em que ela fica em silêncio de repente, ou sua expressão muda. Eu pergunto: "O que aconteceu?" e a criança geralmente começa a falar sobre alguma coisa em sua vida presente ou sobre algo no passado que se relacione de alguma forma com a situação presente. (E às vezes responde: "Nada".)

13. Observar as partes faltantes ou os espaços vazios nos desenhos e chamar a atenção para eles.

14. Seguir o fluxo do que a criança revela ou seguir o meu próprio fluxo — onde encontro interesse, entusiasmo e energia. Às vezes sigo o que está ali e outras vezes sigo o oposto do que está ali. O menino que desenhou a Disneylândia na fantasia da caverna enfatizou o prazer e a alegria do lugar. Indo na direção oposta, falei: "Acho que a sua vida não tem tanto prazer e diversão".

Normalmente trabalho primeiro com o que é fácil ou confortável para a criança, antes de adentrar os lugares mais difíceis e desconfortáveis. Percebo que, se falamos sobre as coisas mais fáceis primeiro, as crianças ficam mais abertas a conversar sobre as coisas mais difíceis. Quando peço que pintem os sentimentos tristes de um lado do papel e os sentimentos felizes do outro, elas muitas vezes têm dificuldade de partilhar os sentimentos tristes antes de ter partilhado os sentimentos felizes, que as fazem sentir mais seguras. No entanto, nem sempre é assim. Às vezes, as crianças que estão guardando muita raiva precisam colocar esse sentimento para fora antes que os bons sentimentos possam aflorar.

Posso escolher lidar com o que está em primeiro plano para mim. Quando estou com a criança, eu talvez esteja sentindo algum tipo de tristeza ou desconforto, ou talvez me chame a atenção a postura dela enquanto fala, e decido focar nisso.

Quando vejo uma criança que demonstra algum tipo de perturbação, sei que algo está funcionando mal no fluxo e equilíbrio natural da pessoa — do organismo como um todo. Fazer terapia pode ser descrito como o ato de localizar e reparar a função afetada.

O desenvolvimento e crescimento normal de uma criança é parte essencial do meu modelo de trabalho. O recém-nascido está muito em contato com seus sentidos: ele se deleita com sua nova *awareness* do cheiro, do som, da luz, das cores, dos rostos, do paladar e do tato; delicia-se com suas experiências sensoriais e prospera com elas. O bebê logo se torna consciente de seu corpo e aprende que pode tocar, alcançar, agarrar, soltar. Move as pernas, os braços e o corpo e descobre que pode dominá-lo e controlá-lo. À medida que seus sentidos e seu corpo alcançam novos níveis de consciência, o mesmo acontece com seus sentimentos. Ele não faz esforço para esconder seus sentimentos; expressa-os livremente. Quando uma criança pequena está com raiva, nós o sabemos. Quando está feliz, nós o sabemos. Sabemos quando está magoada, assustada, tranquila ou contente. Ela já descobriu que aqueles sons que ouviu e que depois produziu tinham significado, que podia começar a se comunicar com os outros verbalmente para manifestar suas necessidades: primeiro por meio de sons, então de palavras, e depois de frases. À medida que seu intelecto se desenvolve, ela começa a expressar curiosidade, pensamentos, ideias. Durante todo esse tempo, seus sentidos e sensações corporais estão chegando a níveis mais sofisticados de desenvolvimento. O bebê não tem problemas de autoestima: ele apenas é. Ele é, em todos os sentidos, um ser existencial.

O desenvolvimento saudável e ininterrupto dos sentidos, do corpo, dos sentimentos e do intelecto de uma criança é a base de seu senso de *self*. Um senso de *self* bem desenvolvido garante um bom contato com o ambiente e com as pessoas nesse ambiente.

As crianças logo descobrem que a vida não é perfeita, que vivemos em um mundo caótico, um mundo de contradições e dicotomias. Além disso, os pais, enquanto criam os filhos, têm suas próprias dificuldades pessoais com que lidar. As crianças aprendem a lidar com as dificuldades e a compensá--las. Muitas delas conseguem viver, crescer e aprender bastante bem. Muitas, não.

Penso que a maioria das crianças que são identificadas como com necessidade de ajuda têm uma coisa em comum: algum déficit em suas funções de contato. As ferramentas de contato são olhar, falar, tocar, ouvir, mover, cheirar e sentir o gosto. As crianças que têm um déficit são incapazes de fazer uso adequado de uma ou mais de suas funções de contato em relação aos adultos em sua vida, às outras crianças ou ao seu ambiente em geral. A maneira como usamos nossas funções de contato é um indício da força ou fraqueza relativa que sentimos. Uma vez que um senso de *self* bem desenvolvido predispõe a um bom contato, não é de admirar que a maioria das crianças que vejo na terapia não têm um bom conceito de si mesmas, mesmo que façam o máximo possível para esconder esse fato. As crianças pequenas não culpam os pais ou o mundo por seus problemas. Elas imaginam que são más, que fizeram algo errado, que não são bonitas ou inteligentes o bastante. E ainda assim, em algum nível, há um forte desejo de sobreviver, de superar. Ainda há algo do recém-nascido original, natural, que não foi sufocado.

As crianças se protegem de alguma maneira. Algumas se retraem para evitar sofrer. Outras criam fantasias para se entreter e tornar sua vida mais fácil e suportável. Algumas brincam-trabalham-aprendem (pois tudo está ligado) como se nada mais importasse, fechando-se para o que é doloroso. Outras se protegem atacando de alguma forma; estas recebem mais atenção, o que em geral tende a reforçar justamente o comportamento mais detestado pelos adultos.

As crianças fazem o que podem para seguir em frente, para sobreviver. Seu impulso é rumo ao crescimento. Diante das carências e interrupções no funcionamento natural, elas adotam algum comportamento que pareça servir. Podem agir de modo agressivo, hostil, raivoso, hiperativo. Podem se recolher em mundos fabricados por si mesmas. Podem falar o mínimo possível, ou talvez nada. Podem passar a ter medo de tudo e de todos ou de algo em particular que, de alguma forma, afeta a sua vida e a de todos à sua volta. Podem se tornar excessivamente "boazinhas" e empenhadas em agradar. Podem ficar incomodamente apegadas aos adultos em sua vida. Podem fazer xixi na cama, cocô nas calças, ter asma, alergias, tiques, dores de estômago, enxaquecas, acidentes. Não há limite para o que uma criança pode fazer na tentativa de atender às suas necessidades.

Quando a criança chega à adolescência, esses comportamentos podem se tornar mais exagerados ou então ser substituídos por outros, como comportamento sedutor ou promíscuo, ou uso excessivo de álcool e outras drogas. Por trás dessas tentativas de lidar, sempre há necessidades não atendidas que resultam na perda do senso de *self*.

Às vezes, uma criança funciona na vida com base em ideias que não lhe pertencem, que não são legitimamente suas. Com frequência, as crianças crescem acreditando no que ouvem sobre si mesmas, engolindo todo tipo de informação incorreta a seu respeito. Por exemplo, uma criança acredita que é estúpida porque o pai, num momento de raiva, a chamou de estúpida em decorrência de sua própria frustração. Absorve uma mensagem sutil, não declarada, de que é desajeitada porque os pais riem quando ela derruba algo ou estão sempre impacientes com suas tentativas penosas de fazer as coisas. As crianças muitas vezes assumem as características e descrições que receberam de outros. Minha tarefa, então, como terapeuta, é ajudá-las a se separar dessas avaliações externas e autoconceitos errôneos e a redescobrir seu próprio ser.

Portanto, sempre que trabalho com uma criança, adolescente ou mesmo adulto, sei que precisaremos retroceder e relembrar, recuperar, renovar e fortalecer algo que essa pessoa tinha quando bebê, mas hoje parece ter perdido. Conforme seus sentidos vão despertando, conforme ela começa a conhecer seu corpo novamente, vai sendo capaz de reconhecer, aceitar e expressar seus sentimentos perdidos. Aprende que pode fazer escolhas e verbalizar seus desejos, necessidades, pensamentos e ideias. Ao aprender quem é e aceitar a si mesma como um ser diferente de você, ela entrará em contato com você, e você o saberá. Ela é capaz de fazer isso, tenha 3 ou 83 anos.

Eu trabalho para construir o senso de *self* da criança, para fortalecer suas funções de contato e renovar seu próprio contato com seus sentidos, corpo, sentimentos e uso do intelecto. Quando faço isso, os comportamentos e sintomas que ela vinha usando para sua expressão e seu crescimento mal dirigidos muitas vezes desaparecem sem que ela tenha plena consciência dessa mudança. Sua *awareness* é redirecionada para a percepção sadia de suas próprias funções de contato, para seu próprio organismo e, portanto, para comportamentos mais satisfatórios.

O bebê se desenvolve por meio da experimentação. A *awareness* está tão ligada à experimentação que ambas são uma coisa só. De maneira similar, quando a criança na terapia *experimenta* seus sentidos, seu corpo, seus sentimentos e o uso que pode fazer de seu intelecto, ela recupera uma postura saudável perante a vida.

Portanto, eu proporciono à criança tanta vivência quanto possível nas áreas em que ela mais necessita. E, quando posso, a encorajo a estar ciente de seu processo de experimentação. Quando peço a uma criança que me dê uma frase que resuma sua posição para escrever em seu desenho, esta é uma afirmação de sua *awareness*. Quando pergunto "Você se sente assim às vezes?" em resposta a uma rosa que caiu da roseira e está morrendo ou "Isso se parece com a sua vida?" em resposta a uma história sobre um urso que está à procura de sua mãe verdadeira, estou buscando uma *awareness* explícita. Tal *awareness* facilita a mudança. Quando a criança adquire *awareness*, começamos a examinar as opções disponíveis, a explorar novas maneiras de ser, ou a lidar com os medos que a criança ocultou para evitar fazer escolhas que melhorariam sua vida.

Em alguns dos relatos apresentados neste livro, eu digo: "Não sei ao certo o que aconteceu". O que sei é que a criança experimentou algo comigo e então se sentiu melhor — muitas vezes, sem uma declaração explícita de compreensão ou *awareness*. Com uma criança, fiz um bebê com um pouco de argila, falei que o bebê era ela e fiz de conta que dava banho nele. A criança ficou feliz e satisfeita, e naquela noite disse à mãe que começaria a tomar banho. (Antes disso, ela se recusava a tomar banho.)

Se essa criança tivesse dito: "Tenho consciência de que sinto falta de ser tratada como um bebê agora que meu irmãozinho nasceu, e não vou tomar banho até que alguém reconheça isso", eu provavelmente iria "entender o que aconteceu". Tudo que sei é que consegui dar à criança uma experiência que foi satisfatória para ela e permitiu que ela se sentisse segura o suficiente para dar mais um pequeno passo em seu crescimento.

Se você me acompanhou nesta discussão, talvez esteja dizendo: "Está bem, estou disposto a tentar isso. Mas o que faço a seguir?" É o *como* que é importante. Como construímos o senso de *self* da criança, como fortalecemos suas funções de contato, como renovamos seu próprio contato com seus sentidos, corpo, sentimentos e uso do intelecto? Como a ajudamos a *experimentá-los*? A resposta a essas perguntas pode soar muito simplista, mas devo advertir que este livro não deve ser usado como um manual de reparação. Lembro do meu trabalho nas escolas para ajudar as crianças a superarem suas dificuldades de aprendizagem. Alguns pesquisadores fizeram um excelente trabalho ao delinear os problemas que muitas dessas crianças têm com as áreas da percepção. Algumas têm dificuldade de diferenciar entre figura e fundo e são incapazes de identificar uma letra ou palavra em meio a um mar de letras e palavras. Algumas têm problemas visuais direcionais que fazem que um "b" e um "d", ou "ROMA" e "AMOR", pareçam a mesma coisa. Inventaram-se jogos e exercícios maravilhosos para ajudar a corrigir essas deficiências e a fortalecer áreas em que as crianças têm dificuldade. Então passamos horas com a criança, ajudando-a a identificar os blocos vermelhos em meio a blocos de várias cores, e quadrados em meio a triângulos e círculos, para melhorar suas habilidades de percepção figura-fundo. Depois de muita prática, a criança se torna perita nisso, mas muitas vezes ainda não consegue ler. Não é assim tão simples.

Quando dou sugestões para aprimorar os sentidos, não quero dar a entender que assim que a criança for capaz de perceber a diferença entre coisas macias e ásperas, ou entre tons graves e agudos, de súbito se sentirá melhor em relação a si mesma e mudará seu comportamento. As crianças são seres complexos, e muitas coisas acontecem ao mesmo tempo. Por exemplo, oferecemos pintura a dedo a uma criança para que ela experimente e aprimore o sentido do tato. A fluidez da tinta e sua sensação agradável, bem como o puro prazer da atividade, levam a criança a se abrir e partilhar alguns sentimentos profundos, e isso a leva a falar sobre algum problema em sua vida, o que, por sua vez, nos leva a discutir suas opções para resolver esse problema. Ou talvez não aconteça nada disso. Ela pode pintar em silêncio durante toda a sessão. Ou pode rejeitar por completo a ideia de fazer pintura a dedo, considerando a atividade muito infantil. O terapeuta deve estar intimamente sintonizado com a criança no que se refere a como ela responde à atividade, a fim de reconhecer os altos e baixos dos processos dela. Deve se mover *com* a criança, para saber quando falar e quando permanecer em silêncio.

Em outras partes deste livro, apresento muitos exemplos de técnicas para proporcionar à criança experiências sensoriais, corporais, emocionais, intelectuais e verbais. Essas ideias devem abrir a imaginação do terapeuta para as infinitas possibilidades criativas. Ao trabalhar com uma criança em particular, não é muito difícil para mim decidir qual a técnica necessária. À medida que vou conhecendo a criança, tudo se encaixa. É ela quem costuma mostrar o que precisa, pela própria atividade que escolhe. E, às vezes, mostra o que precisa exatamente por sua insistente resistência a determinada atividade.

Devo dizer que, às vezes, me preocupa o papel da intervenção terapêutica com crianças. Estou trabalhando para fazer que se comportem de uma maneira que frequentemente contradiz suas próprias expectativas e seu meio cultural? Estou refreando seu alegre crescimento e autodeterminação para ajudá-la a se ajustar a uma situação inumana, varrendo os problemas para debaixo do tapete? Preciso lembrar a mim mesma que minha tarefa é ajudar as crianças a se sentirem fortes por dentro, a ver o mundo à sua volta tal como é. Quero que saibam que têm escolhas sobre como viver em seu mundo, como reagir, como lidar com ele. Não posso ter a presunção de escolher por elas. Só posso fazer a minha parte para que tenham a força de fazer as escolhas que desejam e saibam quando é impossível escolher. Preciso ajudá-las a saber que não podem assumir a responsabilidade por escolhas que não existem para elas. Quando crescerem e forem mais fortes, capazes de ver a si próprias com mais clareza em relação ao mundo, poderão, talvez, tomar decisões para mudar as estruturas sociais que as impedem de fazer os tipos de escolhas que necessitam.

Há certos fundamentos que são necessários a qualquer pessoa que trabalha com crianças: gostar de crianças, estabelecer com elas uma relação de aceitação e confiança, conhecer algo sobre como se desenvolvem, crescem e aprendem, e compreender as questões importantes correspondentes a cada faixa etária. É preciso estar familiarizado com os tipos de dificuldades de aprendizagem que afetam as crianças, não só obstaculizando seu aprendizado como também, muitas vezes, causando problemas emocionais. Considero que é preciso ter a habilidade de ser direto sem ser invasivo, de ser amável e gentil sem ser passivo e omisso.

Penso que quem trabalha com crianças precisa saber algo sobre como funcionam os sistemas familiares e ter *awareness* das influências do ambiente sobre a criança — a casa, a escola e outras instituições com as quais ela possa estar envolvida. Penso que é preciso estar familiarizado com as expectativas culturais colocadas sobre a criança. É preciso acreditar firmemente que cada criança é uma pessoa única e digna, com direitos humanos. É preciso sentir-se confortável com o uso de técnicas básicas de aconselhamento, tais como a escuta reflexiva, e técnicas de comunicação e de resolução de problemas. Acredito que é essencial ser aberto e honesto com a criança. E é preciso ter senso de humor, para permitir que aflore a criança brincalhona e expressiva que há em todos nós.

Gostaria de fazer um apelo a todos os terapeutas que são relutantes em trabalhar com crianças. As crianças precisam de aliados, e espero que cada vez mais terapeutas interessados no humanismo e na igualdade comecem a ver que, quando recusam crianças como clientes, estão perpetrando um separatismo que aumenta a opressão sobre elas. As crianças merecem mais.

A abordagem que apresento se presta ao automonitoramento. Acredito que não há como errar se você tiver boa vontade e se abstiver da interpretação e dos julgamentos — se aceitar a criança com respeito e consideração. Fazendo isso, você poderá estabelecer contato com qualquer criança, e ajudá-la de maneira eficaz. Dentro desses limites amplos, não há como falhar. As crianças só se abrirão a você na medida em que se sentirem seguras para fazer isso.

Os pais podem usar as técnicas descritas aqui para conhecer melhor seus filhos e para ajudar as crianças a conhecer melhor seus pais. Os professores relatam resultados surpreendentes depois de experimentar algumas destas técnicas. É possível permanecer em águas rasas ou se aventurar em lugares mais profundos, dependendo do preparo e das aptidões de cada um.

Em quase todas as aulas que dei, alguém levanta o tema das contradições, ou de que coisas eu *não* faria com uma criança.

Além dos "não faça" mais óbvios, que são o oposto dos "faça" (não faça julgamentos etc.), tenho pouco a dizer sobre o assunto. Não consigo pensar em uma generalização absoluta que se aplique a todas as crianças. Não direi "Não use pintura a dedo com crianças hiperativas", porque eu uso, com excelentes resultados. É verdade, pode haver algumas crianças hiperativas que não respondem a essa atividade. Mas, em geral, as crianças encontram uma forma de comunicar se algo não é bom para elas. O importante é sintonizar com suas necessidades, respeitar suas defesas, agir com delicadeza.

Alguns dizem: "Bem, você não usaria fantasia com uma criança que vive num mundo de fantasia". Sim, eu usaria fantasia com tal criança. Começo a trabalhar com ela onde quer que ela se encontre. Quero estabelecer contato com ela, e talvez precise fazer isso por meio da segurança da fantasia. Chegará um momento em que, gentilmente, eu a trarei de volta à realidade, e se ela estiver pronta, me seguirá. Do contrário, não.

Eu nunca forço uma criança a fazer ou dizer alguma coisa que ela não queira. Tento evitar interpretações, então verifico minhas hipóteses e intuições com a criança. Se ela não estiver interessada em responder, tudo bem. Não insisto para que "assuma" algo se ela precisa manter as coisas protegidas.

Também tento não fazer nada de que eu não goste ou que me deixe desconfortável. Se não gosto de jogar damas, sugiro uma alternativa que me agrade.

MAIS IDEIAS PARA FANTASIA E DESENHOS

A lista a seguir contém muitas das inspirações, motivações, instruções e técnicas que uso para que as crianças expressem suas emoções por meio do desenho e da fantasia. Muitas destas ideias também se prestam a outros meios, como pintura, argila, escrita e movimento corporal. Esta lista, de modo algum, esgota todas as possibilidades; ao contrário, pretende transmitir uma noção geral dos tipos de coisas que tenho realizado com crianças, coisas que eu mesma fiz, que li em algum lugar, que ouvi dizer, que pensei ou que planejei usar. A gama de ideias é tão ampla quanto a imaginação. Algumas estão descritas em mais detalhes em outras partes deste livro.

Apresente à criança uma variedade de materiais para que ela possa escolher — papéis de todos os tamanhos (papel jornal é uma boa opção), caneta hidrográfica grossa e fina, giz de cera, pastel, lápis de cor, lápis preto. As crianças também gostam de dispositivos. Use um temporizador de cozinha, um cronômetro, contadores de pontuação (como os de golfe), um marcador de preços, contas etc. Você pode dizer: "Vamos observar esta flor durante um minuto. Vou marcar o tempo com meu cronômetro e então pedir a você que desenhe — não a flor, mas como se sentiu olhando para ela ou como se sentiu quando o tempo acabou".

Visualize o seu mundo em cores, linhas, formas, símbolos. Visualize como você gostaria que fosse o seu mundo.

Faça alguns exercícios de respiração; desenhe como você está se sentindo agora.

Desenhe: O que você faz quando fica com raiva. Como você gostaria de ser. O que deixa você com raiva. Um lugar assustador. Algo assustador. A última vez que você chorou. Um lugar que deixa você feliz. Como você se sente neste instante.

Desenhe você mesmo: Como você é (pensa que é). Como você gostaria de ser. Você, quando for mais velho. Você, quando ficar velho. Você, quando era mais novo (em uma idade específica ou não).

Volte para um momento ou uma cena: Um momento em que você se sentiu mais vivo. Um momento de que você se lembra; a primeira coisa que lhe vem à cabeça. Uma cena familiar. O seu jantar favorito. Um momento na sua infância. Um sonho.

Desenhe: Onde você gostaria de estar — um lugar ideal. Um lugar favorito ou um lugar de que você não gosta. Um momento favorito ou um momento de que você não gosta. A pior coisa que você conseguir pensar.

Olhe para isto (use uma flor, folha, concha, pintura, qualquer coisa) durante dois minutos. Desenhe os seus sentimentos. (Use o cronômetro, ou uma música.)

Desenhe: A sua família agora. A sua família em símbolos, como animais, como manchas coloridas. A sua família com cada pessoa fazendo alguma coisa. A parte sua de que você mais gosta, e a de que menos gosta. Você por dentro, você por fora. Como você se vê. Como os outros veem você (como você imagina). Como você gostaria que eles o vissem. Uma pessoa que você ama, odeia, admira ou de quem tem ciúme. O seu monstro; o seu demônio.

Desenhe: Como você consegue atenção. Como você consegue o que quer de diferentes pessoas. O que você faz quando se sente deprimido, triste, magoado, com ciúme, sozinho etc. A sua solidão; um sentimento de solidão; quando você se sente ou se sentiu sozinho. Um animal imaginário. Algo que o incomoda em alguém aqui, em alguém próximo de você, em você mesmo, no mundo à sua volta. O seu dia, a sua semana, a sua vida agora, o seu passado, o seu presente, o seu futuro.

Desenhe: Linhas felizes, linhas suaves, tristes, raivosas, temerosas etc. (Faça sons, movimentos corporais, junto com o desenho.) Com a mão esquerda ou a direita.

Ao trabalhar com alguém, peça que a pessoa desenhe uma sequência de páginas ilustrando como se sente agora, exagerando esse sentimento, essa parte do desenho etc.

Desenhe o que você está descrevendo ou tendo dificuldade de descrever, em cores, formas, linhas etc.

Desenhe em resposta a uma história, uma fantasia, um poema, uma música.

Desenhe polaridades: forte/fraco; feliz/triste; gosta/não gosta; bom/mau; positivo/negativo; calmo/irritado; responsável/louco; sério/bobo; bons sentimentos/sentimentos ruins; quando você está sociável/quando você está recluso; amor/ódio; alegria/tristeza; confiança/suspeita; junto/separado; aberto/fechado; sozinho/acompanhado; corajoso/temeroso; a sua melhor parte/a sua pior parte etc.

Desenhe: Quando você era criança, adolescente, adulto etc. (Para os adultos, três imagens de si). Um lugar de faz de conta. Seu problema mais premente. Uma dor física que você tenha sentido — enxaqueca, dor nas costas, cansaço.

Faça uma garatuja: encontre uma figura. Faça um rabisco: complete uma figura.

Arte da educação infantil: pintura com barbante, pintura simétrica, pintura a dedo. *Drip painting* com tinta automotiva (a tinta automotiva seca depressa e pode escorrer, sendo excelente para belas imagens de fantasia; são boas sobre placas de MDF).

Você desenha a criança e a deixa comentar sobre o desenho.

Em um grupo, forme pares e peça que cada um desenhe o outro. Desenhe algo com um parceiro. Entrem em acordo sobre um tema: ser motivo de riso, ser ridicularizado, ser escolhido por último, ser importunado etc.

Faça um mapa rodoviário da sua vida: mostre os bons lugares, os lugares acidentados, as barreiras. Faça o mapa mostrar onde você esteve e aonde quer ir. Desenhe situações e experiências específicas (como você se sente quando faz xixi na cama).

Um grupo, uma família ou um grupo que estiver encenando uma família pode decidir sobre um tema e desenhar junto (esteja em contato com o processo e a interação): Onde estou agora em minha vida. De onde venho. Onde eu costumava estar. Aonde quero ir. O que está me impedindo de chegar lá (bloqueios, obstáculos). O que necessito para chegar lá. "Eu costumava estar..., mas agora..." Façam um desenho por turnos, com cada pessoa acrescentando algo na sua vez.

Desenhe: Como você se sentiu ontem, hoje, agora, como você vai se sentir amanhã. Ser egoísta, estúpido, louco, feio, mesquinho. Algo que você queira. Um segredo. Estar sozinho. Estar com outros; ser sério, ser bobo. Desenhe a si mesmo exagerando como você acha que se parece. Apenas permita que a sua mão deslize sobre o papel e faça o que quiser.

Solte uma palavra e peça às pessoas que desenhem, em poucos minutos, algo que a represente: amor, ódio, beleza, ansiedade, liberdade, caridade etc. Como você se sente como mulher/ homem/ criança/ adulto/ menino/ menina. Como você imagina que se sentiria se fosse do sexo oposto.

Desenhe o contorno da criança sobre uma folha de papel grande; peça à criança que fale de si mesma para o desenho. Desenhe a sua imagem corporal em cores, formas, linhas. Com os olhos fechados, imagine-se diante de si mesmo.

Desenhe: Você mesmo como um animal, e um cenário onde situá-lo. Uma imagem da sua mãe/pai em cores, linhas, formas.

Pense em quando você era muito pequeno e desenhe algo que o deixou muito feliz, entusiasmado, algo que o fez se sentir bem, algo que teve, algo que fez, alguém que conheceu, algo que o deixou triste etc. Desenhe como se você tivesse aquela idade.

Desenhe algo que você gostaria que tivesse acontecido quando era pequeno.

Quando a criança falar e surgir alguma coisa, peça a ela que desenhe essa coisa: uma dor física, um incidente, um sentimento etc.

Desenhe um animal imaginário, como no livro *If I ran the zoo* [Se eu dirigisse o zoológico], do Dr. Seuss. Seja esse animal: o que ele poderia fazer? Em um grupo, faça que dois dos animais se encontrem. Desenhe um ou dois animais e escreva (ou dite) três palavras para descrever cada um. Agora, seja o animal e fale sobre si mesmo.

Desenhe algo de que você não gosta do que eu faço; eu também vou desenhar. Desenhe algo que o preocupa. Desenhe três desejos.

Peça às crianças que lhe digam o que desenhar, enquanto você desenha. Toque o seu rosto e depois o desenhe.

Imagine que hoje você tem o poder de fazer o que quiser neste mundo. Desenhe o que faria. Se você fosse mágico, onde gostaria de estar?

Desenhe um presente que você gostaria de receber, de dar. Quem o daria a você? A quem você o daria?

Desenhe: Alguma coisa que você desejaria não ter feito. Alguma coisa pela qual você se sente culpado. Ou o sentimento de culpa. O seu poder. Algo que você precisa deixar ir.

Muitos outros tipos de coisas podem ser usados como temas para desenhos. Muitas fantasias, histórias, sons, movimentos e visões se prestam ao desenho. Você também pode combinar poesia e escrita com qualquer um destes.

Peça às crianças que usem cores, linhas, formas, curvas; traços leves, traços pesados, traços longos e curtos; cores vivas, cores claras, cores escuras e cores opacas; símbolos, bonecos palito.

Faça as pessoas trabalharem depressa. Se você observar um padrão, faça-as experimentar o oposto do que normalmente fazem.

4. Criar coisas

ARGILA

De todos os materiais que uso com as crianças, a argila é, sem dúvida, o meu favorito. Geralmente trabalho junto com a criança e isso me faz sentir bem e relaxada. A flexibilidade e a maleabilidade da argila servem às mais variadas necessidades. Consideremos seus atributos: é maravilhosa, porque faz sujeira, é pastosa, macia e sensorial, e atrai todas as idades. Promove o trabalho por meio dos mais primitivos processos internos. Oferece uma oportunidade de fluidez entre o usuário e o material que não se compara a nenhum outro. É fácil tornar-se uno com a argila. Ela proporciona uma experiência tátil e cinestésica. Muitas crianças com problemas motores e perceptivos necessitam desse tipo de experiência. A argila aproxima as pessoas de seus sentimentos. Talvez por causa de sua qualidade fluida, promove uma união entre o usuário e o material. Muitas vezes, parece penetrar as barreiras, a couraça protetora da criança. As pessoas que estão fora de contato com seus sentimentos e que estão sempre bloqueando sua expressão geralmente estão fora de contato com seus sentidos. A qualidade sensorial da argila lhes oferece uma ponte entre seus sentidos e seus sentimentos. Uma criança agressiva pode usar a argila para bater e socar. Uma criança irritada pode extravasar sua raiva por meio da argila de inúmeras maneiras.

Aquelas que são inseguras e temerosas podem ter uma sensação de controle e domínio através da argila. É um meio que pode ser "apagado" e que não tem regras claras e específicas para seu uso. É muito difícil cometer um "erro" com a argila. As crianças que precisam fortalecer sua autoestima experimentam uma sensação única de si mesmas ao usar esse material. É o mais gráfico de todos os meios no que se refere a permitir que o terapeuta observe os processos da criança. O terapeuta pode *ver* o que está acontecendo com a criança ao observar como ela trabalha com a argila. Para as crianças não verbais, possibilita uma boa ligação com a expressão verbal.

Para as que são extremamente verbais, incluindo aquelas que os pais e os professores acusam de falar demais, é um meio de expressão que as afasta de um amontoado de palavras. Ajuda as crianças a cultivarem e satisfazerem sua curiosidade sobre o sexo e as partes do corpo e suas funções. Uma criança pode desfrutar de usar argila como uma atividade solitária, e o trabalho com argila também pode ser uma atividade muito social. As crianças têm conversas maravilhosas entre si durante atividades não dirigidas. Muitas vezes, elas interagem em um novo nível, compartilhando pensamentos, ideias, sentimentos e experiências. Algumas pessoas são repelidas pela sujeira da argila. Na verdade, é o mais limpo de todos os materiais artísticos depois da água. Quando seca, deixa uma poeira fina que é fácil de lavar, varrer, aspirar ou remover com uma esponja — de mãos, roupas, tapetes, pisos e mesas. A argila tem propriedades curativas. Escultores e ceramistas observaram que os cortes se curam mais depressa ao serem deixados expostos enquanto eles trabalham com argila.

A maioria das crianças aceita prontamente trabalhar com argila, mas de vez em quando vemos uma que tem receio da massa úmida e "suja" que esse material representa para ela. Isso, por si só, diz muito ao terapeuta sobre a criança e indica uma direção a ser seguida na terapia. Há uma relação direta entre sua compulsão por limpeza e seus problemas emocionais, e pode ser que isso não se revele com nenhum dos outros materiais apresentados. Eu trabalho com delicadeza, reintroduzindo a argila de maneira gradativa depois da resistência inicial a ela. Muitas vezes, essa criança é ao mesmo tempo fascinada e repelida pela argila e começa a se aproximar com cautela.

Quando trabalho com crianças que retêm as fezes ou sujam as calças, uso argila. Um menino de 9 anos amava deixar a argila o mais úmida e pastosa possível, desfrutando de verter água sobre ela e sobre as cavidades que ele criava. Então, de repente, aparentemente sem aviso, algo acontecia dentro dele, e ele se afastava, ficava tenso e anunciava para mim que havia terminado de brincar com argila. Por um bom tempo, ele foi incapaz de comunicar abertamente que pensamentos, sentimentos ou lembranças ocorriam naquele instante. Então, um dia, falou de seu fascínio pelo próprio cocô. Ele me contou que se lembrava de, certa vez, quando tinha uns 4 anos, querer sentir a consistência desse material que ele mesmo havia fabricado; quando enfiou a mão no vaso sanitário, foi puxado com força pela mãe, que lhe deu um sermão. Depois disso, fez outras tentativas de tocar o cocô, mas foi tão consumido por vergonha e culpa que parou a atividade proibida. Esse incidente isolado pode ou não ter provocado seus problemas intestinais, mas sem dúvida foi um fator importante. Depois de compartilhar conosco essa lembrança (que talvez só tenha vindo à tona em decorrência de seu contato com a argila), ele ficou muito mais confortável com a argila e mais relaxado de modo geral. Esse relaxamento o ajudou a trabalhar em direção a se abrir para outras expressões, e por fim ele adquiriu o controle normal dos esfíncteres.

Vejo que, em geral, as crianças têm um repertório muito restrito do que fazer com argila. Dê a uma criança um pouco de argila e ela inevitavelmente fará um cinzeiro ou uma cumbuca, ou talvez uma cobra. Quanto mais experiência a criança tiver com a incrível flexibilidade e versatilidade desse meio, maior a oportunidade de expressão. Algo que percebo que ajuda é fornecer uma caixa de "ferramentas" para usar com a argila: uma marreta de borracha (essencial), um cortador de queijo, uma espátula, um espremedor de alho, um ralador ou cortador de alimentos (manual), um lápis para perfurar, um espremedor de batatas etc. Sempre estou à procura de outros itens interessantes na cozinha, no armário de ferramentas, em toda parte. Quanto mais improvável o item (isto é, não concebido para ser usado com argila), melhor.

Não importa onde trabalhamos. Às vezes, a criança se senta em uma mesa, usando a argila sobre uma tábua grossa (como uma tábua de corte). Outras vezes, trasladamos a tábua e nos sentamos no chão. Sentar-se em algum lugar ao ar livre é delicioso. Quando uso argila com grupos, em geral nos sentamos em círculo no chão e dou a cada criança um prato de papelão bem grosso (que resiste a muitos usos) sobre um jornal. Forneço papel--toalha e toalhinhas úmidas para aliviar qualquer ansiedade em relação à sujeira. Pequenas vasilhas com água são importantes para umedecer a argila, amolecer certas áreas ou simplesmente verter sobre o material.

Com frequência, proponho o exercício a seguir para que as crianças experimentem as muitas coisas que é possível fazer com argila:

"Feche os olhos enquanto fazemos isto. Observe que, com os olhos fechados, seus dedos e mãos são mais sensíveis à argila, e podem senti-la melhor. Quando os seus olhos estão abertos, eles interferem no modo como você sente a argila. Experimente dos dois jeitos para perceber a diferença. Se precisar dar uma olhadinha de vez em quando, tudo bem; apenas feche os olhos mais uma vez. Sente-se por um instante com as mãos sobre a argila. Respire fundo duas vezes. (Eu vou trabalhando com a argila enquanto instruo, para ter uma noção do tempo.) Agora siga minhas instruções. "Sinta a argila — faça amizade com ela. É lisa? Áspera? Dura? Macia? Irregular? Fria? Quente? Úmida? Seca? Pegue e segure a argila em suas mãos. É leve? Pesada?... Agora quero que a solte e a belisque. Use as duas mãos. Dê pequenos beliscões... agora grandes... belisque devagar, depois mais depressa. Faça isso por um tempo.

"Aperte sua argila... Agora a alise. Use os polegares, os dedos, a palma e o dorso das mãos. Depois de alisá-la, sinta os lugares que você alisou... amontoe para formar uma bola... bata... se achatar, amontoe e bata de novo. Tente também com a sua outra mão... amontoe e acaricie... dê leves tapinhas... esmurre... sinta o lugar suave que você criou depois de bater...

"Amontoe. Despedace. Faça pedaços pequenos e grandes... amontoe. Pegue e jogue. Talvez você precise espiar para fazer isso... faça de novo. Faça com mais força. Faça um barulho bem forte com ela. Não tenha medo de bater COM FORÇA...

"Agora, amontoe novamente... cutuque com os dedos... com um dedo, faça um buraco na argila... faça mais alguns buracos... faça um buraco que atravesse até o outro lado. Sinta os lados do buraco que você fez... Junte tudo e tente formar saliências e buraquinhos com os dedos e as unhas, e sinta as coisas que você faz... experimente com os nós dos dedos, com a base da mão, com a palma — as diferentes partes da sua mão. Veja o que consegue fazer. Você pode tentar até mesmo com os cotovelos...

"Agora, separe um pedaço e faça uma cobra. À medida que você enrola, fica cada vez mais fina e comprida. Enrole a cobra em volta da sua outra mão ou de um dedo. Agora, pegue um pedaço, coloque entre as palmas das mãos e enrole para formar uma bolinha. Sinta a bola... agora junte tudo de novo. Sente-se por um instante com ambas as mãos sobre o seu pedaço de argila. Você o conhece muito bem agora."

Quando as crianças fazem esse exercício pela primeira vez em um grupo, geralmente há conversas e risadinhas. Eu falo baixinho, dando instruções quase o tempo todo, e logo elas ficam muito quietas, concentradas no que estou dizendo, muito envolvidas com a argila.

Depois, conversamos sobre a experiência. "Do que você mais gostou? O que detestou fazer?" Às vezes eu exploro em mais detalhes o que gostaram ou não gostaram. Um menino responde: "Adoro beliscar a argila. Não quero parar". Eu digo: "Faça isso agora, belisque a argila. No que você pensa quando a belisca? Alguma lembrança surge de repente, ou isso faz que você se lembre de alguma coisa? Como faz você se sentir?" O menino diz: "Estou beliscando a minha irmã. Eu queria beliscar sem parar. Ela ia odiar. Eu não posso bater nela. Meu pai uma vez me bateu com um cinto porque eu fiz isso. Ele diz que não posso bater nela porque ela é menina. Então ela me provoca e me deixa furioso e me *belisca* às vezes, e tenho vontade de matá-la, mas ela sabe que não posso encostar nela!" Nós escutamos e assentimos, e ele nos sorri.

Em seguida, diz: "Na verdade, ela não é tão má o tempo todo: tem um jogo que eu lhe ensinei e até que é divertido jogar com ela à noite quando não podemos sair". Talvez, em outro momento, ele possa lidar com algumas das outras partes de suas declarações, como o fato de o pai bater nele com um cinto, e com as atitudes que vão se formando dentro dele em relação a meninas.

Outra criança diz: "Eu gosto de alisá-la". Peço a ela que faça isso novamente. Ela diz: "É como acariciar o meu gato. Eu gosto de acariciar o meu gato". Ela continua a alisar. "Lembro de quando às vezes eu me enfiava na cama com a minha mãe e ela me abraçava." (A mãe dela havia falecido no ano anterior.) "Você deve sentir muita falta dela", eu digo. "É, sinto muita falta", ela diz. "Eu pensava que não poderia viver sem a minha mãe. Como poderia viver sem uma mãe para tomar conta de mim? Mas estamos indo bem. Posso fazer muitas coisas para ajudar. Trabalhamos isso na nossa família. É claro que eu sinto muita falta dela às vezes. Mas outras vezes me esqueço disso!"

Ocasionalmente, é divertido tocar música enquanto as crianças exploram a argila por conta própria. Ou posso batucar um tambor em vários ritmos enquanto elas cutucam, beliscam e batem conforme a minha cadência.

Costumo trabalhar com argila da mesma forma que trabalho com arte. "Feche os olhos e vá para o seu espaço. Sinta a argila nas duas mãos por alguns segundos. Faça algumas respirações profundas. Agora, quero que faça alguma coisa com a argila, mantendo os olhos fechados. Simplesmente deixe os dedos se moverem. Perceba se a argila parece querer seguir seu próprio caminho. Ou talvez você queira seguir o seu próprio caminho. Faça uma forma, uma figura. Se tiver alguma ideia do que quer fazer, faça com os olhos fechados e perceba o que acontece. Ou então apenas movimente a argila; você pode se surpreender. Você tem alguns minutos para fazer isso. Quando terminar, abra os olhos e veja o que fez. Pode dar alguns retoques finais, mas não modifique. Observe o que fez. Vire e veja de diferentes lados e ângulos."

Estes são alguns exemplos dos resultados do último exercício, tirados de uma sessão em grupo. Solicitei às crianças que descrevessem seu objeto de argila como se fosse elas mesmas: "*Seja* esse pedaço de argila — você é a argila".

Jimmy, 11 anos: "Sou um cinzeiro. Tenho um fundo liso e uma borda à minha volta. Tenho dois lugares de cada lado para colocar cigarros. Tenho alguns lugares ásperos e alguns arranhões."

"Jimmy, quem usa você?"

Jimmy: "Meu pai."

"Como ele usa você?"

Jimmy: "Ele derruba cinzas em mim e aperta os cigarros contra mim para apagá-los." (Jimmy fica em silêncio ao olhar para seu objeto de argila.)

(Muito baixinho.) "Isso tem alguma coisa em comum com a sua vida como Jimmy?"

Jimmy (olhando para mim e elevando o tom de voz): "Tem! É isso que ele faz comigo. Ele me aperta — me esmaga como um cigarro."

"Você gostaria de falar mais sobre isso conosco?"

Jimmy faz que sim com a cabeça e, pela primeira vez no grupo, começa a nos contar sobre seu relacionamento com o pai e sua sensação de não ser compreendido. Ele começa a chorar. As outras crianças entram delicadamente na discussão, compartilhando algumas de suas próprias experiências, mostrando compreensão genuína do que Jimmy está sentindo. Num certo ponto, quando penso que é um bom momento para encerrar nosso foco em Jimmy, eu lhe agradeço por compartilhar seus sentimentos conosco e sei, pelo olhar calmo em seu rosto, que ele deu mais um passo rumo à integridade e à maturidade. Esta sessão com a argila abriu a porta para sessões posteriores em que Jimmy foi capaz de expressar grande parte da raiva que sentia pelo pai, conversar sobre como lidava com essa raiva, examinar algumas das maneiras pelas quais manipulava o pai de modo a irritá-lo, o que queria do pai e assim por diante.

Sheila, 11 anos: "Eu sou um sol. Sou achatado. Tenho dois olhos e marcas em todo o rosto. Gosto do sol porque ele aquece e faz as coisas brilharem."

"Você pode dizer 'mim' em vez 'sol' e repetir o que acabou de dizer?"

Sheila: "Gosto de mim porque eu aqueço e faço as coisas brilharem, e tenho um sorriso no rosto."

"Alguma coisa do que você disse sendo o sol tem alguma relação com você, Sheila?"

Sheila: "Bem, às vezes eu faço as pessoas se sentirem aquecidas. Às vezes eu me sinto aquecida e brilhante. Estou sorrindo agora e me sinto bem." (Um sorriso largo. De repente, Sheila se curva, desvia os olhos de mim e dos outros, perde o sorriso.) "Eu nem sempre sorrio! A maior parte do tempo, não tenho vontade de sorrir."

Uma das outras crianças pergunta a Sheila que tipos de coisas a fazem não ter vontade de sorrir. Ela fala sobre alguns dos conflitos em sua vida, com amigos, professores, irmãos e pais. Todos escutam com atenção. Eu lhe pergunto que tipos de coisas a fazem sorrir como o sol. Ela olha para nós e, de volta à sala e a seus bons sentimentos, abre um sorriso novamente. "Eu me sinto feliz quando sou o sol", diz, rindo.

Sheila tem muitos conflitos na vida. Preocupa-se muito com tudo, está sempre esperando o pior, já que o pior não é algo incomum para ela. Está aprendendo a se permitir desfrutar das coisas boas em sua vida em vez de arruinar os bons sentimentos com previsões sombrias. Está aprendendo a lidar com seus conflitos reais. Está descobrindo que, em sua existência, não é uma vítima indefesa. Está descobrindo o conceito das polaridades da vida e de si mesma, percebendo que, se às vezes se sente irritada e triste, pode aceitar e vivenciar esses sentimentos com o conhecimento de que outras vezes se sente calma e feliz. Está se permitindo experimentar tanto seus momentos alegres como seus momentos tristes, sem medo.

Joe, 12 anos: "Eu não fiz nada."

"Vejo que você tem algo aqui: sua argila. Quero que a descreva, assim como está."

Joe (olhando para seu pedaço de argila por um instante): "Sou um monte de nada. E é assim que me sinto a maior parte do tempo: um monte de nada."

"E agora?"

Joe: "Agora eu me sinto um monte de nada."

"Você sente que não tem muito valor."

Joe: "Isso mesmo, não tenho."

Obrigada por compartilhar seus sentimentos conosco, Joe. Foi muito gentil da sua parte.

Joe (esboçando um sorriso): "Tudo bem."

O que é visível aqui é a baixa autoestima de Joe, que ele partilhou abertamente conosco. Ao fazer isso, ao nos contar sobre sua existência na vida tal como a percebia, acredito que Joe deu um passo gigante rumo a um senso de si renovado. O fato de que *eu* o experimento como uma criança gentil faz pouca diferença neste momento; devo aceitá-lo tal como ele é para si mesmo. Argumentar com ele sobre suas próprias percepções enfraqueceria sua autoestima, em vez de fortalecê-la.

Numa sessão individual, um menino de 9 anos falou: "Sou um pedaço de argila. O que mais você quer que eu diga?"

"Conte-me como você é. É todo irregular?"

Doug: "Bem, eu tenho um monte de saliências e tenho rachaduras. Tenho um assento. Pareço uma cadeira sem pernas."

"O que aconteceu com as suas pernas?"

Doug: "A família que me tinha não me usava direito. Eles pulavam em cima de mim e quebraram as minhas pernas."

"E o que aconteceu depois?"

Doug: "Eles me deram embora."

"Onde você está agora?"

Doug: "No lixão. Não me deram para uma instituição de caridade nem nada disso. Simplesmente me jogaram no lixão."

"Como é estar no lixão? Você gosta de estar aí?"

Doug: "Não." (Sua voz começa a mudar — fica mais baixa, mais suave.) "Não, eu não gosto daqui."

"Doug, alguma coisa do que você disse sobre a argila se encaixa de alguma forma na sua própria vida?"

Doug: "Sim. Eles poderiam muito bem me jogar no lixão."

"Quem são 'eles'?"

Doug: "Minha mãe e meu pai. Eles nunca me escutam, nunca acham bom nada do que eu digo. Não se importam nem um pouco comigo. Gostam mais das outras crianças. Estão sempre implicando comigo. Eu estaria melhor num lixão."

A expressão de Doug nessa sessão era bem diferente das vezes anteriores em que ele manifestou queixas. Em vez de seu tom choroso ou rebelde, desta vez ele falava de um lugar de profundo sentimento. Na verdade, assumira a respeito de si mesmo grande parte do que percebia como vindo de seus pais. Em nossas sessões posteriores, ele disse que realmente sentia isto, acreditava nisto: "não sou bom, não sou bom". Sentia-se tão perdido, tão insignificante, que admitiu que às vezes sentia que queria estar morto (um desejo que não é tão incomum entre crianças pequenas). Ele reagia a esses sentimentos com comportamento nervoso, baixo rendimento escolar, acessos de raiva em casa em decorrência de fatos de menor importância e fortes dores de cabeça. Foi só quando seus sentimentos de desespero mais profundos começaram a emergir que pudemos começar a trabalhar em ajudá-lo a ter um senso de seu próprio valor e direitos. Quando esses sentimentos sombrios se tornaram visíveis, algumas das sessões seguintes, em que toda a família participou, foram eficazes e dinâmicas.

Nunca deixo de me impressionar com o poder excepcional da argila. É como se o senso do tato e o movimento dos músculos com e contra a resistência e a maleabilidade da argila propiciassem um processo, uma abertura para nossos lugares mais profundos. Não importa se a sessão é dirigida ou não (se apresento um exercício específico ou se a criança apenas brinca enquanto conversamos), parece vir à tona algo novo que a criança e eu podemos ver e examinar.

É com a argila que o processo da criança fica mais evidente. Enquanto manipula o material ou compartilha sua experiência, eu a observo com atenção; observo expressões, gestos e mudanças no tom de voz e na postura. O corpo parece se comunicar por meio da argila; quando recebo essas mensagens, sei que no interior da criança está acontecendo algo que é importante para ela. Nesses momentos, posso decidir dizer: "Você já se sentiu assim antes?" ou "Isso já aconteceu na sua vida?" Às vezes, esses instantes são tão breves que, a não ser que o terapeuta esteja sintonizado para captá-los, o momento fértil lhe escapa.

Outras perguntas que podem ser feitas são: "Como você é usado? Como poderia ser usado? Você tem alguma utilidade? É bom olhar para você? O que aconteceu com você? O que aconteceu depois? Você é bom? É ruim? Gosta de si mesmo como um pedaço de argila? Os outros gostam de você como um pedaço de argila? Isso faz sentido na sua vida de alguma maneira? Isso faz você lembrar de alguma coisa na sua vida? Alguma coisa do que você disse como argila se aplica a você como pessoa? Onde você está?" E assim por diante.

OUTROS EXERCÍCIOS COM ARGILA

Com os olhos fechados, faça uma forma, uma figura — deixe a argila guiar o processo. Faça um animal, um pássaro, um peixe imaginário. Faça um animal, um pássaro, um peixe real. Faça algo imaginário. Faça algo real. Feche os olhos e visualize o seu mundo, a sua vida. Mostre isso na argila. Faça algo especial ou nada especial. Faça algo de outro planeta. Faça algo que você gostaria de ser. Faça algo de um sonho. Faça uma história, uma cena com a sua argila.

Use a argila para criar a sua família em forma de pessoas, objetos, animais ou símbolos. Para criar o seu problema. Para criar a sua família ideal — como você gostaria que fosse. Para criar uma imagem simbólica de si mesmo. Mantenha os olhos fechados e crie uma imagem de si mesmo quando bebê ou quando muito pequeno. Peça a duas pessoas que trabalhem juntas com um mesmo pedaço de argila. Ou peça a duas pessoas que trabalhem cada uma com seu pedaço de argila, mas criem coisas que combinem com as coisas criadas pela outra. Convide um grupo a trabalhar em cooperação para criarem juntos uma cena. Deixe acontecer de maneira espontânea, ou discuta o tema antes.

Um prazo de três minutos com qualquer um dos temas acima elimina o perfeccionismo e, muitas vezes, produz um resultado mais interessante do que um prazo maior.

As crianças menores preferem manter os olhos abertos ao trabalhar com argila. Crianças muito pequenas (4, 5 e, talvez, 6 anos) gostam de brincar com argila e conversar, e em geral mostram resistência a instruções excessivas — embora gostem do exercício de beliscar, cutucar, bater etc.

Num pequeno grupo de crianças de 6, 7 e 8 anos, todos fizemos a escultura de uma família. Pedi a cada uma delas que me ajudasse a criar figuras representando nossa família. Enquanto conversávamos sobre cada pessoa, algumas das crianças contaram pequenas histórias sobre alguma situação familiar. Gail falou sobre o pai ir buscá-la no dia de visita. Ela moveu as figuras enquanto falava, para grande interesse das outras crianças, cujos pais eram todos divorciados. Algumas delas perguntaram se deveriam fazer o pai! Quando eu disse que sim, Gail respondeu com um "Que bom!" e então o fez e refez cerca de oito vezes, mostrando muita ansiedade em seu processo. Depois de seu relato, falei: "Você teve dificuldade de fazer a figura do seu pai. Parece preocupada com ele de alguma forma". Ela começou a chorar e disse que o pai quase nunca vinha visitá-la.

Pedi às crianças que, uma por vez, falassem algo de que gostavam e algo de que não gostavam em cada figura. Na minha vez, depois que falei do que gostava no meu ex-marido, Tim disse: "Eu esperava que você estivesse furiosa! Como pode ser gentil se vocês são divorciados?" Eles ouviram fascinados enquanto expliquei minha dor e tristeza inicial e meu atual relacionamento de carinho e respeito com Harold.

Em outra sessão, cada uma das crianças fez um objeto e falou sobre ele para o grupo começando com "Eu sou". Tim: "Eu sou um pato que joga beisebol". (Para mim:) "Eu sou bom jogando beisebol". Gail: "Eu sou uma vela. Sou quente e luminosa e bonita". (Grande sorriso depois dessa afirmação.)

PLASTILINA

É um tipo de argila sintética que nunca seca ou endurece, nem vai ao forno. É difícil de usar quando fria e precisa ser "trabalhada" com a mão para que fique macia e maleável. Como não requer o mesmo cuidado que a argila de verdade (embalagem úmida para evitar que endureça etc.), é muito útil para ter sempre à mão e usar espontaneamente no momento oportuno. Não é tão limpa quanto a argila; tende a grudar nas mãos e nos móveis e é mais difícil de lavar.

Enquanto converso com uma criança, posso manusear um pedaço de plastilina e dar um pedaço para que ela também manuseie. Se uma criança estiver falando sobre o irmão, posso modelar rapidamente um irmão e dizer: "Aqui está. Diga a *ele* o que você está dizendo". Assim, trago a situação à experiência presente, para que a criança possa lidar com ela de uma maneira muito mais frutífera do que se continuasse a falar "sobre" a situação. Falar "sobre" tende a não levar a lugar algum, e muitas vezes encobre os verdadeiros sentimentos envolvidos.

Quando Julie, de 7 anos, veio para a sessão, sua mãe observou: "Veja se consegue descobrir por que a Julie não quer tomar banho. Ela não quer saber de tomar!" Então, Julie e eu conversamos sobre esse problema. Ela não falava muito sobre sua aversão ao banho, mas começou a falar sobre seu irmãozinho e sobre como ajudava a mãe a banhá-lo. Meu palpite era que Julie tinha ciúme do bebê na hora do banho. Isso me levou a encontrar uma forma de dar a ela uma experiência indireta de ser um bebê sendo banhado; então, enquanto ela falava, modelei um bebê e uma banheira. Anunciei que aquele bebê era Julie e comecei a "dar banho" nela, usando todas as expressões que em geral são murmuradas para um bebezinho durante um banho. ("Agora vou lavar os seus lindos pezinhos" etc.) Julie abriu um grande sorriso enquanto assistia, às vezes respondendo como o bebê, rindo, arrulhando. Realizei o processo completo. Depois disso, Julie esteve muito ocupada modelando uma figura. Quando terminou, anunciou que a figura era ela e a sentou sobre um pedaço maior de plastilina que, segundo contou, era uma cadeira de descanso. "Meu pai tem uma cadeira de descanso, mas nunca me deixa sentar nela. Ele diz que vou quebrá-la. Esta sou eu sentada nela, e estou lendo." Eu peço à figura de plastilina que descreva como é estar sentada na cadeira. Julie, falando pela figura, responde que é confortável. Nós continuamos o diálogo por um tempo; finalmente, logo que nossa sessão terminou, Julie anunciou: "Acho que vou dizer à minha mãe que já tenho idade para tomar banho de chuveiro". (Antes disso, ela havia ignorado essa sugestão útil feita pela mãe.)

Não sei ao certo o que aconteceu nesta sessão, apesar de que, sem dúvida, poderia apresentar algumas hipóteses interpretativas. O que sei é que Julie *vivenciou* algo por si mesma que a ajudou a crescer como indivíduo.

Numa sessão em grupo, as crianças podem formar pares e modelar objetos que devem se encaixar ou ir juntos de alguma forma. Quando o grupo volta a se reunir, as crianças, sendo seus objetos, compartilham sobre si mesmas. "Eu sou uma árvore." "Eu sou uma flor crescendo debaixo da árvore." Elas podem dialogar uma com a outra como a flor e a árvore, criando uma interação espontânea. Em um momento posterior, também podem conversar sobre o processo: como se sentiram ao trabalhar juntas dessa maneira, quem tomou mais decisões e assim por diante.

MASSA DE MODELAR

Você pode comprar massa de modelar ou fazê-la. A receita: 4 xícaras de farinha de trigo, 2 xícaras de sal, 1 xícara de água, 2 colheres de sopa de óleo, 1 colher de sopa de corante alimentício. Em uma vasilha, misture o sal e a farinha. Em outra, misture a água, o óleo e o corante alimentício. Aos poucos, acrescente o líquido à primeira mistura até alcançar a consistência desejada. Pode ser conservada por um tempo num saco plástico hermético. Este material proporciona um tipo diferente de sensação ao toque, mas não substitui a argila. É especialmente divertido para crianças mais velhas que já deixaram de usá-lo em casa. Podem-se criar figuras que endurecem e pintá-las. Manusear e modelar a massa, usando os mais variados utensílios e ferramentas, proporciona excelentes experiências táteis e sensoriais. A pintura a dedo com massa de modelar oferece outro tipo de experiência. Acrescente água até que a massa adquira uma consistência mole, como um pudim, e movimente-a sobre o papel, a mesa ou a bandeja com os dedos, como faria com a tinta.

ÁGUA

Há algo na água que é muito calmante. A maioria de nós conhece os efeitos relaxantes de um banho. A água tem o mesmo efeito sobre as crianças. Quando meus filhos estavam em idade pré-escolar, passavam horas sobre um banco à pia da cozinha, usando um avental, lavando e enchendo, enchendo e lavando.

Às vezes, ofereço a uma criança uma bacia com água e uma variedade de itens de plástico para verter. Temos ótimas conversas quando a criança se envolve nesse tipo de brincadeira com água. Tenho uma maleta de médico que inclui alguns recipientes em miniatura. Crianças de até 12 anos desfrutam de enchê-los de água e esvaziá-los. Algumas crianças, sobretudo as mais novas, só começam a se expressar verbalmente ou por outro meio depois que tiverem se saturado de brincar com água. Descrevo em mais detalhes o trabalho com água em conjunto com a areia numa discussão posterior sobre a areia.

ESCULTURA E CONSTRUÇÕES

Há muitas maneiras de fazer esculturas simples. Alguns materiais úteis são argila, gesso, cera, sabão, madeira, arame, metal, papel, limpadores de cachimbo e caixas, entre muitos outros. Os livros de arte escritos para crianças pequenas trazem algumas boas ideias de esculturas que são fáceis de fazer com crianças. Muitas das sugestões feitas para arte, argila e colagem podem ser adaptadas para escultura. No entanto, não penso que seja sempre necessário dar instruções; algumas crianças têm facilidade de criar algo sozinhas, e posso trabalhar com o que quer que elas tenham criado, ou meramente com seu processo enquanto trabalham.

O arame flexível, como o utilizado para fazer armações ou pendurar quadros, ou qualquer outro arame encontrado em casas de ferragens podem criar peças interessantes. O uso de alicates e cortadores de arame, rolos de papel-toalha, lápis ou caixas pequenas para enrolar o fio ajuda as crianças a dominarem o material. Uma escultura de arame é muito parecida com uma garatuja tridimensional. A peça acabada pode ser presa a um bloco de madeira ou inserida na argila ou no gesso. O gesso também pode ser despejado sobre partes de uma escultura para lhe dar um novo efeito.

Uma menina de 9 anos, depois de ter ficado absorta na criação de um pássaro por um bom tempo, me contou a seguinte história: "Este pássaro era livre. Um dia, voou para um quintal com muitos grandes arbustos que precisavam ser podados. Ficou preso nos arbustos e não sabia como sair. Tentando se desvencilhar, quebrou uma pata. Gritou por socorro, mas ninguém veio ajudar. O tempo passou e ele ficou preso lá para sempre." Quando eu lhe perguntei se havia algo em sua história que se relacionasse de alguma maneira com sua vida, ela, depois de muito refletir, respondeu: "Às vezes sinto que estou gritando por socorro dentro de mim e ninguém vem me ajudar". Muitas vezes, a concentração criativa ajuda a criança a revelar os lugares secretos do seu coração.

A plastilina não endurece e constitui uma ótima base para esculturas. Vários materiais podem ser fixados em uma base de plastilina para formar uma criação abstrata interessante.

Uma das atividades de escultura mais exitosas que vivenciei com crianças foi o que chamamos de "escultura de sucata". Quando trabalhei em escolas com crianças que tinham transtornos emocionais, esta era a segunda ferramenta mais eficaz, ficando atrás apenas da carpintaria. As crianças e eu reuníamos toda a sucata que conseguíssemos em garagens, casas, salas de aula. Nada que tivesse alguma possibilidade era jogado fora. Cada criança selecionava o que queria de uma caixa de uso comum. Sobre blocos individuais, fixavam com prego, cola, grampo, fita adesiva, mais prego, até que cada uma delas tivesse uma criação original e fantástica. Então, pintávamos as peças com tinta *spray* dourada ou prateada, e elas luziam como verdadeiras obras de arte. O orgulho que sentiam (sem falar na diversão ao confeccionar as peças) era imensamente terapêutico para essas crianças, que muitas vezes eram consideradas desajeitadas, desengonçadas, descoordenadas. Algumas vezes, nós (eu, inclusive) criávamos histórias fantásticas sobre as peças — elas clamavam por ser levadas para a fantasia — e, outras, nos divertíamos analisando cada item em particular em nossas criações. "Sou um alfinete. Eu espeto. Posso espetar forte!" "Sou um parafuso com uma porca em mim. A porca sobe e desce, mas não consegue sair. É! Eu também não posso sair. Estou preso nesta escola!" "Sou uma bola de isopor. É fácil grudar coisas em mim. Tenho coisas grudadas em toda parte. Esta sou eu." "Sou só uma peça feita com um monte de sucata que ia ser jogada fora. Jim acha que eu sou ótima. Eu sou *ótima*. Que bom que não me jogaram fora. (Sussurrando:) Às vezes eu acho que, se pudesse, a minha mãe me jogaria com o lixo."

MADEIRA E FERRAMENTAS

Com pedaços de madeira, serrotes, martelos, furadeiras de mão, pregos e uma bancada de corte, as crianças podem criar todo tipo de objeto interessante. Se possível, todas as crianças devem ter acesso a usar ferramentas com madeira. O uso da carpintaria é um sucesso absoluto até mesmo com as crianças mais hiperativas e descoordenadas. As regras e os limites devem ser claros e seguidos à risca, já que as ferramentas podem ser perigosas. Na minha experiência, no entanto, nunca presenciei uma criança fazendo uso incorreto das ferramentas. A maioria das crianças, sobretudo as que têm algum problema, não têm muitas oportunidades de usar ferramentas; elas amam, e costumam ser cuidadosas. Quando trabalhei em escolas, esta era sua atividade favorita, e quando oferecemos madeira e ferramentas às crianças na terapia individual tenho dificuldade de conseguir que façam qualquer outra coisa. Assim que sabem que essa experiência está disponível, é o que querem fazer o tempo todo. Isso me diz que a carpintaria é uma fonte inesgotável de interesse para as crianças.

Quando a modificação do comportamento estava em voga, fui criticada pela universidade local, que colocava os estagiários de educação especial na minha classe, por não usar carpintaria como um prêmio por bom comportamento ou trabalho concluído. Na minha aula, a "construção", como as crianças a chamavam, era uma atividade diária. A escola de pensamento era de que qualquer coisa que as crianças gostem tanto de fazer deve ser mantida fora do seu alcance, como um incentivo para que façam e se comportem cada vez melhor. Nada me deixa mais de cabelo em pé do que ouvir esse tipo de coisa. Essas crianças tinham o direito de construir! Eu poderia racionalizar a atividade dizendo que era uma boa experiência de aprendizado, que propiciava o desenvolvimento de habilidades como a resolução de problemas, a camaradagem e a cooperação. Por mais que isso tudo seja verdade, não é esse o ponto. As crianças a mereciam e tinham o direito de realizá-la não porque fosse boa para elas, mas simplesmente porque gostavam.

COLAGEM

Vem da palavra francesa *collage*, e designa um desenho ou quadro feito grudando ou prendendo materiais de todo tipo sobre uma superfície plana, como um tecido ou um papel. Às vezes, uma colagem é feita junto com um desenho, uma pintura ou algum tipo de escrita. Trabalhar com colagem é uma atividade comum na educação infantil, onde pedaços de papel cortado ou rasgado, e às vezes outros materiais são colados sobre uma folha de papel grande para formar um desenho. Descobri que a colagem é um meio de expressão interessante para todas as idades.

Alguns dos materiais que podem ser usados para colagem são: *papel* de todos os tipos (papel de seda, papel cartão, papel de presente, velhos cartões de aniversário ou similares, papel jornal, sacos de papel, papel corrugado, papel rendado, papel de parede); materiais de várias texturas (algodão, lã, juta, flanela, seda, renda); materiais macios (plumas, algodão, pelos); materiais ásperos (palha de aço, lixa, esponja); outros materiais (fios, barbante, botões, papel alumínio, celofane, tela mosquiteira, sacos de laranja, caixas de ovos, plásticos, tampas de garrafas, folhas, conchas, fitas de cetim, sementes de todos os tipos, macarrão, tela de arame, madeira compensada, pedras, palitos de sorvete, cotonetes, rolhas); *qualquer coisa* que seja leve e possa ser presa, colada ou atada a uma superfície plana de alguma maneira.

Pode-se fazer um bom trabalho de colagem usando apenas imagens de revistas, um par de tesouras, cola e algum tipo de fundo. O mais importante a se considerar para esse tipo de colagem são as imagens: podem-se usar revistas velhas (ou novas), calendários e agendas com fotos, qualquer coisa com ilustrações e fotografias. Palavras recortadas de revistas e jornais também chamam a atenção de algumas crianças. Além disso, é bom ter à mão livros para colorir, livros de atividades infantis e velhos livros de contos.

O fundo pode ser feito de papel cartão, papel de desenho, papel de embrulho, tecido grosso (como juta), papel jornal, papelão, vidro, madeira ou plástico. Tesoura, grampeador, prendedores de papel, fita adesiva transparente, fita crepe, cola líquida ou em bastão, furador, barbante, tudo isso é útil. Todas as ideias e temas do final do capítulo 3 podem ser usados como base para uma colagem.

Pode-se trabalhar com colagem de muitas maneiras, como já comentamos sobre os desenhos ou as criações em caixas de areia. Às vezes, a criança simplesmente compartilha seu ponto de vista sobre sua própria colagem. "Esta imagem de um avião é porque eu gostaria de viajar em um." Ou: "Esta lixa é por causa dos momentos difíceis que estou passando na escola." Ou: "Este relógio é porque estou sempre precisando me preocupar com que horas são." Às vezes a criança conta uma história mais longa sobre sua colagem. Um menino de 12 anos recortou várias imagens e as colou sobre um painel. Quando terminou, disse que havia recortado imagens que lhe chamaram a atenção; não tinham um significado para ele. Então lhe pedi que me contasse uma história sobre cada imagem. "Era uma vez um carro de corrida..." Desse exercício, surgiu muito material com o qual trabalhar.

Uma garota de 14 anos também disse que simplesmente escolheu imagens de que gostava. Eu lhe pedi para *ser* cada item. Sobre a imagem de um cereal matinal, ela disse: "Eu sou um cereal. As crianças gostam de mim. Eu gosto de que gostem de mim. O meu irmão gosta de mim — na verdade, não de mim, mas do cereal". Isso abriu caminho para conversarmos sobre seus próprios sentimentos de querer que gostem dela.

Há ocasiões em que o *processo* de fazer a colagem ou de falar sobre ela depois é o mais importante. Um garoto de 13 anos contou algumas histórias breves sobre suas imagens e, depois de cada uma, falou: "Isso não faz sentido!" ou "Essa é tonta". Quando terminou, observei isso para ele e mencionei que achei que foi duro consigo mesmo. Sua resposta: "É! Na escola, quando eu cometo três erros, fico louco!"

Às vezes não surge nada com que se possa trabalhar, mas a criança pelo menos teve uma chance de se expressar, de fazer alguma afirmação sobre si mesma. Na pior das hipóteses, a colagem é um trabalho divertido e ajuda a soltar a imaginação.

A colagem pode ser usada como uma experiência sensorial e como um meio de expressão emocional. No livro *Art for the family* [Arte para a família], de Victor D'Amico, Frances Wilson e Moreen Maser, os autores se referem à colagem como "imagem visual e sensorial":

> Você sabia que pode ver com os dedos? É claro que você pode ver com os olhos, mas seus dedos lhe dizem muitas coisas que os olhos não dizem: que as coisas são quentes ou frias, ásperas ou macias, duras ou moles. Todos adoramos tocar as coisas; tocar nos ajuda a descobrir o mundo e como nos sentimos em relação a ele. Podemos descobrir que gostamos de tocar coisas que outras pessoas não gostam de tocar. Isso acontece porque todos somos diferentes. Sua arte diz o que *você* sente, vê e sabe. Você pode criar uma imagem daquilo que sente. (p. 11)

Este livro traz sugestões maravilhosas para trabalhos com colagem, individuais ou em grupo:

> Crie uma imagem visual e sensorial de alguém que você conhece, como a sua mãe; de alguém que você tenha visto, como uma menina vestida para uma festa; ou de alguém que você imagine, como uma princesa ou um mendigo. Escolha os tipos de materiais que parecem dizer algo sobre a pessoa que você tem em mente. Corte-os nos tamanhos e formas que dizem mais sobre a pessoa, e arranje-os sobre um fundo para criar um desenho que seja interessante de ver e de tocar. (p. 15)

> Escolha os materiais que dizem como você se sente por dentro. Felicidade, tristeza, entusiasmo, timidez, solidão e outros sentimentos podem ser expressos por meio dos padrões, cores e texturas que você escolher e da sua maneira de recortá-los e acomodá-los. (p. 16)

Às vezes, peço às crianças que deem um título para a colagem depois de pronta (já que pode ter se desviado da instrução temática original), como "Eu" ou "Minhas preocupações" ou o que quer que proponham.

A colagem é uma atividade confortável quando realizada em pares, em grupo ou em família. Às vezes, eu mesma faço uma junto com a criança, porque vejo que isso ajuda a motivá-la a fazer a sua livremente.

IMAGENS

Ao escrever sobre colagens e histórias baseadas em colagens, mencionei o uso de imagens de revistas ou outros meios. Recentemente, ouvi falar de uma técnica para usar imagens e resolvi experimentá-la. Fiz uma coleção de imagens que considerei interessantes — imagens que chamam minha atenção num jornal ou revista. A essa coleção, acrescentei algumas imagens de cartões postais, ilustrações de velhos livros infantis, obras artísticas impressas, cartas de tarô, fichas com várias palavras escritas (como amor, ódio, silêncio, ruído), calendários e agendas. Essas imagens não são "infantis", embora incluam muitas imagens de crianças e de crianças fazendo coisas. Além das imagens que simplesmente me atraem, tentei reunir uma variedade representativa baseada nas imagens de *Man and his symbols* [*O homem e seus símbolos*], de Jung, e aquelas delineadas de maneira tão cuidadosa na *Psychosynthesis* [Psicossíntese], de Assagioli. Este divide os símbolos em categorias: símbolos da natureza, símbolos de animais, símbolos humanos, símbolos criados pelo ser humano, símbolos religiosos e mitológicos, símbolos abstratos (números e formas) e símbolos individuais ou espontâneos (como os que surgem em sonhos e devaneios).

Peço às crianças que selecionem algumas imagens (dez, talvez) e as disponham no chão ou na mesa ou sobre uma folha de papel grande — sem colar, já que eu guardo as imagens. Posso pedir às crianças que selecionem o que quer que as atraia, de maneira aleatória, ou que a seleção se baseie em algum título ou tema. Muita coisa é revelada por meio da seleção de imagens. O conjunto escolhido sugere um clima que diz algo sobre o que a criança está sentindo no momento ou na sua vida de modo geral. Trabalhamos com essas imagens da mesma maneira que discutimos antes.

CARTAS DE TARÔ

Um baralho de tarô é um dispositivo de identificação muito fértil, e o Rider-Waite é o mais detalhado. Tenho um baralho barato que uso com crianças de todas as idades. As crianças menores podem selecionar uma carta que lhes atraia e tecer uma história fantasiosa sobre ela. Quando trabalho com crianças mais velhas, peço que escolham duas ou três cartas que tenham algum tipo de impacto (bom ou ruim) sobre elas e que se identifiquem com as ilustrações selecionadas:

"Eu sou a imperatriz. Digo a todo mundo o que fazer. Sou muito sábia e as pessoas me pedem conselhos", disse uma garota de 13 anos. "Você é assim na sua vida?", perguntei. "Não, mas eu bem que gostaria de ter as respostas para algumas coisas!" "Como o quê? (digo gentilmente) Imagine que você pode perguntar o que quiser à imperadora nesta carta. Escolha uma coisa e pergunte a ela agora."

Ela iniciou um diálogo consigo mesma sobre problemas prementes em sua vida, e, para sua surpresa, descobriu que tinha uma sabedoria interna.

Às vezes jogamos tarô seguindo as instruções, e isso nos ajuda a conversar bastante sobre a vida da criança.

5. Contação de histórias, poesia e bonecos

CONTAÇÃO DE HISTÓRIAS

O uso da contação de histórias na terapia inclui: criar narrativas para contar às crianças; pedir a elas que criem suas próprias narrativas; ler livros de contos; escrever e ditar histórias; usar elementos para estimular a criação e a contação de histórias, como imagens, testes projetivos, bonecos, o flanelógrafo, a caixa de areia, desenhos, fantasias com vários finais possíveis; e usar recursos e objetos como um gravador, uma filmadora, *walkie talkies*, um microfone de brinquedo ou um aparelho de TV imaginário (uma caixa grande).

O dr. Richard Gardner, em seu livro *Therapeutic communication with children* [Comunicação terapêutica com crianças], descreve em detalhes sua técnica de contação mútua de histórias. Em essência, ele primeiro pede à criança que conte uma história e, em seguida, conta a sua própria versão usando os mesmos personagens que ela usou, mas oferecendo uma solução melhor. Considerando que a história da criança é uma projeção, quase sempre reflete algo de sua situação de vida. Cada história é encerrada com uma lição ou moral tirada da situação. Ao usar esta técnica, é importante saber algo sobre a criança e sua vida e compreender rapidamente o tema central da história contada por ela.

Tenho usado a técnica de Gardner, às vezes com algumas variações, e a considero muito eficaz para trabalhar com algumas crianças. Usar um gravador de áudio ou de vídeo é essencial; para criar a atmosfera adequada para a sessão de contação de histórias, montamos uma estação de rádio ou TV de faz de conta.

Embora o dr. Gardner peça às crianças que criem uma história em vez de usar ideias de livros, filmes ou programas de TV, percebi que não importa se o fazem. Elas escolhem aquilo que as atrai por algum motivo, e sempre o modificam, criando sua própria versão.

O exemplo a seguir mostra como usei esta técnica com um menino de 6 anos. Bobby foi trazido para uma consulta comigo por problemas como urinar na cama, comer em excesso, andar durante o sono e ter pesadelos. Ele era uma criança gorducha, amigável e tranquila. Quando seu comportamento sintomático melhorou, começou a agir de maneira muito agressiva, como gritar e berrar quando estava com raiva, jogar ovos em outras crianças quando se irritava com elas, bater. Estava começando a perder muitos amigos. Nossa sessão foi assim:

(Pegando o microfone — meu gravador tem um microfone embutido, mas acho mais convidativo conectar um microfone comum, que a criança possa segurar:) "Olá, senhoras e senhores, meninos e meninas. Esta é a emissora KOAK. Sejam bem-vindos à nossa *Hora da História*. Bobby é o nosso convidado de hoje (eu me viro para Bobby). Estamos felizes de tê-lo em nosso programa. Quantos anos você tem?"

Bobby: "Seis."

"Vamos direto ao nosso programa. Estas são as regras, caros ouvinte: Bobby vai nos contar uma história. Deve ter começo, meio e fim. Quando ele terminar, vou contar uma história usando os mesmos personagens que ele usou. Cada história terá algum tipo de lição ou moral. Pode começar, Bobby."

Bobby (longa pausa, depois sussurro): "Não sei o que dizer."

"Eu te ajudo. 'Era uma vez...'" (uma sugestão feita por Gardner para ajudar as crianças a começarem.)

Bobby: "Um tubarão."

"E esse tubarão..."

Bobby: "Gostava de comer pessoas."

"O que aconteceu?"

Bobby: "Ele ia pelo oceano comendo pessoas. Isso é tudo."

"Este é só o começo. Precisamos do meio e do final."

Bobby: "Bem, ele viu alguns pescadores e os assustou. Eles caíram do barco e o tubarão nadou até lá e os comeu. Depois ele nadou para o mar, bem longe, onde é muito fundo. Era lá que ele morava. Fim."

"Muito obrigada pela sua ótima história. Qual é a lição?"

Bobby: "Não sei."

"Está bem. Agora é a minha vez: Era uma vez um tubarão que ia pelo oceano comendo pessoas. Comia todo mundo que via pela frente.

Alguns pescadores se aproximaram e ficaram tão assustados que remaram o mais depressa que conseguiram para fugir do tubarão. Todos tinham medo dele. Até mesmo os outros peixes e os outros tubarões tinham medo, porque às vezes ele tentava comê-los também. Logo ele ficou chateado com tudo isso. Queria brincar, mas ninguém queria brincar com ele. Todos fugiam dele."

Bobby: "E o que aconteceu?"

"Bem, ele não sabia o que fazer. Por fim, foi até o rei dos tubarões, que morava numa grande caverna muito profunda no oceano, e lhe perguntou o que deveria fazer. O rei dos tubarões disse: 'Você precisa encontrar alguém que não tenha medo, que confie em você, para que todos vejam que você realmente quer ser amigo. Alguém que não saiba que você vinha comendo e assustando as pessoas não terá medo e poderá brincar com você.' E o tubarão falou: 'Onde eu vou encontrar alguém assim?' O rei dos tubarões respondeu que ele teria que descobrir por si mesmo."

Bobby (sussurrando alto para mim, evitando o microfone): "Eu sei! Um bebezinho!"

"Então, o tubarão saiu nadando para encontrar alguém que confiasse nele. Logo chegou a um grande barco, e nele havia uma família com um bebezinho. Quando viram o tubarão, todos correram para se esconder na cabine e, na pressa, esqueceram o bebê. O tubarão começou a fazer truques para o bebê, que riu e resmungou. Quando os pais dele viram isso, voltaram e fizeram amizade com o tubarão, pois perceberam que ele quis ser simpático e não os machucaria. Então, eles se tornaram amigos e o tubarão ficou muito feliz. Fim. A lição da minha história é que, se você quer ser amigo das pessoas, precisa ser amigável com elas."

Bobby: "Podemos ouvir de novo?"

Eu rebobino a fita e ouvimos ambas as histórias. A minha é bem longa em comparação com a dele, mas ele ouve com grande concentração. Quando termina, começamos a conversar sobre seus próprios problemas com os amigos ultimamente, e sobre algumas coisas que ele poderia fazer quando estivesse bravo que não os afugentariam. Bobby me pediu para ouvir a história quatro ou cinco vezes depois daquela sessão, e também pediu à sua mãe que entrasse e a ouvisse.

Susie, 7 anos: "Era uma vez um leão. Esse leão tinha uma juba enorme. Um dia, a mãe dele disse para ele pentear a juba e ele não quis. Os dois tiveram uma briga feia. O leão não queria saber de pentear a juba dela — quero dizer, dele. Então a mãe dele não o deixou sair para brincar."

"O que aconteceu no fim?"

Susie: "O leão teve que ir para o quarto dele. Foi muito triste."

"O leão conseguiu sair para brincar?"

Susie: "Não. Fim. A lição é: se o leão não penteia a juba, vai para o quarto dele."

"Muito obrigada, Susie. Agora, a minha história. 'Era uma vez um leão que tinha uma juba enorme. Um dia, o leão queria sair para brincar, mas sua mãe queria que ele penteasse a juba primeiro, porque estava toda emaranhada e parecia desleixada. A mamãe leoa temia que os vizinhos pensassem que ela era uma péssima mãe se vissem seu filho todo despenteado. Queria que pensassem que ela era uma boa mãe que cuidava da juba do filho. O leão não queria saber de nada. Ele *detestava* pentear a juba. Achava que estava bem assim. E estava ansioso para sair para brincar. Seus amigos estavam lá fora se divertindo. Mas a mãe não o deixava sair. O leão ia se jogar no chão e gritar, mas a mãe começou a lhe dizer o quanto era importante para ela que os vizinhos pensassem que era uma boa mãe. Como o leão gostava da mãe e não queria que os vizinhos pensassem mal dela (embora não entendesse o que a juba tinha que ver com isso), penteou a juba. Sua mãe ficou muito feliz. O leão saiu para brincar com os amigos e se divertiu até que deu a hora de entrar para jantar. A lição da minha história é que às vezes é mais fácil fazer o que a sua mãe diz, porque assim você pode sair para brincar."

Susie: "É uma boa história!"

"Obrigada! Isso acontece com você? Você tem que que fazer coisas que a sua mãe diz, mesmo que não queira, e tem que ir para o seu quarto se não fizer?"

Susie (assentindo de maneira enfática): "Sim!"

Conversamos sobre isso por um tempo e depois ela me perguntou se podíamos jogar Blockhead!* (Susie e a mãe estavam envolvidas em grandes disputas de poder, que estávamos começando a solucionar.)

Esses dois exemplos não foram cuidadosamente selecionados para dar uma mostra dos meus sucessos. São típicos da maioria das sessões de conta-

---

* Clássico jogo de equilíbrio com blocos de madeira [N. T.]

Descobrindo crianças

ção de histórias que conduzi. É uma técnica eficaz e atraente. Às vezes encontro uma criança que não quer contar uma história dessa maneira, e então passamos para outro tipo de atividade.

Com frequência, uso imagens do *Children's Apperception Test* (CAT) [Teste de Apercepção Infantil] para a contação de histórias. Essas imagens mostram animais em situações humanas. Certa vez, levei esse material para uma sessão em grupo com a ideia de que cada criança escolhesse uma imagem diferente para contar uma história. Cada criança quis contar uma história sobre *cada uma* das imagens, e cada história foi diferente! Não me deparei com o problema de crianças copiarem ideias umas das outras. Se isso acontecesse, eu diria: "Ah, sua história começa igual à dele. Agora, o que acontece com o *seu* urso?" Nesse grupo, todas as histórias foram gravadas (eu não contei nenhuma), e na sessão seguinte reproduzi algumas delas para que tivéssemos a oportunidade de conversar sobre as experiências e os sentimentos expressados. Uma imagem mostra três ursos brincando de cabo de guerra. Numa ponta está o urso maior; na outra, o bebê urso e provavelmente a mamãe ursa.

Esta é a história de Donald (12 anos): "Há três ursos: o papai, a mamãe e o bebê, e eles estão brigando por um pote de mel! Por isso estão disputando um cabo de guerra. O papai perde; ele engana o bebê e corta a corda, e todos eles caem montanha abaixo."

"Qual deles é você? Seja um deles."

Donald: "Acho que eu sou o bebê urso."

"Converse com o papai urso — diga a ele como se sente por ter sido enganado."

Nós continuamos nessa linha até que eu pergunto a Donald se ele já se sentiu enganado pelo pai. Muitos sentimentos vêm à tona e recebem a nossa atenção.

Uma menina de 10 anos, adotada, após se concentrar em uma imagem do CAT em que há dois ursos grandes dormindo em uma caverna e um ursinho deitado de olhos abertos, contou a história de um ursinho que está à procura de seus pais verdadeiros. "Quando os ursos finalmente pegaram no sono, o ursinho fugiu." Ela tinha muitos sentimentos que não conseguia expressar para os pais adotivos.

Às vezes, numa sessão em grupo, depois de histórias como essas, peço às crianças que encenem uma delas, acrescentando suas próprias interpretações. Ou então a criança que contou a história pode representar os diferentes papéis. A atividade fica mais interessante se a criança que contou a história seleciona os vários atores para a encenação.

Tenho uma caixa de imagens especial para motivar a contação de histórias. Algumas lojas de materiais educativos oferecem ótimos conjuntos de imagens concebidas para o trabalho terapêutico. *Moods and emoticons* [Estados de ânimo e emoções] e *Just imagine* [Apenas imagine] são excelentes. Um conjunto de imagens do *Thematic Apperception Test* (TAT) [*Teste de Apercepção Temática*] é especialmente adequado para trabalhar com adolescentes. As imagens em *The family of man* [A família do homem] também são excelentes.

Outra técnica interessante de contação de histórias que atrai crianças de todas as idades é o teste *Make-A-Picture Story* (MAPS) [Crie uma história visual]. Este conjunto traz pequenos recortes de figuras de papelão em preto e branco e alguns cartões grandes com as mais variadas cenas, de um cemitério a uma sala de aula, também em preto e branco. A criança escolhe as figuras e as posiciona sobre as cenas que desejar. Depois, conta uma história ou encena uma peça. Pode movimentar as figuras e incluir outras no decurso da história. Em geral, as histórias são breves, e algumas crianças gostam de fazer mais de uma cena. Com uma sequência de histórias, muitas vezes se revelam temas e padrões. No exemplo a seguir, Allen, de 11 anos, fez cinco cenas. Eu fui anotando suas histórias num caderno à medida que ele as contava.

1. Cena de rua: "Um ladrão tenta roubar uma mulher. Um menino trata de ajudar — ele sabe karatê, mas não funciona. O Super-Homem voa até lá, ajuda a mulher, dá um beijo nela, eles vão embora juntos." (Quando lhe perguntei qual dos dois era ele, escolheu o Super-Homem.)

2. Barquinho: "Tem um naufrágio, um homem está morrendo, e lá tem outro homem, um menino e um cachorro. Eles estão com fome. (Ele põe a mão no estômago ao contar isso.) Os pais do menino estão no naufrágio, mas eles morrem. No barquinho, o homem morre, mas o resto se salva. O menino ganha novos pais depois que vai para uma casa de acolhimento. Ele está feliz." (Ele se identifica com o menino.)

3. Caverna: "Uma cobra pica uma mulher. Ela está presa. Não tem saída. Chegam dois homens e caçam a cobra, encontram uma saída, e fica tudo bem."

4. Consultório médico: "Um homem entra. Ele machucou uma perna num acidente. (A figura está de muleta.) O médico chama outro médico e eles tratam a perna. Quando estão saindo, abrem a porta e cai um homem sagrando. Eles chamam uma ambulância. 'Você precisa de mais ajuda, somos só dois médicos num consultório', os médicos dizem para o homem, e ele fica bem."

5. Sala de aula: "Tem um desenho de um fantasma na lousa. É Dia das Bruxas. A professora diz aos alunos que um policial vai dar uma palestra sobre segurança no Dia das Bruxas. Um menino agride e perturba os outros. Ele sai. A professora não sabe o que fazer com ele. O menino tem problemas. Ele está infeliz." (Allen não se identifica com nada nas últimas três figuras.)

Cada uma dessas histórias está repleta de material que pode ser usado para exploração terapêutica. Neste caso, escolho procurar o padrão de todas as cinco. No começo da sessão, Allen havia expressado a ideia de começar a descontinuar a terapia — sentia que sua vida estava indo bem agora. Nós conversamos sobre as cenas. Em cada uma delas, há algum tipo de catástrofe ou problema; e, com a exceção da última, sempre chega ajuda. A vida de Allen esteve cheia de catástrofes. Nós focamos na última história e no menino que tem problemas. Allen diz: "Ele vem ver você e então fica bem." Conversamos sobre alguns dos acontecimentos em sua própria vida e sobre seus sentimentos em relação a eles agora.

O flanelógrafo (um painel de madeira revestido de flanela) é um recurso útil para a contação de histórias. Uma criança pode criar muitas histórias ou cenas e manipular seus elementos no flanelógrafo enquanto fala. As figuras podem ser recortadas de livros de colorir ou feitas à mão. Para grudá-las no flanelógrafo, basta colar pedaços de flanela, feltro, lixa ou entretela na parte de trás, ou confeccioná-las com esses materiais e delineá-los (ou não) com caneta hidrográfica. Também é possível encontrar pacotes comerciais para flanelógrafos em lojas de materiais educativos. Itens como membros da família, animais, elementos de histórias folclóricas ou de fantasia, edifícios do bairro e da cidade, árvores etc. se prestam a trabalhos interessantes.

LIVROS

Em meu trabalho com crianças, uso uma grande variedade de livros. Vejo que as crianças gostam que um adulto leia para elas, mesmo quando parecem ter passado da idade para isso (alguém já passou da idade para isso?). Os livros oferecem vários temas para as sessões. Procuro livros interessantes em livrarias e bibliotecas e tenho uma pequena coleção de livros especiais com os quais trabalho. *The temper tantrum book* [O livro da birra] é um sucesso; as crianças menores o pedem uma e outra vez. *Where the wild things are* [*Onde vivem os monstros*] atrai as crianças e cria o clima para conversarmos sobre coisas assustadoras. Quando se trata de fazer que elas se lembrem de sonhos, *There's a nightmare in my closet* [*Um pesadelo no meu armário*] nunca falha. Um livro chamado *Go away, dog* [Vá embora, cachorro] ajuda a iniciar uma conversa sobre rejeição, e *A frog and toad are friends* [*Rã e sapo são amigos*] e *I'll build my friend a mountain* [Vou construir uma montanha para o meu amigo] levam a uma conversa sobre relacionar-se com outras crianças. Um livro para crianças bem pequenas chamado *Is this you?* [É você?] se presta a conversas sobre a criança, sua família, sua casa e assim por diante.

Sylvester and the magic pebble [*Silvester e a pedrinha mágica*] e *The magic hat* [O chapéu mágico] (sobre uma menina que, ao usar um chapéu mágico, pode fazer tudo que um menino faz) levam a explorar os desejos e as fantasias das crianças. Menciono, aqui, apenas alguns dos livros que usei, para dar ao leitor uma ideia de como usar livros. Começa-se a desenvolver o olhar para as possibilidades que eles oferecem. Vejo que as crianças não respondem tão bem a livros escritos especificamente para abordar sentimentos quanto a livros que não foram escritos com essa finalidade, mas apenas para contar uma história e entreter. As crianças ficam entediadas com livros "sentimentaloides" — elas os identificam de imediato.

The story of Ferdinand [*O touro Ferdinando*] é sobre um touro que é diferente, e muitas crianças se sentem assim. *Leo the late bloomer* [Leo, o rebento tardio] é sobre um animal que não sabia fazer muita coisa, até que chegou um dia mágico. *Spectacles* [Lentes] é um livro encantador sobre uma menina que precisa usar óculos. *Nobody listens to Andrew* [Ninguém ouve o Andrew] toca fundo em muitas crianças, e um livro chamado *Not this bear!* [Este urso, não!] ajuda a iniciar uma conversa sobre semelhanças e diferenças. *Fish is fish* [Peixe é peixe] é um livro encantador sobre um peixe que tenta viver fora d'água, como uma pessoa, um pássaro, uma rã ou uma vaca. Ele aprende, bem a tempo, que fora d'água o peixe morre; um peixe é um peixe e não pode ser o que não é.

Alguns dos melhores livros para crianças são encontrados em livrarias feministas, pois em geral são cuidadosamente selecionados. Livros como *Grownups cry too* [Adultos também choram], *My body feels good* [Eu me sinto bem com o meu corpo], e *Some things you just can't do by yourself* [Algumas coisas que você não pode fazer sozinho] são livros maravilhosos que raras vezes encontrei em outros lugares. *What is a boy? What is a girl?* [O que é um menino? O que é uma menina?] merece especial atenção. Este livro excelente, com fotografias de alta qualidade, fala das diferenças corporais entre meninos e meninas, homens e mulheres. *The sensible book* [O livro sensível] é útil ao falar sobre como percebemos o mundo por meio da visão, do tato, do paladar, do olfato e da audição, e *Feelings — Inside you and outloud too* [Sentimentos — Dentro de você e em voz alta também] é outro livro excelente.

Os contos de fadas e os contos populares oferecem uma riqueza de materiais para trabalhar com crianças, e vejo que elas amam essas histórias tanto quanto as amávamos na nossa infância. A história "The little blue spruce" [O pequeno abeto azul], que consta num pequeno livro, *Famous folk tales to read aloud* [Contos populares famosos para ler em voz alta], conta a história de uma arvorezinha que, embora fosse muito bonita, queria ser como as outras árvores na floresta. A antiga história de João e Maria nos leva diretamente a uma conversa sobre as condições familiares de cada criança.

Muitos significados psicológicos têm sido atribuídos aos contos de fadas. Concordemos com essas interpretações ou não, o fato é que esses contos atraem muito as crianças e têm grande valor para elas. Os contos populares e os contos de fadas, como as canções populares, vêm das profundezas da humanidade e envolvem todas as lutas, conflitos, mágoas e alegrias que as pessoas enfrentaram ao longo dos séculos. Às vezes essas histórias não são agradáveis. Em *The uses of enchantment — The meaning and importance of fairy tales* [*A psicanálise dos contos de fadas*], Bruno Bettelheim escreve:

> A cultura dominante deseja fingir, particularmente no que se refere às crianças, que o lado obscuro do homem não existe, e professa a crença num aprimoramento otimista. [...]

Essa é exatamente a mensagem que os contos de fadas transmitem à criança de forma variada: que uma luta contra dificuldades graves na vida é inevitável, é parte intrínseca da existência humana — mas que, se a pessoa não se intimida e se defronta resolutamente com as provações inesperadas e muitas vezes injustas, dominará todos os obstáculos e ao fim emergirá vitoriosa.

As histórias modernas escritas para crianças pequenas evitam sobretudo esses problemas existenciais, embora eles sejam questões cruciais para todos nós. A criança necessita muito particularmente que lhe sejam dadas sugestões em forma simbólica sobre o modo como ela pode lidar com essas questões e amadurecer com segurança. As histórias "seguras" não mencionam nem a morte, nem o envelhecimento — os limites à nossa existência —, nem tampouco o desejo de vida eterna. O conto de fadas, em contraste, confronta a criança honestamente com as dificuldades humanas básicas. (p. 15-6)

Os contos de fada são ímpares, não só como uma forma de literatura, mas como obras de arte integralmente compreensíveis pela criança como nenhuma outra forma de arte o é. Como sucede com toda grande arte, o significado mais profundo do conto de fadas será diferente para cada pessoa, e diferente para a mesma pessoa em vários momentos de sua vida. A criança extrairá significados diferentes do mesmo conto de fadas, dependendo de seus interesses e necessidades do momento. Tendo oportunidade, voltará ao mesmo conto quando estiver pronta a ampliar os velhos significados ou substituí-los por novos. (p. 20-1)

Os contos de fadas tocam fundo nas emoções básicas universais: amor, ódio, medo, raiva, solidão e sentimentos de isolamento, inutilidade e privação.

Concordo com o dr. Bettelheim que se não fosse o fato de que os contos de fadas clássicos são, acima de tudo, obras de arte, não teriam o impacto que têm. Há algo de rítmico e mágico na leitura de um conto de fadas, proporcionando um fluxo contínuo com o coração e a mente do ouvinte. Embora essas narrativas usem um vocabulário que está muito além da compreensão da criança, ela ouve extasiada, absorta, com todo o seu ser.

Alguns educadores e pais manifestam preocupação com o fato de que os contos de fadas apresentam um mundo que é irreal — um mundo que oferece uma solução mágica e perfeita para tudo. Além disso, muitos desses contos são sexistas: as mulheres são valorizadas apenas por sua beleza, ao passo que os homens são mostrados como heróis galantes. Apesar desses aspectos negativos, há, nos contos populares e nos contos de fadas clássicos, muitos elementos com os quais as crianças imediatamente se identificam. Como um antídoto para os aspectos negativos, o dr. Richard Gardner escreveu vários livros para crianças: *Dr. Gardner's fairy tales for today's children* [*Contos de fadas para as crianças de hoje*], *Dr. Gardner's modern fairy tales* [Contos de fadas modernos] e *Dr. Gardner's stories about the real world* [*Estórias sobre o mundo real*].

Quando uso essas histórias no meu trabalho, considero muito útil comparar as fantasias e as soluções mágicas apresentadas nos contos de fadas, bem como qualquer tendência sexista, com a vida da criança. Além disso, concordo com o dr. Bettelheim, que diz que as histórias que terminam com "e viveram felizes para sempre" não enganam as crianças nem por um minuto. Sou inclinada a pensar que, em nossa cultura, é a busca por uma felicidade eterna, a sede pela última novidade em eletrodomésticos, ou pelo carro mais esportivo, o que causa grande parte da confusão entre os pequenos em relação à vida. São os valores contraditórios daqueles que controlam as atividades da vida real das crianças que as desconcertam, e não o que elas leem nos livros. Os valores promovidos nos contos de fadas são claros e simples.

Há inúmeras variações na contação de histórias, algumas das quais levam a outras áreas, como o trabalho com bonecos, a encenação ou a escrita. Ao trabalhar em grupo, é divertido começar uma história e pedir a cada criança que acrescente o que quiser, formando uma colagem narrativa.

Às vezes, começo uma história e peço à criança que a termine, ou vice--versa. Outras vezes, decidimos criar um final diferente para uma história que lemos juntos.

Em *Psychotherapeutic approaches to the resistant child* [Abordagens psicoterapêuticas para a criança resistente], o dr. Gardner descreve vários jogos que inventou para melhorar a técnica de contação de histórias. Alguns deles envolvem tirar um brinquedo ou objeto de uma sacola e contar uma história sobre ele, contar uma história sobre uma palavra escolhida de um saco de palavras, ou contar uma história depois de completar uma palavra no Scrabble Junior*.

---

* Ou Palavras Cruzadas, o clássico jogo de tabuleiro. [N. T.]

ESCRITA

Eu raramente peço às crianças que escrevam uma história, não porque não veja valor nisso, mas porque a maioria não tem boas experiências com a escrita. Lamento que tantas crianças tenham relutância em escrever, pois penso que a escrita é uma das ferramentas mais gratificantes, valiosas e eficazes para a autoexpressão e a autodescoberta.

Muitas vezes, tento incentivar as crianças a escreverem, mas, dada sua resistência e minha falta de tempo para começar a ajudá-las a encontrar entusiasmo na escrita, acabo passando para outras técnicas.

No entanto, como a escrita é apenas outra forma de expressar as mesmas palavras que usamos para falar, o que posso fazer é dar às crianças a sensação de que elas *já são* escritoras. Quando uma criança conta uma história numa gravação de áudio, posso transcrever sua história e apresentá-la a ela por escrito. Ou posso registrar a história enquanto a criança a dita para mim.

Como acredito que uma declaração verbal direta feita pela criança tem grande potencial para fortalecê-la internamente, muitas vezes lhe peço que faça algum tipo de afirmação sobre um desenho que tenha feito durante uma de nossas sessões de trabalho terapêutico. Então, anoto sua afirmação no desenho e a leio em voz alta para ela, como um reforço adicional. Às vezes incentivo a criança a escrever algumas palavras como uma iniciação a uma escrita mais fluente. "Escreva as palavras que quiser, que passarem pela sua cabeça, que combinem com o seu desenho da raiva." Depois dessa instrução, um menino de 11 anos escreveu em seu desenho: "Sr. e sra. Filhos da Puta". Se queremos que as crianças se expressem plenamente, não podemos censurá-las!

Penso que, muitas vezes, as crianças têm relutância em escrever porque as escolas dão muita ênfase à ortografia, à forma, à estrutura da frase e até mesmo à caligrafia, sufocando e bloqueando o fluxo criativo da criança. Parece-me que a gramática e a ortografia deveriam ser dissociadas da escrita, ensinadas separadamente ou talvez mais tarde, depois que a escrita tenha se tornado uma atividade familiar para a criança. Imagine o que aconteceria se insistíssemos em que um bebê formulasse suas frases de maneira correta antes de permitirmos que ele dissesse alguma palavra! Os bebês aprendem a falar corretamente imitando a fala dos adultos à sua volta. Se deixássemos as crianças tranquilas e não as assustássemos em relação à escrita, elas aprenderiam a escrever da mesma maneira que aprendem a falar. Dou a cada criança com quem trabalho um pequeno caderno espiralado. Posso lhe pedir que use o caderno para registrar os episódios em que faz xixi na cama, para escrever "coisas que o deixaram com raiva esta semana" ou para anotar seus sonhos. Estas são as anotações de um menino de 9 anos sobre as coisas que o deixaram com raiva: 1) O sr. S. não deixa os meninos jogarem *softball*. 2) Tive que limpar o banheiro e a sujeira que fica ao redor da pia, lavar a roupa e pendurar as toalhas. 3) Tenho que me deitar às 20h30 e acordar às 7h30. E tenho que comer, pentear o cabelo, me vestir e sair de casa às 8h30. Sobre o mesmo tema, uma menina de 10 anos escreveu: "Minha mãe não me deixou contar uma coisa para uma menina. Ela me fez tomar banho quando eu queria contar uma coisa para a minha amiga".

Às vezes fazemos livretos com capa e títulos como "Queixas", "Irritações", "Alegrias", "Coisas de que me orgulho", "Coisas que odeio", "Coisas que adoro", "Meus desejos", "Se eu fosse o presidente", "Se eu fosse a minha mãe" e assim por diante. Um livreto foi intitulado "Algo sobre mim". Um menino de 8 anos escreveu: "Olhos castanhos. Menino comum". Outro desenhou um retrato elaborado de si mesmo e escreveu: "Tenho cabelo castanho e preto. Tenho olhos verdes. Estou vestindo um macacão jeans azul. Estou calçando sapatos pretos. Estou vestindo uma camisa amarela e azul clara. Estou calçando meias brancas. Tenho dois braços. Tenho duas pernas. Tenho dois olhos verdes. Tenho dez dedos nas mãos. Tenho 10 anos. Tenho 1,30 metro de altura. Sou meio magro. Tenho duas orelhas". Outro menino, de 8 anos, escreveu apenas: "Sou feio". E um menino de 10 anos escreveu: "Eu tinha um cachorro quando tinha 1 e 2 anos. Ele era maior do que eu, muito maior. Ele brincava comigo o tempo todo". Fez um pequeno esboço de um menininho brincando de bola com um cachorro maior do que ele.

Um menino de 6 anos trouxe um livro que havia feito na escola com o título: "Sentimentos". Cada página começava com uma frase que a professora havia escrito na lousa para que as crianças copiassem e completassem com suas próprias ideias. Ele escreveu assim:

"Amor é… quando uma pessoa diz eu te amo e ninguém briga e faz todo mundo se sentir mal. Então seja gentil." (A professora havia escrito: "Refazer" porque não estava satisfeita com a caligrafia!)

"Eu sinto medo quando... entro numa briga. E fico perdido no meio do nada." (Pequena figura de um menino parado no meio de um deserto.) Outras frases eram: "Não é justo quando...", "Eu me sinto feliz quando...", "Eu me sinto triste quando...", "Eu me sinto sozinho quando...", "Eu sinto vontade de cantar quando...", "Meu melhor amigo é...", "O que gosto em mim é...", "Três coisas importantes que aconteceram na minha vida são...", "O que sei fazer melhor é...", "Se eu pudesse escolher três desejos, seriam...", "O dia mais feliz da minha vida foi quando...", "A coisa mais engraçada que já aconteceu comigo foi...", "A coisa mais bonita do mundo é...", "Se eu fosse a professora...", "Se eu fosse o presidente da República...", "Meus pais ficam felizes quando...", "Se eu fosse pai, eu...", "Se eu fosse o diretor, eu...".

Completar frases é uma excelente maneira de incentivar as crianças a fazerem declarações sobre si mesmas, a entrarem em contato com seus sonhos, desejos, necessidades, decepções, pensamentos, ideias e sentimentos. Os testes de frases incompletas oferecem mais ideias de frases como essas.

Como gosto de estimular as crianças a terem consciência das polaridades da personalidade e dos sentimentos humanos, em geral agrupo afirmações opostas, como: "Fico feliz quando... e fico bravo quando...", "É fácil para mim... e é difícil para mim...", "Uma coisa de que gosto em você é... e uma coisa de que não gosto em você é...".

Às vezes, peço às crianças que escrevam uma página inteira de frases começando com "Eu sou/estou" ou "Eu quero". Um menino de 12 anos escreveu: "Eu sou um menino. Eu sou feliz. Eu sou engraçado. Eu estou com frio. Eu estou com calor. Eu estou ficando muito entediado de fazer isto." E, do outro lado da folha, fez uma lista de "Eu não sou" (foi ideia dele): "Eu não sou tonto. Eu não sou uma menina" etc.

Para crianças que estão dispostas a começar a praticar a escrita, posso dar as seguintes instruções: "Imagine que hoje você tem o poder de fazer o que quiser no mundo. Escreva sobre o que faria". Ou: "Escreva uma carta para alguma parte do seu corpo, como 'Querido estômago: tem uma coisa que eu gostaria de dizer a você'.".

Num grupo, uma colega minha pediu às crianças que cada uma delas escrevesse um segredo, mas sem assinar, e depois dobrasse o papel e o colocasse numa pilha no meio da sala. Cada criança, na sua vez, pegou um papel e o leu em voz alta para o grupo como se fosse o seu próprio segredo. A sessão foi interessante e comovente.

Herbert Kohl, em seu livro, *Math, writing and games in the open classroom* [Matemática, escrita e jogos na sala de aula aberta], fala sobre a dificuldade de conseguir que as crianças escrevam. Ele afirma que, pelo menos nas escolas, as crianças não escrevem se têm medo de falar. Elas *escrevem* quando podem escrever sobre as coisas que conhecem melhor, as coisas que são importantes para elas. Se não podem falar sobre essas coisas livremente, como esperar que escrevam? Ao descrever suas experiências com crianças e escrita, ele dá muitas sugestões excelentes para incentivá-las a se expressar por esse meio.

Duas publicações valiosas, que incluem vários artigos sobre escrita com crianças, são *The whole word catalogue 1* e *2* [O catálogo do todas as palavras 1 e 2].

POESIA

Peça a uma criança que escreva um poema e ela tratará de fazer as palavras rimarem. Não estou dizendo que um poema não possa ter rima, mas a rima é uma habilidade à parte. A poesia rimada não é a mais útil para a autoexpressão livre.

A poesia vem do coração. Podemos dizer coisas em forma de poema que seriam difíceis de compartilhar numa conversa e na escrita cotidiana. Na poesia, podemos deixar fluir livremente, até mesmo loucamente.

Há alguns livros muito bons que abordam a escrita de poesia com crianças. Um dos melhores é *Wishes, lies, and dreams* [Desejos, mentiras e sonhos], de Kenneth Koch. Ele propõe várias maneiras de ajudar as crianças a se soltarem para escrever poesia e inclui muitos poemas escritos por crianças que, à primeira vista, talvez pareçam ter pouca relação com os sentimentos das crianças que as escreveram. Numa seção chamada "Mentiras", um poema de uma criança de 11 anos, por exemplo, diz:

Voo para a escola à meia-noite
Corro para o almoço às nove
Vou para casa por baixo da terra às onze
Meu nome é James Palhaçante Diego Feijão Saltitante Jimmy
[Rodopiante e Tom Chinelante

Minha cabeça nasceu em Saturno meus braços nasceram na Lua
Minhas pernas em Plutão e o resto de mim nasceu na Terra
Minha amiga a abelha me levou zumbindo para casa (p. 196)

Como a garatuja, como as fantasias de *Put your mother on the ceiling*, um poema como este pode ser o primeiro passo para se permitir a liberdade e a fluidez de revelar o que há no coração e na alma. Considere este poema de uma criança de 12 anos, em uma seção chamada "Ruídos":

O vento que sai da sua boca
É como o vento num beco escuro
Quando você ouve as pessoas mais velhas conversando
Ouve gemidos
Bater numa cadeira com uma régua
É como ouvir o disparo de uma metralhadora
Ouvir um cachorro ganir
É como a sirene de um caminhão de bombeiro
Ver dois boxeadores unidos por um soco
É como uma bala acertando uma lata. (p. 124)

Vejo que uma das maneiras mais eficazes de fazer que as crianças se interessem por escrever poesia é ler para elas poemas escritos por outras crianças. Os poemas em *Wishes, lies, and dreams*; *My sister looks like a pear* [Minha irmã parece uma pera]; *Me the flunkie* [Eu, o repetente]; *The me nobody knows* [O eu que ninguém conhece]; *Somebody turned on a tap in these kids* [Alguém abriu uma torneira nessas crianças]; *The whole word catalogue 1* e *2; Begin sweet world* [Comece, doce mundo]*; Miracles* [Milagres] e *I never saw another butterfly* [Eu nunca vi outra borboleta] são impactantes, maravilhosos, honestos. O meu preferido é *Have you seen a comet?* [Você viu um cometa?]. Este livro, produzido pelo Comitê dos Estados Unidos para o Unicef, inclui arte e escritos de crianças do mundo todo.

Quando leio um poema, peço à criança que feche os olhos e permita que o poema a atravesse. Ao terminar a leitura, lhe peço que faça um desenho de seus sentimentos sobre o poema e do que percebeu através dele. Ou lhe peço que desenhe algo evocado pelo poema — ela talvez tenha se sentido particularmente tocada por uma palavra ou um verso.

O poema "There is a knot" [Tem um nó] em *Have you seen a comet?* sempre consegue trazer à luz sentimentos ocultos. Esta é uma tradução de um poema de uma criança turca de 8 anos:

Tem um nó dentro de mim
Um nó que não pode ser desatado
Apertado
Dói
Como se tivessem colocado uma pedra
Dentro de mim

Sempre me lembro dos dias de antes
Brincar na nossa casa de verão
Ir visitar a vovó
Ficar na casa da vovó

Quero que esses dias voltem
Talvez o nó se desate
quando voltarem
Mas tem um nó dentro de mim
Tão apertado
E dói
Como se fosse uma pedra dentro de mim (p. 32)

Depois de ouvir esse poema, uma menina de 10 anos desenhou uma figura no alto de uma montanha com um ponto preto no meio, os braços abertos e as palavras "Eu te odeio, eu te odeio" escritas ao redor. Ela me ditou: "O meu nó é a raiva dentro de mim". Antes disso, numa atitude defensiva, ela havia negado seus sentimentos de raiva, apesar de seu comportamento rebelde na escola e em casa.

Outra criança, de 9 anos, desenhou a casa da avó e uma menina parada a certa distância da casa. Essa menina também tinha um ponto preto no abdômen. O ponto representava "Uma mentira que eu contei para a minha mãe". Ela se sentia culpada por essa mentira e sentia que não podia contar à mãe porque esta ficaria furiosa. (Nesse momento, ela me contou.) A avó, que falecera havia pouco tempo, era a única pessoa que a menina sentia que realmente a amava, a única para quem poderia ter revelado o que tinha feito sem sofrer um castigo severo. A partir desse desenho, conseguimos conversar sobre suas preocupações e sobre sua dor pela perda da avó. É divertido criar um poema coletivo. Cada criança escreve um verso, talvez sobre um desejo. Então, eu reúno os versos e os leio para o grupo como um belo poema. As crianças ficam muito impressionadas com sua capacidade poética. Às vezes, lhes peço que cada uma seja um animal, estação do ano ou vegetal à sua escolha e escreva alguns versos sobre si mesma. Geralmente leio seus poemas em voz alta — suas palavras sempre parecem soar melhor quando outra pessoa as lê.

Os poemas podem ser escritos em conjunto com outra arte. Pedi a um grupo de crianças que desenhassem, em cores, como se sentiam no momento. Quando terminaram, lhes pedi que escrevessem palavras, frases ou orações para descrever os sentimentos que tinham ao observar seu desenho. Uma criança escreveu: "As cores me inundam e, gentilmente, me acalmam e me confortam — primeiro com muita suavidade, e depois com força".

Às vezes, antes de começar uma sessão de poesia, conversamos sobre palavras que usamos para definir sentimentos, palavras que evocam imagens, palavras de que gostamos, palavras que soam ríspidas. Experimentar com as palavras e expandir nossa percepção sobre elas ajuda a escrever poesia.

Muitas vezes, uso com as crianças uma forma simples, semelhante a um haicai. Um haicai é um poema japonês com três versos de cinco, sete e cinco sílabas cada um. Uso uma forma simplificada de cinco versos: no primeiro verso, uma palavra; no segundo, duas palavras que dizem algo sobre a primeira; no terceiro, três palavras que dizem algo mais sobre a primeira; no quarto, quatro palavras que dizem mais alguma coisa sobre a primeira; e, no quinto, repete-se a primeira palavra.

Estes são alguns exemplos que me foram ditados pelas crianças:

Meninas
Amo vocês
Amo as meninas
Amo muito as meninas
Meninas
(menino de 8 anos)

Dinossauros
Eu queria
Que estivessem vivos
Montar no lombo deles
Dinossauros
(menino de 7 anos)

Foguetes
Pretos, bonitos
Eles soltam fogo
Eles saem do chão
Foguetes
(menino de 8 anos)

Foguetes
Têm janelas
Vão pro espaço
Homens flutuam no espaço
Foguetes
(menino de 9 anos)

Meninos
Moleques idiotas
Brigam com meninas
Cara feia, cabelo feio
Meninos
(menina de 9 anos)

Meninas
Bonitas, boas
Têm cabelo bonito
Elas são sempre boas
Meninas
(menino de 10 anos)

Escola
Quero fugir
Bater em alguém
Não gosto de ler
Escola
(menino de 8 anos)

Meninos
Amam meninas
Batem em mim
Eu gosto de alguns
Meninos
(menino de 8 anos)

Nada
Só isso
Não digo nada
Nem vou dizer nada
Nada
(menino de 10 anos)

Mulheres
Grandes, bonitas
Têm cabelo bonito
Adoráveis, eu as amo
Mulheres
(menina de 9 anos)

Esses pequenos poemas revelam muito sobre os pensamentos e sentimentos das crianças. São mais um canal que se abre para os espaços secretos da criança, uma fenda na porta, que permite que ela se abra cada vez mais.

Os poemas infantis escritos por adultos muitas vezes atraem mais os próprios adultos do que as crianças. Não é fácil escrever de maneiras que se conectem com a criança. Ocasionalmente me deparo com um livro de que gosto e estou segura de que a criança gostará dele tanto quanto eu, mas logo descubro que estava enganada. Um livro que toca as crianças é *Where the sidewalk ends* [Onde o caminho termina], com poemas e ilustrações de Shel Silverstein. *I see a child* [Eu vejo uma criança], de Cindy Herbert, foi escrito para adultos que trabalham e vivem com crianças, mas descobri que as crianças são tocadas por alguns de seus poemas, como este:

Desculpe
Quando algo está faltando
Quando algo está quebrado
Eu levo a culpa
Parece que sou sempre culpada
Então
Peço desculpas –
Com raiva
E humilhada
Mas sem lamentar
Nada.

A grande poesia é capaz de tocar o coração, mas a maioria das crianças a evita — talvez, também, pela maneira como são submetidas à poesia na escola. Em seu livro *Rose, where did you get that red?* [Rosa, onde você conseguiu esse vermelho?], Kenneth Koch descreve como apresentou poetas como Blake, Shakespeare, Whitman e outros para crianças do ensino fundamental. Ele as incentivou a imitar os estilos dos poetas clássicos em sua própria escrita de poesia e, assim, criou grande interesse pela variedade de poetas e poemas apresentados. Por exemplo, "The tyger" [O tigre], um poema de William Blake, começa assim:

Tyger! Tyger! burning bright
In the forests of the night
What immortal hand or eye
*Could frame thy fearful symmetry?** (p. 33)

---

* Tigre! Tigre! Brilho ardente/ Nas florestas da noite/ Que mão ou olho imortal/ Foi capaz de criar tua temerosa simetria? [N. T.]

Neste poema, Blake interroga um tigre, e Koch pede a seus alunos que, de maneira similar, interroguem alguma criatura bela e misteriosa. A poesia resultante é bela:

Oh, borboleta, oh, borboleta
Onde você conseguiu suas asas vermelho-vivo? [...]
(p. 43)

Oh, formiguinha que vive num buraco,
Como você se sente hoje?
As rosas desabrocharam e o sol púrpura está brilhando
Como você se sente quando lançam bombas de terra? [...]
(p. 53)

Por que você é tão pequeno, bichinho?
Você vai ser pisoteado, bichinho [...]
(p. 55)

As canções também são poemas. Nunca, antes da nossa época, nossa cultura incentivou tanto a criação de letras de músicas. As letras de grande parte das músicas de nossos dias são poemas intensos e tocantes. As crianças sempre foram conhecedoras das canções do momento, e em geral têm suas músicas prediletas. Descobri que muitas escrevem, em segredo, suas próprias canções. Um menino de 12 anos compartilhou comigo uma letra que havia criado para uma melodia de rock conhecida. Fiquei profundamente comovida com o conteúdo, que falava de seus anseios e sonhos. Lembro da história que uma amiga me contou sobre a filha de 6 anos. Certa vez, ela a ouviu ao piano, batendo nas teclas e, numa voz cantada, dizendo algo como: "Odeio a minha professora. Ela é má. Não me deixou dizer o que eu queria fazer. Ela é má. Não temos tempo, falou [...]". Seguiu assim por um bom tempo, criando sua própria canção de protesto, e, quando terminou, foi ajudar a mãe a preparar o jantar.

BONECOS

Muitas vezes, é mais fácil fazer uma criança falar por meio de um boneco do que dizer diretamente o que tem dificuldade de expressar. O boneco proporciona distância, e dessa maneira a criança se sente mais segura para revelar alguns de seus pensamentos mais íntimos.

Tenho usado bonecos de várias formas — em exercícios diretos, espontaneamente no decurso da terapia e em teatros de bonecos. A seguir, apresento algumas:

Peço à criança que escolha um boneco com que trabalhar, e que seja a voz desse boneco — *seja* o boneco. Depois, pergunto: "Diga por que você foi escolhido." (Posso perguntar: "Boneco, por que o John escolheu você?")

"Boneco, apresente-se. Conte-nos alguma coisa sobre você." (Com crianças menores, eu faço perguntas ao boneco, como: "Quantos anos você tem?", "Onde você mora?")

"Apresente o John." (Isto é, a criança que o escolheu.)

"Escolha um ou dois bonecos que lembram alguém que você conhece."

Em qualquer uma dessas situações, eu (ou as outras crianças, se for um grupo) posso fazer as mais variadas perguntas ao boneco. Também há exercícios com mais interação:

Enquanto o resto do grupo assiste, a criança e eu, ou duas crianças, escolhemos um boneco cada uma, e esses dois bonecos interagem de maneira não verbal por um tempo. Depois, os dois bonecos conversam um com o outro.

Uma criança escolhe dois bonecos e eles interagem de maneira não verbal e depois verbalmente, enquanto o resto do grupo assiste.

Alguns bonecos apresentam outros bonecos ou outras crianças.

Aprende-se muito sobre uma criança por meio do boneco que ela escolhe. John escolhe o tigre: "Eu sou feroz. Todo mundo tem medo de mim. Eu mordo quem se aproxima de mim". Posso incentivá-lo a dizer mais fazendo perguntas como: "Quem te incomoda mais, tigre?" Ou: "Você tem algum amigo — alguém que você não morde?" Ou ainda: "O que você faz, tigre, que deixa as pessoas com tanto medo de você?" Em algum momento, posso querer perguntar à criança se algo do que ela disse se aplica a si mesma (nesse caso, a John). "Você já fez isso? Já se sentiu assim? As pessoas têm medo de você?" Ou: "Você tem medo de alguém que age como um tigre?"

Posso pedir ao boneco que diga do que gosta e do que não gosta sobre a criança que o escolheu, ou que diga algo parecido para outros bonecos ou para outras crianças no grupo. Considero importante participar o máximo possível com a criança, então geralmente escolho um boneco e deixo que ele faça as perguntas no meu lugar.

Às vezes, no decurso de uma sessão em que outras técnicas estão encontrando resistência, um boneco pode nos socorrer. Por exemplo, Janice, de 10 anos, vivia numa casa de acolhimento fazia um ano. A mãe havia abandonado os filhos, e eles foram colocados em casas de acolhimento (o pai era desconhecido). Finalmente, Janice, separada do irmão e da irmã, foi colocada num lar adotivo. Tudo ia bem. No momento da adoção legal, ela disse à assistente social: "Você tem outra casa [de acolhimento] para mim?" Ela se recusou a ser adotada e não queria falar sobre isso. Na terapia, também não falava sobre isso comigo. Apenas encolhia os ombros e dizia: "Não sei".

Eu disse a Janice que sabia que devia haver uma voz dentro dela que às vezes lhe dizia coisas. Pedi a ela que fosse essa voz. Ela não conseguiu fazer isso, então lhe pedi que escolhesse um boneco para ser "sua voz". Ela escolheu uma boneca de pano engraçada, com um sorriso bobo. Sendo a voz da boneca, me contou que estava com medo de ser adotada. Não sabia ao certo o que provocava esse medo. Eu lhe pedi que desenhasse seu medo. Ela desenhou uma caixa preta grande e sólida. Disse que também tinha felicidade — uma caixa azul retangular que flutuava e iluminava um pouco seu medo. Foi a boneca que descreveu o desenho, e a boneca de repente falou: "Tenho medo de nunca mais ver a minha mãe, o meu irmão e a minha irmã". Ela preferia ficar em casas de acolhimento, em vez de "trancafiada". Eu virei para ela e, com gentileza, perguntei: "Janice, é assim que *você* se sente? O boneco está certo sobre como *você* se sente?" Ela fez que sim, com os olhos cheios de lágrimas. Nós conversamos sobre a situação por um tempo. Eu sabia que precisaríamos trabalhar seus temores, angústias e sofrimento, e que agora poderíamos começar a fazer isso. No fim da sessão, ela me falou: "É curioso, eu consigo conversar com você melhor do que com a sra. L." (sua assistente social, com quem ela tinha um excelente relacionamento). Eu respondi: "Bem, é por isso que a sra. L. queria que você viesse aqui".

Com os menorzinhos, eu às vezes escolho um boneco (o meu preferido é o dedoche de um ratinho) e converso com a criança — que, divertida, responde muito mais depressa ao ratinho do que a mim.

TEATRO DE BONECOS

As crianças amam fazer teatro de bonecos. É útil ter um teatrinho de madeira, embora eu use o encosto de uma cadeira ou, às vezes, a parte de trás do meu flanelógrafo. A criança fica do lado de trás e usa a parte de cima da cadeira ou do painel como palco. Se estamos numa sessão individual, a plateia sou eu. Às vezes, duas crianças fazem uma apresentação juntas. Outras vezes, sou eu que apresento.

Os teatros de bonecos são muto parecidos com a contação de histórias — a criança conta sua história por meio dos bonecos. Se sou eu que faço a apresentação, posso escolher meu próprio tema ou pedir um tema às crianças: "Sobre o que será esta história?" Posso escolher um tema com base numa situação problemática na vida da criança (por exemplo, seu método de chamar a atenção). Ou fazer uma apresentação engraçada, apenas por diversão.

Quando a criança faz a apresentação, com frequência sabe exatamente o que quer fazer, e por isso não ofereço muitas sugestões, a não ser que ela tenha dificuldade de começar ou fique emperrada no meio de uma história. Os teatros de bonecos das crianças, em geral, se caracterizam por duas coisas: histórias familiares e muitas brigas. Eu incentivo a criança a contar a história, qualquer que seja, e assisto pacientemente aos socos e tapas. Muitas vezes me perguntam por que as crianças fazem isso em seus teatros de bonecos. Só posso apresentar hipóteses. Talvez sejam influenciadas por programas de TV. Talvez necessitem pôr para fora, em segurança, seus sentimentos agressivos. Talvez as brigas sejam um reflexo de sua vida.

Algumas crianças nunca necessitam propostas. Sabem exatamente o que querem fazer; escolhem seus bonecos com cuidado e encenam algum grande tema, real ou fantasioso, quase sempre relacionado com sua própria vida. Mas muitas crianças necessitam ajuda para romper o padrão persistente de dois bonecos batendo um no outro. Então eu proponho temas, e em geral isso as estimula a fazer algo melhor. Minhas apresentações fornecem modelos para suas próprias criações. Ao me observar, elas obtêm ideias de diferentes possibilidades.

Às vezes eu uso, com os bonecos, uma técnica parecida com a da contação mútua de histórias. Depois que a criança faz sua apresentação, uso os mesmos personagens e faço a minha, que pode ser algo completamente novo ou algo que ofereça uma solução melhor para o conflito apresentado.

Se sobra tempo, conversamos sobre as apresentações tratando de relacioná-las com a vida dela, como eu faria com qualquer outra técnica.

Vejo que os adolescentes também gostam de fazer apresentações. Às vezes lhes proponho uma situação para encenar, algo baseado nos problemas presentes na vida deles. Alguns gostam de experimentar com situações mais elaboradas. Também já usei provérbios, como "Quando o gato sai, os ratos fazem a festa", como uma espécie de enigma a ser desvendado. Uma apresentação em que eles encenam suas próprias interpretações do provérbio é divertida e desafiadora e revela seu mundo interior. Outra possibilidade é pedir a eles que selecionem um provérbio de uma lista, ou tirem um de uma pilha ao acaso, e o encenem para que eu ou o resto do grupo adivinhemos qual é. (Há livros de provérbios em qualquer biblioteca pública.)

Uma maneira interessante de fazer teatros de bonecos é apresentada num artigo de Adolf G. Woltmann, "The use of puppetry in therapy" [O uso de bonecos na terapia], em *Conflict in the classroom* [Conflito na sala de aula]. Woltmann usou esta técnica com crianças hospitalizadas. Ele escolheu um personagem principal para ser o herói de muitas apresentações, um menino chamado Casper, que usava um chapéu pontiagudo e uma roupa multicolorida. Escreveu muitas histórias com Casper que lidavam com comportamentos antissociais, material de fantasia e valores éticos e morais que dizem respeito às crianças. No meio de cada história, fazia Casper vir à frente do palco e pedir conselho às crianças sobre o que dizer ou fazer em seguida — desse modo, elas completavam a obra.

Em uma história, a apresentação começa com o pai de Casper saindo para trabalhar. A mãe se despede dele com um beijo, expressando sua esperança de que um dia Casper seguirá os passos do pai. No palco, sozinho, Casper diz à plateia que está farto de ir à escola e planeja cabular aula. Ele sai correndo, sem os livros. A mãe os encontra e corre até a escola com eles, acreditando que Casper os esquecera. O segundo ato mostra Casper numa rua sozinho. Cabular aula não é tão divertido quanto ele esperava. Ele não tem dinheiro e se sente só. O diabo se aproxima, oferece seus serviços e lhe diz que ele pode ser o que quiser. Casper escolhe ser um rei. No terceiro ato, ele está num castelo, usando um manto de rei. Tem poder para fazer o que quiser com o mundo. Pede à plateia que o ajude a tomar decisões sobre pais, professores, escolas, hospitais etc. Quando as ordens de Casper são cumpridas de acordo com as sugestões das crianças, começa uma revolução, e sua vida é ameaçada. Ele grita por socorro e aparece o diabo, pronto para levá-lo para o inferno, mas, bem na hora, é salvo pelos pais.

As crianças que assistem a essa apresentação ficam muito entusiasmadas e envolvidas. Fazem as mais variadas sugestões, e argumentam muito. É um encontro vivo. Ainda que esse tipo de teatro de bonecos, com seus cenários e figurinos, talvez seja ambicioso demais para a maioria de nós, a ideia é interessante e pode ser facilmente adaptada às nossas necessidades. Embora haja vários tipos de bonecos, considero que os fantoches são os mais fáceis para as crianças usarem. Tenho alguns dedoches que algumas crianças gostam de usar, mas muitas acham difícil manipulá-los. Já usei bonecos no palito (um desenho ou recorte de uma figura colada numa vareta ou num palito de sorvete), mas noto que as crianças ficam muito mais envolvidas numa apresentação com fantoches, talvez porque há mais de si mesmas envolvido — o corpo.

Tenho muitos tipos de bonecos. Às vezes não tenho o boneco exato para uma história em particular, mas as crianças se adaptam facilmente e adequam os bonecos aos personagens que necessitam. Tenho um homem, uma mulher, um par de meninos, um par de meninas, um diabo, uma bruxa, um crocodilo, um tigre, um bebê, um rei, um cachorro com orelhas compridas e vários bichinhos de pelúcia e figuras de bonecas. Outros bonecos úteis seriam: um médico, um policial, um lobo, uma cobra, figuras de avós e uma fada-madrinha. As crianças não só encenam situações da vida por meio dos diferentes personagens como também se identificam prontamente com as várias partes de si: a boa, a má, a feroz, a angelical, a furiosa, a bebê, a sábia. Às vezes, por meio do teatro de bonecos, elas são capazes de resolver conflitos internos e externos, e de equilibrar e integrar os muitos aspectos de si mesmas.

Algumas crianças gostam de confeccionar seus próprios bonecos. Em bibliotecas infantis, é possível encontrar livros com instruções e sugestões. Eu fiz vários bonecos de feltro, cortando a parte de trás e a da frente para caber na minha mão como uma luva, costurando as duas peças e colando outras partes de feltro para formar o rosto e o cabelo.

6. Experiência sensorial

Ao longo deste livro, escrevo sobre dar à criança experiências que a tragam de volta a si mesma, experiências que renovem e fortaleçam sua percepção dos sentidos básicos que um bebê descobre e no qual floresce: visão, audição, tato, paladar e olfato. É por meio dessas modalidades que experimentamos a nós mesmos e fazemos contato com o mundo. Mas, em algum lugar no caminho, muitos de nós perdemos a plena percepção de nossos sentidos; estes se tornam nebulosos e obscuros e parecem operar de maneira automática e separada de nós. Passamos a funcionar na vida quase como se nossos sentidos, corpo e emoções não existissem — como se fôssemos nada além de uma cabeça gigante, pensando, analisando, avaliando, imaginando, admoestando, lembrando, fantasiando, adivinhando, prevendo, censurando. Sem dúvida, o intelecto é uma parte importante de quem somos. É por meio do nosso intelecto que conversamos com as pessoas, comunicamos nossas necessidades, expressamos nossas opiniões e atitudes, afirmamos nossas escolhas. Mas nossa mente é apenas uma parte de nosso organismo total, que possuímos e necessitamos cuidar, cultivar e *usar*. Fritz Perls costumava dizer: "Perca a razão e recobre os sentidos."* Necessitamos respeitar nossas outras partes que têm tanto poder e sabedoria para nós.

Não é minha intenção, aqui, descrever todos os tipos de exercícios e experimentos disponíveis para ajudar as pessoas a aprimorarem suas funções sensoriais. Há muitos livros disponíveis sobre o tema, com centenas de sugestões e ideias.

Mencionarei brevemente cada um dos sentidos e darei alguns exemplos de como foco neles. Considero interessante que muitos desses exercícios po-

---

* No original, *Lose your mind and come to your senses*. Perls faz um jogo de palavras com duas expressões idiomáticas: *Lose one's mind* (perder a razão, enloquecer) e *come to one's senses* (recobrar os sentidos, voltar a si), conferindo-lhes outro significado: deixe de lado o pensamento para recuperar a capacidade de sentir, de usar a sensorialidade. [N. T.]

dem ser encontrados em livros relacionados com as artes dramáticas, bem como em livros educativos sobre artes da linguagem. Os profissionais dessas duas áreas reconhecem, há muito tempo, a necessidade de dar a crianças e adultos muitas experiências sensoriais para melhorar suas habilidades.

TATO

Argila, pintura a dedo, areia, água e pintura com os pés proporcionam boas experiências táteis. *What is your favorite thing to touch* [O que você mais gosta de tocar?] é um livro que costumo usar com crianças. Esse livro encantador fala sobre muitas sensações e texturas que são agradáveis ao tato e motiva as crianças a falarem sobre suas experiências táteis favoritas. Para a experimentação com o tato, reúno uma variedade de superfícies: lixa, veludo, pelo, cetim, borracha, papel, madeira, pedra, concha, metal etc. Nós tocamos e conversamos sobre a sensação que cada superfície desperta, o que nos faz lembrar em nossa vida.

Às vezes coloco os objetos em uma sacola e peço a uma criança que tire de dentro algo áspero, ou liso, ou macio. Na minha vez, as crianças me dizem o que tirar.

A capacidade de discriminar as sensações táteis é uma importante função cognitiva. Coloco um lápis, um carrinho, uma noz, um clipe de papel e um botão numa sacola e peço à criança que encontre um objeto específico sem olhar. Ou digo: "Encontre um objeto que você usa para escrever", ou "Encontre um objeto que começa com L". Letras de madeira ou de plástico podem ser colocadas em uma sacola para ajudar as crianças a distingui-las. É bom traçar letras e palavras na areia e é divertido moldá-las com argila ou massa de modelar. Às vezes traço, com meus dedos, uma letra, palavra, nome ou objeto nas costas de uma criança para ver se ela consegue descobrir qual é.

Fizemos um exercício de percepção sensorial em que escrevemos todas as palavras nas que conseguimos pensar que descrevam alguma sensação tátil. Podemos fazer desenhos para representar algumas das palavras (de que cores é esta palavra?) ou algo que as palavras nos fazem lembrar, ou podemos fazer algum tipo de movimento corporal que seja adequado. Algumas dessas palavras: pedregoso, fofo, escorregadio, duro, mole, liso, macio, pegajoso, viscoso, morno, frio, quente, áspero, esburacado, espinhoso, afiado, suave, flexível, ralo, esponjoso, pastoso, sedoso, peludo.

Tiramos os sapatos e tentamos sentir as mais variadas texturas com os pés. Caminhamos descalços em área interna e externa e conversamos sobre as sensações em nossos pés. Comparamos a sensação em nossos pés ao andar sobre papelão, papel jornal, pelúcia, tapetes, almofadas, areia, grama, folhas, uma toalha, madeira, borracha, veludo, lixa, algodão, feijão, metal, cimento, tijolo, terra, feltro, arroz, água.

Também conversamos sobre coisas que machucam nossa pele.

Duas crianças podem experimentar conversar uma com a outra sem palavras — apenas por meio de gestos e toque.

Duas crianças podem tocar o rosto uma da outra e relatar como se sentem ao tocar e ao ser tocadas. Isso pode ser feito com os olhos abertos ou fechados.

Podemos tocar a nós mesmos no rosto, na cabeça, nos braços, nas pernas ou em qualquer outra parte do corpo e descrever ou escrever as sensações.

Podemos brincar de cabra-cega, tentando descobrir quem tocamos com os olhos vendados.

Podemos levar uma criança para dar uma volta pela casa e pelo pátio com os olhos vendados.

Com frequência, incentivo os pais a aprenderem algo sobre massagem e a criarem o hábito de massagear os filhos. As crianças também gostam de massagear umas às outras ou a si mesmas. Num grupo, as crianças podem formar duplas e seguir instruções para massagear as costas, a cabeça, os braços, as pernas e os pés.

VISÃO

As crianças pequenas não têm medo de olhar. Elas veem, observam, notam, examinam, inspecionam tudo, e muitas vezes parecem olhar fixo. Esta é uma das formas importantes que elas têm de aprender sobre o mundo. As crianças que são cegas fazem o mesmo tipo de coisa com seus outros sentidos.

À medida que crescemos, tendemos a "abdicar dos olhos". Começamos a ver a nós mesmos e o nosso mundo por meio dos olhos de outras pessoas, como o povo na história "A roupa nova do imperador". Nós, adultos, incentivamos as crianças a abdicarem de seus olhos. Dizemos: "Não fique olhando!" ou "O que vão pensar de nós" (referindo-nos ao que os outros nos veem fazendo). Preocupamo-nos com a maneira como nossos filhos se vestem e aparentam para os outros.

Parte de recuperar os próprios olhos envolve a percepção e o fortalecimento do *self*, a capacidade de encontrar conforto e familiaridade com o *self*, de confiar no próprio *self*.

A capacidade de ver o ambiente e as pessoas à nossa volta é necessária para estabelecer um bom contato fora do *self*. Ser capaz de ver os outros com clareza expande nossos horizontes.

Lembro de uma menininha que tinha que passar caminhando por um ponto de ônibus cheio de gente. Isso a deixava extremamente desconfortável. Ela imaginava que cada pessoa a observava com algum tipo de julgamento. Eu lhe pedi que da próxima vez caminhasse bem devagar, como um experimento, e olhasse para as pessoas que estavam esperando o ônibus. Pedi que as visse como se fosse uma câmera e tirasse uma foto mental de duas ou três pessoas para que pudesse me informar o que havia visto. Na sessão seguinte, ela me disse que no começo sentiu vergonha (um sinal inequívoco de que abdicava dos próprios olhos), mas que, ao se lembrar da tarefa que lhe propus, a vergonha desapareceu. Ela me contou que, de fato, assim que começou a seguir minhas instruções, considerou a atividade muito interessante e notou que nenhuma das pessoas estava olhando para ela, exceto um menininho que lhe sorriu quando percebeu que ela o observava. Ela descreveu algumas das pessoas, a cor do cabelo, a expressão facial, o que estavam vestindo e como estavam paradas. Depois falou sobre o que imaginava que estavam pensando e sentindo, que dramas estariam acontecendo em sua vida. Nós discutimos a diferença entre o que ela conseguia ver e o que estava imaginando.

Ver e imaginar às vezes se mesclam. Só podemos ver o que é observável — não podemos ver o que acontece dentro do coração e da mente de alguém. Só podemos imaginar o que uma pessoa está pensando e sentindo; não podemos ver esses processos.

Além de imaginar o que as pessoas pensam e sentem, muitas outras coisas interferem no ato de ver. Uma delas é pular para o futuro em vez de permanecer no presente. Com frequência, arruinamos visões e experiências agradáveis por nossa preocupação com o que poderia acontecer depois. Observamos um belo pôr do sol, esforçando-nos para captar tudo antes que desapareça no horizonte. Esse próprio esforço, uma espécie de apego, nos priva do prazer de ver a beleza do momento. Esse tipo de apego é universal. Gosto de tirar fotos quando viajo. No entanto, percebo que muitas vezes o desejo de capturar a bela vista priva me de apreciar essa vista.

Considero importante proporcionar às crianças muitas experiências de ver, e não apenas de olhar. Como diz Frederick Franck em seu maravilhoso livro *The Zen of seeing* [A arte *zen* de ver]:

Nós olhamos muito: olhamos através de lentes, telescópios, aparelhos de TV. [...] Nosso olhar é aperfeiçoado diariamente — mas vemos cada vez menos. Nunca foi tão urgente falar sobre ver. Cada vez mais dispositivos, de câmeras a computadores, de vídeos a livros de arte, conspiram para dominar nosso pensar, nosso sentir, nosso vivenciar, nosso ver. Somos observadores, espectadores. [...] Somos "sujeitos", que olham para "objetos". Rapidamente, colocamos rótulos em tudo que é, rótulos que permanecem para sempre. Por esses rótulos, reconhecemos tudo, mas já não VEMOS nada. Conhecemos os rótulos em todas as garrafas, mas nunca provamos o vinho. Milhões de pessoas, sem ver, sem alegria, avançam pela vida meio dormindo, batendo, chutando e matando o que mal perceberam. Nunca aprenderam a VER, ou esqueceram que o ser humano tem olhos para VER, para vivenciar. (p. 3-4)

Embora os exercícios descritos no livro de Franck foquem em melhorar as habilidades de desenho por meio do que ele chama de "ver/desenhar como meditação", também são excelentes como experiências para conseguir que as crianças aprimorem sua capacidade de ver. Ele fala sobre ver/desenhar como a arte de desaprender sobre as *coisas*:

Ao desenhar uma pedra, eu não aprendo nada "sobre" pedras, mas deixo essa pedra em particular revelar sua qualidade de pedra. Ao desenhar a grama, não aprendo nada "sobre" grama, mas desperto para a maravilha desta grama e de seu crescimento, para a maravilha de que existe grama. (p. 5)

Ele sugere, por exemplo, primeiro sentar-se diante de uma flor (ou um galho, ou um pé de alface, ou uma folha, ou uma árvore) numa espécie de estado meditativo, permitindo-se ser uno com o objeto, *ver* o objeto em toda a sua beleza, e então permitir que a mão siga o que o olho vê. Ao seguir esse método, os olhos começam a ver mais do que se imaginava ser possível.

Ao permitir que os olhos absorvam tudo, o ato de ver torna-se uno com todos os nossos sentimentos e sensações. Pedi às crianças que escolhessem um objeto e o observassem por um certo período, talvez três minutos, e depois desenhassem seus sentimentos ou memórias evocados por esse exercício meditativo, usando apenas cores, linhas e formas.

Outros tipos de exercícios visuais: explorar sensações e tocar com os olhos fechados, depois com os olhos abertos. Olhar coisas através de vidro, água, celofane. Olhar coisas de diferentes perspectivas — de perto, de longe, de cabeça para baixo. O livro *Your child's sensory world* [O mundo sensorial da criança] apresenta alguns exercícios excelentes para ajudar a criança a aumentar sua percepção visual.

AUDIÇÃO

Permitir que os sons entrem em nossa percepção é o nosso primeiro passo rumo a contatar o mundo; é o começo da comunicação. Todos sabemos que muitos de nós só ouvimos o que queremos ouvir, silenciando o que não queremos. As crianças fazem isso de maneira franca e direta, tapando os ouvidos com as mãos quando não querem escutar; os adultos, com frequência, mudam o significado do que ouvem. A reclamação de muitas crianças é: "Meu pai/minha mãe não ouve o que eu digo!"

Eu duvido que exista "surdez musical". Mas muitas crianças acreditam que padecem dessa condição porque alguém lhes disse isso e, em consequência, elas se fecharam para os prazeres do som, como permitir que sua voz experimente com a música. Ajudar as crianças a apreciarem o som aumenta sua sensação de estar no mundo. A seguir, apresento alguns exercícios para que percebam melhor os sons à sua volta.

Sente-se em silêncio com os olhos fechados e permita que os sons que ouve venham até você. Observe suas sensações ao deixar cada som entrar. Mais tarde, poderemos compartilhar nossas impressões. Esse tipo de exercício assume dimensões completamente novas em diferentes locais — num ambiente interno, na cidade, na praia, no campo.

Conversem sobre sons. Compartilhem quais sons parecem ásperos, macios, suaves, irritantes, agradáveis, altos, delicados. *What is your favorite thing to hear?* [O que você mais gosta de ouvir?] é um bom livro para ler para as crianças como um prelúdio para este exercício.

Façam pareamento de sons. Eu uso pequenos frascos e coloco uma variedade de materiais — arroz, feijão, tachinhas, botões, arandelas, moedas, qualquer coisa serve — em pares de frascos. Embrulho os frascos com fita crepe ou os cubro de alguma forma, de modo que não se possa ver o que há dentro. A criança chacoalha cada frasco e descobre seu par por meio dos sons que produz.

Usando um xilofone de brinquedo, toque vários tons para que a criança pratique com tons que sejam iguais, mais agudos, mais graves, mais altos, mais baixos. Ela também pode testar você. Isso pode ser feito com qualquer instrumento.

Um jogo de reconhecimento de sons é divertido. Atrás da criança, produza um som de alguma forma, como derramar água, batucar com um lápis, amassar papel. Peça a ela que adivinhe o som. Sempre permita que a criança também teste você.

Sons e sentimentos andam de mãos dadas. Conversem sobre sons tristes, felizes, assustadores, e sobre sons que evocam outros sentimentos. Uma gaita ou um *kazoo* são bons instrumentos para experimentar produzir esses sons. Nosso tom de voz ao falar também indica sentimentos. Por exemplo, as crianças podem ouvir raiva na voz mesmo quando o adulto está tentando escondê-la. Conversem sobre isso abertamente. Façam sons vocais para indicar emoções.

Conversas sem sentido são divertidas. Tentem se comunicar por meio de sons inarticulados, sem usar palavras reais. Vejam se conseguem adivinhar o que está sendo expresso.

Tambores e outros instrumentos de percussão se prestam a vários jogos e experiências sonoras. Peça a uma criança que acompanhe seu ritmo ou que evoque uma imagem para o seu padrão rítmico.

Ouçam a alguma música e depois conversem sobre os sons que ouviram. Peça às crianças que desenhem sentimentos, memórias, imagens enquanto ouvem a música ou depois de ouvi-la.

MÚSICA

Num artigo chamado "Music therapy" [Terapia musical], que aparece no livro *Conflict in the classroom* [Conflito na sala de aula], Rudolph Dreikurs discute os efeitos benéficos da música sobre várias crianças psicóticas:

> O uso da música produziu resultados em casos nos quais outras abordagens fracassaram. Parece que a experiência agradável com a música, muitas vezes meramente de fundo, estimula a participação, permite um aumento no período de atenção da criança e aumenta sua tolerância à frustração. As tensões

internas e externas desaparecem à medida que a realidade se torna mais agradável e menos ameaçadora. As demandas por participação são tão sutis que não são recebidas com ressentimento nem resistência. (p. 201-2)

A entonação melódica tem sido usada com crianças afásicas para ajudá-las a aprender a falar. As palavras são combinadas com melodias conhecidas, e, com muitas repetições da canção, a criança aprende a dizer as palavras, primeiro com a melodia e aos poucos sem ela. Este é mais um exemplo do poder da música.

A música e as batidas rítmicas são formas antigas de comunicação e expressão. Seu uso se encaixa perfeitamente no trabalho terapêutico com crianças.

A maioria das músicas que uso com crianças envolve o tipo que eu mesma toco com um velho violão confortável. Considero que o violão é um instrumento eficaz na terapia com crianças. Quando eu trabalhava em escolas, tocava violão todos os dias, e crianças de todas as idades aguardavam ansiosas pelo interlúdio musical. O violão parece ter uma magia especial para as crianças. Sei que isso não tem nada que ver com talento musical, pois sou, quando muito, uma violonista medíocre; apenas arranho e toco alguns acordes simples para acompanhar as canções que canto com as crianças.

Quando minha filha estava no jardim de infância, cada mãe tinha que passar um dia por semana trabalhando com as crianças. Assim que ficaram sabendo que eu toco violão, me pediram para passar parte do meu dia tocando para cada grupo de crianças. As crianças, que tinham entre 3 e 5 anos, sentavam-se extasiadas durante pelo menos meia hora. Logo as mães estavam me pedindo para ir às festas de aniversário dos filhos e me pagando dez dólares (um bom valor na época!) para divertir os pequenos por uma hora. Eu nunca precisei me esforçar para conseguir a atenção das crianças. Penso que isso tinha que ver com os tipos de músicas que eu considerava apropriadas, com minha capacidade de ser muito expressiva com essas músicas, com o fato de eu convidar à participação sempre que possível, e — acima de tudo — com o próprio violão. Já experimentei a auto-harpa e usei tambores e um piano, mas estou convencida de que o violão é o que tem mais poder, talvez porque dá mais oportunidade de manter contato com as crianças enquanto toco.

Quando ensinava na educação infantil, primeiro experimentei usar a música como uma maneira de fazer as crianças se expressarem. Eu cantava uma canção como "Go tell aunt Rhody", sobre um ganso que morre, e logo começávamos a conversar sobre a morte, a dor e a tristeza. Ou, depois da sessão de música, uma criança vinha me contar sobre seu gato que morreu, ou sobre seu avô que morreu, o que nos dava a oportunidade de conversar sobre isso. Quando cantei uma canção chamada "Simbaya mamma's baby", que descreve reações violentas a um novo bebê na família, muitas das crianças se identificaram com a situação.

Às vezes, essas canções tinham mais impacto do que os livros de histórias. Há um sem-número de canções populares maravilhosas que atraem as crianças e abordam cada emoção para cada faixa etária. Por exemplo: Amor: "Sweety little baby" (Pete Seeger), "Magic penny" (Malvina Reynolds). Reconhecimento, pertencimento: "Mary wore her red dress", "Train is a-comin'". Hostilidade, raiva: "Simbaya", "Don't you push me down" (Woody Guthrie), "Let everyone join in the game" (usando a palavra "não"). Tristeza, pesar, morte: "Go tell aunt Rhody", "Three caw", "I had a rooster" (usando o verso sobre um bebê chorando), "Come see" (Woody Guthrie).

Há canções que acalmam, como "Hush little baby", e canções que apelam ao senso de humor da criança, como "Jenny Jenkins". Muitas canções, como "I wish I were an apple on a tree", têm final aberto, com versos a serem criados.

Na tradição da música folclórica há algumas canções excelentes que foram compostas para crianças, e nos arquivos da música folclórica há muitas canções que servem às mais variadas necessidades. Há canções sobre cada sentimento ou situação de vida, canções *nonsense* e canções que contam histórias. Tais canções resistem à passagem do tempo, sem nunca parecer artificiais ou "fofinhas". Acrescentam vitalidade, beleza e intensidade às emoções, imaginações e experiências das crianças. Geralmente são muito flexíveis — passaram por muitas mudanças e são adaptáveis. Nasceram no coração das pessoas e perduram porque são amadas e compartilhadas.

Muitas dessas canções podem ser encontradas em livros e discos de música folclórica. Algumas canções que atraem as crianças foram compostas e interpretadas por Pete Seeger, Woody Guthrie, Ella Jenkins, Malvina Reynolds, Sam Hinton, Marcia Berman, Hap Palmer.

A música pode ser usada de muitas maneiras. Pode-se tocar música enquanto as crianças fazem pintura a dedo ou trabalham com argila. A música pode ser de fundo ou ser o foco da atividade. Pedi às crianças que desenhassem formas, linhas e símbolos e usassem cores para a música. Peças de música clássica, em especial, são favoráveis para entrar em contato com os sentimentos e evocar estados de ânimo e imagens. Em seu livro *Awareness* [*Tornar-se presente*], John Stevens dá algumas sugestões excelentes para combinar fantasia com peças musicais específicas. Este é um exemplo:

Evolução
(Gábor Szabó: *Spellbinder*, lado 1, faixa 1 e 2.)
Deitem-se com espaço em volta e fechem os olhos. Imaginem que são matéria inerte no fundo do mar pré-histórico. Existe água por todos os lados, às vezes correntes suaves, às vezes ondas bravias. Sintam a água escorrendo pela superfície inerte... Enquanto a vida se desenvolve, vocês se transformam em algum tipo de erva ou planta marinha. Escutem o tambor e deixem o sol penetrar no movimento enquanto as correntes os arrastam...
Agora tornem-se um animal simples que se arrasta pelo fundo do mar. Deixem o tambor fluir através do corpo e nos movimentos de um animal marinho...
Agora movam-se vagarosamente em direção á terra... e quando a alcançarem, façam crescer quatro pernas e comecem a se arrastar peal terra. Explorem sua existência como animal terrestre...
Agora fiquem gradualmente mais eretos, sobre duas pernas, e explorem a existência e movimentos dos animais bípedes...
Agora continuem se movendo e abram os olhos, e interajam com os outros através dos movimentos... (p. 244)

Essa experiência pode ser modificada e adaptada à idade da criança, bem como ao espaço usado. Compartilhar os sentimentos depois desse exercício é sempre revelador. Você pode pedir à criança que desenhe seus sentimentos ou o animal como ela o vivenciou.

As crianças gostam de usar lenços de *chiffon* colorido enquanto se movem ao ritmo da música, e amam dançar ao som de rock, *boogie* e outros ritmos contemporâneos.

Os tambores são muito atraentes para as crianças — até mesmo aqueles de nós que temos poucas habilidades somos capazes de criar um ritmo aceitável. Você pode dizer: "Mostre-me que ritmo você faria se estivesse triste, ou feliz". Ou: "Toque um ritmo e tentaremos adivinhar como você está se sentindo."

As crianças amam usar instrumentos de percussão. Tamboretes, maracas, tambores de todos os tipos, sinos — de fato, qualquer coisa que produza som — podem ser usados para marchar, dançar, marcar o compasso enquanto ouvem música ou acompanhar o violão, e tudo junto pode ser uma sinfonia em si mesma. Costumo gravar as produções coletivas das crianças e reproduzi-las para que ouçam. Elas adoram. Ficam radiantes e se sentem realizadas quando se escutam tocando, e descobrem a sensação de cooperação e sinergia.

É divertido criar histórias líricas sobre crianças ou situações. Uma aluna me disse que criava histórias diferentes sobre a mesma personagem, acompanhando com o violão, e as crianças sempre lhe pediam mais episódios. As crianças também podem criar suas próprias histórias.

O poder do violão nunca deixa de me surpreender. Certa vez, fui designada como assistente da professora numa classe do quinto ano, e imediatamente fiquei encarregada de música, porque a professora não gostava. Quando perguntei se poderia usar meu violão, ela me disse que não, pois estimularia demais as crianças (uma concepção errônea, mas muito comum). No meu último dia, ela me deu permissão para levar o instrumento. No fim da aula, uma menina veio até mim e, muito brava, me perguntou por que eu nunca o tinha levado antes. Ela se sentiu traída, privada, e me arrependi de não ter insistido no início. Nunca considerei a música um estímulo excessivo. Ao contrário, em geral tem um efeito muito relaxante e tranquilizador. Os pais relatam que as crianças chegam em casa cantarolando depois de alguma das minhas sessões musicais.

Até mesmo as crianças hiperativas se tranquilizam e se envolvem muito com a música. Ao trabalhar com essas crianças, eu às vezes me sentava e, sem dizer uma palavra, pegava o violão; as crianças corriam para se sentar e ficavam muito quietas, felizes com a expectativa.

Certa vez, eu estava lecionando para um grupo de crianças do quarto ano rotuladas como "carentes de cultura". Um dia, a diretora entrou na sala enquanto fazíamos música. Estávamos cantando "In the woods there was a tree" enquanto eu acompanhava no violão. Essa música, sobre uma árvore num buraco no chão, requer a repetição de uma longa lista de palavras à medida que avançamos. Eu muitas vezes me confundia, mas as crianças se lembravam de toda a sequência. Estas eram crianças que estavam tendo dificuldade de aprendizagem e memorização, e a diretora ficou boquiaberta. "Talvez devêssemos ensinar matemática e tudo o mais desta maneira", falou.

PALADAR

A língua é uma parte importante do nosso corpo, mas quase nunca pensamos nela. É muito sensível; nos diz quando as coisas são doces, ácidas, amargas, salgadas. É usada para mastigar, engolir e, principalmente, falar. Eu exploro essas funções com as crianças para que elas se tornem mais conscientes do que a língua faz. A língua também nos ajuda a expressar emoções — mostrar a língua para alguém é uma satisfatória expressão de raiva. (Em algumas culturas, mostrar a língua é um cumprimento!) A língua também é um órgão sensual que às vezes proporciona prazer erótico. Todas as crianças estão familiarizadas com o prazer de lamber. Muitas vezes, proporciono uma experiência de lamber para aumentar a percepção desse prazer. (O sorvete na casquinha se presta a isso.)

Conversem sobre gostos. Discutam os gostos favoritos e não tão favoritos de cada um. Traga coisas para as crianças provarem. Comparem gostos e texturas. A língua não só é capaz de discriminar entre coisas doces e ácidas, como também pode nos dizer se algo é grumoso, duro, macio, áspero, quente, frio.

Os dentes, os lábios e as bochechas são fortes aliados da língua. Trate de incluí-los nas discussões e nos experimentos.

OLFATO

Discutam o nariz, as narinas e a respiração. Proponha que as crianças experimentem respirar pelo nariz, pela boca, por cada narina; que sintam o ar com a palma da mão ao exalar.

Conversem sobre cheiros — os cheiros que mais os agradam e os que mais os desagradam. Proporcione uma experiência com aromas — florais, frutados, doces, de especiarias. Coloque uma variedade de coisas com aromas marcantes em frascos ou potes — perfume, mostarda, licor, banana, sálvia, hamamélis, fatias de maçã, chocolate, baunilha, sabão, pétalas de flores, cebola, pinha, vinagre, café, casca de laranja, sal de banho, extrato de limão, aipo, raspas de madeira, menta.

Veja se as crianças conseguem reconhecer cada aroma. Converse sobre os cheiros de que gostam e os de que não gostam, e sobre as memórias que evocam. Traga outros objetos, como folhas, casca e galhos de pinheiro etc.

Como a sua vida mudaria se você não pudesse sentir cheiro algum, como quando tem um resfriado ou o seu nariz está entupido? Peça que tentem nomear dez coisas que não têm cheiro algum. Que caminhem pela casa, ou ao ar livre, e descrevam os cheiros que sentem.

Muitas experiências sensoriais envolvem uma combinação de sentidos. De fato, provavelmente é difícil proporcionar uma experiência sensorial que não envolva mais de um dos sentidos.

INTUIÇÃO

Muitas pessoas estão estudando mais uma habilidade sobre a qual pouco sabemos, e essa habilidade parece envolver algo que vai além do domínio do que se conhece com clareza.

Concebo esse sexto sentido como basicamente intuitivo, um conhecimento que se situa em algum lugar no corpo, em vez de na mente. Os animais parecem ter esse sentido, e as crianças pequenas, também. Estou começando a prestar mais atenção à verdade que meu corpo parece conhecer, antes que quaisquer palavras e pensamentos se formem.

Fiz um exercício com clientes envolvendo esse sentido para lhes proporcionar mais experiência em confiar nesse lugar dentro de si. Chamo-o de exercício do sim-não, ou, às vezes, do verdadeiro-falso. Faço uma afirmação para a criança, como "Gosto de vagem", e a instruo a responder verdadeiro ou falso com aquela parte de seu corpo que dá a resposta, em vez de responder com a cabeça. Para mim, a fonte da resposta às vezes fica no peito e outras vezes, acima do umbigo. Com a prática, pode-se aprender a sintonizar com esses lugares que parecem encarnar uma verdade intuitiva.

Considero difícil falar sobre este sentido, mas sei que é algo importante e que necessita ser desenvolvido. Este sentido pode ser praticado e aprimorado como os outros. Nós nem pensamos a respeito da visão, da audição, do paladar, do tato e do olfato, mas nosso potencial para usá-los é muito maior do que percebemos. O sentido intuitivo abrange uma ampla gama e pode incluir processos como fantasia e imaginário, criatividade e imaginação, campos corporais e campos energéticos. Alguns sentem que este sentido está relacionado com o espírito que há em nós — aquela parte de nossa essência que vai além da mente e do corpo.

Penso que os exercícios que envolvem experiências fantasiosas e imagéticas melhoram nossa intuição. Quando peço a uma criança que permita que se forme em sua mente uma imagem de algo — por exemplo, que imagine símbolos para os membros de sua família —, acredito que ela está permitindo que sua intuição se desenvolva. Permitir a formação de imagens mentais ao ouvir música é um bom exemplo de exercício de se abrir para novos lugares no interior do *self*. Em seu livro *Go see the movie in your head*, [Vá ver o filme em sua cabeça], Joseph Shorr apresenta muitas técnicas para melhorar nossa capacidade de produção de imagens a fim de promover o autodesenvolvimento. A fantasia dirigida é outro processo que ajuda as pessoas a descobrirem novas aberturas para lugares dentro de si.

Estabelecer contato com a sabedoria interna do *self* é, talvez, outra forma de empregar a intuição. Às vezes esse *self* ciente, o *self* que sabe as respostas para as perguntas relacionadas com a dinâmica da vida, pode ser contatado por meio da fantasia: instrui-se a criança a encontrar um sábio em uma montanha com quem possa conversar e descobrir as respostas para suas perguntas.

Qualquer fantasia pode ser usada para contatar o aspecto sábio e criativo de uma pessoa. Josh, um menino de 8 anos que amava usar os telefones de brinquedo no meu consultório, tinha longas conversas comigo através deles. Um dia, ele me orientou a lhe fazer uma pergunta que estava relacionada com "uma das crianças que vêm aqui que têm problemas". Então, falei ao telefone: "Josh, tenho esta criança aqui que simplesmente não vai se deitar quando a mãe quer que ela vá. (Este era um problema na família de Josh.) O que posso dizer para ela?" Ele disse: "Desligue que eu ligo de volta". Então, discou um número e gritou: "Alô! Alô! É o Homem de Marte? É? Ótimo. Eu preciso de um conselho". Ele perguntou ao Homem de Marte o que fazer com o menino que tinha esse problema, ouviu com atenção, desligou e fingiu que me ligava de volta. Eu atendi o telefone, e ele falou: "Violet, diga à mãe dele que ela precisa fazer um acordo com ele. Ele assiste TV por meia hora depois que a irmã dele vai se deitar, e depois disso ele vai se deitar sem problemas".

Nós jogamos esse jogo várias vezes (a pedido de Josh), abordando muitas de suas próprias dificuldades em casa e dentro de si. Em outra sessão, falei: "Josh, tenho esse menino que joga beisebol em um time da Little League, mas como o técnico não o deixa lançar, ele faz birras violentas e não joga o melhor que pode, mas também não sai do time. Ele nem mesmo deixa a mãe conversar com o técnico sobre isso, e ela está muito chateada com a situação". Josh, depois de ouvir o Homem de Marte por um tempo, falou: "O Homem de Marte disse que o técnico precisa dar mais oportunidades de lançar para ele aprender. Uma vez ele fez isso e não se saiu tão bem, e agora o técnico só coloca o melhor lançador, então como esse menino vai aprender a lançar? Ele AMA lançar". Josh, então, desligou o telefone e falou em uma voz baixa: "Se a minha mãe conversar com ele, todo mundo vai saber e vão pensar que eu sou um bebê". Nesse momento, ele irrompeu em soluços. Nós conversamos sobre os vários aspectos dessa situação por um tempo. Depois Josh falou: "Talvez eu possa encontrar outra maneira de praticar lançamentos; depois posso dizer ao técnico, e ele vai me deixar tentar outra vez".

SENTIMENTOS

Algumas crianças não estão familiarizadas com o que são os sentimentos. Isso pode parecer estranho, pois sem dúvida as crianças sentem. Mas vejo que elas têm uma capacidade limitada de comunicá-los. Além disso, tendem a ver as coisas em preto e branco. Considero muito útil lhes proporcionar experiências com a grande variedade de sentimentos e suas nuances. Há, também, jogos e exercícios que ajudam as crianças a entrarem em contato com seus sentimentos.

Ler um livro sobre os sentimentos, como *Feelings — Inside you and outloud too* ou *Grownups cry too* é uma boa maneira de começar a falar sobre o que as pessoas sentem. Penso que falar sobre os sentimentos é um primeiro passo importante com as crianças. Elas necessitam saber que tipos de sentimentos existem, que todos temos sentimentos, que podemos expressá-los, compartilhá-los e conversar sobre eles. Também necessitam aprender que podem escolher a forma de expressar seus sentimentos. Necessitam se familiarizar com os muitos tipos de sentimentos para que lhes seja mais fácil entrar em contato com o que *estão* sentindo. Algumas das palavras para sentimentos que discuti com as crianças são: feliz, bom, orgulhoso, irritado, temeroso, machucado, incomodado, decepcionado, frustra-do, solitário, sozinho, dor, amor, invejoso, inveja, especial, particular, mau, alegria, deleite, enjoado, ansioso, preocupado, alegre, calmo, nervoso, ton-to, sombrio, perplexo, culpado, arrependido, vergonha, desgosto, animado, seguro, forte, fraco, pena, empatia, compreensão, compreendido, admira-ção, luto, cansado.

Converso com as crianças sobre a relação do corpo com os sentimen-tos, explico que todos os sentimentos são experimentados por meio de sen-sações corporais e expressados por meio da musculatura do corpo. Nossa postura corporal e nossos padrões de respiração manifestam o que estamos sentindo. Experimentamos exagerar vários movimentos e posturas que po-deriam indicar certas emoções. Quando a criança está se sentindo triste, com medo, irritada ou ansiosa enquanto está comigo, posso ajudá-la a sin-tonizar com seu corpo e a se tornar ciente do que está fazendo com ele no momento para expressar esse sentimento.

Às vezes, trabalhamos de dentro para fora. Ao sintonizar com o corpo, a criança percebe como está se sentindo. Nós conversamos sobre como evitamos os sentimentos, sobre como os repelimos, os obscurecemos, os ocultamos, os encobrimos. O corpo, no entanto, armazena o sentimento; não o expulsa. Somente quando reconhecemos nossos sentimentos e os ex-perimentamos, podemos liberá-los e usar todo o nosso organismo para ou-tras coisas. Do contrário, uma parte de nós está sempre abrigando os sentimentos que ignoramos, deixando-nos apenas com uma parte de nós para o processo de viver. Aprendemos, então, a ouvir nosso corpo para chegar aos nossos sentimentos.

Uma técnica chamada *continuum* de *awareness* é um método excelente para nos ajudar a estar mais cientes do nosso corpo. Consiste em um jogo que a criança e eu jogamos às vezes, no qual nos alternamos relatando o que percebemos dentro e fora de nós.

Percebo os seus olhos azuis (fora), percebo que o meu coração está ba-tendo (dentro), percebo a luz entrando pela janela. Sinto a boca seca. Noto o seu sorriso. Acabei de perceber que os meus ombros estão encolhidos.

Fica claro, no decurso deste jogo, que nada permanece igual; nosso ambiente está sempre mudando e nossas sensações corporais também.

Presto muita atenção ao corpo da criança, à sua postura, sua expressão facial e seus gestos. Às vezes, chamo a atenção dela para um gesto em particular e lhe peço que o exagere. A criança que estava balançando a perna para frente e para trás exagerou esse movimento a pedido meu e percebeu que queria chutar a pessoa sobre quem estava falando. Chutar a almofada trouxe à tona os sentimentos de raiva com relação àquela pessoa — sentimentos que a estiveram obstruindo e interrompendo o fluxo saudável de seu processo.

A criança que se senta toda encolhida enquanto fala comigo descobre, quando lhe peço que permaneça nessa posição, ou que se encolha ainda mais, que está com muito medo de mim e do que vai acontecer nas nossas sessões. Quando esse sentimento aflora, podemos lidar com ele.

RELAXAMENTO

As crianças, assim como nós, adultos, às vezes necessitam ajuda para aprender a relaxar. Elas contraem os músculos, ficam tensas, têm dor de estômago e dor de cabeça, sentem-se cansadas ou irritadas. A tensão física e emocional às vezes é expressa por comportamentos que, à primeira vista, parecem irracionais. Ajudar as crianças a relaxarem pode aliviar sua tensão e muitas vezes as ajuda a expressar a origem desta. Os professores percebem que proporcionar às crianças muitas oportunidades de relaxar na sala de aula é benéfico para todos.

A fantasia dirigida é de grande ajuda para o relaxamento. As crianças pequenas respondem bem a exercícios como estes, de *Talking time* [Hora da conversa]:

Finja que você é um boneco de neve. Algumas crianças o construíram e agora o deixaram aí sozinho. Você tem cabeça, corpo, dois braços abertos e duas pernas grossas. A manhã está linda, o sol está brilhando. Logo o sol fica tão quente que você sente que está derretendo. Primeiro a sua cabeça derrete, depois um braço, depois o outro. Pouco a pouco, o seu corpo começa a derreter. Agora só restam seus pés, e eles também começam a derreter. Logo você é apenas uma poça d'água no chão.

Vamos fingir que somos velas em um bolo. Escolha a cor que quiser. Primeiro ficamos de pé, bem eretos. Parecemos soldados de madeira. Nosso corpo é rígido como uma vela. Agora o sol está saindo, bem quente. Você começa a derreter. Primeiro, a sua cabeça se inclina... depois os seus ombros... depois os seus braços... a sua cera está derretendo devagar. As suas pernas se dobram... devagar... devagar... até que você está todo derretido numa poça de cera no chão. Agora, vem um vento forte e sopra: "uh... uh... uh... uh..." enquanto você se levanta outra vez. (p. 19)

Relaxamento não significa que as crianças devam se deitar. Muitas vezes, flexionar e alongar o corpo ajuda muito mais a relaxar. Os exercícios de ioga são excelentes. Há vários livros de ioga para crianças. Tenho usado um que se chama *Let's do yoga* [Vamos fazer ioga], de Ruth Richards e Joy Abrams. Tem ilustrações excelentes e instruções fáceis de seguir. *Yoga for children* [Ioga para crianças] também é muito bom, assim como *Be a frog, a bird, or a tree* [Seja uma rã, um pássaro ou uma árvore].

The centering book [O livro do centramento] apresenta alguns dos melhores exercícios de respiração e relaxamento para crianças que já encontrei:

Feche os olhos. Agora contraia todos os músculos do seu corpo ao mesmo tempo. As pernas, os braços, os maxilares, os punhos, o rosto, os ombros, o estômago. Contraia-os o máximo que conseguir. Agora, relaxe e sinta a tensão sair do seu corpo e da sua mente [...] substituindo a tensão por uma energia calma e pacífica [...] deixando cada inspiração que fizer trazer calma e relaxamento ao seu corpo [...]. (p. 46-7)

Conduzir as crianças por uma fantasia dirigida agradável e relaxante também funciona bem. Eu peço à criança que feche os olhos e vá para algum lugar muito confortável em sua fantasia — um lugar que ela conheça e de que goste, ou um lugar que imagine que seria agradável. Depois de um tempo, peço que volte para a sala. Essa experiência deixa as crianças revigoradas, relaxadas e muito mais presentes.

Às vezes, no começo da reunião com um grupo, sinto a tensão das crianças no ambiente. Então lhes peço que fechem os olhos e façam algumas respirações profundas, emitindo sons ao exalar, e que imaginem que estão de volta à situação em que estavam antes de vir à sessão. Peço a elas que terminem mentalmente o que seja necessário terminar e que pareça ter sido deixado desatendido, e então, aos poucos, voltem para a sala, abrindo os olhos muito devagar. Concluímos este exercício convidando as crianças a olharem à sua volta e fazerem contato visual com as demais. É um exercício infalível para reduzir a tensão e trazer todos para a situação presente.

MEDITAÇÃO

A meditação é uma ótima maneira de aprender a relaxar, e as crianças são boas em meditar. *The centering book, The second centering book* [O segundo livro do centramento], e um livro chamado *Meditating with children* [Meditar com crianças] oferecem boas sugestões para ajudar as crianças a aprenderem a arte da meditação. Este é um exemplo de um dos exercícios propostos em *Meditating with children*:

> Feche os olhos e sinta que você está num oceano de luz azul; sinta e acredite que você é uma onda nesse oceano e está subindo e descendo com delicadeza, como uma onda. Agora, sinta que você se dissolve e desaparece nesse oceano, assim como a onda desaparece no mar, aaah, sinta isso relaxando você. Agora você é uno com o oceano de luz azul, e não há onda, não há diferença entre você e o oceano. Agora ouça... muito quietamente... ouça o som do oceano dentro da sua cabeça, e sinta que você se torna uno com esse som. Agora o som está desaparecendo e a onda está começando a voltar, como a onda no oceano volta depois que desapareceu e se transforma em outra onda, e em outra e em outra, até que chega à costa e nós abrimos os olhos. (p. 66)

Depois desse exercício, as crianças podem fazer pintura a dedo ou se mover como ondas no oceano ao som de uma música.

Já usei um pequeno sino para ajudar as crianças a meditarem, instruindo-as a ouvir o som até que desapareça. Eu continuo esse processo por um tempo — tocando o sino e seguindo o som até o silêncio.

Se você não tem familiaridade com a meditação, leia um livrinho chamado *How to meditate* [Como meditar], de Lawrence LeShan. Esse livro discute a meditação de maneira clara e detalhada, explicando os vários tipos de meditação e dando instruções precisas sobre como meditar.

A meditação e o conceito de centramento estão intimamente relacionados. A meditação nos traz de volta ao *self*, e este é o foco do conceito de centramento.

A seguir, apresento uma variação de um exercício de aiquidô que ensinei às crianças para trazê-las de volta a si, ajudá-las a sentir-se fortes, calmas e centradas. Eu mesma faço este exercício com frequência, e tem um efeito instantâneo sobre mim.

"Fique em pé, sentado ou deitado — a posição não é importante. Feche os olhos. Faça duas respirações profundas, emitindo um som ao exalar. Agora imagine que há uma bola de luz suspensa logo acima da sua cabeça. A bola não toca a sua cabeça, mas flutua sobre ela. É redonda e luminosa, cheia de luz e energia. Agora imagine que os raios de luz estão saindo dessa bola em direção ao seu corpo. Esses raios vêm continuamente, pois a bola de luz tem mais do que necessita e está constantemente recebendo nova energia luminosa de outra fonte. Esses raios ou feixes de luz entram no seu corpo pela sua cabeça. Entram sem esforço. A cada raio que entra, imagine que vai para uma parte especial do seu corpo. Imagine que um raio vai da sua cabeça para o seu braço esquerdo, percorre a sua mão e então sai pelas pontas dos seus dedos, entrando no chão. Outro raio desce pelo seu braço direito e sai. Outro desce pelas suas costas, outro pela frente, e outros pelas laterais. Um desce pela perna esquerda e outro pela direita. Continue a banhar o interior do seu corpo com esses raios de luz até sentir que é suficiente. Você tem uma sensação cálida e agradável à medida que os raios percorrem todas as partes do seu corpo. Quando estiver satisfeito, abra os olhos devagar."

MOVIMENTO CORPORAL

Em seu livro *Your child's sensory world*, Lise Liepmann classifica o movimento como um dos sentidos. "O movimento, ou percepção cinestésica, é uma espécie de sensação tátil internalizada. É o que sentimos quando nossos músculos, tendões e articulações trabalham."

A maneira como paramos e nos movemos, como usamos o corpo, como o sentimos, como podemos melhorá-lo, é um assunto tão importante que eu seria presunçosa de pensar que em alguns poucos parágrafos posso lhe fazer justiça. Só posso dar algumas sugestões para fazer trabalho corporal com as crianças e esperar que o leitor leia alguns dos livros disponíveis nessa área.

O bebê usa plenamente o seu corpo. Observe como ele fica absorto quando examina as próprias mãos e dedos e, mais tarde, quando se deleita com habilidades corporais recém-adquiridas — espernear, agarrar, rolar, erguer o dorso, deixar-se cair. À medida que ele cresce, observe como fica absorto ao pegar pequenos objetos com o dedo indicador e o polegar, depois de desenvolver a coordenação motora fina. Observe a criança quando ela engatinha, estica o braço e o corpo, se contorce, vira e, mais tarde, quando consegue ficar de pé, anda, corre, salta e pula. A criança parece ter energia ilimitada, e se entrega a cada atividade corporal com total concentração. Às vezes há dificuldades, mas ela não desiste. Tenta repetidas vezes, continua praticando, até que finalmente obtém sucesso.

Mas em algum momento da infância acontece alguma coisa que começa a bloquear esse processo. Talvez seja uma doença, ou um pai ou mãe se apressando para ajudar, ou a criança chorando frustrada enquanto o pai ou mãe está confuso sobre o que fazer, ou uma desaprovação sutil ou aberta do prazer corporal, ou uma crítica à sua falta de coordenação e de destreza no início. Acontecem muitas coisas que restringem o nosso corpo. Instala-se a competição, perpetuada pelo contexto escolar, e a criança se restringe ainda mais em sua tentativa de atender às expectativas dos outros. Começa a contrair os músculos de certas maneiras para conter as lágrimas ou a raiva ou porque está assustada. Encolhe os ombros e encurta o pescoço para se defender de ataques ou palavras ou para esconder seu corpo em desenvolvimento.

À medida que a criança se torna desconectada do seu corpo, perde o senso de *self* e boa parte de sua força física e emocional. Então, precisamos proporcionar métodos para ajudá-la a recuperar seu corpo, a conhecê-lo, a estar confortável com ele e a aprender a usá-lo novamente.

A respiração é um aspecto importante da percepção corporal. Observe que, quando você sente medo ou ansiedade, sua respiração fica muito rasa. Perdemos grande parte de nossa capacidade corporal dessa maneira. Por isso os exercícios de respiração são importantes. Comparamos a respiração rasa com a respiração profunda. Aprendemos a sentir os efeitos da respiração profunda em várias partes do corpo e a observar a expansividade e o aquecimento ao fazer isso. Conversamos sobre a diferença de sentimentos quando respiramos profundamente, e sobre o que imaginamos que estamos fazendo quando contemos a respiração. Conter a respiração parece ser uma proteção, um escudo, uma contenção do *self*. Mas quando fazemos isso ficamos ainda mais indefesos. Experimentamos o contraste entre o que conseguimos fazer quando contemos a respiração e o quanto somos capazes de fazer quando respiramos plenamente.

Muitos jovens com quem trabalhei usam a respiração profunda ao fazer provas e relatam bons resultados. Um jovem de 17 anos sofria de grave ansiedade ao fazer provas. Estudava e sabia a matéria, mas sempre se saía mal, devido ao medo e à ansiedade. Ele me contou que dava um branco em sua mente, que às vezes tremia tanto que mal conseguia segurar a caneta, e seu coração batia tão depressa que parecia que ele ia desmaiar. Além de lidar com seus sentimentos básicos de insegurança, suas expectativas e assim por diante, nós conversamos sobre a respiração. Ele precisava de ferramentas imediatas que o ajudassem. Quando começou a entender o funcionamento do seu corpo e o que estava fazendo com ele quando deixava de respirar, começou a praticar observar a respiração em tais momentos. Experimentou alguns exercícios de centramento que praticamos e começou a adquirir o hábito de respirar fundo, para que chegasse mais oxigênio aos seus pés e pernas e sobretudo ao seu cérebro. Sua compostura durante as provas melhorou consideravelmente.

As crianças sofrem de ansiedade sempre que precisam encarar situações novas — mudar-se para um novo lugar, ter um novo professor, entrar em um novo grupo e assim por diante. Algumas crianças que vi se recusam a experimentar qualquer atividade e situação nova por causa de sua ansiedade intensa.

Há uma relação direta entre oxigênio, ansiedade e excitação. Quanto mais excitada uma pessoa se sente, mais oxigênio é necessário para atender a excitação. Quando não inalamos ar suficiente, sentimo-nos ansiosos, em vez de ter a sensação mais agradável de excitação. Pode ser excitante fazer algo novo. A antecipação e a visualização de situações novas resultam em ansiedade quando estas deveriam ser excitantes. Respirar fundo pode dissipar a ansiedade e permitir que os sentimentos agradáveis de excitação percorram nosso corpo, e nos dá a sensação de força e suporte que necessitamos nesses momentos.

As crianças que são hiperativas não se sentem no controle do próprio corpo, embora talvez façam uma porção de movimentos aleatórios. Os exercícios de controle corporal são essenciais e divertidos para elas. Um grupo dessas crianças, todas de 11 anos, inventou um jogo que queriam jogar repetidas vezes. Nós fazíamos um círculo de oito crianças e dois adultos em meu pequeno consultório, criando um espaço muito pequeno dentro do círculo, onde colocávamos várias almofadas grandes. Cada criança, na sua vez, ia para o meio e realizava alguma façanha, que em geral consistia em cair sobre as almofadas de alguma maneira. Por causa do espaço limitando, a queda tinha de ser muito controlada. Algumas caíam para trás;

outras, para o lado; outras, para frente; e assim por diante. Elas *amaram* fazer isso e jogaram esse jogo por um bom tempo, esperando pacientemente a sua vez, saudando com entusiasmo cada integrante à medida que inventavam novas maneiras de cair. Refleti sobre esse exercício, tentando entender por que gostavam tanto dele (às vezes, eu me vejo questionando, como imagino que muitos de vocês já fizeram: "Isso é terapia?") e percebi que essas crianças, muitas delas classificadas como hiperativas pelas escolas, estavam desfrutando de uma sensação de controle corporal.

As crianças também gostam de usar saquinhos de feijão, bolas de espuma, bolinhas de gude e outros materiais desse tipo no meu consultório. Há uma variedade de jogos que podemos inventar para ajudá-las a experimentar movimento e controle muscular. Uma criança usou um bastão acolchoado como taco de beisebol e passou um momento divertido rebatendo uma bola para mim.

Um recurso excelente para exercícios de movimento corporal é o livro *Movement games for children of all ages* [Movimentos corporais para crianças de todas as idades]. O movimento corporal está intimamente associado com toda a área de dramatização criativa, visto que as melhores improvisações requerem muito envolvimento e controle do corpo. Muitas ideias úteis podem ser encontradas em livros dedicados às artes dramáticas, e em minha discussão sobre improvisação dramática não posso deixar de falar sobre movimento corporal. Meu comentário aqui, portanto, se limitará às experiências que envolvem apenas o uso do corpo.

Hoje é aceito que o movimento corporal e o aprendizado estão intimamente relacionados. Em geral, as crianças com dificuldades de aprendizagem também apresentam um atraso no desenvolvimento de habilidades motoras. Parecem descoordenadas e desajeitadas, e às vezes têm dificuldade de amarrar os sapatos, pular, andar de bicicleta e assim por diante. A tristeza e a frustração resultantes agravam o problema e fazem que a criança evite justamente as atividades que precisa praticar, alienando ainda mais o senso de *self*.

Há pouco tempo, dei uma palestra para um grupo de professores, orientadores e psicopedagogos numa escola de ensino médio sobre como eles poderiam ajudar a melhorar a autoestima de seus alunos. Falei sobre a necessidade de reconhecer que as crianças têm sentimentos e são seres humanos — que o que sentem, e o que está acontecendo em sua vida, tem muita relação com quanto aprendem em sala de aula. Acredito que muitas escolas estão se tornando mais mecanicistas e menos humanistas, com efeitos nocivos sobre o processo de aprendizagem. Penso que os professores necessitam começar a dedicar parte de suas aulas a entrar em contato com seus alunos como outros seres humanos, e que as escolas e os gestores escolares necessitam permitir tempo para isso a fim de facilitar o aprendizado.

Falei, em particular, sobre a educação física nas escolas. A maioria dos alunos de ensino médio com quem trabalho *odeia* educação física. Podem gostar de esportes específicos, mas até mesmo estes, de algum modo, deixam de interessar, a não ser que o aluno seja um excelente atleta. Falei sobre como isso é triste, já que o professor de educação física tem todo o período para trabalhar com o movimento e a percepção corporal — ambos, aspectos importantes da percepção dos sentimentos. À diferença do professor de matemática ou de ciências, o professor de educação física está em posição de ajudar um aluno a expressar sentimentos que podem estar bloqueando sua atenção para as lições do dia, sem precisar "roubar" tempo do currículo.

Fiquei comovida com a reação dos professores de educação física. Eles falaram sobre as expectativas que os supervisores depositam neles e sobre as exigências curriculares que também devem cumprir. Simplesmente não têm tempo para prestar atenção a necessidades individuais e promover alegria e autopercepção no programa de educação física. Resignavam-se ao que tinham de fazer; e, enquanto falavam, o clima era de desesperança.

Outros professores expressaram *sua* necessidade de ser tratados como seres humanos, de ter a oportunidade de expressar *seus* sentimentos!

Eu tinha acabado de folhear *The new games book* [O novo livro dos jogos] e *The ultimate athlete* [O atleta fundamental], de George Leonard. Ambos os livros propõem uma dimensão totalmente nova para a área de educação física, esportes, jogos e uso do corpo — uma dimensão que enfatiza a participação de todos; a alegria de jogar e experimentar o fluxo, o movimento e a energia do corpo; e a cooperação e interação harmoniosa entre os jogadores. Apresentei esses livros aos professores na esperança de que, de algum modo, eles pudessem fazer mudanças nos currículos de educação física. Sem dúvida, ficaram entusiasmados, embora não otimistas, quanto a colocar essas ideias em prática.

A maneira como jogamos diz muito sobre como somos na vida. Quanto mais aprendemos sobre como somos na vida, mais opções temos para experimentar novas maneiras de ser se a atual não é tão satisfatória quanto gostaríamos. Um jogo que usei para identificar nossa postura no jogo e, portanto, na vida se chama "Retrocesso". Duas pessoas ficam de frente uma para a outra a pouco menos de um braço de distância, com os pés firmes no chão, cerca de 30 centímetros um do outro. O objetivo do jogo é fazer a outra pessoa perder o equilíbrio — ela perde se erguer ou mover um pé. Ambas tentam fazer isso apenas por meio do contato palma com palma. Cada uma deve manter as palmas das mãos abertas e pode golpear (com ambas as mãos juntas ou apenas com uma), inclinando-se, esquivando-se, retorcendo-se, contanto que ambos os pés permaneçam firmemente no chão, sem se mover. É interessante experimentar esse jogo com diferentes parceiros: com alguém do mesmo sexo, do sexo oposto, alguém mais alto, mais baixo, mais velho etc. A estratégia usada e os sentimentos que vivenciamos ao encarar cada parceiro são compartilhados quando o jogo acaba.

A maneira como movemos o corpo está intimamente relacionada com nossa capacidade de ser assertivos, com nossos sentimentos de confiança e autossuporte. Uma experiência que torna essa relação evidente envolve o uso de haicai. Num *workshop* sobre mímica do qual participei há algum tempo, aprendi tanto sobre mim mesma por meio desse exercício que desde então o venho usando com outras pessoas. O primeiro verso do haicai é lido em voz alta, e a pessoa que está fazendo o exercício se move espontaneamente de alguma maneira que expresse as palavras que ouviu. Então, lê-se o verso seguinte e se executa outro movimento, e assim por diante. Por exemplo:

A neve macia está derretendo (cai lentamente no chão).

Longe, nas montanhas geladas (gesticula com um braço em um grande movimento envolvente, enquanto agita o outro braço, levando a cabeça aos joelhos; depois ergue-se com os braços esticados).

Um corvo grasnando (adota a posição de um pássaro voando).

No início, os movimentos podem ser artificiais e estranhos. Com a prática, tornam-se fluidos, expansivos, mais espontâneos e variados.

As crianças gostam de se mover ao som de vários tipos de música. Já usei percussão, mudando o ritmo de tempos em tempos. Ou posso instruir as crianças a caminharem rígidas, ou soltas, ou como se estivessem atravessando grama alta, ou como se estivessem andando na lama ou na areia movediça, ou pela água, ou sobre pedras, ou como se o pavimento estivesse muito quente e assim por diante. Às vezes fingimos que somos vários animais, ou uma criança se move como um animal em particular e temos que adivinhar qual é. Ou elas experimentam retorcer-se, rolar, rastejar como uma minhoca, serpear como uma cobra, enrolar-se e fazer outros movimentos fora do comum. Com frequência, nos movemos com os olhos fechados.

Às vezes peço às crianças que exagerem ou enfatizem algum gesto ou movimento e então compartilhem o que esse movimento em particular as faz lembrar, ou como as faz sentir.

Mencionei o uso da garatuja para ajudar as crianças a se expressarem mais livremente na arte. Uma terapeuta do movimento que fez aula comigo descobriu que usar a garatuja antes de uma sessão com seus clientes os ajudava a se movimentar com mais liberdade em suas expressões corporais.

Toda emoção tem sua contraparte física. Se temos medo, raiva ou alegria, nossos músculos reagem de determinada maneira. Muitas vezes, reagimos de um modo constritivo, contendo a expressão natural. Até mesmo ao sentir entusiasmo e felicidade tendemos a reprimir a resposta plena e natural de correr, dançar e gritar.

As crianças não só entram em contato com o que seus músculos fazem quando solicitadas a se mover de maneiras específicas para expressar emoções (por exemplo, raiva), como também descobrem maneiras de exteriorizar essas emoções, em vez de interiorizá-las. Penso que o melhor método para conseguir que façam isso é criar uma história na qual, por exemplo, acontece algo com uma criança que a faz ficar muito brava. "Seja essa criança e se mova pela sala para expressar seus sentimentos de raiva. Crie uma dança furiosa."

Em *Movement games for children of all ages,* Esther Nelson propõe este jogo intrigante:

> Desate uma bexiga cheia de ar, sem deixar de segurá-la pelo bico; solte-a no ar e veja o que acontece. Ela faz uma dança própria, caindo, rodopiando, girando, disparando à medida que o ar escapa. Experimente fazer isso com várias bexigas e observe-as. Cada uma delas se move de um jeito diferente. Peça às crianças que descrevam em palavras os movimentos das bexigas. Converse com elas sobre a forma e as direções dos movimentos e tentem encontrar uma linguagem vívida — se precipitam, viram, aceleram, se aproximam e se lançam.

Então, quando as crianças estiverem ativamente envolvidas, peça a elas que sejam bexigas soltas no ar... Lembre as "bexigas" que cada parte delas deve se mover, que nada pode ser deixado para trás ou ser arrastado. Continuem usando as palavras descritivas que as crianças tiverem usado. Isso as ajudará a manter o movimento fresco e vivo. (p. 32)

O jogo das estátuas sempre atraiu as crianças. Nesse jogo, uma pessoa balança outra e, quando esta é solta, fica imóvel na posição em que se encontra. Então, adivinhamos o que ela é. Uma variação é pedir às crianças que se movam ao som de uma música ou percussão e fiquem imóveis quando a música parar.

Num exercício que usei muitas vezes, peço às crianças que fechem os olhos e se lembrem de uma ocasião em que se sentiram mais vivas. Eu as incentivo a reviver esse momento na fantasia, ou a se lembrar dos sentimentos, do que estavam fazendo e das sensações em seu corpo. Peço que se levantem e se movam como quiserem, para expressar as sensações que tiveram naquele momento de vivacidade. Este exercício é particularmente eficaz com adolescentes que talvez necessitem entrar em contato com esse sentimento perdido de sentir-se vivos.

Às vezes, depois de um desenho, peço à pessoa que adote uma postura ou movimento corporal para ampliar o que expressou por meio do desenho. Depois que cada um desenha seus lados fortes e fracos, outras áreas ocultas vêm à tona com a expressão corporal. Uma jovem, por exemplo, deitou-se no chão para expressar sua fraqueza. Dessa posição, veio uma enxurrada de sentimentos. O movimento pode ser um meio importante para ampliar a expressão de qualquer um dos exercícios realizados com escultura, argila, colagem etc.

Em *Left-handed teaching* [Ensino de canhotos], Gloria Castillo descreve muitas atividades que envolvem o uso de lençóis. Cada criança tem um lençol de casal que usará para diversas finalidades. O lençol da criança torna-se um espaço especial para ela, um espaço no qual pode se deitar, usar para se proteger, rolar, criar fantasias, dançar. Quando a criança se deita sobre ou sob seu lençol, entra em fantasias dirigidas de maneira fácil e rápida. A seguir, apresento um dos exercícios desse livro:

Sente-se em um círculo, sem tocar ninguém.
Coloque o seu lençol em cima da cabeça.

Agora, tente pensar em como se sente quando ninguém o quer.

Você sabe que está em um círculo. Quando estiver pronto, saia do círculo em câmera lenta.

Encontre um lugar para parar.

Você está completamente só. Não há ninguém por perto. Só você, o lençol e o chão. Esteja completamente só por um tempo. (Conceda cerca de três minutos.)

Agora, deite-se no chão — ainda coberto com seu lençol.

Enrole-se no lençol o mais apertado que conseguir. Fique muito quieto. Sinta o lençol todo em volta de você.

Agora, comece a rolar. Se der de encontro com alguém, você talvez queira continuar só. Se for assim, afaste-se. Se desejar estar perto de alguém, fique perto de quem você tocar.

Volte ao círculo.

Discuta o que aconteceu. Como você se sente quando está só?

Isso faz você lembrar de um momento em que esteve realmente só?

Como se sentiu ao ter contato com outras pessoas depois de ter estado só por um tempo? (p. 207)

Num *workshop* sobre movimento do qual participei, o líder empilhou grandes pedaços de tecido de muitas cores diferentes no meio do nosso círculo. Eu vi um lindo tecido violeta (foi só nos últimos anos que passei a ter preferência por essa cor, depois que aprendi a gostar do meu nome), mas escolhi esperar até que houvesse passado a pressa inicial em busca dos tecidos. O tecido violeta continuou lá para mim, e eu o recolhi do que sobrou da pilha. O exercício incluía usar nosso tecido em volta do corpo, ou deitar sobre ele, ou nos encolhermos nele, ou enrolá-lo e retorcê-lo enquanto dançávamos. Fomos instruídos a ser vários personagens enquanto nos movíamos ao som de diferentes ritmos, e depois a criar uma dança para nós mesmos ao som da nossa música interior. Quando olhei à minha volta, vi que cada pessoa estava envolvida com seu próprio drama, como eu. Finalmente, deitei encolhida em meu tecido, vivenciando minhas sensações, emoções, memórias e corpo — tudo isso parecia estar envolto no meu tecido violeta. Em seguida, escrevemos sobre a experiência, da forma que desejamos. O grupo compartilhou experiências comoventes, algumas relacionadas com o que a cor do tecido representava, outras com sentimentos que vieram à tona através dos movimentos corporais. Eu compartilhei este poema que escrevi:

Eu quero o violeta
Mas não corro
Ele espera por mim
Finalmente o pego
Sinto-me triunfante
Só quero me envolver nele
Representa todos os estados de ânimo para mim
Júbilo, pesar, tristeza, alegria
Acima de tudo
Eu

Sinto-me próxima da minha mãe, que me deu este nome.
Sinto-me próxima da minha infância, que sobreviveu a este nome.
Sinto-me próxima da menininha que sentiu dor.
Sinto-me próxima da menininha que riu e se alegrou.
Sinto-me próxima de todo meu ser, agora.

7. Encenação

DRAMATIZAÇÃO CRIATIVA

Era a vez de Allen. Ele foi até um monte de fichas no meio do círculo e pegou uma. Allen, de 9 anos, tinha dificuldade para ler, então veio até mim e me pediu que eu o ajudasse. Eu sussurrei em seu ouvido: "Diz: 'Você está caminhando e vê alguma coisa na calçada. Você se abaixa, pega e observa'.". Ele respirou fundo, endireitou as costas, normalmente curvadas, e começou a caminhar pela sala. De repente parou, olhou para baixo, arregalou os olhos e a boca e abriu os braços em um gesto de surpresa. Depois se abaixou, pegou o objeto imaginário e o examinou com atenção. Achei que pudesse ser uma moeda — pude perceber, pela maneira como o tocou, que era redondo. Allen correu os dedos sobre ele. Não, não era uma moeda. Agora Allen o estava colocando no ouvido e chacoalhando. Agora estava fazendo outra coisa. Olhei com mais atenção. Ele estava fazendo um movimento giratório, como que para desrosquear alguma coisa. Devia ser um potinho. Ele olhou dentro, virou de cabeça para baixo. Estava vazio. Colocou a mão no bolso, tirou algo imaginário e enfiou no potinho, rosqueou a tampa novamente o colocou no bolso; e, com um grande sorriso no rosto, os olhos brilhando, anunciou que tinha terminado. As crianças gritaram palpites. Finalmente, alguém adivinhou: uma caixinha redonda de metal na qual ele guardou uma moeda. Eu me deliciei quando Allen, sorrindo, sentou-se entre duas crianças no chão com o resto de nós. Poderia ser este o mesmo Allen que geralmente se sentava sozinho e se encolhia com o rosto tenso?

Brincar de encenar ajuda as crianças a se aproximarem de si mesmas ao lhes dar permissão para sair de si mesmas. Essa afirmação aparentemente contraditória na verdade faz sentido. Ao brincar de encenar, as crianças, na realidade, nunca saem de si mesmas; elas usam *mais* de si mesmas na experiência de improvisação. No exemplo acima, Allen usou todo o seu ser

— mente, corpo, sentidos, sentimentos, espírito — para expressar o que queria. Normalmente, ele parecia ser um menino tímido e retraído que se sentava sozinho e se encolhia todo, como que para se conter. Com a permissão do drama (e a confiança que estava vivenciando com o grupo), ele foi capaz de convocar tudo de si. E, quando se sentou, ficou claro, por sua postura e expressão facial, que ele havia fortalecido o contato consigo mesmo e, por isso, era capaz de fazer um contato melhor com outros.

Carla, de 7 anos, veio para sua primeira sessão depois do Natal e desabou no chão sobre uma grande almofada. "Estou cansada demais para fazer qualquer coisa", falou. Eu lhe propus que jogássemos um jogo, e peguei The Talking, Feeling, and Doing Game. Nesse jogo, lançamos dados e, conforme o número indicado, movemos um peão pelas casas de um tabuleiro. Se caímos numa casa amarela, pegamos um cartão amarelo; casa branca, cartão branco; casa azul, cartão azul. Cada cartão contém alguma pergunta ou indicação do que fazer. Muitos cartões têm um quê de dramatização improvisada.

Carla caiu em uma casa branca. O cartão dizia: "Você acabou de receber uma carta. O que ela diz?" Acrescentei algumas orientações: "Faça de conta que você vai até a sua caixa de correio para pegar a correspondência. Ao manusear as cartas, encontra uma endereçada a você. Aja como faria se isso acontecesse de verdade. Então, abra a carta e a leia". Carla me disse que não tinha vontade de se levantar, mas que imaginaria "em sua cabeça" que estava buscando a correspondência. Eu concordei. Ela fechou os olhos e ficou sentada em silêncio. De repente, abriu os olhos, ficou em pé e me disse que tinha a carta na mão. Eu lhe pedi que lesse o destinatário para mim. Ela segurou a "carta", a virou, a aproximou dos olhos e falou: "É para mim! Diz CARLA", e recitou seu endereço. "De quem é?", perguntei. Agora, Carla estava muito entusiasmada. Ela gritou: "Eu sei de quem é! É do meu pai! (O pai havia se mudado para outro estado há pouco tempo.) "Isso é maravilhoso!", falei. "Abra logo! O que diz?" Carla, bem devagar, passou por todos os movimentos de abrir uma carta. Ela desdobrou uma folha imaginária de um grande envelope e olhou para mim por alguns instantes, sem falar nada. Depois de um tempo, perguntei baixinho: "O que diz, Carla?" Pude perceber que ela estava em um espaço muito particular e não queria invadi-lo torpemente. Carla enfim respondeu, suas palavras mal se ouviam: "Diz: 'Querida Carla, eu queria ter passado o Natal com você. Eu te mandei um presente, mas talvez você não tenha recebido. Com amor, papai'.". "Você sente muita falta do seu pai, não é?", falei. Carla olhou para mim e fez que sim. Então sussurrou: "Eu acabei de inventar isso sobre a carta". Eu assenti, e ela começou a chorar.

Carla havia se isolado de si mesma para evitar seus sentimentos. Sentia-se cansada, pesada, inerte. Por meio do episódio de brincar de encenar, ela permitiu que o que estava sob a superfície de sua concha viesse à luz. Seus modos mudaram em nossa sessão quando ela se permitiu chorar. Ela estava magoada e com raiva porque não havia recebido um presente do pai, mas não se sentia livre para admitir esse sentimento para a mãe, que se esforçara em dobro durante as festas numa tentativa de compensar o pai ausente.

Na dramatização criativa, as crianças podem aumentar a autopercepção à sua disposição. Podem desenvolver uma percepção total do *self* — o corpo, a imaginação, os sentidos. O drama torna-se uma ferramenta natural para ajudá-las a encontrar e dar expressão a partes perdidas e ocultas de si mesmas e a construir força e individualidade.

Nesse tipo de atividade, as crianças são convocadas a experimentar o mundo à sua volta e o próprio *self*. Para representar o mundo à sua volta e comunicar ideias, ações, sentimentos e expressões, elas convocam todos os recursos que conseguem reunir dentro de si: a visão, a audição, o tato, o paladar, o olfato, a expressão facial, o movimento corporal, a imaginação, o intelecto.

Essa é a encenação de nossa própria vida, de nosso próprio *self*. Representamos os papéis em nossos sonhos, criamos as cenas, reescrevemos durante o percurso. Não apenas falamos sobre nossa dor no peito, mas lhe damos voz, nos transformamos nela. Representamos nossa mãe, nós mesmos quando crianças, nosso lado crítico e assim por diante. Descobrimos que, ao representar todos esses papéis, nos tornamos mais conscientes de nós mesmos, mais envolvidos, mais reais. Nós nos descobrimos, nos contatamos, nos experienciamos de maneiras claras, autênticas, sólidas, genuínas. No teatro, podemos experimentar novas formas de ser. Podemos permitir que se revelem partes suprimidas de nós mesmos. Podemos nos permitir experimentar a absorção, o entusiasmo e a espontaneidade que talvez estejam faltando em nossa vida cotidiana.

Fazer mímica de imagens sensoriais simples — usando expressões e movimentos corporais, sem palavras — aumenta muitíssimo nossa percepção sensorial. Num nível mais complexo, a pantomima pode envolver expressar ação e interação por meio de movimento corporal, expressar sentimentos e estados de ânimo, desenvolver caracterizações, representar uma história — tudo sem palavras. Num nível ainda mais sofisticado, podemos acrescentar palavras às improvisações. As crianças que já participaram de muitas experiências com mímica geralmente consideram fácil acrescentar palavras à pantomima dramática.

A seguir, apresento alguns exemplos de experiências, atividades e jogos de improvisação.

TATO

Passe um objeto imaginário. Cada participante manipula, observa e reage a esse objeto antes de passá-lo para o próximo. Pode ser uma faca, um gatinho, uma carteira velha, uma pulseira cara, uma batata quente, um livro. O líder anuncia o objeto e este é passado por todo o grupo, ou cada criança decide o objeto quando é sua vez de passá-lo, ou o grupo tenta adivinhar que objeto é.

Imagine que há uma variedade de objetos sobre uma mesa. Cada pessoa deve ir até lá e pegar um, mostrando, pelo modo como o manipula, o que é.

Passe por diferentes cenários, procurando algo que você perdeu, como um suéter. Os cenários podem ser uma sala muito grande, um armário escuro, seu próprio quarto, um cofre.

VISÃO

Você está assistindo a uma situação ou a uma atividade esportiva. Expresse as emoções que sente enquanto assiste. O grupo pode tentar adivinhar o que se está assistindo, ou uma pessoa pode contar uma história enquanto outra assiste.

Mostre como você reage ao ver um pôr do sol, uma criança chorando, um acidente de automóvel, um gambá, uma cobra, um tigre solto nas ruas, um casal se abraçando etc.

Imagine que você se olha no espelho. Continue olhando e reagindo a isso.

AUDIÇÃO

Reaja a diferentes sons: uma explosão, um barulhinho que você está tentando identificar, uma banda militar passando pela rua, uma canção popular no rádio. Outros sons podem ser um bebê chorando, um ladrão no escuro enquanto você está dormindo, alguém que você conhece entrando na sala, um trovão, a campainha etc.

Você acabou de ouvir uma má notícia, uma boa notícia, uma notícia desconcertante, uma notícia incrível etc.

OLFATO

Mostre como você reagiria ao sentir vários cheiros: uma flor, uma cebola, borracha queimada etc.

Imagine várias situações envolvendo o olfato: sentir o cheiro de uma fogueira na floresta; sentir o aroma de diferentes perfumes em um mostrador; sentir um odor desagradável e tentar descobrir o que é; sentir o cheiro de biscoitos assando ao chegar em casa.

PALADAR

Em forma de mímica, represente estar saboreando diferentes coisas: um sorvete, um limão etc.

Imagine que está comento alguma coisa enquanto os outros tentam adivinhar o que é.

Coma uma maçã. Antes de comer, considere cada aspecto da maçã... coma-a muito devagar e em silêncio, e perceba o movimento de sua mandíbula.

Coma algo delicioso, como um pedaço de chocolate ou um doce cremoso. Morda uma maçã azeda ou experimente algo que nunca comeu antes.

Em forma de mímica, represente estar sugando por um canudo, lambendo um sorvete, assobiando, soprando uma bexiga no ar.

O CORPO

Embora, obviamente, o corpo seja usado nos exercícios que acabamos de discutir, as sugestões a seguir focam mais o movimento e a percepção do corpo como um todo.

Uma variação de "o mestre mandou" é proposta em *Theater in my head* [Teatro em minha cabeça]: "O mestre mandou: 'Seja um equilibrista, seja uma lesma, seja um monstro, seja um cachorro, seja uma bailarina [...]'.". As crianças podem se revezar sendo o líder.

Faça mímicas do ato de caminhar: depressa, preguiçosamente, por uma poça d'água, na grama, descalços sobre o asfalto quente, subindo uma montanha, na neve, descendo um caminho íngreme, sobre cascalhos em um riacho, na areia quente, com um pé machucado, com sapatos grandes demais, pequenos demais.

Encene uma ação como pôr a mesa, assar um bolo, alimentar o cachorro, vestir-se, fazer a lição de casa. As ações podem ser assignadas, tiradas de um maço de cartas ou de papéis dobrados em um monte; ou cada criança pode pensar em uma ação para que o grupo adivinhe.

Imagine que você está numa caixa muito pequena ou numa caixa muito grande; imagine que você é um pintinho dentro de um ovo.

Faça alguns experimentos do tipo "como se": caminhe como se fosse um homem com pressa, uma criança atrasada para a escola, uma diva do cinema, uma pessoa míope, um caubói, uma criança pequena sendo arrastada para a cama, alguém engessado, um gigante.

Experimente usar os dedos de diferentes maneiras: costurar, cortar, embrulhar um pacote etc.

Brinque de cabo de guerra com uma corda imaginária. Isso pode ser feito individualmente contra diversas pessoas imaginárias, como alguém hostil, muito forte, muito fraco; ou podem brincar duas pessoas, ou um grupo inteiro.

Imagine que está jogando uma bola que muda o tempo todo. Pode ser uma bola de borracha, de praia, de pingue-pongue, de basquete, de futebol, de tênis, de espuma etc. Ela muda de tamanho e de peso, e pode inclusive se transformar num saquinho de feijão ou num *frisbee*.

Pule corda com um grupo, usando uma corda imaginária.

MÍMICA DE SITUAÇÕES

Duas pessoas decidem fazer uma coisa, e o resto adivinha o que é: arrumar a cama; jogar pingue-pongue, jogar xadrez; qualquer coisa que duas pessoas possam fazer.

Você acabou de receber um pacote. Abra-o. Reaja a ele.

Você estava em uma caminhada na montanha com amigos. De repente, percebe que está sozinho.

Você está num elevador. De repente, o elevador para entre dois andares. Depois de um tempo, começa a se mover de novo.

CARACTERIZAÇÃO

Vocês são um grupo de pessoas esperando um ônibus. Cada um de vocês será outra pessoa (não contem para nós), como uma mulher idosa indo ver os filhos, um empresário atrasado para o trabalho, uma jovem a caminho da escola, um cego que precisa de ajuda para subir no ônibus etc.

Você é um ladrão entrando numa casa à noite, quando os moradores voltam inesperadamente. Você os ouve e acaba conseguindo fugir.

Você entra num restaurante para pedir uma refeição. Faça isso como: 1) um adolescente que está com muita fome; 2) uma mulher de meia-idade que está sem apetite e não consegue encontrar nada que deseje no cardápio; 3) um idoso muito pobre que está com fome, mas deve limitar sua escolha ao que pode pagar.

Faça as crianças atuarem diferentes profissões ou tipos de pessoas para o resto do grupo. Para algumas crianças, é útil escrever algumas numa ficha, para que a escolha seja aleatória.

Peça a elas que encenem uma máquina ou eletrodoméstico para o grupo adivinhar, ou que sejam uma cor e vejam se podemos adivinhar qual com base no que fazem.

Com crianças muito pequenas, usei uma "chave mágica" ou "varinha mágica". Eu movo a varinha e digo: "Agora, você é um cachorro!", e a criança se torna um cachorro por alguns instantes. Então, movo a varinha novamente e digo: "Agora, você é um velhinho!", e assim por diante.

IMPROVISAÇÕES COM PALAVRAS

Qualquer objeto pode ajudar uma criança ou um grupo de crianças a encenar uma história improvisada. Em *Creative dramatics in the classroom* [Dramatização criativa na sala de aula], McCaslin descreve uma história elaborada, inventada por um grupo de crianças usando apenas um apito como objeto de cena.

Coloquei vários itens numa sacola de papel, itens encontrados pela casa que parecem não ter relação entre si, como um funil, um martelo, um cachecol, uma caneta, um chapéu velho, uma colher grande e assim por diante. Quatro ou cinco itens são tudo que é necessário em cada sacola. Um pequeno grupo pode criar toda uma história a partir desses itens.

Dê às crianças várias situações para encenar:

Um vendedor chega à porta. Ele insiste em demonstrar um aspirador de pó, embora você lhe diga que já tem um. Como você lida com a situação?

Você está entregando jornais. Você joga um em direção a uma casa, mas, em vez de cair na entrada, quebra uma vidraça. Os donos da casa vêm ver o que aconteceu.

As crianças também podem representar situações que refletem diretamente episódios da vida delas. As situações podem ser reais ou simuladas. Nessas situações, apresenta-se um conflito a ser explorado na dramatização espontânea. Geralmente, as próprias crianças propõem os melhores temas para a representação de papéis.

As crianças gostam de usar chapéus, máscaras e disfarces durante a dramatização. Ofereça uma variedade de chapéus, e elas mudarão de personagem tão depressa quanto mudam de figurino.

Tenho uma grande coleção de máscaras do Dia das Bruxas, e muitas crianças gostam de usá-las. Um espelho ajuda a criança que está usando uma máscara em particular a ver o personagem que ela representa. A máscara, como um fantoche, dá à criança permissão para dizer coisas que não diria sendo ela mesma.

Uma criança numa sessão individual às vezes olha todas as máscaras, escolhe uma para usar e fala comigo como se fosse esse monstro, ou diabo, ou bruxa, ou princesa. Às vezes, eu peço à criança que use cada máscara e faça algum tipo de afirmação sendo esse personagem.

Num artigo sobre o uso de disfarces na ludoterapia, Irwin Marcus, em *Therapeutic use of child's play* [Uso terapêutico de brincadeiras infantis], defende o uso de disfarces para estimular padrões de brincadeira espontâneos em crianças mais velhas e, assim, ajudá-las a encenar fantasias, sentimentos e situações traumatizantes. Ele ofereceu disfarces de bebê, mãe, pai, médico, Super-Homem, bruxa, demônio, palhaço, esqueleto e bailarina, e incluiu três peças grandes de tecido colorido para ser usado como vestuário criado pela própria criança. Solicitou-se a cada criança que criasse uma peça usando algum desses disfarces. Marcus descobriu que a brincadeira com disfarces revelou muito material valioso envolvendo não só o conteúdo, mas também uma boa dose do processo da criança.

Criar peças com disfarces, máscaras, chapéus, objetos e fantoches, ou sem objeto algum, é um tipo de contação de história com um elevado grau de envolvimento por parte da criança. Aqui temos uma oportunidade de ajudá-la a usar todo o seu organismo numa situação visível no contexto terapêutico. Podemos ver com clareza as lacunas da criança — as áreas em que seu desenvolvimento está atrasado e necessita ser fortalecido. Podemos ver como ela se move e usa o corpo; podemos observar rigidez e constrição ou tranquilidade e movimento fluido. Podemos prestar atenção à organização da peça. Podemos trabalhar com o conteúdo que vem por meio da peça e com o processo que talvez observemos nesse conteúdo. (Há muita briga? O personagem principal perde? Talvez ninguém o escute.) E, também, podemos nos divertir muito.

Embora as atividades mencionadas nesta seção pareçam se prestar a trabalho em grupo, consegui adaptar muitas delas à terapia individual sem dificuldade. Com frequência, consigo lidar com o material em mais profundidade nas sessões individuais.

Um menino de 12 anos apresentou uma peça para mim sem usar objetos de cena nem disfarces. Ele assumiu todos os papéis, incluindo o do apresentador. Esse menino estava indo mal na escola, parecia irritado a maior parte do tempo, e a mãe o acusava de ser preguiçoso. Na verdade, ele era muito organizado; foi capaz de apresentar uma peça extremamente complexa, conseguiu seguir o fio da meada de cada personagem e tinha um senso de humor incrível.

Eu nunca sei aonde uma atividade nos levará. Lembro de jogar um jogo com um menino de 8 anos em que cada um de nós representava algum tipo de animal para o outro adivinhar. Nós tínhamos que esperar até que o outro anunciasse que terminou antes de dar nossos palpites. Isso nos deu a oportunidade de representar um drama mais longo do que meramente o movimento do animal. Steven se deitou no chão e se enrolou formando uma bolinha. Depois, ergueu a cabeça, a moveu para um lado e para outro, moveu os olhos também, sorriu, então escondeu a cabeça de volta em seu corpo enrolado. Fez isso várias vezes. De repente, fez uma careta como se estivesse sentindo dor, debateu o corpo, se virou sobre as costas, abriu os braços e ficou imóvel — fingindo de morto. Quando terminou, adivinhei que ele era uma tartaruga e que alguma coisa tinha acontecido e ela estava morta. Steven me contou que um dia tivera uma tartaruga e que seu irmãozinho a havia matado. Eu lhe disse que ele devia ter ficado com muita raiva do irmão e muito triste por ter perdido a tartaruga. Steven reagiu ao meu comentário com fúria. "Odeio meu irmão! Eu queria matá-lo!", disse entre dentes.

Na vida real, Steven era quase que extremamente gentil com o irmãozinho, defletindo seus sentimentos de raiva em direção à mãe. "Pelo menos ele se dá bem com o irmão", ela me disse certa vez. Acho que ele estava com tanto medo de seu próprio sentimento de raiva e de vingança em relação ao irmão que considerou mais seguro ficar com raiva da mãe. Por causa dessa experiência dramática, finalmente pude dar a Steven alguma oportunidade de expressar sua fúria reprimida por meio da argila, dos bastões acolchoados, dos desenhos. O incidente da tartaruga não era a única causa de sua raiva. Muitas pequenas irritações do dia a dia haviam se acumulado; Steven tinha medo de se permitir ficar com raiva do irmão por *qualquer* motivo.

Às vezes, no fim de uma experiência de dramatização criativa, conversamos sobre o que aconteceu, como foi para nós, o que estamos sentindo agora e assim por diante. Percebo, no entanto, que o que traz o movimento e a mudança é a própria experiência, e não a discussão. A menina que fez o papel de um velho em um enredo fez contato consigo mesma de uma maneira que seria difícil para ela reconhecer em palavras. E não é importante que ela converta seus sentimentos em palavras. Fica claro, para mim e para todos à volta dela, que a experiência a deixou mais expansiva em sua natureza e suas expressões, que ela age com mais segurança e mais confiança do que antes.

SONHOS

Fritz Perls, em "Four lectures" ["Quatro palestras"] (capítulo 2 de *Gestalt Therapy Now* [*Gestalt-terapia — Teoria, técnicas e aplicações*]), deu grande ênfase ao trabalho com sonhos como uma maneira de contatar e experienciar o *self*.

> O sonho é uma mensagem existencial. É mais do que uma situação inacabada; é mais do que um desejo não realizado; é mais do que uma profecia. É uma mensagem de você para você mesmo, para qualquer parte de você que estiver ouvindo. O sonho é, possivelmente, a expressão mais espontânea do ser humano, uma obra de arte que nós cinzelamos a partir da nossa vida. E todo papel, toda situação no sonho é uma criação do próprio sonhador. É claro, algumas das peças vêm da memória ou da realidade, mas a pergunta importante é: o que faz o sonhador escolher essa peça específica? Nenhuma escolha no sonho é coincidência. Todo aspecto do sonho é uma parte do sonhador, mas uma parte que, em alguma medida, não é reconhecida como própria, sendo projetada em outros objetos. O que significa projeção? Que nós alienamos certas partes de nós mesmos, não as reconhecemos como nossas e as colocamos no mundo em vez de tê-las disponíveis como nosso próprio potencial. Esvaziamos uma parte de nós mesmos no mundo; portanto, somos deixados com buracos, com vazios. Se

quisermos nos reapropriar dessas partes de nós mesmos, precisamos usar técnicas especiais que nos possibilitem reassimilar essas experiências. (p. 27)

As crianças dificilmente compartilham seus sonhos porque, em geral, os sonhos dos quais se lembram são aqueles que são muito assustadores. Ou são tão desconcertantes e estranhos que elas tentam tirá-los da cabeça. Penso que esta é a razão pela qual as crianças têm sonhos recorrentes. Elas se empenham tanto em afastá-los que eles continuam voltando como lembretes. Não é incomum que adultos se lembrem de sonhos da infância que continuam inacabados. Estão inacabados porque o conflito apresentado não foi resolvido; as partes rejeitadas eram assustadoras demais. Eu me lembro de dois ou três sonhos que tenho a impressão de ter tido repetidas vezes quando criança. Recentemente, trabalhei com um desses sonhos que tive há tanto tempo e recebi dele uma mensagem existencial atual; aprendi algo sobre mim mesma e sobre o que estava acontecendo na minha vida no momento presente.

Às vezes, leio um livro relacionado com sonhos para estimular as crianças a contarem o que sonharam. Um livro excelente é *There's a nightmare in my closet*, de Mercer Mayer. Há vários anos, uma colega e eu conduzimos um grupo terapêutico de crianças que tinham algo em comum: o pai delas estava em um programa de tratamento para alcoolismo. Minha amiga trouxe esse livro a uma sessão e o leu para o grupo. Perguntamos às crianças se elas tinham pesadelos. Depois que lhes contamos que estes lhe diriam algo sobre a própria vida, duas delas se ofereceram para trabalhar com seus sonhos.

Jimmy, de 10 anos, contou este: "Minha família e eu estávamos andando de carro em uma autopista. De repente, chegamos a uma colina íngreme. Minha mãe estava dirigindo e não conseguiu frear o carro. Os freios não funcionavam. Eu pensei que o carro fosse despencar da estrada. Entrei em pânico e agarrei o volante. De repente, havia muita água, como um lago, no fim da estrada. Não havia como parar. Tínhamos de virar e despencar ou ir direto para a água. Eu acordei antes que terminasse".

Pedimos a Jimmy que contasse o sonho outra vez no tempo presente. Ele fez isso e foi como se estivesse revivendo o sonho (sonhando novamente). Em seu trabalho, pedimos a ele que encenasse todas as partes do sonho, como se fosse uma peça de teatro e ele pudesse falar por cada pessoa e coisa. Ele representou a si mesmo, a mãe, o pai, uma das irmãs no carro, o carro, a estrada e o lago. Em todas as situações, ele estava em pânico e não tinha controle algum. No papel do lago, ele era grande, profundo, avassalador. Pedimos a Jimmy que imaginasse um final para esse sonho. Ele disse: "O meu pai salva a minha mãe, que não sabe nadar. Ele se mantém calmo e tira todo mundo do carro. Não consigo pensar no que fazer, mas ele me tira do carro também". Nós lhe perguntamos o que ele achava que seria a mensagem desse sonho, o que o sonho estava lhe dizendo sobre onde ele estava em sua vida no momento. Ele respondeu: "Eu sei exatamente o que está me dizendo: estou com medo, muito medo de que o meu pai comece a beber outra vez! Ele não está bebendo agora e tudo está muito bem na nossa família. Era tão ruim quando ele bebia! Se começar a beber de novo, vai ser horrível outra vez, um desastre! Eu tenho muito medo disso. Lá no fundo, tenho muito medo, mas nunca digo nada. Tenho medo de dizer aos meus pais que tenho medo. Ninguém parece estar com medo. Se ele começar a beber, não tem nada que eu possa fazer. Eu sou o mais novo da família. O que eu posso fazer? Eu inventei esse final — o meu pai salva a gente. É assim que eu quero que seja na nossa família".

Jimmy sentiu um grande alívio ao compartilhar esse medo. Uma das outras crianças, um menino de 9 anos, comentou: "Eu tenho uma estrada como essa". Quando lhe pedimos que contasse mais sobre sua estrada, ele falou: "Às vezes também sinto como se estivesse descendo por uma estrada íngreme num carro que não pode parar. Eu não consigo controlar nada".

Vicki, de 13 anos, estava ansiosa para contar seu sonho. "No meu sonho, todo mundo pensa que eu estou morta. Estou num caixão. Mas não estou morta! Todo mundo pensa que eu estou. Uma senhora bondosa está cuidando de mim e eu durmo no caixão. É a minha cama. Mas as pessoas estão sempre dizendo para a senhora: 'Ela está morta'. Também tem uma tempestade caindo."

Pedi a Vicki que fosse a tempestade em seu sonho. Ela pensou por um instante; depois, com um sorriso no rosto, se levantou e andou depressa pela sala "atingindo" as pessoas (explicando que ela era um raio). Ela fez um movimento com o braço em direção a cada pessoa, gritando "Bzzz!" todas as vezes. Vicki fez isso com muito gosto, relatando sua alegria para nós. Então, lhe pedimos que fosse a senhora no sonho. Ela entrou no papel da senhora bondosa e conversou com a Vicki do sonho de forma amorosa, colocando-a para dormir no caixão. Depois nos contou que a senhora a fazia lembrar sua avó, que estava muito doente e à beira da morte. A avó sempre havia sido amorosa com ela e era uma das poucas pessoas que ela adorava na vida.

Nesse ponto, nos deparamos com uma escolha em seu trabalho: pedir a ela que deixasse o sonho e trabalhasse com seus sentimentos em relação à avó que estava morrendo ou permanecer com o sonho. Decidimos continuar com o sonho, e pedimos a ela que se deitasse em um caixão de faz de conta e contasse como era estar lá e o que estava acontecendo. Vicki se deitou no chão, em uma posição rígida. "Estou deitada aqui neste caixão. Devo estar dormindo, mas todo mundo pensa que estou morta. Ninguém presta atenção à senhora que diz às pessoas que eu não estou morta."

"Como é estar no caixão?"

Vicki: "Não é muito confortável. Não consigo me mexer muito."

(Aceitando nossa deixa, as outras crianças se uniram a nós no papel das pessoas que olhavam para ela. Dissemos coisas como: "Ah, pobre Vicki. Ela é tão jovem para morrer. É terrível. Nós nos sentimos péssimos". Pedimos a Vicki que conversasse com as pessoas.)

Vicki: "Ei! Eu não estou morta. Não chorem. Estou viva. Posso fazer coisas."

"O que você pode fazer?"

Vicki: "Muitas coisas. Posso fazer muitas coisas."

"Nós não vemos você fazendo nada além de ficar deitada aí. Você pode escolher fazer alguma outra coisa, ou quer ficar deitada aí?"

Vicki (levantando-se): "Eu não quero ficar aqui deitada e que todo mundo pense que estou morta. Estão vendo? Estão vendo?" (Ela estica os braços e anda pela sala.) "Estou viva!"

"Diga uma frase que revele a mensagem do seu sonho para você."

Vicki (pensa por um instante; então, seu rosto se ilumina e ela diz): "Estou viva e posso fazer escolhas! Posso fazer muitas escolhas.

"Como o quê?" (pergunta um menino de 9 anos)

Vicki (olha para ele, confusa por um instante): "Bom, eu posso."

O menino: "Quando?"

Ela caminha pela sala, seleciona algumas pessoas e escolhe fazer alguma coisa com elas.

Vicki deu um passo à frente do grupo e fez suas escolhas. "Eu escolho apertar sua mão... escolho dar um abraço em você... escolho fazer uma careta para você." Ela e as outras crianças gostaram tanto desse exercício que cada criança insistiu em ter sua vez de andar pela sala e fazer escolhas.

Também já trabalhei com sonhos em sessões individuais com crianças. Dou à maioria das crianças que vejo (exceto aquelas que claramente odeiam escrever) um caderno espiralado barato. Nesse caderno, peço a elas que escrevam várias coisas, inclusive sonhos. Patricia, uma menina de 12 anos, fez a seguinte anotação:

"Atrás da Disneylândia. Abre quando estou numa sala grande com um telhado e tem uma caixa grande de bexigas da Disneylândia perto de mim. E tem fantasias de personagens penduradas ao meu lado. Tem uma barraca atrás de mim. Entra um homem e eu me escondo. Mas então ele vai embora e eu saio do esconderijo; visto uma fantasia, estouro bexigas e saio para vendê-las."

Ela desenhou um pequeno esboço desse sonho no fim da página. Eu lhe dei papel e lhe pedi que desenhasse um esboço em escala maior, o que ela fez com muita elaboração. Ela explicou seu desenho para mim enquanto anotei a essência de suas declarações:

"Paredes, mas sem teto. Estou no meio da sala. Um homem entra. Eu me escondo porque acho que ele vai me castigar. Vou para a barraca para me esconder. Mas ele só pega bexigas e sai. Ele não sabe que eu estou lá, ou me castigaria. Ninguém sabe que sou eu, porque estou usando uma fantasia. Todo mundo pensa que é só um funcionário."

Patricia desenhava a Disneylândia com frequência em nosso trabalho juntas. Depois de trabalhar com esse sonho (a primeira vez que ela se lembrava de *sonhar* com a Disneylândia), ela foi rápida para formular esta mensagem: "Tenho medo de ser eu mesma. Prefiro fingir que sou outra coisa, como um personagem da Disneylândia". Agora podíamos pelo menos começar a descobrir a Patricia que estava sempre se encobrindo e se escondendo.

Logo depois disso, Patricia trouxe outro sonho anotado. Ela o apresentou dizendo: "Esta não foi a primeira vez que sonhei isso. Sonhei quando tinha 8 anos e muitas vezes desde então, e a noite passada sonhei de novo". Isto é o que ela tinha escrito:

"Uma sala escura com apenas uma pequena luminária, uma cama, um ferro de passar, minha mãe (real). Estou na cama bem ao lado dela. De repente, as luzes se apagam e eu ouço um grito." Num canto da página havia um pequeno esboço desse sonho com a palavra ESCURO escrita nele.

Sinto que esse foi um sonho muito significativo. A mãe biológica de Patricia fora vítima de assassinato seguido de suicídio (o padrasto atirou nela e depois em si mesmo) quando a menina tinha uns 8 anos. Foi Patricia quem encontrou os corpos ensanguentados indo até o quarto deles na manhã seguinte. Quem me contou essa história foi o pai dela, que a trouxe para fazer terapia comigo quatro anos depois; mas, até o dia em que Patricia revelou esse sonho para mim, sempre que eu mencionava o assunto ela só encolhia os ombros e dizia que não conseguia se lembrar. Ela trabalhou com esse sonho e falou: "A minha vida ficou escura para mim quando a minha mãe se apagou como uma luz". Esse foi o começo do trabalho com o luto, que, junto com muitos outros sentimentos, Patricia nunca havia concluído.

Até mesmo crianças muito pequenas podem trabalhar com sonhos. Todd, de 6 anos, frequentemente acordava no meio da noite por causa de sonhos assustadores. Eu lhe pedi que me contasse um deles. Ele disse que sempre era perseguido por um monstro e, às vezes, por um carro. Todd resistiu à minha sugestão de fazer um desenho do monstro, então eu o desenhei conforme a descrição que ele fez para mim. Trabalhando com o meu desenho, pedi a Todd que contasse ao monstro o que achava disso. Ele gritou: "Pare de me assustar!" Então lhe pedi que imaginasse que podia falar pelo monstro, como se fosse uma marionete. Ele disse para si mesmo, falando como o monstro: "Você é um menino mau, muito mau! Eu tenho que assustar você!" Pedi a ele que continuasse sendo o monstro e dissesse para si mesmo por que era mau. "Você é mau! Você pegou dinheiro da bolsa da sua mãe e ela nem sabe. Você fez xixi na calça e ela nem sabe. Você é mau, mau, mau." Esse menino estava fazendo terapia por causa de comportamento perturbador na escola; a professora havia recomendado à mãe que buscasse ajuda. Por meio desse sonho, pudemos começar a conversar sobre seus sentimentos avassaladores de culpa e de intensa raiva e ressentimento em relação à mãe, que havia se casado novamente fazia pouco tempo. Embora Todd gostasse do novo padrasto, sentia ciúme de uma nova pessoa na família. Esses sentimentos mistos o confundiam, e precisávamos colocá-los para fora para poder lidar com eles. Em vez de desenhar, eu poderia ter pedido a Todd que escolhesse uma figura de monstro (ou de carro) e uma figura de menino e representasse a perseguição na caixa de areia ou no chão.

Em geral, os sonhos servem a uma variedade de funções para as crianças. Podem ser manifestações de ansiedade — de coisas que as preocupam. Podem expressar sentimentos que as crianças não conseguem expressar na vida real. Podem retratar desejos, quereres, necessidades, fantasias, indagações e curiosidades, atitudes. O sonho pode ser um indício de um sentimento ou postura geral em relação à vida. Pode ser uma maneira de trabalhar sentimentos e experiências — situações com as quais as crianças são incapazes de lidar de maneira franca e direta.

Ao trabalhar com um sonho, procuro partes que sejam alheias à criança, partes que ela tem medo de reconhecer. Procuro coisas que parecem estar faltando no sonho, como um carro sem rodas ou um cavalo sem patas. Procuro as polaridades e cisões no sonho, como o perseguidor e o perseguido, a planície e a montanha. Procuro pontos de contato, como uma tempestade acometendo uma casa, ou pontos que evitam contato, como um muro que separa duas coisas. Posso focar um desejo que é revelado no sonho ou algo que parece ser evitado. Posso me concentrar no processo do sonho — por exemplo, se, no sonho, a criança corre por toda parte, ou se sente perdida, ou nada dá certo. Posso procurar o padrão em uma série de sonhos. A característica do cenário no sonho pode ser muito importante: uma terra deserta, uma rua lotada, uma casa grande com muitos aposentos. Podemos reescrever o sonho ou acrescentar um final. Às vezes trabalho com memórias, devaneios ou fantasias da mesma forma que trabalho com sonhos.

Não importa com o que escolhemos trabalhar, eu fico sempre junto da criança. Quando ela representa os papéis, encena um diálogo ou descreve o cenário, presto muita atenção a respiração, postura corporal, expressões faciais, gestos, inflexões da voz. Posso, a qualquer momento, escolher focar o que está acontecendo com a criança durante seu trabalho com o sonho ou deixar o sonho de lado e passar a trabalhar com o conteúdo que emergiu dele.

O objetivo, aqui, é ajudar a criança a aprender sobre si mesma e sobre sua vida por meio desse sonho. Evito analisar e interpretar; somente a própria criança é capaz de perceber o que o sonho pode estar tentando lhe contar. As crianças são totalmente capazes de aprender por si mesmas por meio do trabalho com sonhos.

A CADEIRA VAZIA

A técnica da cadeira vazia foi desenvolvida por Fritz Perls como um meio de proporcionar mais *awareness* e clareza ao trabalho terapêutico. Também é usada para trazer situações inacabadas para o aqui e agora. Por exemplo, uma pessoa pode ter material não dito e sentimentos contidos em relação ao pai (ou à mãe) falecido há muito tempo. Ao conversar *sobre* isso, é mais fácil evitar sentimentos e emoções. A experiência de imaginar o pai ou a mãe na cadeira vazia e dizer o que precisa ser dito *para* ele ou ela, em vez de me falar *sobre* ele ou ela, é potente e, muitas vezes, serve para fechar outra *gestalt* inacabada na vida dessa pessoa. Quando isso acontece, um sentimento de calma e relaxamento se evidencia na postura corporal da pessoa, e às vezes noto que ela faz uma respiração profunda, quase um suspiro. A técnica da cadeira vazia ajuda a converter situações não resolvidas do passado em uma experiência focada e presente.

Uma mãe começou a me contar, num tom de voz queixoso e elevado, sobre sua exasperação com o filho de 15 anos, que não estava presente na sala. Pedi a ela que imaginasse que o garoto estava sentado em uma cadeira próxima e dissesse a ele o que estava dizendo a mim. Ela olhou para a cadeira, começou a dizer a ele em voz baixa e, então, começou a chorar. Quando lhe pedi que contasse ao filho, na cadeira, sobre sua tristeza, ela relatou seus sentimentos de culpa em relação a ele, e nossa sessão foi muito mais produtiva do que se eu tivesse permitido que ela me usasse como um ouvido para suas queixas.

Às vezes, partes ou símbolos do próprio *self* são colocados na cadeira vazia. Uma menina de 16 anos que estava trabalhando no fato de comer em excesso colocou seu "*self* comilão" na cadeira e conseguiu descobrir muitas coisas sobre o que a fazia comer demais — razões que seu próprio "*self* comilão" expressou quando se sentou na cadeira e respondeu à parte dela que queria emagrecer.

A técnica da cadeira vazia ajuda a clarificar cisões e polaridades, o que é essencial ao processo de centramento. Fritz Perls fala sobre a reconciliação de nossas partes opostas para que elas possam se unir em combinação e interação produtiva e deixem de gastar energia em brigas inúteis uma com a outra. A mais grave dessas cisões é entre o que Perls chamou de dominador (*topdog*) e dominado (*underdog*).

A voz do dominador aflige e atormenta o dominado com críticas: "Você deveria fazer isso", "Você deveria fazer aquilo", "Você deveria ser melhor do que é". Esses "você deveria" são caracterizados principalmente por intimidação e um ar de retidão. O dominador sempre sabe o que o dominado deveria fazer.

O dominado é uma força de resistência. Ele reage ao dominador de modo impotente, cansado, inseguro, incapaz, às vezes rebelde, frequentemente desonesto e, sempre, como um sabotador. Suas respostas às exigências do dominador são: "Eu não consigo!" (em uma voz chorosa), "Sim, mas...", "Talvez amanhã", "Vou tentar", "Estou tão cansado" e assim por diante. Esses opostos levam uma vida de frustração mútua e tentativas contínuas de controlar um ao outro. Essa briga infrutífera produz um estado de paralisia e exaustão e uma incapacidade de experimentar plenamente cada momento com o organismo total em harmonia integrada.

Os adolescentes, com frequência, são atormentados por conflitos entre dominador e dominado que os mantêm em um estado constante de frustração. Sally, uma menina de 16 anos, reclamou que era difícil para ela estudar — ela simplesmente não conseguia se concentrar. Então, deixava de estudar para estar com os amigos, mas não conseguia se divertir porque ficava preocupada com os deveres não terminados, os trabalhos por entregar etc.

Pedi a Sally que descrevesse uma situação específica. Ela me contou que seus avós preferidos, que moravam na costa leste, estavam de visita e a família ia sair para jantar naquela noite, mas ela tinha um ensaio para entregar na manhã seguinte — um que ela viera postergando por causa de sua falta de concentração. Sally era boa aluna e tinha expectativas elevadas para si mesma. Ela estava nervosa, ansiosa, e começando a pensar que ia "enlouquecer", como falou. Usando a cadeira vazia, Sally representou suas partes dominador e dominado:

Dominador (de modo severo): "Sally, você é lamentável! Nem pense em sair hoje à noite. É culpa sua não ter feito o trabalho antes. Você *sabia* que a vovó viria. Você não pode sair esta noite."

Dominado (em uma voz chorosa): "Mas eu tentei fazer antes. Simplesmente não consigo me concentrar no que estou fazendo. Estou cansada de fazer dever de casa. Quero sair esta noite. Talvez eu possa pedir mais prazo à professora."

Dominador: "Você sabe que, se for, não vai se divertir. Vai ficar preocupada com o trabalho. Já estou vendo isso!"

Esse diálogo continuou por um tempo; finalmente, Sally olhou para mim, sorriu e comentou: "Não é de se admirar que não consigo fazer nada, se isso é o que acontece dentro de mim o tempo todo".

Eu expliquei para ela que essas duas forças opostas consumiam energia e, sem dúvida, a deixavam exausta. O dominado sempre parece vencer as batalhas, já que nada parece ser concluído; mas, como o dominador não desiste, fazer nada nunca é muito satisfatório (o dominador se encarrega disso!). Quando o conflito fica claro, é útil dar um passo para trás e "observar" essas duas forças discutindo dentro de nós. Então, podemos fazer nossa própria escolha livremente, talvez negociando um pouco com cada um desses lados.

Então Sally disse para seu dominador: "Olha, eu quero estar com os meus avós. Não nos vemos com frequência. Sai de cima de mim e me deixa fazer isso. Quando chegar em casa, fico acordada até tarde e faço o trabalho." E, para o dominado, ela disse: "Eu decidi sair para jantar esta noite; isso tem que deixar você feliz. Então, quando eu chegar em casa para fazer o trabalho, me deixa em paz e lembra que você teve uma chance de descansar."

Mais tarde, Sally relatou que saiu para jantar e que, de tempos em tempos, sentia a pressão do dominador, a quem ela respondia: "Dá o fora! Eu fiz essa escolha e vou escrever o trabalho mais tarde. Não tenho como fazer isso agora, de todo modo". Quando chegou em casa, ela ficou acordada até as 2 horas da manhã e não teve dificuldade de escrever um ensaio maravilhoso.

Em algumas das nossas sessões posteriores, exploramos a origem dessas duas forças poderosas. Ela começou a aprender de que maneira essas forças interferiam em sua vida e se tornou hábil para lidar com elas.

Em meu trabalho com crianças com transtornos emocionais nas escolas, chamamos a técnica que acabei de descrever de "jogo da cadeira vazia". Sempre havia duas cadeiras disponíveis, e nós as usávamos com frequência para ajudar as crianças a esclarecer o que estavam fazendo em determinada situação, resolver conflitos, assumir responsabilidade pelo próprio comportamento e encontrar soluções para problemas. Alguns exemplos mostram a potência desse trabalho:

Todd, 12 anos: "Preciso usar as cadeiras!" (Quando voltou do recreio no parquinho.)

"Tudo bem."

Todd: "Sr. Smith, eu te odeio!" (Voltando-se para mim:) "Ele está sempre implicando comigo."

"Diga isso a ele."

Todd: "Eu te odeio! Você está sempre implicando comigo! Não é da sua conta o que eu faço com as minhas mãos." (Agora percebo que as mãos de Todd estão todas desenhadas com tinta preta.)

"Agora mude de lugar e seja o sr. Smith; diga o que ele poderia dizer ou disse a você."

Todd (com um tom de voz sarcástico): "Bem, Todd, simplesmente não é uma boa ideia fazer isso. A sua mãe vai ficar brava e vai culpar a escola, e eu não sei o que essa tinta vai fazer com a sua pele."

Todd (mudando de lugar outra vez por conta própria, sem sarcasmo na voz): "Mas você não precisa ser tão mau por causa disso."

Todd (como sr. Smith): "Mas, Todd, quando pedi para você lavar as mãos, você não foi. Eu preciso ser duro com você.

Todd (como ele mesmo, em voz baixa): "Acho que eu fui mal-educado." (Todd levanta os olhos para mim, expectante.)

"O que você quer fazer agora?"

Todd: "Vou ver se consigo tirar isso das mãos." (Todd sai da sala caminhando ereto, e não cabisbaixo como costuma ficar quando está na defensiva.)

Danny, 12 anos: "Eu queria trabalhar com as cadeiras." (Ele se senta em uma.)

"Quem está na outra cadeira?"

Danny: "Você."

"Pode começar."

Danny: "Eu não quero estudar matemática agora, sra. Oaklander. Você não pode me obrigar."

Danny (como eu): "Mas nós todos vamos estudar matemática agora. É o que fazemos nesse horário."

Danny: "Mas eu quero terminar o que estava fazendo. Falta pouco."

Danny (como eu): "Mas Danny, se eu deixar você fazer isso, todo mundo vai querer."

Danny: "Mas eu só preciso fazer uma coisa por cinco minutos e depois estudo matemática."

Danny (como eu): "Tudo bem, Danny, isso parece bom."

Danny se levanta, vai para o fundo da sala, trabalha em seu projeto por alguns minutos, volta e se senta; e se dedica à matemática com mais afinco do que nunca. Durante todo o episódio, eu não digo uma palavra.

(Ele realmente tinha me feito o mesmo pedido antes do diálogo acima e eu tinha respondido que não.)

Alguém poderia ver esse exercício de Danny como manipulação; mas, considerando o trabalho de matemática que ele acabou fazendo, vejo-o como um esforço magnífico por parte de um menino que estava adquirindo autossuporte, aprendendo a atender às próprias necessidades, assumindo responsabilidade por si mesmo; e mostrando a uma professora (pelos métodos dela) o quanto ela podia ficar presa a uma grade horária que ela própria detestava — uma grade que, às vezes, parecia mais importante do que as necessidades de uma criança.

O exemplo a seguir ilustra como eu uso a técnica da cadeira vazia com uma criança bem menor. Gina, uma menina de 7 anos, estava brincando no parquinho quando teve início uma briga terrível entre ela e outra criança. Ela veio correndo até mim, aos prantos. Nós nos sentamos na grama enquanto ela me contou, em meio aos soluços, uma história de ter sido empurrada por outra criança quando estava prestes a subir no trepa-trepa. Eu escutei sem comentar. Quando ela terminou de contar, falei: "Vejo que você está chorando. Deve estar se sentindo machucada e com raiva da Terry". Gina continuou a chorar, assentindo. Quase como uma exigência, ela perguntou: "Você vai pôr ela de castigo?" Eu falei: "Primeiro quero que você faça uma coisa para mim. Finja que a Terry está sentada bem aqui e diga a ela quanto você se sente machucada e com raiva por causa do que ela fez com você".

Gina: "Você é má! Eu te odeio! Você sempre quer estar no trepa-trepa primeiro! Eu não gosto que você me empurre!"

(Eu falo com um ponto vazio na grama.) "Terry, por favor, diga à Gina o que você tem a dizer para ela. Gina, você pode se sentar aqui e ser a Terry?" (Gina muda de lugar.)

Gina (como Terry): "Gina, me desculpe."

"Agora posso chamar a Terry e ouvir a versão dela sobre o que aconteceu entre vocês duas?"

Gina: "Não."

"Você quer contar mais alguma coisa à Terry de mentirinha?"

Gina: "Terry, acho que eu chutei você, e eu também te peço desculpas."

"O que você quer fazer agora?"

Gina (grande sorriso): "Ir brincar."

Depois disso, ela saiu correndo em direção a Terry e eu as observei brincar sem mais problemas por ora.

Em outra situação, uma menininha de 7 anos foi acusada de roubar um casaco. Alguém disse que ela o tinha usado no ônibus a caminho de casa. Ela negou que tivesse pegado o casaco. Pedi para conversar com ela e fomos para um canto privado da sala, onde ninguém podia nos ver. Tentei fazê-la conversar comigo sobre o casaco. Ela negou que soubesse alguma coisa a respeito. Então lhe pedi que fingisse que a outra menina (a que perdeu o casaco) estava sentada ao lado dela e dissesse a ela que não sabia nada sobre o casaco. Ela disse: "Sinto muito por você ter perdido o seu casaco e, hum, eu não peguei o seu casaco e..." Ela começou a chorar e me contou que havia pegado o casaco. Eu lhe pedi que contasse à menina na cadeira vazia sobre o casaco — como se sentiu ao usá-lo. Ela falou: "Eu gosto do seu casaco. É quentinho e macio. Eu queria ter um casaco como esse". Perguntei se ela tinha mais alguma coisa a dizer para a menina. "Eu trago de volta amanhã."

Tenho a impressão de que, nesse caso, a criança se viu em uma situação na qual era incapaz de admitir que havia pegado o casaco — ela precisava ser defensiva e negar o ato. De que outra maneira poderia reagir a uma acusação? Mas trazer a situação à experiência presente, com a cadeira vazia, não ameaçadora, tornou impossível para ela esconder seus sentimentos. No dia em que ela trouxe o casaco de volta, eu a levei à seção de achados e perdidos na escola e escolhemos para ela um casaco que ninguém havia reclamado.

Richard, de 10 anos, forneceu outro exemplo de ser capaz de manter a dignidade com as cadeiras vazias. Richard esqueceu de trazer os livros para devolver à biblioteca e a bibliotecária não o deixaria pegar outros. Ele chorou amargurado. Então, começou a incomodar outro menino, Lee, e continuou a fazer isso o dia todo. Lee carregava consigo um macaco de brinquedo e Richard o agarrava e o jogava no cesto de lixo sempre que tinha uma chance. Até que Lee se cansou e revidou, o que precipitou em Richard uma crise de choro ainda mais intensa. Ele começou a gritar e a berrar e, finalmente, derrubou a carteira no chão. Ao que parecia, havia ido tão longe nesse estado emocional que não sabia como sair dele. Não importava o que eu dissesse, ele só gritava e chorava ainda mais. Recusou-se a fazer qualquer trabalho e inclusive a brincar durante o recreio. Por fim, falei: "Richard, vá até as cadeiras". Mais que depressa, ele foi. As outras crianças estavam ruidosamente envolvidas em atividades de recreio.

"Richard, coloque alguém com quem você esteja bravo na cadeira."

Richard: "É o Lee."

"O que você gostaria de dizer para ele?"

Richard: "Não estou bravo com você. Sinto muito por ter jogado o seu macaco no lixo. Não é culpa sua."

Richard (muda de lugar; como Lee): "Sinto muito por ter sufocado você."

Richard (como ele mesmo): "Sinto muito, eu estava bravo com você."

Richard (como Lee): "Está bem."

De repente, ambos notamos que a sala inteira está em silêncio. Os outros meninos vinham escutando e assistindo. O Lee de verdade grita do fundo da sala: "Está tudo bem". Eles sorriem um para o outro. Richard, então, insiste em colocar a bibliotecária na cadeira.

Richard: "Sinto muito por ter esquecido meus livros. Vou tentar me lembrar de trazê-los."

Richard (como bibliotecária): "Regras são regras. Quando você os trouxer, pode levar mais livros."

Richard agora me coloca na cadeira, obviamente se divertindo muito.

Richard: "Sinto muito por ter derrubado a carteira no chão."

Richard (como eu): "Tudo bem, Richard, isso é bom." (Ele sai da sala e vai para casa animado.)

POLARIDADES

Quero enfatizar a importância de se trabalhar com polaridades. A pessoa jovem fica assustada com as cisões dentro de si, bem como com aquelas que vê nos adultos em sua vida. Fica confusa quando se vê sentindo raiva e ódio de alguém que ama. Fica desconcertada quando alguém que ela vê como forte e protetor se sente fraco e impotente.

Ela tem dificuldade de aceitar os aspectos de si mesma dos quais não gosta ou que seus pais criticam. Seus pais a acusam de puro hedonismo porque ela prefere se divertir a ajudar com as tarefas domésticas, e ela secretamente se pergunta se, de fato, é preguiçosa e egoísta. Conforme despreza essas partes de si e dá as costas a elas, acentua a brecha entre seus *selves* polares, causando ainda mais fragmentação e alienação de si mesma.

Uma integração, reconciliação ou síntese de nossos lados opostos, positivo e negativo, é um pré-requisito para um processo de vida dinâmico e saudável.

Proporciono às crianças uma série de exercícios e experimentos para familiarizá-las com o conceito de polaridades no *self* e ajudá-las a entender que as polaridades são um aspecto inerente à personalidade de todos.

Podemos discutir os opostos com base em sentimentos e personalidades que eles conhecem: amor/ódio, confiança/desconfiança, bom/ruim, seguro/inseguro, claro/confuso, doente/saudável, forte/fraco e assim por diante. Uso as mais variadas técnicas para focar essas polaridades:

Arte: Desenhe algo que deixe você feliz e algo que deixe você triste. Ou desenhe como você se sente quando está relaxado e quando está tenso. Ou desenhe como você se vê quando está fraco e quando está forte.

Argila: Faça uma imagem do seu *self* interior. Faça outra imagem do seu *self* exterior, isto é, como você se apresenta para os outros.

Histórias: "Era uma vez um elefante que era muito tonto quando estava com os amigos e muito sério quando estava em casa. Agora seja esse elefante... você conta o resto."

Movimento corporal: Retrate várias partes do *self* por meio de charadas a serem adivinhadas.

Colagem: Faça uma representação de partes opostas de si mesmo.

Nas técnicas de psicossíntese, encontramos uma variedade de métodos para ajudar os clientes a identificarem várias partes do *self*, chamadas subpersonalidades. Um desses exercícios consiste em se perguntar repetidas vezes "Quem sou eu?" e anotar cada resposta que surgir. "Eu trabalho duro. Eu sou preguiçoso. Eu tenho medo de altura. Eu sou um bom nadador." Examinar essas respostas fornece informações sobre as diferentes partes de si.

Outro exercício consiste em desenhar um círculo com segmentos. Em cada segmento, coloca-se uma palavra ou esboço representando uma parte do *self*. Pode-se, então, começar um diálogo com essas partes para esclarecer os conflitos, demandas ou aspectos de cada uma delas. Com mais *awareness*, compreensão e aceitação das partes do *self*, vêm um *self* mais forte e mais oportunidades de escolha e autodeterminação.

8. Ludoterapia

Roger, de 5 anos, se contorcia inquieto na cadeira enquanto a mãe descrevia o comportamento dele em casa e na escola. Segundo ela, o filho mordia, chutava, agarrava, batia e pulava em outras crianças com tanta frequência que outros pais estavam reclamando dele. Roger parecia amuado e hostil em relação a mim; não se preocupava em esconder o fato de não gostar de mim e do meu consultório e de achar tudo aquilo uma perda de tempo. Mas, quando finalmente ficamos a sós, examinou todos os brinquedos com atenção. Eu permaneci ao lado dele em silêncio.

Na sessão seguinte, ele logo pegou o kit hospitalar e ordenou que eu me deitasse. Passamos a sessão inteira brincando de médico; eu era a paciente e ele, o doutor. Suas maneiras mudaram por completo: como médico, ele era amável e gentil comigo e falava calmamente, com grande compaixão por meu estado de saúde. Eu lhe perguntei se teríamos de ir para o hospital. Ele me respondeu, num tom sério, que eu estava muito doente e precisava ir; então me perguntou se eu tinha filhos. Eu respondi que tinha um filhinho e que estava muito preocupada pensando em quem cuidaria dele. Falei sobre minha preocupação com o bem-estar dele em casa e na escola e com o fato de que ele era tão pequeno que não entenderia e se preocuparia muito comigo. Roger ouviu com atenção. Então, com a voz mais amável e gentil que já ouvi, falou: "Não se preocupe. Vamos conversar com ele e explicar que você vai melhorar. E eu vou cuidar dele enquanto você estiver no hospital". Ele acariciou o meu braço e sorriu para mim, e eu o agradeci por essas coisas maravilhosas que ele faria por mim.

Roger e eu brincamos de médico durante pelo menos cinco sessões seguidas; e, a cada vez, o drama ficava mais elaborado e extenso sob direção dele. "Finja que você está em casa e que, de repente, se sente mal e me chama."

Depois dessas sessões, ele passou a agir de maneira gentil e sensível também em casa e na escola. Na sessão inicial com a mãe, eu soube que ela estivera muito doente uma época e fora hospitalizada três vezes por período prolongado. Mas agora ela estava bem, e me disse que não acreditava que essa época de doença fosse um fator por trás do comportamento hostil do filho. Seu grande interesse por brincar de médico, no entanto, me mostrou que seus sentimentos em relação às hospitalizações da mãe necessitavam ser expressados de uma maneira que havia sido difícil para ele expressar em casa.

A brincadeira é a forma de improvisação dramática da criança pequena. Também é mais do que isso. Brincar é como a criança experimenta seu mundo e aprende sobre esse mundo; é, portanto, essencial para o desenvolvimento saudável. Para a criança, brincar é uma atividade séria e com propósito, por meio da qual ela se desenvolve nos aspectos mental, físico e social. A brincadeira é sua autoterapia, sua forma de trabalhar confusões, ansiedades e conflitos. Enquanto Roger se permitiu ser gentil e cuidadoso, outras crianças brincam de maneira bruta e agressiva. Por meio da segurança da brincadeira, cada criança pode experimentar novas maneiras de ser. Brincar desempenha uma função vital para a criança. Está longe de ser apenas a atividade frívola, alegre e agradável que os adultos geralmente fazem dela.

A brincadeira também serve como uma linguagem para a criança — um simbolismo que substitui as palavras. A criança vivencia muitas coisas que ainda não é capaz de expressar por meio da linguagem; por isso, usa a brincadeira para formular e assimilar o que experiencia.

Carly, de 4 anos, colocou os móveis de brinquedo nos vários aposentos da casa de bonecas, movendo e endireitando as peças meticulosamente, até ficar satisfeita. Então, colocou as bonecas: o pai e a mãe na cama em um quarto e uma criança na cama em outro quarto. "É hora de dormir", ela me falou, e, enquanto eu observava, manipulou as figuras materna e paterna como se estivessem fazendo amor. Depois, colocou todas as figuras em volta da mesa na cozinha e falou: "É de manhã".

Eu uso a brincadeira na terapia de maneira muito similar a como usaria uma história, um desenho, uma cena na caixa de areia, uma apresentação de teatro de bonecos ou um jogo improvisado. A seguir, apresento um esboço de como conduzo as técnicas, acompanhado de alguns comentários sobre o processo de ludoterapia.

Eu observo o processo da criança enquanto ela brinca. Como ela brinca, como aborda os materiais, o que escolhe, o que evita? Qual é seu estilo, de modo geral? Há dificuldade de passar de uma coisa a outra? Ela é desorganizada ou organizada? Qual é seu padrão de brincadeira? O modo como a criança brinca diz muito sobre como ela é na vida.

Eu observo o conteúdo da brincadeira. Ela encena temas de solidão? Agressão? Cuidado? Há muitos acidentes e colisões com aviões e carros?

Observo também as habilidades de contato da criança. Eu me sinto em contato com ela enquanto ela brinca? Ela fica tão absorta que vejo que faz bom contato com a brincadeira e consigo mesma enquanto brinca? Ela está o tempo todo à margem do contato, incapaz de se comprometer com alguma coisa?

Como é o contato no interior da brincadeira? Ela permite contato entre os objetos que usa ao brincar? Os objetos — pessoas, animais, carros — estão em contato uns com os outros, veem uns aos outros, falam uns com os outros?

Posso aproveitar a oportunidade para dirigir a *awareness* da criança para seu processo e seu contato durante a brincadeira. Digo: "Você gosta de fazer isso devagar", "Você não parece gostar de usar os animais! Percebi que você nunca toca neles", "Você se cansa das coisas depressa", "Ninguém parece gostar dos demais", "Este avião está completamente sozinho."

Posso escolher esperar e dirigir a *awareness* da criança para essas coisas depois da brincadeira. Se o padrão se repete na brincadeira, dirijo minhas perguntas para a vida dela. Digo: "Você gosta das coisas ordenadas em casa?" "As pessoas bagunçam o seu quarto?" (Uma resposta a essa pergunta foi um veemente "Sim! A minha irmã, que é uma pestinha!", de uma criança que quase nunca falava.)

Posso simplesmente dirigir a *awareness* da criança para o que ela está fazendo: "Você está enterrando os soldados".

Posso pedir à criança que pare em algum ponto e repita, enfatize ou exagere sua ação. Por exemplo, notei que um menino de 10 anos usava um caminhão de bombeiros com frequência em uma situação elaborada que ele criava com carros, casas e edifícios — tudo feito no chão, em vez de na caixa de areia. O caminhão de bombeiros vinha em resgate nas mais variadas situações. Eu comentei com ele que notei que o caminhão de bombeiros fez muitos resgates e lhe pedi que fizesse mais um para eu ver. Ele fez, e eu lhe perguntei se isso o fazia lembrar algo em sua vida. Ele respondeu: "A minha mãe espera que eu ajude com tudo. Desde que o meu pai saiu (para a Marinha) ela quer que eu faça *tudo*!".

Posso dirigir a *awareness* da criança para as emoções insinuadas pela brincadeira ou pelo conteúdo da brincadeira. "Você parece estar com raiva!" Ou: "O pai parece estar bravo com o menino". Eu observo o corpo, a expressão facial e os gestos da criança. Ouço sua voz, suas pistas e seus comentários. Posso lhe pedir que repita algo que falou.

Posso pedir à criança que se identifique com alguma das pessoas, animais, objetos. "Seja o caminhão de bombeiro. O que ele diz? Descreva o que ele faz na sua história como se fosse você." Ou: "O que a cobra diria sobre si mesma?", "Como é *ser* esse tubarão na água?", "Qual deles é você?"

Posso pedir à criança que conduza um diálogo aberto entre objetos ou pessoas. "O que o caminhão de bombeiros diria para este outro caminhão se ele falasse?" Trago a situação para a criança e sua própria vida. "Você já se sentiu como esse macaco?", "Você já brigou como esses dois soldados?", "Você já se sentiu sufocado?"

Tomo cuidado para não interromper o fluxo; espero uma pausa antes de fazer uma pergunta ou comentário. Quando fico muito envolvida com o que a criança está fazendo, sei quando é a hora certa de falar ou pedir a ela que faça alguma coisa. Com frequência, a criança fala comigo enquanto brinca; e, às vezes, como parte desse contato natural comigo, dirijo sua *awareness* de alguma maneira.

Nunca peço à criança que identifique, reconheça ou discuta parte da brincadeira, do processo ou do conteúdo se não me parecer correto ou apropriado ou se a criança mostrar relutância. Crianças muito pequenas, em especial, não querem ou não necessitam verbalizar suas descobertas e *awarenesses* ou "reconhecer" o que é expressado por meio da brincadeira. Só de trazer à tona esses sentimento, situações e ansiedades já ocorre certo grau de integração. A integração acontece tanto por meio da expressão aberta, embora possa ser simbólica em vez de direta, quanto por meio da experimentação da situação da brincadeira numa atmosfera lúdica e acolhedora. Muitos pais relatam que a criança sai da sessão mostrando uma sensação de paz e serenidade.

Às vezes, crio uma situação estruturada com os brinquedos para que a criança brinque. Seleciono vários itens que se adequem a alguma circunstância na vida da criança ou algum dilema mítico de resolução de problemas, como no processo de representação de papéis. Por exemplo, seleciono várias figuras da casa de bonecas e peço à criança que crie uma cena com elas. Ou digo (enquanto manipula as bonecas): "A menina está no quarto tentando dormir, ouve a mãe e o pai brigando na cozinha. O que acontece depois?" Ou: "Aqui está uma família sentada em volta da mesa comendo. O telefone toca. É a polícia dizendo que o filho está na delegacia porque foi pego roubando. O que acontece?"

Uma menina de 9 anos morria de medo de avião e não queria que os pais fizessem uma viagem que estavam planejando. Eu montei uma cena com um aeroporto, um avião e bonecos representando os pais e ela. Pedi a ela que encenasse seus sentimentos nessa situação de faz de conta. Na encenação, ela conseguiu fazer que os pais subissem no avião. (Tínhamos passado várias sessões explorando seus sentimentos em relação a aviões e o desastre iminente que ela previa, seu medo de ser abandonada etc.) Montei a cena mais uma vez; fiz os pais entrarem no avião depois de se despedirem dela com um beijo e lhe pedi que fosse a boneca deixada no aeroporto e descrevesse seus sentimentos. Nessa encenação, emergiu muito material relacionado a seus temores paralisantes, mais do que em qualquer momento anterior.

Às vezes, quando estou trabalhando com crianças muito pequenas (4 e 5 anos), conduzo uma sessão de brincadeira com a mãe e a criança. Sugiro que elas escolham algum dos brinquedos ou eu mesma os seleciono. Muita informação útil sobre a interação entre a mãe e a criança é revelada dessa maneira. Fui motivada a fazer isso depois de ler *Are you listening to your child?* [Você está ouvindo o seu filho?], de Arthur Kraft. Kraft escreve sobre suas experiências ensinando um grupo de pais a conduzir suas próprias sessões de ludoterapia com os filhos.

Brent, de 5 anos, e sua mãe sentaram-se no chão do meu consultório com alguns blocos de construção, animais de granja, carros, um caminhão basculante e fantoches. Eu lhes propus que passassem algum tempo brincando com alguns dos brinquedos que eu havia separado. O cenário lhes pareceu artificial e forçado no início, mas logo a brincadeira começou para valer. Brent sugeriu que cada um deles construísse uma granja com os blocos e dividisse os animais. Ele decidiu que ficaria a cargo dos animais, colocaria no caminhão aqueles que queria que fossem para a mãe e os entregaria a ela. Ela concordou com isso. Depois de um tempo, Brent decidiu que necessitava mais blocos e quis pegar alguns da estrutura que a mãe havia construído. Ela não concordou com isso, e Brent passou por uma sequência de argumentar, choramingar, agarrar blocos, gritar e então chorar encolhido no chão. A mãe finalmente concordou em lhe dar alguns blocos. De repente, Brent disse que estava cansado de brincar com os blocos e os animais e anunciou que faria uma apresentação de teatro de bonecos para nós. Ele examinou cada fantoche com cuidado, até que colocou o fantoche de jacaré em uma mão e, com certa dificuldade, o fantoche de uma mulher na outra. Então, fez o jacaré atacar e engolir a mulher, dando muita risada. Eu anunciei que era hora de parar e, juntos, recolhemos os brinquedos.

Comecei uma discussão com Brent e sua mãe sobre o que aconteceu durante a brincadeira. A mãe disse que o que aconteceu no meu consultório era exatamente o que acontecia em quase todos os aspectos da vida deles. Enquanto ele dirigia as coisas, falou, tudo parecia bem. Mas ele ia ficando cada vez mais demandante e, quando, num dado momento, não conseguia o que queria, fazia birra. Então ela acabava fazendo o que ele queria, mas, de algum modo, tudo estava arruinado, e ele não ficava satisfeito. Com base no exemplo muito gráfico da situação de brincadeira no meu consultório, agora podíamos lidar com a evidente disputa de poder que existia entre Brent e a mãe e com sua necessidade real de que *ela* assumisse o papel inicial do diretor firme. Ela passou a perceber que um menino de 5 anos normalmente fica frustrado e rebelde quando é colocado em posição de estabelecer grande parte de seus próprios limites.

As crianças mais velhas também respondem prontamente à ludoterapia. Jason, um menino de 10 anos, passou um tempo construindo com pequenos blocos sobre a mesa. Ele descreveu uma estrutura como uma prisão enquanto a construía. Na prisão, colocou um caubói. Enquanto brincava, contou uma história elaborada sobre o caubói e suas façanhas. Finalmente, sentou-se e anunciou que havia terminado. Eu lhe fiz algumas perguntas sobre as várias estruturas e pessoas; depois, lhe pedi que fosse o caubói na prisão e descrevesse como era estar lá. Escolhi fazer isso porque foi o que chamou minha atenção — um caubói solitário trancado em uma prisão. Ele fez de bom grado o que pedi, então eu perguntei: "Você às vezes sente como se estivesse na prisão, como esse caubói?" Isso levou Jason a partilhar alguns sentimentos muito intensos sobre sua situação na vida. Embora não houvesse muito que pudéssemos fazer sobre sua situação particular, ainda assim foi importante para ele falar comigo de seus lugares mais profundos. Manter esses sentimentos dentro de si só o enfraquecia, e, chegado o momento de mudar a situação, os sentimentos não expressados teriam permanecido enterrados e estagnados, sobrecarregando-o sem necessidade.

As crianças mais velhas, embora tenham mais domínio da linguagem, com frequência consideram mais seguro e mais fácil se expressar por meio da brincadeira. Parece muito menos ameaçador expressar hostilidade fazendo animais de brinquedo atacarem uns aos outros, batendo na argila ou enterrando figuras na areia, por exemplo.

Às vezes peço a uma criança que olhe à sua volta e escolha um brinquedo específico. Então, peço a ela que imagine que é esse brinquedo e descreva para mim todas as maneiras em que é usado, o que faz, como é, o que quer fazer. Por exemplo: "Eu sou um avião. Gosto de viajar para novos lugares; me sinto livre", "Eu sou um elefante. Sou desajeitado, e as pessoas acham que sou tonto", "Sou uma pedra. Tenho um lado muito áspero. Mas este meu lado é liso e bonito". Em cada exemplo, a criança pode "reconhecer" a afirmação, e esse reconhecimento abre caminho para explorar novas áreas de sentimento. Esse tipo de exercício é útil para qualquer idade. Às vezes, faço perguntas para que a criança revele mais material. Então digo: "Alguma coisa do que você acabou de dizer se aplica a *você*? Você gostaria de ser alguma dessas coisas? Alguma coisa do que você acabou de dizer tem alguma relação com a sua vida?"

Uma menina de 6 anos escolheu um caminhão basculante. Ela se descreveu recolhendo o lixo, indo pelas ruas. Logo começou a me contar que tinha tanto lixo para recolher que avançou no farol vermelho em toda parte. Perguntei se ela, pessoalmente, havia desrespeitado regras. Ela abriu um sorriso e assentiu com a cabeça. Tivemos uma sessão interessante discutindo isso.

Embora a criança brinque em uma atmosfera de aceitação, isso não quer dizer que não haja limites. De fato, os limites se tornam um aspecto importante da terapia. Há limite de tempo (as sessões normalmente duram 45 minutos) e regras sobre usar de maneira adequada os equipamentos e o espaço de brincar, não retirar equipamentos do espaço de brincar e não agredir a mim nem a si própria. É preciso antecipar para a criança o fim da sessão: "Só temos mais cinco minutos" ou "Logo vamos ter que encerrar". É claro que o desejo da criança de ultrapassar os limites deve ser aceito e reconhecido, mas os limites são mantidos.

A brincadeira feita pela criança no consultório é útil para outros propósitos além do processo direto de terapia. Brincar é divertido para a criança e ajuda a promover a comunicação necessária entre ela e o terapeuta. O medo e a resistência iniciais por parte da criança tendem a diminuir drasticamente quando ela encontra uma sala cheia de brinquedos atrativos.

A brincadeira pode ser uma boa ferramenta diagnóstica. Muitas vezes, quando me pedem para "avaliar" uma criança, passo algum tempo permitindo que ela brinque. Posso observar muita coisa sobre sua maturidade, inteligência, imaginação e criatividade, organização cognitiva, orientação na realidade, estilo, período de atenção, capacidade de resolução de problemas, habilidades de contato e assim por diante. É claro que evito emitir juízos rápido.

Penso que é importante perceber que uma criança também usa a brincadeira para *evitar* expressar o que pensa e o que sente. Também pode acontecer de ficar presa em um tipo de brincadeira ou de resistir a se envolver de maneira significativa em alguma. Devemos reconhecer essa obliquidade e lidar com a situação proporcionando orientação gentil.

Às vezes, quando converso com os pais, é útil recomendar a eles os tipos de material lúdico que mais beneficiariam seus filhos em casa. Não é raro que as crianças expressem grande interesse por materiais bem comuns que não estão disponíveis para elas em casa, como argila ou tinta.

A CAIXA DE AREIA

A areia é um recurso maravilhoso para se trabalhar com crianças de todas as idades. Seu uso como recurso terapêutico não é novo. Margaret Lowenfeld, em *Play in childhood* [Brincar na infância], descreve o valor de brincar com areia e menciona brevemente a caixa de areia, uma caixa de 45 centímetros de largura por 68 centímetros de comprimento, com uma borda de 5 centímetros de profundidade, feita de madeira e com um revestimento à prova d'água.

> A areia e a água se prestam à demonstração de uma grande variedade de fantasias, como, por exemplo, a construção de túneis, enterros ou afogamentos, a criação de paisagens terrestres e marítimas. Quando molhada, a areia pode ser moldada; e, quando seca, é agradável ao tato; podem-se fazer muitos experimentos táteis com a adição gradativa de umidade. A areia úmida pode ser secada novamente e reconvertida em úmida; ou, adicionando-se mais

água, torna-se "lama" e, por fim, água, quando a terra seca desapareceu por completo. (p. 47-8)

Lowenfeld usava a caixa de areia em conjunto com o que chamava de material "mundano": objetos representativos da vida real.

Muitos terapeutas junguianos usam a técnica da caixa de areia tanto com adultos quanto com crianças. São usados muitos brinquedos e objetos pequenos que se prestam a significado simbólico específico. A cena na caixa de areia é vista como uma sequência onírica, e o trabalho costuma ser fotografado a fim de se observar, por meio das fotografias, o progresso na terapia.

Eu comprei um saco de areia branca e fina numa loja de brinquedos e a uso em um recipiente plástico que tem um pouco menos de 60 centímetros de cada lado, originalmente vendido como banheira para pés em uma loja de produtos para piscinas. Minha caixa de areia fica sobre uma mesinha de plástico, com um protetor de plástico sob ela para recolher quaisquer respingos de areia. Nas prateleiras, há cestas contendo muitos itens (listados no fim desta sessão). Às vezes, peço à criança que escolha os itens que desejar para criar uma "cena" ou "imagem" na areia; outras vezes, eu escolho as peças para focar uma situação em particular. As vantagens desse tipo de atividade são muitas. As figuras ficam expostas nas prateleiras, de modo que a criança não precisa criar seu próprio material como faz ao desenhar. A areia é uma boa base para as figuras, mantendo-as no lugar. Pode ser movida e deslocada para formar colinas, planícies ou lagos (a caixa é azul). As figuras podem ser enterradas na areia e movimentadas para encenar uma situação. A sensação da areia nos dedos e nas mãos é maravilhosa, criando uma experiência tátil e cinestésica ideal. A experiência da caixa de areia não é familiar à maioria das crianças e lhes desperta interesse. A criança pode criar seu próprio mundo em miniatura na areia. Ela pode revelar muita coisa por meio desse recurso, sem precisar falar.

Mark, de 9 anos, encenou muitas batalhas na areia. Em momentos diferentes, ele usou soldados, cavaleiros medievais, caubóis e animais. No final de cada cena, um lado sempre era deixado com um único sobrevivente que, tristemente, enterrava seus companheiros enquanto o outro lado celebrava a vitória, talvez enterrando um ou dois mortos. Quando lhe perguntava qual das figuras ele era, Mark sempre escolhia o capitão ou líder do lado vencedor. Ele queria muito estar do lado vencedor da vida. Foram necessárias várias sessões até ele ser capaz de reconhecer sua necessidade de amigos e se identificar com o sobrevivente solitário do lado perdedor. (Pelo menos, ele sobrevivia!) Foi só então que conseguimos encarar de frente o que o impedia de fazer amigos.

Debby, de 7 anos, vivia em uma casa de acolhimento e visitava a mãe biológica nos fins de semana cerca de duas vezes por mês. Ela foi encaminhada para mim devido ao seu comportamento extremamente agressivo depois de cada visita. Debby era incapaz de expressar seus verdadeiros sentimentos sobre as visitas e não comunicava a causa de seus sentimentos desagradáveis, se é que tinha *awareness* deles. Sua mãe temporária ficou relutante em deixar que ela visitasse a mãe biológica por causa de seu comportamento subsequente. Em uma sessão, pedi a Debby que encenasse, na caixa de areia, suas visitas à mãe. Ela selecionou bonecas para representar os pais temporários, as outras crianças na casa de acolhimento, ela, a mãe, a irmãzinha que morava em outra casa de acolhimento e até mesmo a amiga da mãe, que buscava Debby e a irmã para as visitas. Ela construiu todas as casas com blocos pequenos e inclusive criou cômodos usando móveis de brinquedo. Então, colocou cada figura em seu devido lugar e, com a boneca que a representava, encenou todo o processo, do momento em que era buscada ao momento em que voltava para o lugar onde morava. Ficou óbvio para mim, enquanto a observava, que a pressão dessas visitas sobre Debby era enorme, embora sua voz fosse fria, indiferente, superficial e sem emoção ao contar a história. Conforme eu observava os movimentos da boneca e o esforço emocional e cognitivo envolvido, eu mesma me senti exausta. Expressei meu próprio sentimento de fadiga, só por assistir a toda a atividade, e minha percepção de como a boneca, e talvez a própria Debby, se sentiria. Debby me olhou nos olhos com atenção por alguns segundos e, quando olhei para ela, sua expressão era de tristeza; seu corpo cedeu, ela irrompeu em lágrimas e se enfiou no meu colo, onde chorou de soluçar por um bom tempo. Com a revelação desse novo aspecto de suas visitas, tanto para Debby quanto para os adultos em sua vida, conseguimos fazer algumas mudanças para aliviar a tensão das partidas e chegadas.

Tais encenações de situações reais na vida de uma criança podem ser feitas de maneira muito eficiente sem o uso de areia. No entanto, considero que, como a areia é tão atrativa para as crianças, presta-se a uma expressão mais livre. Eu acrescentaria, aqui, que esse episódio é um bom exemplo da importância de eu prestar atenção ao que está acontecendo dentro de *mim*. Aprendi a confiar em meus sentimentos e sensações corporais e a fazer uso deles quando trabalho com adultos. Ao trabalhar com crianças, esse aspecto do trabalho é ainda mais importante, pois as crianças são sensíveis e muito observadoras. Se finjo estar interessada quando estou entediada, raramente engano uma criança. Quando Debby olhou dentro dos meus olhos, ela soube que eu estava lhe dizendo a verdade sobre meus próprios sentimentos e que podia confiar em mim.

Lisa, de 13 anos, também morava em uma casa de acolhimento, mas nunca visitava os pais biológicos. Seu comportamento era caracterizado como "pré-delinquente". Eu lhe pedi que fizesse alguma cena de que gostasse na caixa de areia. Ela trabalhou com concentração, criando um deserto com alguns arbustos aqui e ali, um coelho, uma cobra entrando num buraco e uma menina em uma colina. Lisa não quis contar uma história; ela apenas descreveu a cena para mim. No entanto, estava disposta a se identificar com a cena e com cada figura. Em cada caso, descreveu sua existência como tristeza e desolação. Quando lhe perguntei se algo do que ela havia dito se encaixava de alguma forma em sua própria vida, Lisa começou a falar sobre sua terrível solidão. À medida que Lisa conseguia expressar esses sentimentos em nossas sessões, seu comportamento de atuação foi diminuindo.

Às vezes, em uma sessão, as crianças passam para a caixa de areia espontaneamente, como fez Gregory, de 13 anos. Ele havia desenhado na lousa uma grande figura representando a mãe, e disse que ela estava gritando. Eu lhe pedi que fosse ela e gritasse consigo. Ele começou a berrar: "Não faça isso! Se fizer isso de novo, vai ficar sem TV! Não isso, não aquilo, não, não, não, não, não, NÃO! Se você fizer isso, não vou falar com você por 24 ou 48 ou 72 horas!" Enquanto falava, ele começou a rabiscar na lousa. Então, de repente, disse que precisava trabalhar na caixa de areia. Ele fez uma casa grande com peças de Lego e a cercou com vários animais na areia, incluindo um grande elefante, uma girafa, uma cobra, um jumento, um pássaro, um tubarão, um tigre e alguns outros animais, bem como algumas árvores, arbustos e cercas. Um homem vivia na casa (ele colocou a figura de um homem na casa) e os animais viviam fora. Quando o homem saiu de carro para trabalhar (ele encenou isso), os animais começaram a brincar e destruíram o quintal e a casa. O elefante foi o que mais fez estrago. Isso continuou por um bom tempo. Por fim, o homem voltou e fez uma reunião com os animais, dizendo a eles que limpassem as coisas, que os escutaria e discutiria suas demandas. O homem saiu mais uma vez; e os animais, sob a liderança do elefante, reconstruíram a casa, endireitaram tudo e acrescentaram mais arbusto, cercas e uma ponte. O homem voltou e expressou sua aprovação. (Greg narrou isso para mim enquanto movia as figuras.)

Quando terminou, Gregory se sentou na cadeira em silêncio por um tempo. Ele me disse que precisava descansar. Como nosso tempo estava acabando, eu lhe perguntei se ele se identificava com o elefante. "É claro", falou. (Gregory estava um pouco acima do peso, algo que o incomodava muito e irritava sua mãe.) Ele saiu da sessão com um grande sorriso, não sem antes pegar uma folha de papel e escrevinhar uma nota, que entregou para mim ao passar pela porta. Dizia: "Eu gosto de você".

Normalmente, quando uso a caixa de areia, peço à criança que construa uma cena na areia usando itens de qualquer uma das cestas. As crianças mais novas, em geral, começam a representar algo como uma batalha, ao passo que outras acomodam itens na areia de maneira cuidadosa e deliberada, sem um plano claro. As crianças mais velhas parecem elaborar essas cenas meticulosamente, escolhendo os itens com grande cuidado. A caixa de areia não tem limite de idade. Posso sugerir a adolescentes que escolham itens que os atraiam nas prateleiras, sem muito planejamento, ou que construam seu mundo tal como o veem e o sentem. Posso dizer: "Feche os olhos e visualize, por um instante, o seu mundo. Agora, construa uma cena que represente o que você viu em sua mente".

Trabalho com a caixa de areia da mesma maneira que trabalho com um desenho ou um sonho. As crianças descrevem a cena para mim, contam uma história sobre ela, me contam o que está acontecendo ou o que vai acontecer. Posso pedir a elas que se identifiquem com os vários objetos ou que criem diálogos entre objetos. Uma criança poderia dizer: "Este tigre vai comer todo mundo"; e eu poderia lhe pedir que faça isso acontecer. Às vezes, acontece algo novo quando uma ação é realizada. Por exemplo, o tigre pode comer todo mundo exceto um coelhinho do qual sente pena. Às vezes, observo a cena completa e comento sobre a generalização que obtenho dela: "O seu zoológico está tão cheio que parece meio sufocante. Você se sente sufocado em casa?" Outras vezes, comento o processo: "Vejo que passou um bom tempo selecionando os objetos. Você tem dificuldade de decidir as coisas?"

Susan havia passado por uma experiência assustadora: um homem invadira sua casa e a atacara enquanto ela dormia, e depois ateara fogo na casa. Ela falava da experiência com uma voz monótona, sem sentimentos. No começo do nosso trabalho, eu lhe pedi que criasse uma cena na caixa de areia, qualquer coisa que ela quisesse fazer. Susan, hoje com 10 anos, de maneira um tanto despreocupada, tirou objetos da prateleira, devolveu, tirou outros. Finalmente se decidiu sobre a cena e trabalhou nela; então se recostou e anunciou que havia terminado. Eu lhe pedi que descrevesse a cena para mim.

Susan: "Bem, é uma rua. Tem as casas e alguns carros estacionados em frente. E este edifício grande no fim da rua é um museu. Tem uma senhora caminhando, ela está voltando do trabalho para casa. Ela pega o ônibus. É enfermeira. O museu tem objetos muito caros, muito valiosos. Então, esta é uma guarita com dois guardas (dois soldados) parados um de cada lado. Qualquer um que passar por esta rua precisa ser revisado pelos guardas por causa do museu."

"Você está em algum lugar nesta rua? Onde você está?"

Susan: "Ah, estou em uma dessas casas."

"Como as pessoas que moram nessa rua se sentem, como você se sente, tendo uma guarita bem na sua rua?"

Susan: "Ah, todo mundo gosta. Eu gosto."

"Por quê?"

Susan: "Nenhum estranho pode entrar na rua sem ser revisado. As pessoas gostam disso."

"Susan, você gostaria de viver numa rua como essa, uma rua com uma guarita, depois do que aconteceu com você?"

Susan: "Ah! Claro! Não consigo acreditar que toda vez que eu faço alguma coisa aqui nós sempre voltamos para o mesmo assunto! Eu não estava nem pensando nisso!"

E então conseguimos começar a lidar com o medo de Susan.

Recentemente, acrescentei no consultório uma segunda caixa de areia em que coloco água; fica ao lado da caixa com areia seca. A areia úmida, como a areia da praia, pode ser moldada. Faz muito sucesso com crianças pequenas; assim que descobrem que a água está permitida na areia, querem mais água. Um menino de 5 anos perguntou se podia colocar mais água *dentro* da caixa, e eu, atendendo ao seu pedido, despejei um pouco de uma jarra. Ele quis mais. Acrescentei água até que chegamos ao limite do recipiente, deixando algum espaço para chapinhar. Kenny moveu a areia para formar uma praia e se pôs a criar uma cena muito interessante envolvendo dinossauros e um jacaré na água e na praia, em batalha com soldados que ele posicionou na areia seca. Os dinossauros venceram. Quando discutimos essa encenação, Kenny me contou que os soldados não tiveram a menor chance contra os dinossauros ou mesmo contra o jacaré. Eles eram grandes e fortes; e os soldados, bem, eram apenas pessoinhas comuns. Eu lhe perguntei se ele já havia se sentido assim, pequeno em meio a gigantes à sua volta — não gigantes de verdade, mas como se fossem, às vezes. Ele abriu um sorriso e concordou: "Isso mesmo!".

Estes são os brinquedos que tenho para a caixa de areia: *veículos* (carros, caminhões, barcos, motocicletas, trens, tanques e jipes militares, aviões, helicópteros, uma ambulância, um carro de polícia, caminhões de bombeiros); *animais* (domésticos — gato, cachorro —, da granja, do zoológico, selvagens, dinossauros, pássaros, vários cavalos, cobras, jacarés, crocodilos, várias coisas macias e serpenteantes, peixes, tubarões); *figuras* (pessoas — de todos os tipos —, caubóis, indígenas, militares, cavaleiros, bailarina, noiva, noivo, Batman, Branca de Neve e os Sete Anões, Papai Noel, um demônio, uma bruxa, um urso grande); *objetos cênicos* (móveis, pequenos blocos, edifícios, árvores, grama, arbustos, placas de sinalização, postes de telefonia, bandeiras, pontes, totens, conchas, pedras, madeira flutuante, flores de plástico, cercas, peças de Lego — usadas com frequência).

Acrescento outros continuamente, e estou sempre em busca de itens baratos e interessantes quando estou numa loja de brinquedos, loja de trens, aquário, loja de *hobbies*, farmácia, loja de artigos para festa, loja de equipamentos, loja de R$1,99, venda de garagem...

Mantenho os itens bem organizados em cestas de vários tamanhos. Bandejas de alumínio são bons recipientes, assim como caixas pequenas, embora não sejam tão atrativas quanto as cestas. É útil ter os objetos classificados em categorias e colocados nas prateleiras em recipientes abertos.

JOGOS

Em meu trabalho nas escolas com crianças que padeciam de transtornos emocionais, os jogos eram uma ferramenta muito usada para a aprendizagem social. Essas crianças tinham dificuldade de esperar sua vez, jogar sem trapacear, observar que alguém estava à frente delas no tabuleiro e, acima de tudo, perder o jogo. Ao perder um jogo, algumas das crianças corriam para um canto da sala, enfiavam a cabeça entre os braços e choravam desconsolas. Outras acabavam gritando, chorando, batendo. Um observador provavelmente consideraria seu comportamento uma reação exagerada — afinal, não passava de um jogo. Mas, para as crianças envolvidas, era o jogo da vida. Ser acusadas de trapacear era apenas mais um exemplo das acusações constantes que sofriam. Para cada uma delas, sua defesa, no jogo, era uma questão de vida ou morte. Quando a confusão cessava, nós continuávamos jogando.

A maneira como uma criança jogava era um bom barômetro de como ela estava lidando com as situações em sua vida. Com o passar dos anos, continuamos a jogar, apesar das confusões por causa dos jogos, e cada criança fez um progresso visível e, às vezes, notável no que se refere a aprender a lidar com as regras. Os jogos a ajudavam a aprender a se relacionar com outros na vida; e, à medida que a criança se fortalecia em sua própria vida, suas atitudes ao jogar melhoravam.

Apesar de suas frequentes reações negativas durante os jogos, essas crianças queriam jogar e adoravam jogar. Isso não é inesperado; a maioria das crianças adora jogos. Mas, devido às suas reações intensas, as crianças com transtornos emocionais raramente tinham a oportunidade de jogar em casa. Muitas delas traziam jogos de casa para o grupo, onde podiam partilhar e brigar por ele à vontade.

Os jogos que uso no cenário terapêutico servem a vários propósitos. Às vezes, uso um jogo para completar o resto de uma sessão quando a criança terminou um trabalho. As crianças sabem quando precisam parar. Depois de revelar situações e sentimentos importantes e conversar sobre eles, elas, às vezes, dizem de forma abrupta e sensata: "Vamos jogar alguma coisa". É a maneira que a criança tem de dizer: "Vamos parar agora; sinto que terminei por ora. Preciso assimilar o que aconteceu, permitir a integração, refletir sobre isso".

Os jogos não só são divertidos e relaxantes como ajudam o terapeuta a conhecer a criança, quebrar a resistência inicial e promover segurança e confiança mútua. Os jogos são particularmente benéficos com crianças que têm dificuldade de se comunicar e com aquelas que precisam de atividade mais focada. São valiosos para melhorar as habilidades de contato no contexto terapêutico. Quando jogo com uma criança, grande parte do seu processo, da sua postura na vida, é revelada.

Os terapeutas psicanalistas, em geral, usam os jogos como um método de promover o estado de "transferência" entre a criança e o terapeuta. Conforme a criança começa a reagir ao terapeuta *como se* ele fosse um outro adulto significativo em sua vida, como a mãe ou o pai, o terapeuta usa esse comportamento no processo terapêutico. Embora esse tipo de reação a mim possa ser importante, eu não estou interessada em promover essa fantasia. Eu *não sou* a mãe da criança, eu sou eu. Vou me relacionar com a criança como eu, explorando as diferenças com ela.

Não gosto de usar jogos complicados, jogos que requerem tempo, envolvimento e concentração intensa, como Banco Imobiliário ou xadrez. Em vez disso, uso jogos simples, como damas chinesas, jogo da velha tridimensional (um favorito de muitas crianças), Blockhead! (meu favorito), cinco-marias, pega-varetas (outro favorito das crianças), jogo da memória, Contra o Tempo, quatro em linha, bolinhas de gude, Quebra Gelo, dominós, damas e alguns jogos de cartas. Com frequência, as crianças trazem seus próprios jogos.

Eu evito propor jogos de que não gosto, como damas, embora aceite jogá-los se a criança quiser muito, fazendo questão de que ela conheça meus sentimentos.

Uma atividade excelente para uma situação grupal é dividir a turma em duplas ou trios e propor que cada grupo jogue algo diferente. Depois de um tempo, cada grupo passa para outro jogo; mais tarde, os integrantes das duplas ou dos trios podem mudar.

Hoje, há no mercado alguns jogos comerciais de cartas e de tabuleiros que lidam com sentimentos. Alguns deles são The Ungame e The Talking, Feelig and Doing Game, que uso com frequência. Percebo que, em geral, as crianças gostam dos aspectos mecânicos do jogo — os peões, o tabuleiro, fichas, roletas — enquanto respondem a perguntas e partilham sentimentos e conteúdo relacionado à própria vida. Jogos como esses podem ser inventados e, para isso, podem-se encontrar tabuleiros em branco, cartas que podem ser apagadas, peões, fichas e roletas em casas de materiais educativos.

Kits de construção, como Lego, Tinker Toys, Lincoln Logs e outros, são materiais excelentes para se usar na situação terapêutica. Ajudam a aliviar a resistência inicial da criança e a relaxar. Algumas crianças precisam ter alguma coisa para fazer com as mãos enquanto conversam com o terapeuta. Esses kits também proporcionam saídas criativas e podem ser usados como materiais na caixa de areia ou em outras situações lúdicas. O processo da criança fica evidente na maneira como ela aborda as tarefas de construção.

Algumas crianças gostam de trabalhar com quebra-cabeças e outros tipos de jogos de engenho tridimensionais mais avançados. Com frequência, trabalhamos juntos nesses jogos, e há ocasiões em que a criança os usa como uma forma de relaxamento. Às vezes, o desafio desses jogos é similar ao processo da criança nos jogos de tabuleiro e na vida.

Usei alguns truques mágicos em meu trabalho com crianças. Richard Gardner é um dos poucos terapeutas que já escreveu sobre o uso de mágica com crianças. Em *Psychotherapeutic approaches to the resistant child* [A abordagem terapêutica da criança resistente], ele escreve:

> Uma das maneiras mais previsíveis de conquistar a atenção de uma criança é lhe apresentar alguns truques de mágica. É rara a criança que é tão recalcitrante, distraída e indisposta a colaborar a ponto de não responder afirmativamente à pergunta do terapeuta: "Você gostaria de ver um truque de mágica?" Embora, em geral, não sejam muito eficazes como ferramentas terapêuticas de primeira linha, os truques de mágica podem ser muito úteis para facilitar o envolvimento da criança com o terapeuta. Apenas cinco minutos dedicados a tais atividades podem tornar uma sessão significativa. Geralmente, a criança ansiosa ficará menos tensa e, portanto, mais livre para se engajar em atividades terapêuticas de ordem superior. Com frequência, a criança que é muito resistente fica mais maleável depois que o terapeuta usa um truque de mágica para "quebrar o gelo". A criança não envolvida ou distraída ficará muito interessada neles e, assim, passará mais facilmente para atividades terapêuticas mais eficazes. Em suma, os truques de mágica facilitam a atenção e o envolvimento. Além disso, porque tornam o terapeuta mais divertido e mais atraente para a criança, contribuem para aprofundar a relação terapêutica, que, como já enfatizamos, é o esteio do processo terapêutico. (p. 56-7)

Em uma artigo chamado "The sorcerer's apprentice, or the use of magic in child psychotherapy" [O aprendiz de feiticeiro, ou o uso de mágica na psicoterapia infantil], Joel Moskowitz detalha como usa mágica com crianças de 3 a 15 anos. Ele observou que os truques de mágica servem para estabelecer uma relação de confiança; substituíram a linguagem verbal (sendo uma espécie de linguagem universal) com uma criança que não falava seu idioma e proporcionaram segurança e autoconfiança a um menino que tinha uma reputação de ser descuidado e desajeitado. Em qualquer região metropolitana, há lojas que vendem truques de mágica baratos e fáceis de aprender.

OS TESTES PROJETIVOS COMO TÉCNICA TERAPÊUTICA

Embora concebidos como ferramentas diagnósticas, muitos questionários e testes projetivos se prestam ao uso terapêutico. E, embora a precisão diagnóstica do teste seja questionável, não há dúvida de sua utilidade como um recurso *expressivo*. Eu trabalho com o material do teste exatamente como usaria qualquer outra história, desenho, sonho ou cena na caixa de areia.

Ler em voz alta as notas interpretativas nos manuais do teste também é uma técnica útil. A criança é encorajada a dar algumas respostas sobre como ela se vê. Sua capacidade de dizer: "Sim, está certo, este é quem eu sou" ou "Não, eu não sou assim" ou "Bem, às vezes é verdade" ou "Eu sou assim com algumas pessoas, mas não com outras" não só se presta a discussão posterior, como também dá à criança o tipo de força e autossuporte adicional que vem de fazer afirmações definidas e específicas sobre si mesma. Aprender a identificar afirmações que não se aplicam a ela é uma parte crucial do processo.

Teste de Apercepção Infantil (CAT): Peço à criança que me conte uma história sobre uma imagem e então trabalho com ela, como faria com qualquer outra história.

Teste de Apercepção Temática (TAT): Este teste é particularmente útil com adolescentes. Peço ao cliente que me conte algo sobre o que pensa que está acontecendo na imagem e trabalhamos com isso como no caso anterior. Às vezes anoto suas respostas a várias das imagens e, então, leio para ele o que suas respostas significam, de acordo com o manual. Pergunto se ele acha que o manual está certo ou errado (explicando que, definitivamente, pode estar errado). Por exemplo, digo: "O manual diz que, de acordo com a sua resposta a esta imagem, você sente atração sexual por homens mais velhos ou tem desejos de morte em relação à sua mãe". A pessoa jovem para quem isso pode ser absurdo geralmente entra em uma discussão animada comigo (para quem a afirmação do manual também pode ser absurda) sobre seus sentimentos em relação a essa interpretação.

Desenho da figura humana e *Casa-Árvore-Pessoa*: Mais uma vez, geralmente leio para a criança a interpretação do manual e lhe pergunto se ela concorda. Se necessário, traduzo em palavras que a criança consiga compreender.

Crie uma história visual (MAPS): Só uso este teste num sentido terapêutico, pedindo à criança que conte a história.

Ações, estilos e símbolos em desenhos cinéticos da família: Neste teste, pede-se à criança que desenhe sua família fazendo alguma coisa. Eu uso isso como usaria qualquer desenho, ou leio a interpretação do manual e pergunto se a criança concorda.

Cartões de Rorschach (borrões de tinta): Peço às crianças que me digam o que veem e trabalho com o que elas dizem, como faria com qualquer fantasia. Posso pedir que criem uma história, sejam aquilo que veem, criem um diálogo entre as partes e assim por diante.

Uma maneira fácil de criar seus próprios borrões de tinta é com corante alimentício líquido comercializado em frascos com bico dosador. Esprema o frasco formando pontos ou riscos coloridos sobre uma folha de papel, dobre o papel e pressione-o com delicadeza. Então, abra-o, e você terá seu próprio borrão de tinta colorido no qual se pode ver todo tipo de coisa.

Teste das cores de Lüscher: Este é um dos preferidos dos adolescentes. Eles escolhem as cores de que mais gostam e as de que menos gostam e, mais uma vez, eu leio para eles o que as notas interpretativas dizem sobre sua resposta.

Teste da mão: Este teste apresenta uma série de imagens com mãos em diferentes posições — alcançando, agarrando etc. A pessoa sugere o que acha que a mão está fazendo. Este teste é bom para suscitar histórias e impressões. Podemos prosseguir com a história ou impressão, expandindo-a, ou podemos ver o que o manual tem a dizer sobre a resposta da pessoa.

Testes de frases incompletas: Trabalhar com as respostas de maneira terapêutica é muito produtivo.

Análise de temperamento de Taylor Johnson: Este teste indica como uma pessoa se sente em relação a si mesma no que concerne a uma série de polaridades: nervosa/calma, depressiva/alegre e assim por diante. O teste é concebido para se trabalhar com os resultados conforme indicado em um perfil. Com frequência, eu retomo as perguntas iniciais do teste para obter mais reações.

Lista Mooney de verificação de problemas: Esta é uma das ferramentas mais valiosas para trabalhar com pré-adolescentes e adolescentes. A lista inclui 210 afirmações relacionadas à faixa etária dos 12 aos 18 anos. (Também há uma lista para nível superior.) Eu leio as afirmações e peço aos clientes que respondam com verdadeiro ou falso, ou sim ou não. As afirmações vão de "Tenho enxaqueca com frequência" a "Sinto-me envergonhado de algo que fiz". As crianças nunca deixam de responder à natureza interna das afirmações como apresentadas, contando-me muitas coisas sobre si mesmas que não haviam contado antes. Depois que o teste é apresentado, voltamos e buscamos algumas das respostas.

Teste das fábulas de Despert: Cada fábula foi originalmente concebida para abordar um conflito ou situação crucial. Por exemplo:

Um casal de pássaros e seu filhote estão dormindo no ninho em um galho. Mas, de repente, sopra um vento forte que sacode a árvore, e o ninho cai no chão. Os três pássaros se despertam de súbito. O macho voa para um pinheiro; a fêmea, para outro. O que o filhote vai fazer? Ele já sabe voar um pouco.

Há muitos outros testes disponíveis que não mencionei, e é fácil perceber como qualquer um deles poderia ser usado de maneira terapêutica. Quando são usados para fins diagnósticos, temos de ser *muito* cuidadosos quanto a aceitar os resultados. Normalmente, a criança não tem chance de responder ao que se afirma sobre ela, não tem chance de discordar das conclusões do especialista. Os resultados dos testes podem ter uma finalidade despersonalizada que é difícil de contrariar depois que tenham sido arquivados. Às vezes, isso pode ser muito nocivo para a criança.

Em um caso, uma criança foi diagnosticada como esquizofrênica por um psicólogo que lhe aplicara uma bateria de testes formais. Esse diagnóstico esteve no arquivo permanente de um órgão de serviço social. Mais tarde, atendi essa criança e recebi cópias dos resultados de todos os testes. Depois de cinco minutos com o menino, eu soube que ele não era esquizofrênico. Ele, no entanto, estava com muito medo do psicólogo que o submetera aos testes (como mais tarde me contou) e, em consequência, se fechou em uma carapaça de silêncio. O psicólogo não fez nada intencionalmente para assustar a criança, mas, por alguma razão, acabou repelindo-a. O que importa, aqui, é que, embora o psicólogo tenha feito seu melhor, e com boa vontade, os resultados foram errôneos. Depois dos testes, todo mundo tratava essa criança como se ela padecesse de um grave transtorno.

Recentemente, um menino foi encaminhado para mim porque havia sido "testado" pelo sistema escolar e diagnosticado com retardo mental. Com base em nosso contato inicial, pude perceber que não era o caso. Ele era um indígena nativo americano que vivera em uma reserva durante todos os 7 anos de sua vida, e simplesmente estava sobrecarregado por essa nova situação escolar.

Para uma visão interessante de algumas das interpretações psicológicas feitas sobre os desenhos das crianças, sugiro *Children's drawings as diagnostic aids* [Os desenhos infantis como ajuda diagnóstica], de Joseph H. Di Leo. O autor propõe o que o desenho de uma criança pode estar dizendo dentro do contexto do que ele conhece sobre a situação de vida particular da criança. Os desenhos, como os sonhos, tendem a fazer afirmações precisas sobre o que está acontecendo na nossa vida no momento. No entanto, somente a criança pode verificar isso e, a não ser que ela o verifique de alguma maneira (ainda que apenas para si mesma ao se expressar por meio do desenho), não há, na realidade, valor algum no diagnóstico que eu fizer. Só posso usar minhas suspeitas de diagnóstico para me ajudar a guiar o processo terapêutico; e, se estou no caminho errado, a criança, de alguma forma, me dirá isso. Preciso ser capaz de reconhecer quando ela me diz.

Um bom exemplo de interpretação equivocada pode ser encontrado no livro *Human figure drawings in adolescence* [Desenhos de figuras humanas na adolescência]. Uma criança de 13 anos é diagnosticada como exibindo esquizofrenia infantil e pseudo-retardo, e sobre seus desenhos é feito o seguinte comentário:

> O diagnóstico é esclarecido por essas produções impressionantes. O paciente se vê como despersonalizado, uma espécie de relógio de pêndulo [...] com números invertidos e antenas saindo. O disco separado do pêndulo sugere um umbigo. (p. 109)

Está claro para mim — e tenho certeza de que a criança, se tivesse sido perguntada, teria verificado o fato — que este é um ótimo desenho de um aparelho de TV. O "disco separado do pêndulo" é o botão de ligar e desligar. O "relógio com números invertidos" é o seletor de canais. Qualquer um que tenha observado com atenção um aparelho de TV, como esta criança claramente observou, verá que os números no seletor de canais são sempre no sentido anti-horário.

É de suma importância que qualquer pessoa que estude os desenhos das crianças tenha um conhecimento do desenvolvimento normal da arte infantil. Há muitos bons livros que descrevem desenhos típicos em várias etapas de desenvolvimento de uma criança. Ruth Kellogg fez um estudo extenso nessa área, e seu livro, *Analyzing children's art* [Analisando a arte infantil] é uma obra completa e excelente.

Quando eu era professora estagiária numa sala de educação infantil, há alguns anos, testemunhei um incidente que se repetiu muitas vezes, e me fez chorar de impotência e frustração. A professora a quem fui assignada era considerada uma "professora experiente". Mas, na minha opinião, ela não sabia nada sobre crianças. Certa vez, uma criança estava pintando toda contente em um cavalete quando, de repente, a professora arrancou a pintura do cavalete, a rasgou em pedaços e gritou: "Os seus braços saem da cabeça?" Mais tarde, quando a questionei sobre isso, ela insistiu que era seu dever ensinar essas crianças a fazer as coisas de maneira *correta*! Não consegui fazê-la entender que praticamente toda criança passa por um estágio em que os braços e as pernas são desenhados saindo da cabeça. Ao exigir que as crianças fizessem exatamente como ela instruía, ela tolhia o crescimento, a criatividade, a expressão e o aprendizado. Quando visitamos o porto e as crianças foram solicitadas a representar sua visão do porto na brincadeira com blocos, a construção de cada criança era idêntica à de todas as demais, com *tantos* blocos deste lado e assim por diante. Ela me disse que as estava ensinando a ver as coisas de maneira precisa! Essa professora era muito admirada por conta de seus alunos quietos, ordenados e bem-comportados.

Embora eu não enfatize os testes no meu trabalho com crianças, vejo que pais, escolas e órgãos de serviço social estão ansiosos para que eu os aplique e são extremamente influenciados e impressionados por seus resultados. Eles parecem querer a confirmação, por meio de testes específicos, daquilo que já observavam na criança. Os adultos ficam satisfeitos se dou vários testes aprovados e então informo uma conclusão específica em um relatório, por exemplo: "Esta criança, de acordo com os resultados dos testes acima, mostra uma tendência a comportamento antissocial. Ela é restrita e temerosa e tem muita raiva suprimida, a qual tem sido dirigida a si mesma e, ocasionalmente, a outros". Nós já sabíamos dessas coisas sobre a criança, mas os testes as tornam *verdadeiras*. Então, com um suspiro de alívio porque agora sabemos qual é o problema, podemos começar a terapia.

9. O processo terapêutico

A CRIANÇA VEM À TERAPIA

O que motiva os pais a levarem o filho à terapia? Muitas crianças manifestam os tipos de comportamento que indicam que algo está errado. Ainda assim, a maioria dos pais hesita antes de buscar ajuda. Penso que a maioria dos pais preferiria acreditar que o filho não tem os tipos de problemas que poderiam necessitar ajuda profissional. Eles dizem a si mesmos: "É só uma fase, vai passar". Quem quer admitir que tem sido um pai (ou mãe) imperfeito? E, para a maioria das pessoas, o custo da terapia não é uma questão menor, sem contar o tempo envolvido em levar a criança às sessões. Também há um risco em relação ao que poderia surgir de levar o filho à terapia. Alguns pais, em seu íntimo, sentem que são *eles* quem necessita ajuda, e não é fácil encarar esse fato.

Minha filha desenvolveu um tique quando tinha uns 11 anos. Ela jogava a cabeça para trás, como se estivesse alongando os músculos do pescoço. Fazia isso com frequência, até que se tornou um maneirismo incômodo. Nós a levamos a um médico que não deu muita importância ao fato, dizendo que não havia com que se preocupar. Mas ela não parava. O pai dela e eu, ambos psicoterapeutas, não nos apressamos em levá-la a alguém que pudesse ajudá-la a descobrir o que estava por trás daquele tique. Nós mesmos não estávamos prestando atenção ao que o corpo dela estava tentando nos dizer. Felizmente, depois de um tempo, ela parou de fazer aquilo. Olhando para trás, percebemos que nós, como muitos outros pais, tendemos a esperar demais antes de buscar ajuda psicológica. Se ela tivesse continuado, talvez ao ponto de prejudicar os músculos do pescoço, nós a teríamos levado tarde.

Quando os pais dão o primeiro telefonema em busca de ajuda, quase sempre a situação se tornou muito difícil, se não intolerável, para a criança ou para eles. Mesmo que não sejam diretamente afetados pelo comportamento do filho, chegaram a tal ponto de desconforto, ansiedade ou preocupação que se sentem impelidos a tomar uma atitude.

Às vezes, os pais levam um filho à terapia porque algo fora do comum aconteceu e eles querem ter certeza de que a criança expresse e encerre quaisquer sentimentos avassaladores resultantes do incidente. Exemplos de tais acontecimentos seriam a morte ou doença de um ente querido, maus-tratos, abuso sexual ou outra experiência muito assustadora, como um acidente ou um terremoto.

Há ocasiões em que a própria criança pede para consultar um profissional. Muitos adolescentes iniciaram a terapia. Crianças com quem já trabalhei às vezes pedem ajuda. Uma menina de 9 anos que vi durante cerca de três meses em tratamento contínuo diz à mãe de tempos em tempos: "Preciso que você marque uma consulta com a Violet para mim".

Se me pedissem uma orientação geral sobre o momento certo de levar a criança à terapia, na verdade eu não sei o que diria. Como podemos determinar se é o "momento certo" ou se o problema vai se resolver por si só? Sem dúvida, seria ridículo correr para um terapeuta por cada conflito e cada problema. Acredito firmemente que os pais necessitam aprender a ser, em certo sentido, "terapeutas em casa". Embora as crianças nem sempre partilhem com os pais o que está acontecendo dentro delas, eles podem aprender maneiras de lidar com muitas situações que surgem na vida cotidiana. A maioria das técnicas descritas neste livro são úteis para os pais. Muitas vezes, ajudá-los a aprender a se comunicar com os filhos por meio de programas como o Parent Effectiveness Training* é tudo que se necessita para remediar muitas situações. Às vezes, quando vejo uma criança, já sei que, com um pouco de orientação, os próprios pais podem fazer tudo: um par de sessões com pais mais que dispostos a cooperar é o bastante.

Diana, de 9 anos, e sua família receberam um jovem em seu acampamento. Um dia, os pais de Diana pediram a ele que ficasse com a menina enquanto iam até a cidade para fazer compras. Enquanto eles estiveram fora, o rapaz, que tinha uns 20 anos, colocou Diana no colo, beijou-lhe os lábios e lhe fez carícias. Mais tarde, Diana contou à mãe o que tinha acontecido; a mãe ficou muito perturbada e instou a filha a não contar nada

---

* Programa de educação parental norte-americano baseado no modelo do psicólogo Thomas Gordon. [N. T.]

para o pai. Diana (que não fora agredida fisicamente e admitira ter gostado da atenção do jovem) reagiu permanecendo dentro da barraca pelo resto da semana, alegando que estava doente.

Depois que voltaram para casa, a mãe trouxe a filha para me ver. A menina estava tendo dores de estômago e pesadelos e se recusava a ir para a escola. Quando Diana e eu ficamos a sós, ela expressou curiosidade pela reação da mãe. "Por que ela ficou tão perturbada? Por que não queria que eu contasse para o meu pai?" Como ficou claro, a própria Diana tinha as respostas para essas perguntas. A menina tinha um grande interesse em obter informações sobre sexo, um fato que seus pais escolhiam ignorar. Depois de duas sessões com ela e os pais, nas quais se discutiu abertamente sobre sexo, bem como sobre a impropriedade de um rapaz de 20 anos acariciando uma menina de 9, Diana voltou ao seu *self* anterior. Os pais encontraram uma nova maneira, aberta e franca, de conversar com a filha sobre assuntos que até então eram tabus. A última coisa que Diana me disse quando saiu do meu consultório foi: "Se aquele rapaz deveria estar abraçando e beijando meninas da idade dele em vez de a mim, ele deve ter medo delas, mas não de mim. Acho que ele precisa crescer mais. Talvez não tenha recebido muitos abraços e beijos da mãe quando era pequeno".

Não é mera questão de julgar o momento adequado de levar uma criança à terapia. Muitas vezes, a própria criança garante que algo seja feito — lutando de algum modo, com cada vez mais intensidade, até que alguém perceba. Com frequência, as escolas são as primeiras a notar e, ainda assim, só recomendam ajuda quando a situação se agrava. Somente depois que um menino havia passado semanas sentado na sala da diretora durante o horário de recreio e de almoço por seu comportamento perturbador no pátio da escola é que a família foi contatada e informada de que, se não buscasse ajuda, ele seria colocado em uma sala para crianças com transtornos.

Muitas das crianças que são encaminhadas a mim vêm dos tribunais. Várias delas mostravam comportamento perturbador muito antes de terem sido presas. Um garoto de 16 anos, encaminhado para aconselhamento psicológico por determinação judicial, vinha causando problemas, segundo a mãe, desde que começou o ensino fundamental. Ela me contou que ele tinha muita dificuldade de aprender a ler e de sentar-se quieto na escola, e que esse parece ter sido o começo de todos os problemas. Mas as sessões comigo foram sua primeira experiência com aconselhamento psicológico.

Os médicos atendem crianças com sintomas físicos que diagnosticam como psicogênicos, e sabe-se que alguns desses profissionais dispensam a criança sem recomendar aos pais que busquem ajuda psicológica para ela. Uma menina de 10 anos sofria de dores de estômago intensas. Depois de uma série de exames, os médicos concluíram que não havia causas físicas para as dores; eram causadas por ansiedade e tensão. Eles prescreveram medicamentos tranquilizantes, mas não fizeram menção alguma sobre buscar ajuda psicológica. Como as dores persistiram, os pais a trouxeram para a terapia.

Penso que outra grande razão pela qual os pais hesitam em procurar ajuda é que eles pensam na terapia como um processo contínuo que envolve um longo período, talvez anos. (Discuto isso em mais detalhes na seção sobre encerramento.) Sem dúvida, há crianças que requerem um tratamento de longo prazo. Mas, em geral, vejo que muitos problemas podem ser tratados em 3 a 6 meses de sessões semanais.

Antes de começar a trabalhar com uma criança, às vezes recebo pilhas de papéis relacionados a ela: resultados de testes, relatórios diagnósticos, procedimentos judiciais, registros escolares. Esse material compõe uma leitura interessante, mas, no fim das contas, só posso lidar com a criança como ela se apresenta para mim. Se eu me apoiasse na informação que me foi dada sobre a criança para formar minha base de trabalho com ela, estaria lidando com o que está escrito numa folha de papel, e não com a criança. O que está escrito nessas folhas são as percepções, as descobertas e, muitas vezes, os julgamentos injustos *de outras pessoas*.

Uma garota de 15 anos me disse: "Quero que a minha mãe me mande para uma escola no Arizona, porque lá ninguém sabe nada sobre mim e posso começar do zero". Ela estava presa na mira das expectativas negativas de outros (expectativas que foram cuidadosamente documentadas nos arquivos administrativos) e sua sensação era de derrota.

Portanto, devo trabalhar com a criança partindo de onde ela está *comigo*, independentemente de qualquer outra coisa que eu ouça, leia ou mesmo diagnostique sobre ela.

A criança está fazendo contato com alguém que está disposto a aceitá-la como ela é nesse instante, sem uma capa de preconceitos ou juízos prematuros sobre ela. Ela pode mostrar outro lado de si mesma, talvez gentil e responsivo, uma parte de si que talvez tenha dificuldade de expressar para os pais e professores. Se uma criança é dócil e receptiva comigo, embora os relatórios a descrevam como ruidosa e agressiva ou meus próprios testes revelem que ela é defensivamente hostil, ainda assim só posso me relacionar com ela da maneira como ela *é* no momento *comigo*, da maneira como escolhe ser *no instante presente.* Ela é um indivíduo multifacetado, capaz de muitas formas de ser.

Antes do meu primeiro encontro com Jennifer, de 13 anos, recebi uma pasta grossa contendo vários documentos: registros escolares, avaliações psicológicas, resultados de testes psicológicos, um resumo do oficial de justiça. Ela foi descrita como hostil, resistente a ajuda ou a sugestões de todo tipo, com pouca consciência de seus atos de absentismo escolar, evasão, furto em lojas e promiscuidade sexual, sem interesse algum pela escola ou pelo futuro. O prognóstico que lhe foi dado era de que ela provavelmente ficaria grávida ou continuaria com seu comportamento antissocial até acabar na prisão. Senti muita ansiedade antes do nosso primeiro encontro e me perguntava como poderia começar a ajudá-la tendo em vista sua experiência anterior com aconselhamento psicológico. Imaginei uma menina dura, sarcástica, sofisticada. Eu pensava, no entanto, sobre sua recusa documentada de ver outro psiquiatra a não ser que fosse uma mulher, e lembrei a mim mesma do meu princípio de me abster de qualquer julgamento antes de ter um contato pessoal com um cliente.

Jennifer foi trazida ao meu consultório pelo pai, que me disse, na presença dela, que havia perdido as esperanças de que se pudesse fazer algo pela filha.

A primeira coisa que fiz quando Jennifer e eu ficamos a sós foi lhe contar o quanto eu estava ansiosa com base no que ouvi dizer sobre ela. Jennifer, uma menina magra, frágil e pálida, olhou para mim espantada. Eu lhe contei como a havia imaginado e inclusive me levantei e representei o papel, e nós duas rimos. Ela queria saber como eu a via agora, então me levantei, encolhi os ombros, abaixei a cabeça e andei pela sala dando passos pequenos e hesitantes. "Quando caminho assim", falei, "me sinto um ratinho assustado." A resposta de Jennifer foi: "Você adivinhou." Eu lhe perguntei sobre sua solicitação de ver uma terapeuta mulher. "Odeio a forma como os homens falam comigo", ela falou. Como Jennifer poderia começar a falar com alguém sobre si mesma e sobre seus sentimentos, se ela odiava a forma como falavam com ela?

A PRIMEIRA SESSÃO

Em geral, os pais me ligam e tentam me explicar o problema por telefone quando marcam a primeira consulta. Eu explico que, quando vierem me ver com a criança, quero que me falem sobre o problema outra vez, na presença dela. Sinto que é importante que a criança esteja presente a fim de aliviar suas piores fantasias sobre o que há de errado. As crianças sempre sabem quando há algo errado e, muitas vezes, imaginam que é algo muito pior do que de fato é.

Nunca faço uma criança aguardar na sala de espera enquanto os pais estão no meu consultório. O que quer que eles tenham a dizer, deve ser dito na frente do filho. Dessa forma, posso observar a reação da criança, a dinâmica entre pais e filho, e ouvir todos os lados. É também dessa forma que começo a estabelecer uma relação de confiança com a criança. Ela verá que sou uma participante justa e imparcial, interessada em todos — sobretudo nela.

Então, quando a família vem ao meu consultório, peço a alguém que comece a contar o que os levou a me procurar. Normalmente, a mãe começa. Depois das primeiras frases, eu paro e pergunto à criança se ela concorda com o que foi dito. Muitas vezes, o adulto usa palavras difíceis, tentando falar comigo de uma maneira que a criança não entenda. Sou muito cautelosa com isso e não permito que aconteça. Se a mãe diz "O comportamento dele é extremamente disruptivo na escola", eu pergunto à criança se ela sabe do que a mãe está falando. Mesmo que ela responda que sim, peço à mãe que me explique o que quer dizer, especificamente. A reação de uma criança ao uso da palavra "disruptivo" foi: "Eu não tenho isso" — como se fosse sarampo. Outra criança teve a mesma reação com a palavra "retraído".

Em geral, não me preocupa muito se a criança não está disposta a falar ou apresentar seu ponto de vista nesse momento. Quero que ela esteja lá para ouvir o que os pais dizem e para me ver. Ela descobre que estou interessada nela, que a vejo, a ouço, a trato com respeito. Eu não falo com ela de forma condescendente, não a ignoro, não a desprezo, não ajo como se ela fosse um objeto a ser discutido. Tento incluí-la de todas as maneiras, ainda que seja apenas confirmando os fatos com ela e fazendo contato visual. Ela logo percebe que eu a levo muito a sério.

Estou interessada em deixar muito claro que ouço a preocupação dos pais ou dos professores sobre algum comportamento da criança, mas não necessariamente aceito o que é dito como um fato consumado. Também identifico *de quem é* o problema. Se a criança concorda que existe um problema, quero saber disso. Se não concorda, deixo claro que também estou consciente disso e que o problema é da escola ou dos pais, e não dela. Isso é um grande alívio para a criança.

Por exemplo, uma mãe trouxe a filha de 6 anos para o meu consultório e me disse que a professora havia recomendado aconselhamento psicológico para a menina porque ela vinha mordendo e chutando outras crianças e não tinha amigos. Primeiro, precisávamos ter certeza de que a criança entendia tanto quanto possível em que consistia o aconselhamento psicológico. Depois, quando lhe perguntei se ela concordava que estava mordendo e batendo em outras crianças e que não tinha amigos, ela falou: "Eu *tenho* amigos!" Eu falei: "Acho que a sua professora está preocupada — é problema *dela*. Por alguma razão, ela, a professora, pensa você não tem amigos e está preocupada com isso; e ela também pensa que você está mordendo e batendo". Perguntei à mãe se ela achava que a filha não tinha amigos. A mãe falou: "Bem, ela passa muito tempo dentro de casa, mas tem uma amiguinha na rua, com quem ela brinca". Eu falei: "Então *você* não considera isso um grande problema". "Não", a mãe respondeu, "nunca pensei nisso como um problema…" E, assim, passou a ser um problema da professora. Isso agradou muito a criança, que ficou visivelmente mais relaxada.

Eu não uso uma ficha de admissão para minha entrevista inicial. Minha "admissão" consiste no processo da primeira sessão, em que os pais e a criança se reúnem comigo para falar sobre o motivo pelo qual vieram me ver. Uma amiga terapeuta concebeu um questionário muito simples que usou com crianças e adolescentes e que, segundo ela, ajuda a quebrar a gelo. Pede dados como nome, endereço, data de nascimento, *hobby*, outras crianças na família, quarto próprio ou compartilhado, escola, ano e coisas do tipo. Mas não me sinto muito confortável fazendo uma admissão formal. Imagino que a criança ou os pais vão assumir que já obtive tudo que necessito saber sobre a criança e que vou manter essa informação na minha memória para usar sempre que necessário. Prefiro aprender sobre a criança à medida que nos relacionamos, já que as informações são reveladas num contexto significativo durante as sessões. Suponho que o questionário de admissão é usado por outros terapeutas da mesma maneira que eu usaria um desenho numa sessão inicial. Todos precisamos encontrar uma maneira de começar a relação — costuma ser estranho e desconfortável no início.

Depois que o problema é revelado e atribuído, geralmente peço aos pais que esperem do lado de fora enquanto converso com a criança. Digo à criança que farei tudo que estiver em meu alcance para melhorar as coisas, que vamos fazer coisas divertidas, que vou descobrir coisas sobre ela e espero que ela também descubra; e explico sobre confidencialidade. Quase sempre, a criança, a essa altura, já olhou todo o consultório e viu os jogos e os brinquedos, a mesa de pintura e a caixa de areia — parece intrigante, e ela está começando a ficar interessada. Se houver tempo, convido a criança a ver tudo mais de perto, a verificar o que tenho, ou então lhe peço que desenhe uma pessoa e uma casa ou alguma cena. Explico que vamos usar algumas das coisas no consultório e que vamos conversar um pouco. Digo que às vezes vamos conversar sobre sentimentos e vamos pintar sentimentos.

Embora eu tenha muitas dúvidas sobre o valor dos testes, uso alguns. Às vezes os aplico como uma maneira de me relacionar com a criança no início de nosso processo terapêutico, apesar de que os testes também podem criar e manter distância. Outras vezes, uso testes para ganhar tempo, quando não sei que outra coisa fazer. O teste do desenho da figura humana e o da Casa-Árvore-Pessoa são tarefas simples para a maioria das crianças. O processo de avaliação propriamente dito precisa ser contínuo, já que nada permanece igual. Nós e as crianças com quem trabalhamos estamos em contínuo fluxo de mudança, influenciados pelos acontecimentos à nossa volta. Aprendo um bocado sobre a criança quando ela desenha a pessoa. Aprendo mais sobre ela prestando atenção ao seu processo do que lendo as observações interpretativas no manual de testes depois que ela terminou. A maneira como a criança aborda a tarefa é esclarecedora. Ela pode hesitar, afirmar repetidas vezes sua inabilidade para o desenho, pedir um lápis e uma régua; estes são sinais de insegurança. Os desenhos podem parecer desorganizados, até bizarros. Podem ser coloridos, criativos, cheios de humor. A criança pode trabalhar em grandes pinceladas, rir enquanto trabalha, cantarolar, conversar comigo ou ficar muito quieta e em silêncio, mal movimentando a mão. Pode trabalhar de maneira diligente, precisa, cuidadosa, ou desenhar às pressas. Pode usar uma porção de detalhes e uma variedade de cores ou desenhar uma imagem que seja apenas uma sombra ou um esboço. A maturidade do desenho pode ser inconsistente com a idade da criança. *Como* ela faz o desenho pode ser um indicador de como ela é na vida ou de como se sente comigo no consultório no momento.

A criança revela muitas coisas nos desenhos, mas eu me abstenho de formar um juízo. A interpretação tem pouco valor, a não ser que eu a use como pista para mais exploração. A criança pode deixar as mãos de fora em um desenho por uma série de razões; na análise final, só ela sabe. Se uma criança desenha figuras diminutas num cantinho de uma folha grande de papel, talvez realmente esteja assustada e insegura. Mas seu medo e insegurança aparente talvez só se evidencie nessa situação — em seu encontro comigo. Em casa, ela talvez desenhe à vontade.

Uma criança de 8 anos, depois que lhe pedi que desenhasse uma pessoa, perguntou: "Por quê?" Eu disse que isso me ajudaria a descobrir algumas coisas sobre ela. Quando terminou, ela queria saber o que eu tinha descoberto. Eu olhei para o desenho e falei: "Bem, vejo que você gosta da cor vermelha, e a sua pessoa está sorrindo, então talvez você esteja se sentindo muito bem agora. Você fez um desenho muito pequeno, então acho que não tem vontade de fazer desenhos grandes hoje (gesticulo com os braços); prefere ficar em uma área pequena. E você gosta de flores, porque tem algumas ali. Alguma dessas coisas está correta?" Ela abriu um largo sorriso e mexeu a cabeça, concordando com minhas suposições.

Às vezes, passo toda a sessão inicial lidando com o problema apresentado — primeiro com os pais e depois com a criança sozinha. Estou convencida da importância de confrontar diretamente o problema. Afinal, todos sabemos, a essa altura, o motivo pelo qual estamos reunidos; então, por que não lidar com ele? Isso pode parecer óbvio, mas, na experiência de algumas famílias, não raro o problema é evitado ou mantido oculto até o momento mágico; "Não precisamos mencioná-lo; vai se resolver por si só".

Um menino de 13 anos veio com os pais por causa de seu problema crônico de enurese noturna. Depois da conversa inicial, falei: "Muito bem, todos sabemos que Jimmy está aqui porque faz xixi na cama, e agora quero saber como cada um de vocês se sente em relação a isso". O pai, com lágrimas nos olhos, falou: "É um grande alívio ser franco sobre o que estou sentindo em relação a isso. A última terapeuta que o atendeu nunca falou sobre isso depois que explicamos a situação por telefone ao marcar a consulta, recomendou que nunca falássemos sobre isso e nunca viu nós três juntos". Jimmy, na segunda sessão, enquanto pintava um grande oceano para retratar como se sentia ao acordar na cama molhada, confirmou o fato de que ele e a terapeuta anterior nunca haviam conversado especificamente sobre o fato de ele molhar a cama.

Percebo que "o problema presente" é apenas isso — um sintoma presente. Sei que muitas vezes (mas não sempre!) há coisas muito mais profundas a serem trabalhadas. Mas acredito que devemos começar com o que temos — olhar para isso, experimentá-lo, explorá-lo, antes de saber como nos aprofundar. Preciso lidar com o que *é* para poder avançar.

Jeff, de 9 anos, falou muito pouco enquanto sua mãe apresentava as razões para tê-lo trazido até mim. Quando ela saiu da sala, eu falei para ele: "Jeff, olhando para você, tenho a sensação de que está com medo de mim. Você está com medo de mim?" Jeff encolheu os ombros, olhando para os pés, o rosto parecendo mais pálido e ainda mais tenso do que durante a primeira parte da nossa sessão. "É o tipo de medo que você sente quando vai para a sala da diretora na escola?" Ele assentiu discretamente. "Ou quando entra num consultório médico? O consultório médico assusta você?" Ele olhou para mim: "Sim". "Fale sobre isso."

Jeff me fala um pouco sobre seu medo e começa a relaxar; sua voz fica mais forte: "Quer ver um truque que aprendi hoje?" Enfim estabelecemos algum contato. Jeff me mostra seu truque de mágica, o tempo acaba e ele parece feliz quando marco a próxima consulta com sua mãe.

Lucy era uma menina de 8 anos, e sua mãe estava preocupada com a reação da filha depois que se separou do marido. Segundo a mãe, Lucy estava atipicamente quieta e retraída, não estava comendo muito e, de modo geral, parecia diferente de seu *self* usual. Enquanto a mãe falava, Lucy sentou-se encolhida num canto do sofá. Eu pedi à mãe que dirigisse à filha suas observações a respeito de suas preocupações com ela. Quando a mãe fez isso, Lucy apenas encolheu os ombros. A mãe se voltou para mim: "Vê? É disso que estou falando. Ela simplesmente não fala comigo. Eu sei que ela precisa expressar o que sente, mas ela não diz nada". Então Lucy falou: "Não posso falar. Não ajuda em nada". A mãe começou a chorar. Então, falou de seus próprios sentimentos de tristeza em relação à separação. Lucy ouviu, mas não fez nenhum comentário. A mãe disse: "Eu sei que me ajuda muito quando falo sobre como me sinto".

Durante nosso tempo a sós nessa primeira sessão, pedi a Lucy que fizesse um desenho de sua família. Ela desenhou cada pessoa, incluindo o pai; todas estavam em pé, apoiadas umas nas outras. Todas elas tinham um sorriso forçado no rosto, estavam vestidas da mesma cor e tinham as mãos atrás das costas. Lucy não quis discutir o desenho, mas ele falava por ela.

A afirmação de Lucy sobre seu lugar na vida estava clara: ela não podia falar — em que ajudaria? Supus, pelo seu desenho, que ela estava com medo de soltar. Ela queria e necessitava o apoio da família, uns apoiados nos outros, ou seu mundo ruiria. Na verdade, seu mundo já havia ruído, mas ela não sabia lidar com isso. Essa primeira sessão teve grande impacto; determinou o curso da terapia e mapeou o caminho para o trabalho futuro.

Depois de cada primeira sessão, faço algumas anotações sobre o que fizemos, sobre o que aconteceu, sobre meus sentimentos, reações, observações. Antes eu detestava fazer registros, mas ultimamente minha atitude mudou. Às vezes anoto algo enquanto estou sentada com a criança, como um lembrete de algo que talvez queiramos continuar na sessão seguinte ou de que lhe dei algum tipo de tarefa para casa. (Um exemplo de tarefa para casa: "Faça uma coisa boa para si mesma todos os dias, algo que você normalmente não faria, para ver como se sente ao ser nutritiva consigo mesma".) Vejo que é importante, para mim, fazer anotações depois de cada sessão. Anoto o que fizemos e o que aconteceu. Essas notas geralmente são bem breves, mas às vezes fico tão entusiasmada com uma sessão em particular que datilografo uma descrição da sessão inteira. Ocasionalmente, gravo o áudio de uma sessão, embora considere difícil fazer isso com crianças, a não ser que estejamos usando um gravador de áudio como parte integral da sessão. Muitas crianças se inibem quando sabem que o gravador está ligado.

Para mim, essas notas são uma parte importante do processo terapêutico. Posso ver o que está acontecendo e fazer determinações sobre o que parece ser necessário no que concerne a atividades para a sessão seguinte. Se sinto que pressionei demais, lembro a mim mesma de pegar mais leve da próxima vez. Anoto meus próprios sentimentos e reações para usá-los como diretrizes temporárias.

Não compartilho essas anotações com os pais (exceto para resumos bem gerais em relação ao progresso do trabalho), mas, com frequência, as leio para as crianças. Descobri que as crianças ficam fascinadas com o que há em seus "registros". Sua fascinação provavelmente vem dos arquivos cumulativos que são guardados sobre cada criança durante sua vida escolar. As crianças *sabem* que esses registros escolares existem e querem saber o que está escrito neles. Penso que têm o direito de saber o que é dito ou escrito sobre elas, se quiserem.

Elas amam ouvir o que eu escrevi. Uma menina de 13 anos me perguntou se eu poderia obter seus registros do oficial de justiça para que ela pudesse descobrir o que estava escrito a seu respeito nesse arquivo. Estava muito preocupada com o que eles teriam dito. Eu telefonei para o oficial. Ele não podia me enviar uma cópia dos registros, mas se dispôs a me dizer por telefone a essência do que estava escrito para me ajudar em meu trabalho com a menina. Eu lhe disse que a menina estava muito preocupada em saber quais as impressões dele. Contei a ela o que tinha ouvido, lendo, ao pé da letra, as anotações que fiz durante a conversa telefônica. Ela me perguntou várias vezes: "Tem certeza de que isso é tudo que ele disse?" Eu as li novamente. Conversamos sobre seus medos e ansiedades em relação ao seu "arquivo". Ela ficou extremamente aliviada ao saber que não constava nos registros o nome do menino com quem ela estava quando a polícia a deteve por evasão. "Fiquei muito preocupada com que ele tivesse se metido em problemas por minha causa", falou.

COMO É O MEU CONSULTÓRIO

As pessoas frequentemente me perguntam como é o meu consultório, talvez imaginando uma grande praça de recreação ou sala de jogos com brinquedos magníficos. Na verdade, meu consultório é bem pequeno, cerca de 3 metros por 4,20 metros. Tem um sofá pequeno, duas cadeiras, um par de mesas de canto. Esses itens são usados principalmente pelos adultos que atendo. Também tem uma mesa de café velha e pesada que uso como mesa de pintura. Há uma prateleira debaixo dessa mesa, onde mantenho latas e frascos de tinta, jornal, toalhas de papel, pincéis. Há um armário com portas, de bom tamanho, em que mantenho outros materiais de arte: papéis, giz de cera, pastel, caneta hidrográfica, pintura a dedo, argila, madeira, ferramentas de marcenaria etc. Há uma caixa de areia e, ao lado dela, uma grande estante que contém brinquedos, cestas com itens para a caixa de areia, jogos e alguns livros.

Os brinquedos que, em geral, parecem os mais valiosos são os blocos de madeira, a casa de bonecas com seus móveis e bonecos variados, todo tipo de veículo (carros, aviões, barcos, caminhões, carros de polícia, caminhões de bombeiro, ambulâncias), peças de Lego, um kit de médico, dois telefones, soldados, jipes e tanques de guerra, bonecos e fantoches, pequenos animais (em particular, animais selvagens), um par de cobras de borracha, um monstro marinho, dinossauros, um tubarão.

Tenho uma lousa, um tabuleiro de dardos e um quadro de cortiça para usar como alvo, um joão-bobo. Alguns animais de pelúcia grandes também são úteis.

Meu consultório é acarpetado; tem algumas almofadas grandes no chão e cartazes coloridos nas paredes. Não é uma sala ideal para se trabalhar. Eu certamente gostaria de ter uma sala maior e uma área externa. Vejo que, embora eu não esteja de todo satisfeita com meu espaço de trabalho, as crianças não se importam nem um pouco com isso. Em geral, parecem fascinadas com a sala e se acomodam a ela com facilidade e satisfação. Nós nos sentamos no chão a maior parte do tempo enquanto trabalhamos e/ou conversamos. É informal e alegre e se presta ao tipo de trabalho que faço com as crianças.

O PROCESSO DE TERAPIA

As crianças não vêm ao meu consultório anunciando: "Isto é o que eu quero fazer hoje". Se me conhecem e confiam em mim, entram com expectativas agradáveis do que faremos na sessão. Às vezes, chegam sabendo que recurso querem usar, com que querem brincar; outras vezes, chegam querendo me contar algo que aconteceu em sua vida desde a última vez que nos vimos. Mas não sabem o que querem explorar, trabalhar ou descobrir sobre si mesmas. A maior parte do tempo, elas nem sequer percebem que isso é algo que poderiam ou mesmo desejariam fazer.

Os adolescentes, com frequência, têm situações que querem discutir comigo; mas, em geral, só querem compartilhar o que aconteceu em sua vida ou reclamar sobre a escola ou sobre alguém da família. Eles também, invariavelmente, não chegam a se aprofundar por conta própria.

Portanto, cabe a mim proporcionar os meios pelos quais abriremos portas e janelas para seu mundo interior. Necessito apresentar métodos para que as crianças expressem seus sentimentos, para que tragam à tona o que têm guardado dentro de si, de modo que, juntos, possamos lidar com esse material. Dessa maneira, uma criança pode encerrar questões, fazer escolhas e aliviar os fardos que ficam cada vez mais pesados com o passar do tempo.

A maioria das técnicas que uso com crianças encorajam a projeção. A criança faz um desenho ou conta uma história e, à primeira vista, pode ser que pareça que não tem nada que ver com ela ou com sua vida. Está "lá fora", seguro, e é divertido. Sabemos que, muitas vezes, a projeção é chamada de "mecanismo de defesa"; uma defesa contra ferir o *self* interior. Algumas pessoas projetam em alguém o que estão sentindo, incapazes de encarar o fato de que esses sentimentos estão dentro de si mesmas. Outras só se veem pelos olhos de outros e estão sempre preocupadas com a maneira como outros as veem.

Mas a projeção também é a base de toda criatividade artística e científica. Na terapia, é uma ferramenta muito valiosa. Uma vez que nossas projeções vêm de dentro de nós, de nossas experiências, do que conhecemos e nos importa, elas dizem muito sobre nosso senso de *self*. Vejo que, muitas vezes, o que a criança expressa "lá fora" revela suas próprias fantasias, ansiedades, temores, evitações, frustrações, atitudes, padrões, manipulações, impulsos, resistências, ressentimentos, culpas, desejos, carências, necessidades e sentimentos. As coisas que ela põe para fora são material poderoso a ser manuseado com cuidado. Como eu, enquanto terapeuta, lido com esse material é de suma importância. Com frequência, a projeção será a única maneira pela qual a criança estará disposta a se revelar. Ela pode dizer coisas como um boneco ou para um boneco que jamais diria diretamente para mim. As projeções são úteis para crianças que não falam porque o que se revela em um desenho, por exemplo, pode ser muito expressivo; e, nesse sentido, o desenho "fala" pela criança. Também são úteis para crianças que falam muito porque servem para focar o que está por trás de tudo que ela fala.

Em geral, não faço interpretações do material que a criança revela por meio das projeções, embora tente traduzir o que vejo e ouço a fim de guiar minhas interações com ela. Acredito que quaisquer interpretações que eu possa fazer seriam inúteis como terapia para a criança. As interpretações, quando muito, podem me dar pistas para tomar uma direção, mas são minhas próprias ideias, baseadas em *meus* sentimentos e experiências, e eu as considero provisórias. Se conduzo a criança nas direções apontadas por minhas próprias interpretações, devo ser duplamente cuidadosa.

O que faço, sobretudo, é ajudar a criança, com suavidade e gentileza, a abrir as portas para a *self-awareness* e para o autorreconhecimento. A maioria delas é capaz de passar a aceitar e reconhecer suas projeções por si mesma. A maneira como ajudo a criança a começar a "tomar para si" o que ela pôs no mundo em segurança é, até certo ponto, evidente. Mas não posso garantir que basta seguir minhas orientações passo a passo para assegurar resultados o tempo todo. Cada terapeuta deve encontrar seu próprio caminho. A terapia é uma arte; a não ser que se possa combinar habilidade, conhecimento e experiência com um senso interior intuitivo, criativo e fluido, provavelmente não acontecerá muita coisa. Também parece um tanto óbvio para mim que, para trabalhar com crianças, é preciso não só gostar de crianças como ter verdadeiro apreço por elas. Isso não quer dizer que uma criança não possa nos incomodar, perturbar, irritar. No entanto, quando isso acontece comigo, é uma luz de alerta; paro e examino o que a criança está fazendo, como estou reagindo e de onde vêm minhas reações. Essas deliberações servem como um rico material para o processo terapêutico. E, porque me importo com a criança, posso dizer: "Ei, não suporto o que está acontecendo aqui!" E então conversamos sobre o que está acontecendo.

Vejo que algumas crianças, sobretudo as menores, não necessariamente verbalizam suas descobertas, *insights* e *awarenesses* sobre seus comportamentos. Muitas vezes, parece ser suficiente trazer à tona os comportamentos ou sentimentos bloqueados que interferem no seu processo de crescimento emocional. Com isso, elas podem se tornar seres humanos integrados, responsáveis e felizes, mais capazes de lidar com as muitas frustrações de crescer em seu mundo. Podem começar a se relacionar de maneira mais positiva com seus pares e com os adultos em sua vida. Podem começar a experimentar uma sensação de calma, alegria e autoestima.

As técnicas são várias. Estou constantemente descobrindo novas formas de trabalhar com crianças. À nossa volta, há uma oferta ilimitada de recursos que podem ser usados no processo de terapia infantil. Mas as técnicas não são meras fórmulas ou receitas para atividades sem propósito. A técnica escolhida nunca é considerada um meio para um fim em si mesmo (como são, por exemplo, os "planos de aula" de muitos professores). Deve-se ter em mente que cada criança é única. Independente da técnica usada, um bom terapeuta permanece com o processo, evoluindo com a criança. O procedimento ou técnica é apenas um catalisador. Dependendo da criança e da situação, cada sessão é imprevisível. Uma ideia leva a outra, e constantemente estão sendo desenvolvidas novas técnicas para a expressão criativa: o processo criativo não tem fim.

Nem sempre sei *por que* estou fazendo o que faço num dado momento. Às vezes fazemos algo porque estamos experimentando, ou porque parece que poderia ser divertido ou porque a criança quer fazê-lo. Algumas das minhas melhores sessões de terapia aconteceram dessa maneira. Recentemente, uma colega me contou sobre um menino de 10 anos com quem está trabalhando que queria falar sobre como o nosso país está dividido em estados, um assunto que ele está estudando na escola. Na sessão, ele fez um desenho dos Estados Unidos com linhas para mostrar a divisão dos estados. Parecia fascinado com o conceito de o país estar dividido. Depois de um tempo, ela lhe perguntou se ele alguma vez se sentia dividido. Ele fez um desenho de si mesmo e suas divisões: feliz, triste, com raiva e assim por diante.

Não quero dar a impressão de que algo maravilhoso acontece em cada sessão. Muitas vezes, parece não acontecer nada que seja visivelmente entusiasmante e importante. Mas, em cada sessão, a criança e eu estamos juntas. Ela logo aprende a me conhecer como alguém que a aceita, que é honesta com ela. Às vezes, a criança não tem vontade de fazer nada, e nós só conversamos ou ouvimos música. Em geral, no entanto, ela está disposta a experimentar alguma das minhas sugestões (e, com frequência, está ansiosa por isso). Há ocasiões em que sabe exatamente o que quer. Pode ser que não saia nada dessas atividades que pareça significativo do ponto de vista terapêutico, mas sei que algo está acontecendo o tempo todo.

Nenhuma das técnicas que apresento aqui foram inventadas por mim. A maioria delas é de domínio público — coisas que conheço desde sempre. Algumas coisas simplesmente estão no ambiente, prontas para serem usadas. Algumas ideias, aprendi de outras pessoas; dessas, algumas adotei e adaptei à minha maneira. Algumas técnicas, usei com muita frequência. Há muitas que não experimentei ou sobre as quais não refleti, e outras que conheço, mas talvez nunca use. Sempre que possível, fiz referência às minhas fontes; no fim deste livro, há uma lista completa de livros e outros recursos que você pode usar para obter ideias e técnicas — adaptando-as à sua maneira para atender às suas necessidades e às das crianças com quem trabalha.

RESISTÊNCIA

Com frequência, as crianças são cautelosas quanto a fazer algumas das coisas que lhes peço. Um menino de 10 anos, a quem pedi que fosse a cor vermelha presente em seu desenho, falou: "Você é maluca?" As crianças às vezes sentem vergonha de fazer coisas "malucas", sobretudo quando estão em grupo; ou são tão fechadas e tensas e se protegem tanto que são incapazes de se entregar livremente à imaginação. Quando isso acontece, lido com a criança em particular da maneira que considero mais apropriada para ela. Posso dizer, com gentileza: "Sei que isso é difícil" (ou idiota ou maluco — pois certamente é); "Faça mesmo assim". Embora eu queira quebrar a resistência, eu a respeito. Posso apenas assentir discretamente diante do protesto e prosseguir com minhas instruções. Em geral, não sorrio durante essa interação. Eu levo a resistência a sério. Reconheço o que é e quero, com muita delicadeza, ultrapassá-la, passar por cima ou por baixo dela, contorná-la. A criança ri, faz barulhos desagradáveis para comunicar claramente, a mim e às outras crianças, que o que estou lhe pedindo que faça não lhe parece uma ideia muito boa e nem muito inteligente. Houve crianças que se jogaram no chão fingindo um desmaio. Não me incomodo com essas demonstrações; eu as espero e as aceito, e prossigo com minha atividade. Assim que a criança percebe que o grupo e eu estamos levando a atividade a sério, quase sempre participa. Depois de uma ou duas vezes, esse tipo de resistência desaparece.

Algumas crianças não são resistentes conscientemente, mas estão tão tensas ou inibidas que necessitam primeiro experimentar algumas atividades seguras que as ajudem a liberar o processo imaginativo. Sei que algumas crianças têm um certo temor a se soltar de algumas das maneiras que proponho. Posso lidar diretamente com o temor por trás da resistência ou deixar que a criança decida por si mesma quando está pronta para se arriscar a fazer algo que é difícil para ela. Ela se tornará mais aberta à medida que sua confiança aumentar; começará a se arriscar quando fortalecer seu senso de *self*.

Quando as crianças começam a se expressar com facilidade por meio da fantasia e dos vários tipos de projeção expressiva, tento conduzi-las com gentileza de volta à realidade de sua vida — levando-as a reconhecer ou aceitar as partes de si mesma que expuseram, de modo que comecem a perceber um novo senso de identidade própria, responsabilidade e autossuporte. Isso é difícil para muitas crianças. Continuamente, tento conduzir a criança de suas expressões simbólicas e seus materiais fantasiosos para a realidade e suas próprias experiências de vida. Abordo essa tarefa com muita delicadeza; mas há vezes em que sou firme e há vezes em que considero melhor não oferecer orientação alguma e ser paciente.

Uma das técnicas mais eficazes para ajudar as crianças a superar seus bloqueios é o que se denominou modelagem. Seja numa sessão individual ou em grupo, se eu faço o que peço que a criança faça, ela também o fará.

Se uma criança não consegue encontrar uma figura em sua garatuja depois de duas ou três tentativas, eu mesma faço uma. A criança fica fascinada, passa a compreender o que estou lhe pedindo e sente-se mais confortável de fazer isso depois que eu fiz. Em geral, participo de jogos, apresentações de teatro de bonecos, adivinhações, exercícios de desenho e fantasia. Faço isso da maneira mais honesta que puder e não tenho medo de expor minhas próprias fraquezas, problemas e história. (Um menino ficou muito interessado quando descobriu que sou divorciada e quis saber como meus filhos reagiram ao divórcio.) Se as crianças tiverem medo de começar, eu digo: "Finja que você só tem 4 anos e desenhe como se tivesse essa idade". Às vezes, mostro às crianças como desenhar bonecos e animais de palito para lhes dar mais confiança para começar.

Com frequência, a maneira como uma criança aborda o desenho é similar a seu processo ao abordar a vida. Talvez ela seja hesitante sobre a maioria das coisas, sobretudo coisas novas. Se uma criança estiver muito ansiosa em relação a desenhar, eu não a pressiono a fazer isso. Podemos conversar sobre essa ansiedade ou passar para algo menos ameaçador para ela. Posso lhe pedir que use uma lousa de giz ou lousa mágica — que tem uma tampa de plástico que, quando erguida, faz os desenhos desaparecerem. Ambas têm valor para crianças que se preocupam com a permanência de seus desenhos; elas se sentem seguras sabendo que suas criações podem ser facilmente apagadas. Como os adultos, as crianças devem ser aceitas onde *estão*. A partir daí — do ponto de sua existência, seu limite, sua fronteira —, podem começar a avançar pouco a pouco para ver a si mesmas com mais segurança e valor. Em geral, se abordo a criança de uma maneira gentil e não ameaçadora, ela faz alguma tentativa. Às vezes, é útil convidar a criança a dizer a *mim* o que desenhar; ou posso desenhar um retrato da criança enquanto ela me observa (fascinada). Não tenho grande habilidade para o desenho e meus traços são um tanto infantis; isso ajuda a criança a confiar mais em sua própria habilidade.

Além da indisposição da criança para participar das técnicas da terapia, também há uma resistência inicial durante as primeiras sessões. Quebrar esse tipo de resistência é um processo muito sutil, difícil de colocar em palavras. Requer que você sinta e preste atenção à sua própria intuição antes de abordar a criança diretamente e que, por sua vez, a criança intua que você é alguém em quem ela pode confiar.

O que acontece na primeira sessão entre você, os pais e a criança é crucial. A criança observa você, escuta você, forma uma opinião sobre você. As crianças têm uma capacidade aguçada de avaliar os adultos e o modo como interagem com elas.

Durante seu tempo a sós com a criança, você tem mais uma chance de que ela perceba se é aberto, honesto, autêntico, direto, isento, acolhedor, amigável. Ela pode descobrir isso enquanto você fala, faz perguntas para uma simples ficha de admissão, fica ao lado dela enquanto ela observa a sala e os equipamentos, joga algo simples com ela, apresenta atividades não ameaçadoras. Talvez a criança conclua, em uma única sessão, que você é alguém confiável com quem ela pode se relacionar, ou talvez precise de três ou quatro sessões para ter certeza disso. Quando isso acontece, você sabe imediatamente. Se nunca acontecer, também saberá, e talvez queira dedicar um tempo a reconhecer isso e examinar o que está acontecendo entre você e a criança.

Acima de tudo, compreenda que as crianças são resistentes e defensivas por uma boa razão. Como falei repetidas vezes, elas fazem o que fazem para sobreviver, para se proteger. Aprenderam — com os mundos caóticos em que estão imersas e com as escolas que, com tanta frequência, são severas, indiferentes e cegas — que devem fazer o que estiver ao seu alcance para cuidar de si mesmas, para manter-se protegidas contra a intrusão. À medida que uma criança começa a confiar em mim, passará a se permitir abrir-se, ser um pouco mais vulnerável. Devo avançar com calma, gentileza, delicadeza.

Em um grupo que eu estava supervisionando como consultora, uma participante falou sobre sua frustração quando encontrava resistência em uma criança. Eu me vi apresentando todo tipo de sugestão para que ela quebrasse a resistência, quando de súbito percebi o que estava fazendo: estava ficando ao lado dela, contra a criança. Torná-la mais forte por meio da minha aliança para combater a resistência da criança só serviria para *aumentar* sua resistência. "Ei", eu disse para mim mesma, "espere um minuto. Você acha que a criança *não* deveria ser resistente?" Por que uma criança não deveria ser resistente? Ela tem motivos para sê-lo. Precisamos aprender a aceitar a resistência, não de maneira defensiva ou ofensiva, mas apenas como algo esperado.

Em algumas crianças, a encontraremos repetidas vezes. Depois da cautela inicial, a criança seguirá em frente; mas, de tempos em tempos, nos depararemos com sua resistência. Ela, com efeito, está dizendo "PARE! Eu preciso parar bem aqui. Isso é demais! Isso é muito difícil! Isso é muito perigoso. Eu não quero ver o que está do outro lado do meu muro protetor. Não quero encarar". Toda vez que chegamos a esse lugar com uma criança, estamos fazendo progresso. Em cada muro de resistência há uma nova porta que se abre para novas áreas de crescimento. Esse é um lugar temeroso; a criança se protege bem, e por que não? Às vezes considero esse lugar similar ao que Fritz Perls chamou de impasse. Quando chegamos a um impasse, estamos testemunhando uma pessoa no processo de abdicar de suas velhas estratégias e de sentir como se não tivesse suporte. Com frequência, ela faz o que pode para evitar isso — para fugir disso — ou provoca confusão para encobrir a situação. Quando conseguimos reconhecer o impasse por aquilo que é, podemos antecipar que a criança está prestes a adotar uma nova maneira de ser, prestes a fazer uma nova descoberta. Então, cada vez que a resistência se mostra, sabemos que não estamos encontrando uma fronteira rígida, mas um lugar cujo limite está se alargando, se expandindo.

ENCERRAMENTO

Acredito que uma importante razão pela qual os pais hesitam em procurar ajuda psicológica para uma criança é a noção de que esse é o começo de um tempo prolongado, talvez anos, em terapia. Esta tem sido uma imagem da terapia, e é claro que algumas crianças requerem tratamento de longo prazo. No entanto, acredito que, como regra geral, as crianças não deveriam fazer terapia por período prolongado.

As crianças não têm as muitas camadas de atividade não concluída e as "velhas gravações" que os adultos acumulam ao longo dos anos. Vi resultados incríveis com crianças em apenas três ou quatro sessões. Se eu soubesse de uma criança que estivesse fazendo terapia por um longo período — mais de um ano, por exemplo — e não houvesse circunstâncias muito atípicas na vida dela, eu examinaria com cuidado o que estaria acontecendo nessa relação terapêutica.

Em geral, em três a seis meses há progresso suficiente para possibilitar um encerramento. As crianças chegam a um platô na terapia, e este pode ser um bom lugar para parar. A criança necessita uma oportunidade para integrar e assimilar, com seu próprio crescimento e amadurecimento natural, as mudanças que acontecem em consequência da terapia. Às vezes, esse platô é um sinal de resistência que precisa ser respeitado. É como se a criança soubesse que, no momento, não é capaz de atravessar esse muro específico. Ela precisa de mais tempo, de mais força; pode necessitar se abrir a esse lugar em particular quando for mais velha. As crianças parecem ter um senso interior desse fato, e o terapeuta precisa reconhecer a diferença entre esse lugar de parada e os obstáculos anteriores.

Há pistas para saber quando é o momento de parar. O comportamento da criança mudou, segundo o relato da escola e dos pais. De repente, ela se envolve em atividades externas — esporte, clube, amigos. A terapia começa a interferir em sua vida. Depois da cautela inicial, e até que esse platô seja alcançado, em geral a criança mal pode esperar para vir às sessões. Se não for esse o caso, é preciso examinar com atenção o que está acontecendo.

A melhora no comportamento, por si só, talvez não seja razão suficiente para parar a terapia. O comportamento modificado pode se dever ao fato de a criança se abrir e expressar um *self* mais profundo ao terapeuta. Então, também buscamos pistas no próprio trabalho. Os materiais que emergem nas sessões podem ser bons indicadores de lugares de parada.

Um menino de 5 anos, rotulado como uma criança "impossível" tanto pela professora do jardim de infância quanto pela mãe, por um bom tempo mudou seu comportamento, de modo que agora era uma criança "possível". Mas seu trabalho comigo continuava a trazer à tona sentimentos que eu o ajudava a expressar e administrar. Depois de três meses, no entanto, percebi uma mudança. Ele começou a "brincar" comigo — e as sessões já não pareciam ter a aura de "trabalho terapêutico". Um dia, eu lhe mostrei algumas imagens que usava para contação de histórias. Uma das imagens, do *Children's Apperception Test* (CAT), mostra um coelho sentado na cama em um quarto escuro com a porta entreaberta. Geralmente, essa imagem suscita medo, a sensação de ser deixado de fora ou reações solitárias. Essa criança diz: "O menino, quero dizer, o coelho acordou e está sentado na cama, mas é cedo demais para se levantar. Então ele está esperando a manhã chegar". Eu falei: "Parece meio escuro. Você acha que ele está com medo?" A resposta dele: "Não, ele não está com medo. Por que estaria? A mãe e o pai dele estão no quarto ao lado". Eu falei: "Eu me pergunto por que essa porta está aberta". Ele olhou para mim incrédulo e falou: "Para ele poder entrar e sair". Eu soube que ele estava bem agora.

Esse mesmo menino contou uma história sobre outro desenho que mostrava uma mãe canguru com um bebê canguru na bolsa e um pequeno canguru pedalando um triciclo atrás dela. A mãe canguru tem uma cesta de compras no braço. O bebê segura uma bexiga.

Billy: "Eles acabaram de sair da mercearia e vão fazer um piquenique. O bebê vai brincar com a bexiga e o menino vai pedalar o triciclo."

"O que a mãe vai fazer?"

Billy: "Ela vai comer" (A mãe de Billy adora comer.)

"Você acha que o menino gostaria de estar na bolsa onde o bebê está?" (Há um novo bebê em sua casa.)

Billy (olha para o desenho por um bom tempo.): "Não. Sabe, ele teve a chance dele de ficar na bolsa quando era bebê. Agora ele cresceu e sabe pedalar um triciclo, mas o bebê ainda não sabe nem andar."

"Como você teve a sua chance de ser um bebê e agora é a vez do seu irmão?"

Billy (grande sorriso): "Isso mesmo!"

Com frequência, a criança fez trabalho suficiente para prosseguir por conta própria. Isso é especialmente verdadeiro se os pais se envolveram na terapia e continuam a terapia com a criança por sua conta — se aprenderam novas maneiras de estar com o filho. Às vezes, a criança para de vir, e um ou ambos os pais decidem explorar e trabalhar alguns de seus próprios conflitos e sentimentos. A experiência de ter trazido o filho para a terapia abre caminho e ajuda os pais a se sentirem confortáveis, e às vezes ansiosos, para entrar em uma relação terapêutica por si mesmos.

Quando a criança está envolvida na terapia, os pais ficam aliviados e começam a se sentir melhor, e a atmosfera em casa fica mais relaxada. Isso ajuda a criança a aproveitar melhor a terapia, e ela começa a mostrar mudanças de comportamento muito positivas. Os professores às vezes notam e também começam a se sentir melhor com a situação. Durante todo esse tempo, a criança está crescendo e amadurecendo, o que também atua a seu favor. Todas essas variáveis trabalham juntas, como complementos da terapia; há um efeito bola de neve, uma acumulação de coisas boas, um sinergismo.

Obviamente, é possível terminar a terapia de maneira prematura. Uma menina de 7 anos parecia mostrar todos os sinais de que era hora de encerrar. Ela estava indo bem na escola, em casa e com os amigos, e nossas sessões pareciam ser cada vez menos produtivas em termos de "trabalho". Vínhamos trabalhando juntas havia seis meses. Em uma sessão, eu mencionei para ela e para a mãe que poderíamos começar a pensar em um bom momento de parar, já que tudo estava indo tão bem. Quando a criança foi para casa naquele dia, começou a regredir para alguns de seus antigos comportamentos — atear fogo, roubar, destruir propriedade. Quando a mãe, perturbada, mencionou isso na sessão seguinte, a menina falou: "Se eu for boa, não vou mais poder ver a Violet". Então percebi que ou eu não tinha feito um bom trabalho de prepará-la para o encerramento ou havia avaliado incorretamente que ela estava pronta para parar. As crianças nos dizem o que necessitamos saber.

Preparar uma criança para o encerramento é importante. Embora ajudemos as crianças a ganharem independência e autossuporte, sem dúvida forma-se um vínculo afetuoso entre nós. Necessitamos lidar com os sentimentos envolvidos em dizer adeus a alguém de quem gostamos e com quem nos importamos. O encerramento não necessita ter a finalidade que o nome implica.

O encerramento é apenas a chegada a um lugar de parada, uma conclusão no momento presente. Algumas crianças necessitam a confirmação de que poderão voltar se precisarem (se isso for mesmo possível). Normalmente, tenho uma sessão com os pais presentes quando estamos explorando a possibilidade de parar, e discutimos isso com franqueza. Às vezes, não é possível. Recebi o bilhete da página seguinte de uma menina de 8 anos depois que deixei um órgão de serviço social onde havia trabalhado como estagiária.

Eu não gosto de parar de ver uma criança de maneira abrupta. Proponho que nos encontremos um par de vezes ou mais em semanas alternadas. Começamos a conversar sobre nosso tempo juntas e sobre o que aconteceu — fazemos uma espécie de avaliação. Às vezes, observamos a pasta da criança, com todos os desenhos, lembrando algumas das coisas sobre as quais conversamos. Uma menina de 8 anos me disse: "Eu queria fazer um cartão de despedida para você". Eu falei que tudo bem e ela pegou os materiais. Ela fez um cartão muito florido, o entregou para mim e falou: "Vou sentir saudades de você". Eu falei: "Também vou sentir saudades de você", e ela começou a chorar. Ela se sentou no meu colo e eu a abracei. Conversamos sobre como às vezes é difícil dizer adeus. Ela assentiu e chorou, e eu também chorei um pouco. Finalmente, ela se levantou e falou: "Acho que

vou fazer outro cartão para você". Ela sorriu e me deu uma piscadela maliciosa. Então fez um cartão muito engraçado, estilo cartum. Nós rimos. Eu lhe dei meu endereço e número de telefone e lhe pedi que me telefonasse ou me escrevesse, se quisesse.

Quando trabalhava em escolas, eu dava meu número de telefone para as crianças que se mudavam para a escola regular. De vez em quando eu recebia uma chamada de uma delas. Geralmente as chamadas eram muito curtas, um breve contato telefônico. Eu me sentia bem em relação a elas e nem por um instante sentia que estivesse encorajando vínculos de dependência. Eram chamadas sociais entre pessoas que haviam passado momentos muito significativos juntas. Raramente recebo telefonemas desse tipo de crianças que atendo em terapia particular, mas recebo cartas com o mesmo espírito. Respondo com uma nota breve e percebo que as crianças que sentem necessidade de me procurar dessa maneira deixam de fazê-lo depois de uma ou duas correspondências.

Considero que um erro típico que os professores cometem no último dia de aula é lidar com o encerramento pedindo às crianças que façam desenhos do que farão durante o verão. (E, no outono, pedem que façam desenhos do que fizeram durante o verão.) Pensar em algo que provavelmente não sabem ao certo impede que as crianças tenham completa *awareness* do que está acontecendo no momento presente. Por que não um desenho, em cores, linhas e formas, de como se sentem *agora* por estar deixando essa sala de aula?

Em uma escola, uma assistente social que vinha conduzindo dois grupos me contou que, no fim do ano letivo, ela se sentia triste porque o ano terminava, pois estava mudando de emprego e não voltaria a ver as crianças, mas também muito feliz por estar saindo. Ela estava confusa sobre como lidar com a própria ambivalência e os próprios sentimentos em relação à separação iminente. Não queria fazer as crianças se sentirem mal, falou, ao contar a elas sobre sua tristeza por ir embora e depois confundi-las ao contar sobre sua alegria por ir! Essa me pareceu uma oportunidade perfeita de compartilhar sentimentos mistos com as crianças — de expressar *ambos* os sentimentos com sinceridade. As crianças também costumam ter sentimentos mistos e ficam muito confusas por causa deles. Ela falou: "É, acho que é verdade — é realmente importante expressar nossos sentimentos para elas. A separação é muito difícil. Eu gostaria que em outras situações, quando as pessoas se importaram, tivessem expressado isso para mim".

Sempre temos alguma atividade inacabada sobre separação e despedidas que torna o encerramento muito mais difícil. Nesses momentos, precisamos estar em contato com nossos próprios sentimentos e não ter medo de expressá-los com sinceridade. Não há nada de errado em ficar triste (ou contente) ao dizer adeus!

10. Problemas específicos de comportamento

Neste capítulo, discutirei alguns dos comportamentos específicos apresentados pelas crianças que são trazidas à terapia. Eu não vejo o comportamento de uma criança, por mais desagradável que seja às vezes, como doença. Vejo-o como indício de sua força e sobrevivência. Uma criança fará tudo que estiver ao seu alcance para sobreviver neste mundo. Fará o que acha que é a melhor coisa a se fazer para realizar a tarefa de crescer.

Ao contrário do mito popular, a infância é uma época difícil. Em seu livro *Escape from childhood* [Escapar da infância], John Holt discute em detalhes a falácia desse mito:

> A maioria das pessoas que acreditam na instituição da infância tal como a conhecemos a vê como uma espécie de jardim murado em que as crianças, sendo pequenas e fracas, estão protegidas das agruras do mundo exterior até que se tornem fortes e inteligentes o suficiente para enfrentá-lo. Algumas crianças vivenciam a infância exatamente dessa maneira. Não quero destruir seu jardim ou expulsá-las dele. Se elas gostam, que permaneçam ali, por todos os meios. Mas acredito que a maioria das crianças, cada vez mais cedo, começa a vivenciar a infância não como um jardim, e sim como uma prisão.
> Não estou dizendo que a infância seja ruim para todas as crianças o tempo todo. Mas a Infância, como Infância Feliz, Segura, Protegida e Inocente, não existe para muitas crianças. Para muitas outras, por melhor que seja, a infância se prolonga demasiado, e não há maneira gradual, razoável ou indolor de superá-la ou abandoná-la. (p. 9)

Eu concordo com Holt. Atendo muitas crianças que tomam medidas extremas para sobreviver da melhor maneira que puderem na "prisão" da infância. Elas parecem estar fazendo todo o possível para aguentar até alcançar o estado mágico da vida adulta, onde podem assumir plena responsabilidade por si mesmas, ser respeitadas e, esperam, ser tratadas com direitos. Com frequência, a vida adulta tarda em chegar.

AGRESSÃO

Os adultos tendem a considerar agressivas as crianças que apresentam comportamento direto e espontâneo. Afirma-se que essas crianças estão "atuando" (*acting out*), o que implica um ataque ao ambiente, ao mundo, em oposição a reprimir-se. "Atuação" é, para mim, apenas mais um rótulo inapropriado. Crianças que são passivas, retraídas, submissas, talvez até mesmo catatônicas, também estão "atuando" alguma coisa à sua maneira. De fato, todos nós estamos no processo de atuar alguma coisa à nossa maneira.

A criança que se manifesta e é rotulada como alguém que "atua" na sala de aula é a primeira em ser notada. Com frequência, é extremamente inquieta, age de maneira impulsiva, agride outras crianças — às vezes sem razão aparente (mas frequentemente com boas razões) —, é desobediente (e, portanto, chamada de rebelde), fala alto, interrompe, incomoda e provoca os outros, suscita comportamentos similares em outras crianças e tenta ser dominante. Os adultos não gostam desses tipos de comportamento, que tendem a destruir a situação social com a qual nos sentimos mais confortáveis em nossa cultura. No entanto, esses comportamentos devem ser vistos em perspectiva, pois ocorrem em um sistema com um duplo padrão para crianças e adultos. Por exemplo, um adulto rara vez é castigado por interromper uma criança. Os comportamentos infantis frequentemente são irritantes tanto para os adultos quanto para as crianças. Mas quando uma criança é chamada de "agressiva", "rebelde", "rude" ou "desobediente", ou quando se diz que ela está "atuando", devemos estar cientes de que estes são rótulos julgadores. Eu mesma uso esses termos com frequência, e quero que o leitor compreenda que sei que são rótulos, descrições e julgamentos de alguém.

Às vezes, uma criança é vista como agressiva quando só está expressando raiva. Talvez quebre um prato ou bata em outra criança em uma pura expressão de raiva. No entanto, em geral sinto que os atos agressivos não são a verdadeira expressão da raiva, mas deflexões dos sentimentos reais. Os atos agressivos, muitas vezes também chamados antissociais, podem incluir comportamentos destrutivos, como destruir bens, roubar, incendiar. Percebo a criança que tem comportamentos hostis, intrusivos e destrutivos como alguém que tem profundos sentimentos de ira, rejeição, insegurança e ansiedade, sentimentos feridos e, com frequência, um senso difuso de identidade. Além disso, tem em baixa estima o *self* que conhece. Não consegue ou não quer e teme expressar o que está sentindo, pois, se o fizer, pode perder a força que reuniu para se dedicar a comportamentos agressivos. Sente necessidade de fazer o que faz como método de sobrevivência.

Clark Moustakas, em *Psychotherapy with children* [Psicoterapia com crianças], descreve a criança perturbada como aquela que, com frequência, é motivada por sentimentos indiferenciados e dispersos de raiva e medo. Seu comportamento pode mostrar hostilidade para com quase tudo e todos. Em geral, os pais e os professores supõem que uma perturbação na criança vem de uma fonte interna específica — que algo definido, dentro dela, a faz agir dessa maneira.

Ao contrário, é o ambiente que perturba a criança. A criança é provocada pelo ambiente, e não por suas dificuldades internas. O que lhe falta internamente é a capacidade de lidar com um ambiente que a deixa com raiva e com medo. Ela não sabe como lidar com os sentimentos que são gerados dentro dela por esse ambiente hostil. E então, quando agride de alguma forma, o faz porque não sabe que outra coisa fazer. De fato, com frequência o ambiente provoca os comportamentos antissociais da criança. Em geral, uma criança não se torna agressiva de uma hora para outra. Não é uma criança doce em um minuto e, no minuto seguinte, alguém que, de maneira abrupta, repentina, começa a provocar incêndios ou pichar carros estacionados. O processo costuma ser gradual. Certamente, a criança já havia expressado suas necessidades de maneiras mais sutis, mas os adultos não prestam atenção enquanto ela não exagera seus comportamentos. Esses comportamentos, que são percebidos pelos adultos como antissociais, são, na verdade, uma tentativa desesperada de restabelecer uma conexão social. A criança é incapaz de comunicar seus verdadeiros sentimentos de outra maneira. Está fazendo a única coisa que sabe em seu esforço de continuar vivendo em seu mundo.

Tal criança raramente é agressiva no meu consultório. Quando ela começa a confiar em mim, a agressividade emerge em suas brincadeiras, histórias, pinturas, na maneira como ela manuseia a argila. Eu começo a trabalhar com a criança tal como ela se apresenta a mim; não posso lidar com a agressividade que não é expressada. Durante nossa primeira sessão, quando os pais estão presentes, ouço uma longa lista de reclamações sobre o filho enquanto ele se senta amuado num canto do sofá fingindo que não ouve ou que não se importa, às vezes se aventurando a acrescentar "Eu não!" ou "Não é assim!". Posso adivinhar, com base em meu trabalho com muitas crianças e famílias, que o problema, aqui, reside mais nos pais e em seus sentimentos e reações à criança. No entanto, espero antes de propor terapia familiar ou "terapia parental" (trabalhando com ambos os pais ou com apenas um deles) até ter indícios mais concretos em vez de meras generalizações empíricas. Preciso conhecer melhor a criança; preciso ter uma noção mais clara do que está acontecendo com essa criança específica e sua família.

Então, começo o trabalho com a criança sem mencionar sua agressividade, o que provavelmente a afastaria de mim; apresento alguma atividade não ameaçadora para estabelecer uma relação de confiança entre nós. Ambas sabemos por que ela foi trazida até mim, e eu estou disposta a dizer: "Veja, eu sei de todas essas reclamações sobre você. Eu as ouço, e o meu papel aqui é ajudar todo mundo a se sentir melhor. Agora eu quero conhecer você por mim mesma e descobrir o que está acontecendo realmente". Às vezes, não digo isso com palavras, mas dou a entender por minhas maneiras e minhas ações.

Considero mais fácil trabalhar com crianças que são agressivas e que "atuam" do que com as que são inibidas e retraídas. A criança agressiva me mostrará mais que depressa o que está acontecendo com ela. Normalmente, começo convidando-a a fazer o que quiser. Ela pode escolher jogar algum jogo comigo, pintar, trabalhar com argila, criar uma cena na caixa de areia, brincar com soldadinhos. Se disser "não sei", proponho alguma coisa. Em geral, não faço um trabalho diagnóstico específico nesse momento. Essa criança costuma ser muito desconfiada, estar sempre alerta. Em certo sentido, estou tratando de lhe proporcionar uma experiência agradável para que ela queira voltar. Ela normalmente está tão sedenta do tipo de atenção que lhe dou que não considero nem um pouco difícil me relacionar com ela.

Então, nas primeiras sessões, não confronto a criança ao falar com ela, nem lido com seus problemas de maneira direta. Não digo: "Eu soube que você é agressivo; soube que você bate no Tommy". Lido com o que surge à medida que ela aborda isso em sua arte ou brincadeira. Fazemos coisas que ela gosta de fazer. Aos poucos, quando os sentimentos começam a emergir, passo para atividades mais diretas. Geralmente a raiva aparece primeiro. Sob a raiva pode haver sofrimento, mas é a raiva, a fúria, que parece emergir primeiro.

RAIVA

A raiva é um sentimento honesto e normal. Todo mundo sente raiva. Eu sinto raiva. Você sente raiva. É o que *fazemos* com esse sentimento, se podemos aceitá-lo, como o expressamos, que causa todo o problema. Uma influência não menos importante na maneira como lidamos com a raiva é nossa atitude cultural em relação a ela: não está bem ficar com raiva. As crianças recebem mensagens duplas aqui. Vivenciam o ataque de fúria dos adultos de uma forma muito direta ou na forma indireta de desaprovação fria, mas geralmente não é aceitável que expressem a própria raiva. Elas aprendem muito cedo a suprimir esse sentimento, experimentando, em vez da raiva, vergonha em consequência da ira da mãe ("Eu devo ser muito má"), ou culpa pela raiva e pelo ressentimento que às vezes a dominam. As crianças observam a raiva em forma de violência na TV e no cinema e em forma de autoridade policial ou militar. Ouvem falar de crimes violentos e de guerras. Em decorrência disso, ficam muito assustadas e, muitas vezes, um tanto fascinadas quando elas próprias sentem raiva. Não é de admirar que a raiva seja uma espécie de monstro terrível à espreita, que necessita ser sufocado, suprimido, defletido e evitado.

Identifico quatro fases no trabalho com a raiva:

1. Dar à criança métodos práticos para que ela expresse sua raiva.
2. Ajudá-la a acessar o sentimento de raiva que talvez esteja reprimindo e encorajá-la a dar expressão emocional a essa raiva aí mesmo, comigo, no meu consultório.
3. Oferecer a ela a experiência de ser verbalmente direta com seus sentimentos de raiva: dizer o que necessita dizer à pessoa a quem necessita dizê-lo.
4. Conversar com ela sobre a raiva: o que é, o que a deixa com raiva, como ela a demonstra, o que fazer quando a sente.

As crianças têm muita dificuldade de expressar a raiva. Comportamentos antissociais (comportamentos considerados irritantes em nossa ordem social estabelecida) não são expressões diretas da raiva, e sim a evitação dos verdadeiros sentimentos. Visto que os sentimentos feridos são tão comumente sepultados sob uma camada de raiva, é muito ameaçador e difícil para as crianças — e também para os adultos — atravessar a raiva que se encontra na superfície para permitir a plena expressão dos sentimentos autênticos subjacentes. É mais fácil dissipar a energia por meio de comportamentos como bater, agir com rebeldia ou ser sarcástico e indireto de todas as maneiras possíveis.

Todos os nossos sentimentos envolvem o uso de energia física expressada por meio dos músculos e das funções corporais. Se não expressarmos nossa raiva de forma direta, ela se expressará de alguma maneira que, quase sempre, é prejudicial para nós. Quando sinto que a raiva da criança está sendo contida e suprimida, sei que preciso ajudá-la a aprender maneiras "apropriadas" (aceitáveis para o mundo adulto) de lidar com esse sentimento. Faço isso de várias formas.

Kevin, de 6 anos, me foi encaminhado para terapia porque estava literalmente se despedaçando. Ele se arranhava de todas as formas que podia. Quando não estava se agredindo, estava destruindo algo seu. Quando começou a destruir o colchão, os adultos em sua vida se alarmaram e o trouxeram para a terapia. Estava claro, para mim, que Kevin tinha sentimentos intensos de raiva e de fúria e morria de medo de expressá-los. Ele morava numa casa de acolhimento, provavelmente a quarta ou quinta casa em sua jovem vida.

Quando estava brincando com argila, Kevin fez referência a outro menino na escola. Ele começou a atacar a argila com força enquanto falava sobre o menino. Com muita gentileza, fiz algumas perguntas sobre seu relacionamento com esse menino, como: "Do que vocês brincam juntos?" (Nesses momentos, a criança é como uma tartaruga que, com muita hesitação, pôs a cabeça para fora da carapaça. Devo tratá-la com muito cuidado e delicadeza, ou ela se sentirá atordoada e buscará proteção novamente.) A voz de Kevin ficou tensa enquanto ele falava. Em certo momento, perguntei: "Ele deixa você com raiva às vezes?" Ele fez que sim e me contou como o menino o provocava. Eu peguei uma almofada e lhe pedi que dissesse ao menino na almofada como se sentia. Eu mesma conversei com o menino para mostrar a Kevin como fazer isso. Logo ele estava dizendo muitas coisas para o menino, expressando sentimentos de raiva. Então lhe pedi que batesse na almofada; e, mais uma vez, fiz isso primeiro. No começo, ele bateu na almofada com muita hesitação, mas logo entrou no espírito, enquanto falava com o menino. Eu lhe propus que fizesse isso em casa em sua cama ou travesseiro sempre que sentisse raiva desse menino ou de qualquer outra pessoa. Sua mãe temporária relatou que, na primeira semana, ele o fez todos os dias durante horas depois da escola e aos poucos foi cessando; e que ele parou de se arranhar e de destruir o colchão. É claro que também fizemos outros trabalhos e, finalmente, lidamos com alguns sentimentos mais profundos que ele tinha em relação à mãe biológica e ao que estava acontecendo em sua vida. Mas precisávamos começar com esses acontecimentos que estavam na superfície, e Kevin precisava de algumas ferramentas para lidar com os sentimentos que o assustavam. Ele precisava ganhar alguma força.

Propus muitas outras maneiras de expressar a raiva além de bater numa almofada: rasgar jornal, amassar papel, chutar uma almofada, chutar uma lata, correr em volta do quarteirão, bater na cama com uma raquete de tênis, gritar no chuveiro, escrever todas as palavras feias em que conseguir pensar, escrever sobre a raiva, desenhar os sentimentos de raiva. Eu converso com as crianças sobre as sensações físicas da raiva, que devem sair de alguma maneira. Conversamos sobre os músculos se contraindo na cabeça, no estômago, no peito, que causam dores de cabeça, dores de estômago e dores no peito. As crianças entendem isso de imediato.

As crianças são muito preocupadas com a reação dos adultos à sua volta. Um menino de 12 anos fez uma "caixa do grito" para mim e uma para ele. Ele colocou jornal amarrotado dentro de uma caixa e fez um buraco na parte de cima, onde inseriu um rolo de papel toalha; então me mostrou que, quando gritava nessa caixa, o som era tão abafado que sua mãe não se alarmava com o barulho. Um menino de 13 anos me disse: "Se eu falasse ao diretor o que realmente queria dizer para ele, seria expulso da escola!" Então, em vez de lidar diretamente com seus sentimentos de raiva, ele se transformava numa peste no pátio e era "hiperativo" na sala de aula. Se eu, que sou adulta, fico com muita raiva, faço o mesmo tipo de coisa: me sinto melhor se me movimento e mexo o pé, roo as unhas e mastigo chiclete com força. Também sei que, quando reprimo uma porção de sentimentos, tenho dificuldade de me concentrar em qualquer outra coisa.

O que quero dizer com "expressar a raiva diretamente"? Se o menino lidasse diretamente com a raiva que sentia do diretor, pararia na frente dele, olharia bem em seus olhos e declararia, ou talvez gritaria, seus sentimentos de raiva para ele. O que parece ser necessário é permitir que a criança seja *consciente* da raiva, *conheça* a raiva. Esse é o primeiro passo para ajudá-la a sentir-se forte e inteira, em vez de fugir temerosa dos sentimentos de raiva e evitá-los ou descarregá-los de maneiras indiretas que poderiam causar dano a si mesma ou afastar as pessoas. Depois, ela precisa aprender a avaliar a situação e a fazer escolhas sobre expressar a raiva diretamente para a pessoa ou em particular de alguma outra maneira.

Às vezes, conversamos sobre o que é a raiva. Pedi às crianças em um grupo com que trabalhei que me dissessem todas as palavras que usavam ou nas quais pensavam quando sentiam raiva. Escrevi essas palavras, sem julgamentos, numa lousa grande. Um menino de 12 anos, com alegria e assombro, rolou de rir de que eu estivesse escrevendo com tanta calma palavras proibidas para que todos vissem. Quando a lista já estava longa, nós a examinamos. Percebi que algumas palavras eram de ataque, de agressão, ao passo que outras se relacionavam com sentimentos internos. Conversamos sobre isso por um tempo. Então, discutimos maneiras individuais de lidar com a raiva, dentro ou fora. Perguntei: "Que tipos de coisas deixam vocês com raiva?", "O que acontece?", "O que vocês fazem?", "O que podem fazer para evitar se meter em problemas quando sentem raiva?" Pedi às crianças que desenhassem seus próprios sentimentos, algo que as deixasse com raiva ou o que faziam quando estavam com raiva.

Os desenhos foram muito expressivos e comoventes. O processo de raiva de cada criança foi retratado com clareza. Um menino de 10 anos desenhou um labirinto com vários bonecos de palito no canto superior direito e um no canto inferior esquerdo. Ao lado deste último, escreveu "Qual caminho seguir", e, no topo da página, "Solidão". Quando compartilhou seu desenho, ele falou sobre seus sentimentos de estar só quando ficava com raiva dos amigos. Ele não sabia como se reaproximar deles: sentia-se separado e sozinho com seus sentimentos. Um sentimento similar foi expressado numa sessão individual comigo por um menino de 9 anos que, depois de rabiscar um papel para mostrar sua raiva, falou: "Eu me sinto sozinho quando fico com raiva. Estar com raiva me faz sentir muito sozinho".

Às vezes, numa sessão com uma criança, emergem sentimentos de raiva que necessitam ser expressados imediatamente. Às vezes as crianças expressam sua raiva de maneira indireta por meio da brincadeira ou da arte quando consideram muito ameaçador "reconhecer" esses sentimentos em si mesmas. Identificar e admitir os próprios sentimentos traz mais autossuporte, mas expressar a raiva de maneira simbólica também é útil.

Jimmy, de 6 anos, ficou absorto depois de um tempo criando uma cena com a casa de bonecas, os móveis e os bonecos. Ele fez um boneco cometer um roubo, o que despertou muita raiva nos outros bonecos. Jimmy estava totalmente envolvido em representar a cena e expressou raiva autêntica por meio dos bonecos. Ele resistiu às minhas tentativas iniciais de relacionar a brincadeira à sua própria vida. Isso é de se esperar, sobretudo com crianças mais novas. Jimmy levou um bom tempo para chegar ao ponto de se expressar por meio da brincadeira com a casa de bonecas, e essa nova atividade se tornou muito significativa e importante para ele. Antes disso, ele sempre comentava: "As meninas brincam com casas de bonecas", "Você precisa consertar a sua casa de bonecas", "Eu não quero brincar com a casa de bonecas", "Que casa de bonecas mais estranha".

Era como se Jimmy estivesse atuando um roubo que ele próprio sofrera — suas sensações de ser invadido, de ter algo tirado dele. Ele, como o boneco com raiva, protestava contra essa violação. Eu não segui minha intuição, minha interpretação dessa brincadeira, pois de alguma maneira sentia que ele estava fazendo seu próprio trabalho, como fazem muitas crianças pequenas ao brincar. Se minha intenção tivesse sido que Jimmy se envolvesse em uma discussão comigo para promover *awareness* explícita (talvez, para que *eu* me sentisse bem por minha intuição), eu poderia ter dito: "Você já sentiu que alguma coisa ou alguém foi tirado de você?", "O que gostaria de ter na sua vida agora que está faltando?" ou "Você perdeu alguma coisa na sua vida?" Eu sabia que Jimmy não tinha família e havia morado em várias casas de acolhimento. Se eu tivesse interrompido a brincadeira dele com essas perguntas naquele momento, ele talvez tivesse respondido, talvez não. Mais tarde, quando nossa relação se tornou mais forte, consegui conversar com ele diretamente sobre seus sentimentos em relação a não morar com a mãe e ainda não estar "livre" para adoção.

Outras crianças são muito mais diretas com sua raiva. Um menino de 5 anos me pediu que desenhasse um rosto e o colocasse no quadro de avisos que uso como alvo para as pistolas com dardos de borracha. Ele disse que o rosto era do pai (que ele nunca conheceu) e passou a atirar nele. Eu o encorajei a dizer palavras enquanto disparava os dardos, e ele gritou: "Tenho raiva de você!", "Você é um cocô!" etc. Ele se deleitava quando o acertava. Depois de um tempo, ele me pediu que desenhasse lágrimas no rosto (talvez, projeções das suas) e por fim me pediu que desenhasse outro rosto com um sorriso. "Está tudo bem agora", falou.

Em outra situação, Laura, de 7 anos, esteve com outro terapeuta durante cerca de três meses antes de nos conhecermos. Por alguma razão, a experiência fora desagradável para ela; ela se opunha a ir às sessões e, depois, a vir me ver. Laura estava passando por um momento difícil na vida, e seus sentimentos eram expressados em comportamentos como roubar, destruir assentos, pichar carros e atear fogo. Parecia impossível estabelecermos uma relação. Eu sabia que, para conseguir fazer algum progresso com ela, teríamos que lidar com seus sentimentos em relação ao psicólogo anterior. Eu mencionara o assunto uma ou duas vezes antes e havia me deparado com olhos e boca fechados. Agora, me aventurei a mencioná-lo novamente. Dessa vez, Laura murmurou alguma coisa e percebi que sua perna balançava para trás e para frente, num movimento que parecia um chute. Falei: "Você parece ter vontade de chutar com essa perna".

"É! Eu queria mesmo dar um chute nele!"

Propus que ela chutasse a cadeira como se o psicólogo estivesse sentado nela. Ela se levantou e fez isso. Eu a incentivei a continuar e a dizer alguma coisa para ele a cada chute que dava.

"Eu te odeio! Você fez eu me sentir mal!"

Ela fez isso durante um bom tempo enquanto eu segurava a cadeira. De repente, parou, sentou-se, sorriu para mim e mudou de assunto. Seu corpo agora estava relaxado e seus modos em relação a mim eram mais francos e amistosos. Esse foi o começo de uma relação terapêutica muito gratificante e exitosa com Laura.

Outros itens úteis para ajudar as crianças a expressarem sua raiva durante uma sessão terapêutica são um bastão acolchoado, uma faca de borracha, uma pistola de dardos e um joão-bobo. Modelar uma figura de argila real ou simbólica e então golpeá-la com o punho cerrado ou com uma marreta de borracha também as agrada. Um menino, Danny, deu vazão a seus sentimentos desfigurando um rosto de argila do irmão. Eu lhe pedi que falasse com o rosto de argila enquanto o feria. Dessa forma, ele revelou muito mais material do que se só tivesse me falado ou reclamado do irmão. Quando terminou, alisou a argila e fez um rosto novo para representar o irmão. "Ele já teve o bastante por hoje", falou. A flexibilidade da argila é valiosa porque permite às crianças desfazer qualquer dano causado.

Às vezes peço às pessoas que desenhem sua raiva e outras vezes elas fazem isso espontaneamente. Billy, de 9 anos, me foi encaminhado pela escola pública por seu comportamento rebelde na sala de aula e no pátio. Seus pais foram aconselhados a procurar ajuda para ele antes que se tomassem medidas de colocá-lo numa sala especial. A família de Billy havia se mudado várias vezes durante seus 9 anos de vida, devido à carreira do pai no serviço público, e ele não reagira bem a essas mudanças.

Na primeira sessão, o menino se encolheu num canto do sofá, recusando-se a falar, enquanto os pais recitavam uma lista de queixas. Quando ficamos a sós, ele ainda se recusava a falar ou a brincar. Nessa primeira sessão, notei que Billy olhava a mesa de pintura com frequência. Na sessão seguinte, eu lhe disse que gostaria que ele pintasse alguma coisa — o que quisesse — e ele, relutante, concordou. Pintou com grande absorção enquanto eu o observava.

Billy: "Isto é um vulcão."

"Fale sobre ele."

Billy: "Nós o estudamos na escola. Não é um vulcão em atividade, é um vulcão dormente. Esta é a lava quente (linhas vermelhas dentro de um vulcão marrom com paredes grossas) que ainda não entrou em erupção. E esta é a fumaça saindo do vulcão. Tem que soltar um pouco de vapor."

"Billy, eu queria que você me falasse de novo sobre o vulcão, e desta vez queria que imaginasse que o vulcão tem voz, que pode falar. Mas você vai ser a voz dele, como se fosse a voz de um fantoche. Então, fale sobre o seu vulcão outra vez. Comece com 'Eu sou um vulcão'."

Billy: "Tá. Eu sou um vulcão. Tenho lava quente dentro de mim. Sou um vulcão dormente. Ainda não entrei em erupção. Mas vou entrar. Tenho fumaça cinza saindo de mim."

"Billy, se você fosse mesmo um vulcão, se o seu corpo fosse o vulcão, onde estaria a lava quente?"

Billy (depois de muito pensar, finalmente colocando a mão sobre o abdômen): "Bem aqui."

"Billy, o que a lava quente seria para você, um menino, em vez de um vulcão?"

Billy (os olhos brilhando): "Raiva!"

Então pedi a Billy que fizesse um desenho de como imaginava que seria sua raiva, usando apenas formas, cores e linhas. Ele fez um grande círculo vermelho com contorno grosso e cores dentro. Escrevi em seu desenho conforme ele me ditou: "Esta é a raiva do Billy dentro do estômago dele. É amarela, vermelha, cinza e laranja. Está saindo fumaça." Então, listei algumas das coisas que ele disse que o deixavam com raiva: "Quando a minha irmã bagunça o quarto, quando me meto em brigas, quando caio da bicicleta, quando quebrei meu cadeado, quando caí na pista de patinação".

Nesse ponto, Billy percebeu quanto havia revelado e não quis mais falar sobre sua raiva. Terminamos a sessão com uma partida de damas.

Billy ainda não estava pronto para dar expressão à sua fúria, exceto por meio do desenho. Ele sabia que sua ira estava dando voltas dentro dele. Em sessões posteriores, pouco a pouco foi capaz de revelar mais; e, à medida que fazia isso, seu comportamento inaceitável começou a diminuir. Ele fez amigos, entrou para uma equipe de beisebol e, em geral, permitiu que aflorasse seu *self* extrovertido, amistoso e alegre. Para mim, o indicador mais significativo dessa mudança foi que, três meses depois, quando telefonei para a escola para saber como Billy estava indo, a orientadora não lembrava quem ele era!

Repetidas vezes, vejo que a energia gasta em reprimir sentimentos de raiva leva a comportamento inapropriado. Com crianças, as mudanças podem ser rápidas, já que elas não têm as múltiplas camadas de raiva suprimida que os adultos, muitas vezes, têm. E sempre me surpreende ver uma criança abrir caminho em meio ao caos para emergir como um ser mais saudável e inteiro. Pareceria que o processo de chegar a um lugar saudável devesse ser difícil, mas quase sempre é muito simples e óbvio. Uma menina de 12 anos, classificada como "pré-delinquente" pelas autoridades judiciais, desenhou seus sentimentos de raiva: garatujas em amarelo, laranja e cinza cercadas por um grosso contorno preto. Sua declaração sobre o desenho foi: "A raiva circunda e espreme os sentimentos bons, e eles não conseguem sair". Isso resume de maneira clara. Quando Debby começou a obter ajuda para liberar seus sentimentos de raiva, seus bons sentimentos brotaram e seu comportamento rebelde diminuiu drasticamente.

Bobby, de 9 anos, veio para a sessão anunciando que estava com dor de cabeça, uma queixa comum em casa e na escola. Eu lhe pedi que desenhasse sua dor de cabeça: "Feche os olhos e observe a sua dor de cabeça. Veja que forma tem e de que cores é. Então, desenhe-a". Esta é a descrição que Bobby fez de sua dor de cabeça, ditando para mim: "O ponto no meio é o que dói mais. Os lados da cabeça também doem muito. As partes em volta do meio não doem tanto. A minha dor de cabeça está na minha testa, a parte laranja. Às vezes está na parte de trás. Verde, vermelho, cinza, preto e marrom doem mais. Azul, laranja, violeta, amarelo, ocre não doem tanto. Eu queria acabar com a minha dor de cabeça, para que pare de doer. Tenho dor de cabeça quando corro muito por aí, no sol quente. Às vezes acordo com a cabeça doendo. E quando fico com raiva. E na hora do jantar. Agora dói um pouco também".

Então, ele fez o desenho de um rosto com a dor de cabeça maior agora desenhada em miniatura. Só de se permitir experimentar sua dor de cabeça, a dor diminuiu consideravelmente. No entanto, as seguintes declarações de Bobby despertaram meu interesse: "Eu gostaria de acabar com a minha dor de cabeça" e "Tenho dor de cabeça quando [...] fico com raiva" e "na hora do jantar".

Pedi a Bobby que conversasse com sua dor de cabeça no papel sobre como ele gostaria de acabar com ela. Com meu incentivo, ele fez isso por um tempo. Então, insinuei que ele talvez quisesse "acabar com" alguém na vida dele. No mesmo instante, ele respondeu: "É! O meu irmão!" Eu lhe pedi que desenhasse o rosto do irmão e dissesse o quanto estava com raiva dele. Ele fez um rosto grande e feio e então passou a marcá-lo com traços de lápis enquanto expressava parte de sua raiva. Bobby necessitava algumas ferramentas para lidar com seus sentimentos de raiva de maneiras mais saudáveis, em vez de voltá-los contra si mesmo na forma de dores de cabeça.

Uma das coisas mais difíceis para as crianças aprenderem é como ser diretas com seus sentimentos de raiva. Elas precisam aprender a pedir diretamente o que querem e a dizer do que gostam e do que não gostam. Penso que as crianças são incentivadas a ser manipuladoras, tortuosas e indiretas pela maneira como os adultos reagem às suas observações diretas e incisivas. As crianças, sobretudo os adolescentes, muitas vezes me contam como os adultos as criticam e punem se são diretas com seus sentimentos. Como elas testemunham essas reações negativas desde muito novas, não desenvolvem a prática da comunicação direta que poderiam levar consigo para a vida adulta.

Nas famílias que atendo, vejo que todos os integrantes, incluindo os adultos, têm dificuldade de se comunicar uns com os outros. Um exercício simples como fazer que cada um diga uma coisa de que gosta e uma coisa de que não gosta nos demais traz grandes resultados. Depois de um desses exercícios, um menino disse ao irmão mais velho, com lágrimas de felicidade: "Eu achei que você não gostasse de *nada* em mim!" Também fiz esse exercício com grupos de crianças que não tinham relação entre si, e considero uma boa prática para se aprender a ser direto.

Um menino de 8 anos reclamou para mim que o pai nunca passava tempo com ele. Eu sabia que isso era verdade — embora preocupado e amoroso com o filho, seu pai era um profissional muito ocupado — e senti que, em vez de trazer o pai para uma sessão familiar, eu poderia proporcionar a esse menino uma oportunidade de aprender a comunicar suas necessidades diretamente, em vez de recorrer à maneira manipulativa e chorosa que costumava usar. Eu lhe pedi que conversasse com o pai como se este estivesse sentado na cadeira vazia (eu poderia ter usado uma boneca, um fantoche, um desenho no papel ou na lousa) e declarasse seus ressentimentos e carências. Ele fez isso; então, propus que ele fosse para casa e repetisse essas declarações para o pai. Na sessão seguinte, ele relatou que o pai o escutara com atenção e que eles fizeram planos de fazer algumas coisas juntos. O menino ficou extasiado e adquiriu muita autoestima com essa experiência.

Uma mãe trouxe o filho de 5 anos para a terapia porque ele estava fazendo birras terríveis que deixavam ambos exaustos. Enquanto ela descrevia o comportamento dele, Jeff ficou irrequieto em seu assento, fingindo não ouvir. Eu queria envolvê-lo, então interrompi a mãe e pedi a ela que fizesse um desenho de algo que a incomodava no filho, e pedi a ele que fizesse o mesmo em relação à mãe. Jeff disse que não queria, mas observou atentamente enquanto a mãe desenhava um menino jogado no chão, de braços abertos e boca arreganhada, com linhas vermelhas onduladas ema-

nando de todo o seu corpo. Era Jeff tendo um de seus ataques de birra. Então, ele começou a desenhar. Fez uma figura deitada no chão e uma figura muito maior pairando sobre a menor. Ele falou: "Esta é a minha mãe gritando comigo enquanto estou tendo um ataque de birra". Pedi à mãe de Jeff que falasse com o menino em seu desenho sobre como se sentia quando ele tinha um ataque de birra, e pedi a Jeff que falasse sobre seus sentimentos com a mãe em seu desenho. Logo os dois estavam dialogando por meio dos desenhos, e a atenção de Jeff nunca diminuiu. Ele disse que a mãe o tratava como se ele tivesse que ser capaz de fazer tudo e não exigia nada do irmão de 3 anos. Pedi a ele que fosse mais específico: "Que coisa ela quer que você faça? Diga para ela o que é".

A resposta dele: "Uma coisa que você sempre quer que eu faça é recolher todos os brinquedos que ele esparrama, só porque são meus brinquedos. E quando eu tento dizer isso, você nunca me escuta e me faz ter um ataque de birra".

Pedi a Jeff que propusesse algumas soluções para o problema e ele propôs algumas muito boas. Eles discutiram cada solução e chegaram a um acordo sobre esse assunto; então, passaram a outra das queixas específicas de Jeff. Eu só o vi por três sessões. Quando ele e a mãe começaram a escutar um ao outro, as birras cessaram. Nem todos os problemas são resolvidos tão facilmente, mas este é um bom exemplo do poder que uma criança pode exercer — um poder que pode ser opressivo para os pais ainda que a causa subjacente seja simples, óbvia e fácil de solucionar.

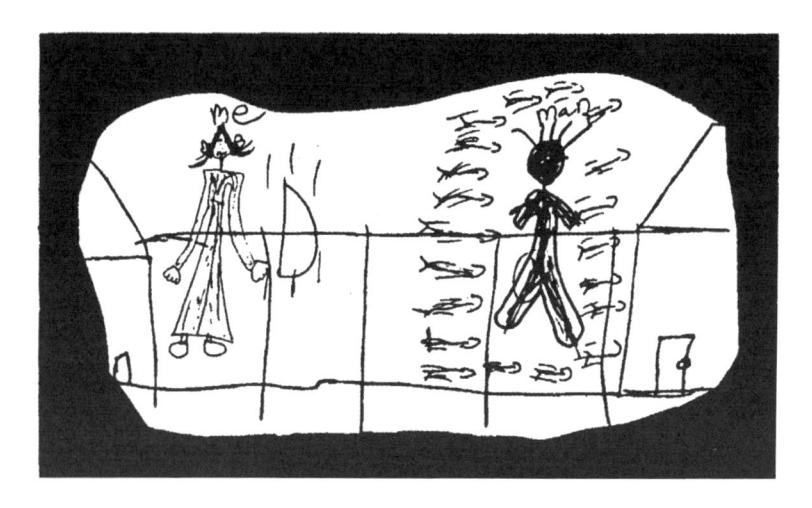

Linda, de 10 anos, foi molestada por um homem, recusava-se a falar sobre isso com alguém e, de fato, quase não falava sobre nada. Pude perceber que ela tinha muitos sentimentos — raiva, temor, vergonha, talvez culpa — e soube que teríamos que identificar cada um desses sentimentos e lidar com eles um por vez. Abordei diretamente o incidente de molestamento com Linda e lhe pedi que fizesse um desenho de como se sentia. Sem dizer uma palavra, ela pegou algumas canetinhas e desenhou uma menina que denominou "Eu" e, na outra ponta da página, desenhou uma figura toda de preto que denominou "Homem". Ela desenhou a si mesma segurando um arco e desenhou muitas flechas em volta do homem. Eles estavam parados numa calçada do lado de fora de uma casa. Linda descreveu o que estava fazendo no desenho com muita expressão corporal e emoção na voz. Se ela tivesse se recusado a fazer o desenho, eu teria proposto que fizesse algo menos ameaçador, como, talvez, pintar qualquer coisa ou construir uma cena na caixa de areia. Se seus sentimentos não tivessem vindo à tona, eu continuaria a abordar o assunto de tempos em tempos, sabendo que, em algum momento, ela estaria pronta para se expressar.

Pedi a Debby, de 9 anos, que pintasse como se sentia quando estava feliz e como se sentia quando estava com raiva. Ela traçou uma linha no meio do papel e escreveu "com raiva" de um lado e "feliz" do outro. O lado "com raiva" era uma pequena mancha de cor; o lado "feliz" era maior, com cores vibrantes. Debby tinha dificuldade de aceitar seus sentimentos de raiva; dar a ela a oportunidade de pintar seus sentimentos agradáveis aliviou um pouco a tensão e lhe permitiu começar a encarar os sentimentos não tão agradáveis. Nós conversamos sobre seu lado "feliz". Em resposta a "O que deixa você feliz?", listamos em seu desenho: "Sair; meu pai; conversar com você". Então conversamos sobre seu lado "com raiva". Sobre esse lado, ela comentou: "Quando meu irmão me provoca; quando ele se intromete; coisas *pequenas*. Também a escola — a minha professora me fez sentir tão mal quando fiz uma pergunta que nunca mais quero perguntar outra vez! Tem um monte de coisas pequenas dentro de mim". E então ela olhou para mim e falou: "Às vezes tenho vontade de gritar". Eu lhe pedi que pintasse como se sentia quando tinha vontade de gritar. Ela pintou com grandes movimentos fluidos enquanto falava: "Odeio quando a minha mãe me manda fazer a lição de casa e praticar piano! Ela só manda, manda, manda. Eu odeio! Queria que a cabeça dela caísse quando estou com raiva dela!" — e então, mais que depressa, *"Não, eu não queria!"*. Com frequência, quando estão com raiva, as crianças têm fantasias de mutilação e morte que as assustam muitíssimo — outra razão para manter a raiva trancada dentro de si. Depois disso, Debby e eu pudemos conversar sobre suas fantasias assustadoras.

Um menino de 9 anos desenhou seus sentimentos de raiva em uma garatuja com fortes traços pretos, roxos e vermelhos. Escrevemos no verso da folha: "Estes são os sentimentos de raiva do Jon — e também alguma mágoa. Fico com raiva quando o meu irmão me xinga; quando os meus pais não me tratam bem ou agem como se eu não existisse. Eles me ignoram. Não respondem às minhas perguntas. Eu não posso tocar violão. Eu queria fazer aula de violão e eles não deixam".

Susan, de 11 anos, contou abertamente que um homem invadira sua casa, entrara em seu quarto e a espancara até ela ficar cheia de hematomas e sangrando, ateara fogo na casa e fora embora. Ela falou sobre essa experiência inacreditável, que virou manchete nos jornais, num tom de voz monótono e sem sentimento. Nós nos sentamos no chão com argila e conversamos sobre sua experiência enquanto ela moldava a argila. Eu lhe pedi que expressasse o que sentia em relação a esse homem como se a argila fosse ele. No início, ela resistiu, mas quando insisti começou a desferir pequenas punhaladas na argila. Esta era macia e cedia facilmente aos golpes dela. Quando Susan permitiu que alguns de seus sentimentos se revelassem, a fenda em sua couraça aumentou e ela começou a golpear a argila com muita energia. Eu lhe pedi que dissesse ao homem de argila o que queria dizer a ele. Ela disse algumas coisas; então, de repente, parou, e pude ver lágrimas se formando em seus olhos. Ela olhou para mim.

"No que você está pensando, Susan?", eu lhe perguntei com gentileza.

Ela sussurrou: "Estou tão furiosa com a minha mãe! Tenho tanta raiva dela!"

Susan não pôde dizer à mãe que se ressentia por ela não ter ouvido seus gritos e só ter despertado quando sentiu cheiro de fumaça. Ela me contou que não conseguia dizer isso à mãe, que já estava tão perturbada com o que havia acontecido. Senti que era necessário que Susan fosse franca com a mãe, que contar só a mim o que sentia não a ajudaria a se curar. Pedi à mãe dela que viesse na sessão seguinte, e lidamos com esses e outros sentimentos que Susan tinha pela mãe, relacionados com essa experiência. No fim da sessão, elas se abraçaram e choraram. A mãe relatou que essa foi a primeira vez que viu a filha chorar desde o incidente. Para Susan, foi importante aprender que as pessoas, inclusive sua mãe, necessitam expressar seus sentimentos. Muitas crianças guardam seus sentimentos para não perturbar ou sobrecarregar ainda mais a mãe ou o pai que já está sofrendo.

Escrevi extensamente sobre a raiva — essa emoção ameaçadora, tão temida, resistida e suprimida — porque é, com muita frequência, o bloqueio oculto mais importante e profundo à nossa sensação de inteireza e bem-estar.

A CRIANÇA HIPERATIVA

Hoje em dia, há muita controvérsia sobre a causa e o tratamento da criança hiperativa. Certamente, todos estão de acordo sobre o comportamento manifesto de uma criança hiperativa. Ela pode ter dificuldade de sentar-se quieta, se agita, se movimenta muito, às vezes fala em excesso, pode ser que tenha maneirismos irritantes, que bata em outras crianças, muitas vezes causando conflitos e brigas, tem dificuldade de controlar seus desejos, é impulsiva, com frequência tem pouco controle muscular ou má coordenação, é desajeitada, derruba coisas, quebra coisas, derrama leite. Tem dificuldade de focar a atenção, distrai-se com facilidade. Às vezes, faz muitas perguntas, mas raramente espera pela resposta.

Trabalhei com muitas crianças hiperativas. É difícil conviver com elas. Em geral, são as primeiras a ser identificadas pelo professor na sala de aula e transferidas para uma classe especial. Com frequência, uma criança hiperativa apresenta graves transtornos de aprendizagem, causados por um prejuízo de suas faculdades perceptivas — visual, auditiva e às vezes tátil. Suas dificuldades motoras causam má coordenação mão-olho e afetam sua capacidade para escrever com facilidade e clareza. Ela fica confusa e irritada com os muitos estímulos no ambiente. Há muitos efeitos secundários que contribuem para as dificuldades da criança. Os adultos ficam impacientes com ela, não confiam nela, gritam com ela e, às vezes, não a suportam. Ela tem poucos amigos, já que carece de habilidades de relacionamento interpessoal. É humilhada pelos rótulos que lhe são colocados. Outras crianças a provocam e a xingam. Ela se sente mal por suas dificuldades de aprendizagem; sua autoimagem é, normalmente, muito ruim. Mas ela luta para sobreviver num mundo que lhe parece hostil e injusto.

Os médicos se apressam em receitar medicamentos para aquietar a criança hiperativa. Houve ocasiões em que vi crianças que, graças à ingestão diária de medicamentos, conseguiram sentar-se quietas tempo suficiente para aprender a ler, ou ficaram tão dóceis que pareciam passar por uma reversão da personalidade, de agressivas e odiosas a agradáveis e tranquilas. No entanto, como com as técnicas de modificação de comportamento, que lidam apenas com o comportamento sintomático, a criança tratada com remédio não ganha força interior para lidar com seu mundo. Ela usa a medicação como muleta e, às vezes, como ferramenta de manipulação. "Dá meu remédio para eu me comportar direito" é algo que se ouve com frequência.

Também é assustador especular sobre o dano fisiológico que pode resultar de tais medicamentos. Tendo a me inclinar aos que defendem uma boa nutrição e um tratamento com megavitaminas. Sei que, em geral, as crianças hiperativas têm uma dieta ruim, com livre acesso a grande quantidade de açúcar e outros alimentos com alto teor calórico e baixo valor nutricional, seja como recompensa por fazer algo bem ou para mantê-las quietas e de boca fechada.

As crianças que manifestam alguns ou todos os sintomas de hiperatividade às vezes estão simplesmente evitando sentimentos dolorosos. Uma criança que não consegue ou não quer expressar sentimentos reprimidos certamente terá dificuldade para ficar quieta, prestar atenção, focar — e *não* ter nenhum transtorno motor ou perceptivo de origem neurológica. Muitas vezes, as crianças ansiosas têm medo de se envolver em qualquer tipo de atividade. Elas passam constantemente de uma coisa a outra e parecem ser incapazes de permanecer em alguma e lhe dar toda a sua atenção. Crianças que são temerosas, irritadas ou ansiosas podem se comportar dessa maneira e aparentar ser "hiperativas", com todas as implicações desse rótulo.

Jody, de 5 anos, era um exemplo típico desse tipo de criança. Ele foi diagnosticado como hiperativo e estava tomando 10 miligramas de Ritalina por dia. Sua mãe relatou que, embora estivesse tomando essa medicação há um ano, sua hiperatividade não tinha diminuído. No meu consultório, ele saltava de uma coisa a outra, incapaz de se concentrar em uma atividade. Pegava uma coisa, começava a brincar com ela e, de repente, mudava de ideia. Começava a trabalhar em algum projeto que eu propunha, como argila ou desenho, e logo dizia: "Eu não quero mais fazer isso". A cada vez, eu respondia dizendo "Tudo bem" e o ajudava a ordenar o que estivera usando. Na quarta sessão, Jody me contou que tinha sonhado com um monstro que poderia matá-lo. Eu lhe pedi que pintasse o monstro. Ele trabalhou com afinco e muito absorto. Quando se recostou na cadeira e anunciou que havia terminado, eu lhe pedi que conversasse com o monstro e lhe dissesse o que achava dele.

Jody: "Você me assusta! Você vai me matar!"

"Como ele poderia matar você, Jody?"

Jody: "Poderia me devorar."

"Diga isso para ele."

Jody: "Você poderia me devorar!" (Ele curva os ombros). "Aaaaaah. Tenho medo de você."

"Seja a voz do monstro e fale com você."

Jody: "Ser a voz do monstro?"

"É. Finja que você é ele. O que ele diz para você?"

Jody: "Ele diz: 'Cuidado comigo! Eu vou comer você!'" (com voz gutural).

Nós continuamos nessa linha por um tempo, até que eu falei: "Jody, como você se sente sendo o monstro?"

Jody: "Bem!"

Nesse ponto, o tempo acabou e tivemos que parar. A atenção de Jody nunca se desviou durante a sessão. Em sessões subsequentes, ele esteve cada vez mais disposto a permanecer com uma atividade por conta própria. Sua brincadeira se centrou em situações violentas. Ele montava a casa de bonecas com os móveis e a família e dizia: "Cai uma bomba e todo mundo morre". Enfileirava carrinhos e depois chocava todos eles com um dos caminhões. Colocava soldadinhos na areia e atirava neles, um por um, fazendo-os cair. Sempre que possível, eu o incentivava a "ser" a bomba, "ser" o caminhão que chocava os carrinhos e assim por diante. Eu queria que Jody vivenciasse seu próprio poder. Quando se sentiu livre para fazer isso na segurança do meu consultório, começou a levar para casa consigo essa sensação de poder. Ele começou a se expressar para mim e para a mãe, de forma muito mais direta, as coisas que o deixavam com raiva ou com medo. A mãe relatou que ele, finalmente, estava ficando mais calmo e mais fácil de lidar.

É interessante que, quando trabalho com uma criança considerada hiperativa, é raro que ela seja hiperativa no meu consultório. Li os informes escolares sobre sua hiperatividade e às vezes inclusive a observei pessoalmente em sala de aula. Ouvi seus pais e o vi ser hiperativo na sala de espera, pulando, escalando, correndo de um lado para outro. Pode haver certa agitação e inquietude quando ele está no meu consultório, mas para mim é muito interessante que haja muito pouco do que normalmente se considera hiperatividade numa situação um-para-um. Quando essas crianças têm a atenção de alguém, são ouvidas e levadas a sério, elas conseguem minimizar de algum modo seus sintomas "hiperativos".

Trabalhar com essas crianças não é muito diferente de trabalhar com crianças que são agressivas e raivosas. Começo com onde a criança está e tento focar os problemas específicos que me foram apresentados ou que surgem. Se os sintomas hiperativos forem evidentes, uso uma de duas abordagens opostas: 1) ofereço à criança materiais que sei que a acalmam e tranquilizam, como argila, água ou pintura a dedo; ou 2) sigo as rápidas mudanças no foco de atenção da criança e chamo a atenção dela para o que está fazendo, a fim de ajudá-la a vivenciar isso mais plenamente.

Penso que, para essas crianças, qualquer experiência tátil as ajuda a focar e a ter mais *awareness* de si mesmas — de seu corpo e de seus sentimentos. Quando trabalhei com crianças com transtornos emocionais ("hiperativas" e "antissociais") em escolas, com frequência usei pintura a dedo, com excelentes resultados. Eu pegava bandejas emprestadas do refeitório, colocava amido líquido em cada uma delas e polvilhava uma ou duas cores de guache em pó sobre o amido. As crianças trabalhavam lado a lado (geralmente, em pé à mesa) com grande alegria. Usei essa atividade com frequência, com muitas combinações de crianças e faixas etárias diferentes, nos seis anos em que trabalhei com esse programa e também em meu trabalho terapêutico com crianças, tanto em grupo quanto individual. Nem uma vez uma criança manchou outra criança ou as paredes. Elas trabalhavam absortas, criando belos padrões e experimentando com a mistura de cores, conversando umas com as outras e comigo enquanto trabalhavam. Quando era hora de parar, nós pegávamos uma folha grande de papel, a colocávamos sobre o desenho final na bandeja e pressionávamos o papel sobre ele; saíamos com uma impressão maravilhosa, que deixávamos secar e mais tarde emoldurávamos em uma cartolina de cor contrastante. Cada criança limpava sua área de trabalho e lavava sua bandeja.

O valor dessa atividade era imenso. As impressões que elas faziam eram realmente bonitas, e é claro que elas ficavam muito orgulhosas de sua arte e de si mesmas. Haviam se envolvido em uma boa hora de atividade focada e alegre, e a camaradagem lhes proporcionava uma experiência de que certamente precisavam. Por causa da natureza tátil e cinestésica dessa atividade, experimentavam uma sensação mais aguçada do próprio corpo. Como essas crianças se distraem com frequência e às vezes se confundem com os estímulos, elas têm muita necessidade de voltar a vivenciar um senso de si mesmas. Acredito que toda experiência tátil e cinestésica promove uma *awareness* nova e mais vigorosa do próprio corpo e *self*. Com mais *awareness* do *self*, vem uma nova *awareness* dos sentimentos, pensamentos e ideias.

Durante essas sessões, as crianças falavam sobre muitas coisas e, com frequência, tinham discussões complexas envolvendo processos de pensamento lógico. Às vezes, falavam sobre si mesmas e revelavam sentimentos até então não expressados. Discussões sobre religião, morte, problemas familiares, experiências comuns, drogas e outros tópicos desse tipo eram muito frequentes. Sei que o que escrevo aqui tem especial significado para o leitor que já trabalhou com crianças com transtornos emocionais em uma escola pública. Muitas vezes me senti abrumada ao escutá-las, e me entristecia muitíssimo saber que a riqueza e a profundidade que elas guardavam dentro de si raramente tinham a oportunidade de se revelar.

Às vezes eu colocava música, geralmente clássica, enquanto as crianças faziam pintura a dedo. Durante a música havia pouca conversa, o que possibilitava que cada criança tivesse uma experiência mais profunda de estar plenamente em contato consigo mesma de uma nova maneira. A argila, a água e a areia proporcionam outros tipos de experiência tátil. Quando eu trabalhava na escola pública, onde havia um parquinho disponível, eu podia levar as crianças para o tanque de areia quando ninguém mais estava usando. Cada uma das oito a doze crianças tinha seu próprio espaço para trabalhar.

A brincadeira com água tem benefícios únicos. É o mais tranquilizante de todos os meios. Quando havia uma pia na sala de aula, eu às vezes incentivava uma criança a brincar nela com os vários objetos de plástico disponíveis para esse fim. Muitas dessas crianças nunca haviam tido a oportunidade de brincar com areia, barro e água quando pequenas — experiências vitais para um desenvolvimento saudável. Em sessões individuais com crianças pequenas hiperativas, eu frequentemente tinha uma bacia d'água disponível (já que não há pia no meu consultório) com objetos para encher de água e despejar. Um menino de 6 anos só começou a expressar alguns de seus sentimentos para mim depois de ter brincado absorto com a água por um tempo.

Como o tato e o movimento muscular parecem ser úteis para aumentar o senso de *self* e, além disso, têm um efeito calmante, me parece natural que a massagem possa trazer enormes benefícios a uma criança hiperativa. Lembro que enquanto eu tentava ensinar leitura ou aritmética a um aluno com transtornos emocionais, com frequência corria a mão suavemente pelas costas dele quando ele se sentava ao meu lado. As crianças amavam quando eu fazia isso, e muitas vezes me pediam; sei que as ajudava a sentar-se quietas e a concentrar-se. Desde então, tenho sugerido aos pais que massageiem seus filhos. Há muitos livros disponíveis com instruções fáceis para leigos. A massagem também é eficaz para crianças que vivenciaram algum trauma; o medo e a ansiedade fazem os músculos se contraírem, e a massagem ajuda a relaxá-los.

Minha outra abordagem ao trabalhar com crianças hiperativas é o oposto de proporcionar atividades calmas, relaxantes e focadas. Se uma criança está irrequieta, indo de um lado para outro etc., posso observá-la fazer isso por um tempo e, depois, incentivar esse comportamento — incentivá-la a olhar para isso, olhar para aquilo. Chamo sua atenção para o que ela está fazendo, sem julgamentos. Quero que ela se concentre no que está fazendo para ajudá-la a ter *awareness* disso e, talvez, reconhecer o que faz. Quando as crianças parecem estar muito distraídas por objetos, sons, imagens e luzes, fazem muitas perguntas sem esperar respostas ou falam incessantemente sem aguardar comentários meus ou de outras crianças do grupo, na verdade não estão envolvidas, não estão fazendo contato com nada e nem ninguém. Elas olham para alguma coisa sem realmente percebê-la antes de passar para a seguinte. Então, quando observo esse comportamento, faço alguns comentários sobre cada objeto ou faço uma ou duas perguntas sobre ele, e depois a incentivo a ver outra coisa. Isso permite que a criança continue a fazer o que está fazendo e, ao mesmo tempo, a incentiva a vivenciar mais. Quando a vejo pegar uma vela, por exemplo, posso dizer: "Veja essa vela. O que você vê? Sinta a cera. Percebe a parte alaranjada?" Então, passo diretamente para outra coisa quando vejo que sua atenção muda. "Que barulho é esse? Parece que está passando um caminhão de bombeiro lá fora." Quero que essa criança faça ao menos algum reconhecimento de cada coisa que vivencia. "O que você sente na perna quando a balança para frente e para trás desse jeito?" Ou: "Acho que você não quer ouvir a resposta à sua pergunta".

Nas escolas, se as crianças estão fazendo alguma atividade e ouvem barulhos do lado de fora, em geral ficam muito distraídas e às vezes vão até a janela. A professora normalmente diz: "Voltem para a sua atividade. Esqueçam isso". Na minha opinião, isso é quase o pior que se pode fazer. Faz muito mais sentido dizer: "Muito bem, vamos todos para a janela ver o que está acontecendo", olhar o que quer que seja, permanecer lá, terminar com isso e depois voltar à atividade anterior.

Uma teoria sobre trabalhar com crianças que se distraem facilmente é que é melhor manter o ambiente vazio, oferecendo o mínimo de estímulos possível. Como eu mesma nunca consegui me sentir confortável numa atmosfera assim, meus espaços de trabalho e de vida nunca se adequaram a essa sugestão. Gosto de estar rodeada de muitas cores e coisas para observar e com as quais trabalhar. Nunca considerei que isso fosse um problema ao trabalhar com grupos ou com crianças individualmente, desde que eu as incentivasse a atender cada distração e encerrá-la. Penso que as crianças necessitam aprender a lidar com a vida à sua volta na realidade. Elas aprendem rápido a lidar com os estímulos quando aprendem a se concentrar neles. Tornam-se mais observadoras de novas luzes e novos sons; suas habilidades de percepção ficam mais aguçadas, e isso pode fortalecer sua capacidade de lidar com seu mundo.

Evitar os estímulos, removendo-os ou ignorando-os, debilita a criança e pode inclusive piorar sua postura perante a vida. Uma criança que tem dificuldade de agarrar uma bola evitará estar em posição de agarrá-la. No entanto, se ela for gentilmente incentivada a agarrar a bola o máximo que puder, sua coordenação mão-olho será aprimorada. (Tenho grande ressentimento dos professores e treinadores que escolhem sempre o melhor lançador, por exemplo, para lançar a bola repetidas vezes num jogo de beisebol, mandando os outros para fora do campo para que se deteriorem.) Quando uma criança nota uma nova bijuteria que estou usando, ou um novo quadro na sala, ou um som que antes não existia, quero incentivar e aprimorar sua *awareness*, em vez de criticá-la ou desincentivá-la.

Dou grande importância aos métodos que proporcionam às crianças hiperativas um meio para se concentrar por si mesmas. À medida que seu senso de *self* se torna mais aguçado, elas podem começar a exercer o controle interno que, com tanta frequência, parece estar faltando. Em geral, gosto de uma progressão de atividades táteis e sensoriais simples (areia, água, argila, pintura a dedo) para atividades que envolvem mais movimento. Os exercícios de respiração e relaxamento podem ser um prelúdio para movimentos corporais em escala maior. Muito se diz sobre dar a essas crianças estrutura e limites para sua atividade, mas pouco se discute sobre lhes oferecer maneiras para criar e desenvolver suas próprias estruturas internas. As crianças necessitam da oportunidade de tomar suas próprias decisões, de criar seu próprio controle.

Não estou defendendo a permissividade absoluta. Acredito que é necessário estabelecer regras para a segurança da criança e para meu próprio conforto. Estabeleço rapidamente os limites que necessito — por exemplo, que a argila deve ser usada sobre a tábua que forneço e não deve ser esparramada pela sala. De fato, raramente preciso declarar tais regras no meu consultório. As crianças são muito conscientes do que é apropriado fazer em determinado contexto, mais do que geralmente supomos. Talvez, quando elas escolhem exceder os limites, é porque isso é o que os adultos com quem convivem geralmente esperam delas.

Já usei muito marcenaria com crianças. Esta é uma atividade excelente até mesmo para as crianças mais hiperativas, a maioria das quais nunca teve a chance de sequer segurar uma serra ou um martelo, quem dirá construir coisas com eles. Conversamos um pouco sobre como manusear as ferramentas — como usá-las e como não se machucar com elas. Eu lhes dou pedaços de madeira, martelos, pregos, serras, furadeiras e outros itens potencialmente perigosos. Elas fazem coisas maravilhosas, experimentam novas maneiras de construir barcos, caixas, aviões etc., resolvem problemas, pedem ajuda às vezes, ajudam umas às outras e compartilham as ferramentas. Eu me sinto desconfortável com que as crianças construam flechas, revólveres e metralhadoras e por isso lhes peço que não o façam, deixando claro que isso se deve ao meu próprio desconforto. Elas acatam minhas solicitações e realizam seu trabalho com grande contentamento e apreciação. Certa vez, um professor da Universidade do Estado da Califórnia, em Long Beach, entrou inesperadamente na sala para observar uma professora estagiária enquanto estávamos "construindo" (é a palavra que as crianças usam para designar essa atividade) e observou: "Elas parecem crianças normais!". De fato, eram exatamente como o resto de nós.

Uso exemplos de coisas que fiz nas escolas porque quero mostrar que esses métodos são eficazes mesmo nas circunstâncias mais difíceis. As crianças que estão em classes especiais vivenciaram tanta derrota, fracasso, vergonha e raiva na escola que simplesmente odeiam o ambiente escolar. Elas se amedrontam com a sombra das normas escolares e, embora possam gostar de verdade da aula e do professor, o estigma de ter sido marcadas e separadas está sempre presente.

Enquanto escrevo isto, me recordo das várias pequenas coisas que fiz com crianças hiperativas para aliviar a tensão ou melhorar o autossuporte. Na escola, se éramos convidados para um programa no auditório (e nem sempre éramos convidados), eu instruía as crianças a correr o mais rápido que pudessem e esperar por mim num lugar determinado. Lá iam elas (para inveja de todas as outras, que marchavam em filas ordenadas), e em seguida esperavam bem-comportadas até eu chegar. Depois de ter estado sentadas durante a aula, correr liberava parte de sua energia e lhes permitia sentar-se novamente durante algum tempo no auditório.

Não gosto de fazê-las permanecer ou caminhar em fila militar, com frequência sem dizer nada. Quando saíamos para um passeio, eu as incentivava a caminhar em qualquer agrupamento que escolhessem — em duplas ou trios ou mesmo sozinhas. Enquanto esperavam do lado de fora da sala de aula, elas se reuniam em grupos e tinham conversas interessantes. Dizer a elas que esperassem numa fila ordenada, meninos de um lado e meninas de outro, sem permitir conversa alguma, me parece ridículo e só aumenta a agitação, a frustração e o atrito. Eu não gosto de ficar numa fila em silêncio enquanto espero e nunca vi uma fila de adultos em que fosse proibido conversar. Quando era necessário ficar na fila para esperar sua vez, como no refeitório, as crianças o faziam com facilidade, porque fazia sentido para elas.

Na sala de aula, havia períodos em que esperávamos que todos ficassem quietos, já que havia gente estudando ou concentrada, e outros períodos em que conversar era parte do curso natural dos acontecimentos. As crianças gostam de conversar umas com as outras durante os tipos de atividades em que não é essencial concentrar-se em silêncio, e essas crianças necessitavam todas as oportunidades de interação social que pudessem obter. Algumas das histórias mais criativas foram escritas por crianças em grupos — conversando, rindo, compartilhando umas com as outras o que tinham escrito, pedindo ajuda quando necessário. Penso que os professores e outros que trabalham com grupos tendem a desalentar o ruído porque incomoda os adultos, porque temem ter perdido o controle das crianças ou porque serão julgados como incapazes de controlar e "disciplinar" os alunos. Se o barulho se torna incômodo para os adultos, ou para qualquer uma das crianças, essa questão deve ser partilhada com o grupo. Então, as crianças podem se aquietar por uma razão legítima, como "Este barulho está me dando dor de cabeça", e não por razões erradas como "Vocês são crianças más e desagradáveis por fazer barulho" ou "Fazer barulho é ruim". É possível combinar antecipadamente com as crianças muitos sinais para chamar a atenção do grupo. Um martelo, um sino, um rufar de tambor, um timbre, um piscar de luz — qualquer um desses funciona. Com frequência, elas próprias propõem ideias muito criativas para os sinais.

Não nos esqueçamos que as crianças, incluindo aquelas consideradas hiperativas, são pessoas como o resto de nós. Todos temos nosso próprio ritmo interno para fazer as coisas. Alguns somos rápidos, outros lentos. Passamos de uma tarefa a outra de diferentes maneiras, terminando uma coisa à nossa própria maneira antes de estar prontos para começar outra. Ao trabalhar com qualquer grupo, precisamos saber que haverá uma variedade de processos em funcionamento; as crianças não são robôs que se movem em padrões sincronizados.

Por fim, quero enfatizar a profunda importância da escolha. Todas as crianças precisam experimentar fazer escolhas; as crianças hiperativas, em especial, necessitam a oportunidade de exercitar sua vontade e seu discernimento de uma maneira positiva. Fazer escolhas requer um senso de *self*; é preciso sintonizar com o próprio pensamento e com as funções mentais e emocionais para tomar uma decisão. Assumir a responsabilidade pelas próprias escolhas é um aprendizado. Em nosso afã de criar limites, estrutura, rotina e ordem na vida das crianças hiperativas (e eu sei que elas precisam de todas essas coisas), muitas vezes nos esquecemos de proporcionar experiências suficientes nos processos fortalecedores de fazer escolhas. Já vi as crianças mais agitadas e inquietas paradas infinitamente diante de cartolinas de várias cores, escolhendo as três cores que lhes pedi para escolher. Com frequência, ficam muito receosas de se arrepender da escolha e prefeririam que eu apenas lhes entregasse as três cores para ter a quem culpar se estas se mostrarem inadequadas. Quase posso ver o cérebro da criança se mexendo e revolvendo dentro da cabeça enquanto ela contempla as pilhas de papel, fortalecendo-se por meio desse exercício. Muitas vezes, para uma criança, escolhas aparentemente simples não são fáceis de se fazer, mas acredito que é essencial lhe dar muitas oportunidades para tomar decisões. Não consigo pensar em uma maneira melhor de reforçar sua individualidade.

A CRIANÇA RETRAÍDA

O que é uma criança retraída? Com frequência, ouço esse termo de pais e professores. Meu dicionário diz: "retraído: *adj.* tímido, reservado etc." O verbo "retrair" é interessante. Mais uma vez, meu dicionário oferece as seguintes definições: "*verbo transitivo.* 1. tomar de volta; remover. 2. retratar ou retirar (uma declaração etc.) *verbo intransitivo.* recuar; afastar-se; retirar- -se." Então, a criança que é retraída talvez tenha necessitado se retirar de um mundo que é demasiado doloroso.

Normalmente não vejo, na terapia, crianças que são quietas ou tímidas. Em geral, os adultos gostam dessas crianças, porque elas causam poucos problemas. O problema só se torna visível quando a criança começa a exagerar seu comportamento tímido. Ela pode falar o mínimo possível ou mesmo nunca falar. Pode não falar mais alto que um sussurro. Pode ficar à margem de tudo, com medo de participar ou experimentar coisas novas. Em geral, é solitária e não tem amigos, ou tem poucos.

Apesar das tentativas de eliminar os estereótipos de gênero, aceita-se que muitas meninas sejam tímidas, reservadas, quietas, retraídas. Os meninos são muito mais incentivados a contatar sua natureza agressiva. Considera-se bonitinho quando as meninas são quietas e tímidas. Considero interessante que, das crianças que atendi em terapia por seu retraimento, as meninas são mais velhas; os meninos são trazidos mais depressa. Poucos pais querem ver seu *filho* quieto e tímido. As meninas usam esse comportamento porque receberam aprovação por ele, e, em geral, só depois de muito tempo é que passam a ser vistas com preocupação.

Crianças retraídas são crianças que se contêm. A definição "retratar ou retirar (uma declaração etc.)" é adequada. Em algum momento, elas aprenderam a manter a boca fechada — muita coisa foi dita por alguém e elas receberam a mensagem. As crianças são rápidas em "fechar-se", reprimindo sentimentos e experiências dentro da concha". Você já tentou conversar com uma criança que "se fechou"? *Você* pode falar, mas ela não fala.

Preciso abordar a criança retraída com delicadeza. Essa criança, tão poderosa em seu estado de retraimento, não abdicará desse poder facilmente. Uma mãe me dizia: "Ela nunca diz nada! Isso me deixa louca!" Não falar é a única arma da criança contra as exigências da mãe. Ela vai bem na escola, faz as tarefas, segue as regras, não choraminga nem implora por nada, não chora, não bate, não briga, não grita. Mas só fala quando necessário: "Por favor, passe o sal".

Essa criança não está usando essa arma de maneira intencional. Ela aprendeu, em determinado momento da vida, que isso era algo que ela tinha de fazer; e, embora as circunstâncias possam ter mudado, continua fazendo. Ou o faz porque sente que é perigoso demais se abrir e falar. O que é importante é que eu a ajudo a encontrar outras áreas de fortaleza para que possa escolher livremente entre falar e não falar. Ao se manter tão hermeticamente fechada, ela clausura muitas partes de si e da própria vida. Não se permite crescer, desenvolver e experimentar à vontade as muitas áreas que em necessita fazê-lo.

Portanto, sou delicada — a força pode quebrar a concha em vez de abri-la. Encontro a criança onde ela está, e eu mesma falo muito pouco. Na nossa primeira sessão, ela ouviu as queixas dos pais e não diz nada. Quando estamos juntas, me obedece à risca. Comunica-se comigo encolhendo os ombros, fazendo caretas e dizendo frases amenas, sobretudo "Eu não sei". Estou muito consciente do poder dessa criança. Às vezes sinto que falo muito, que sou barulhenta, que insisto demais, mesmo quando tento me conter.

Sem dúvida, essa criança ouve, mesmo que não fale. Então, eu lhe digo que sua mãe está preocupada porque ela não fala muito. Imagino que ela não entende completamente a preocupação da mãe, pois sei que, em geral, as crianças que falam pouco não têm *awareness* disso como um problema. Apenas sentem que não têm nada a dizer. Digo isso a ela e ela assente com a cabeça. Digo que, em nossas sessões, por meio das coisas que usamos, ela talvez descubra que tem mais coisas a dizer.

Técnicas expressivas são especialmente úteis para a criança que não quer falar. É por meio dessas técnicas que ela começará a se comunicar, sem precisar abdicar de seu silêncio.

Angie, de 10 anos, não falou uma palavra durante nossa primeira sessão. Seus pais estavam perdidos, sem saber o que fazer. A professora havia comentado em seu boletim sobre a falta de expressão da menina, embora ela tivesse boas notas. Ela não dizia aos pais por que não falava; não lhes dizia *nada*. Até esse momento, eles não haviam se preocupado porque ela sempre havia sido quieta, boa e bem-comportada, e sempre recebia boas avaliações. Mas, finalmente, começaram a perceber que não estava tudo bem.

Enquanto seus pais esperavam na outra sala, eu pedi a Angie que desenhasse uma pessoa, o que ela, obediente, fez com todos os detalhes. Seu desenho tinha olhos vazios, um sorriso no rosto, os braços abertos. Eu lhe perguntei se ela poderia inventar alguma coisa sobre a menina — nome, idade, qualquer coisa. Ela encolheu os ombros, franziu a testa e fez que não com a cabeça. Eu lhe perguntei se era um desenho de si mesma. Ela fez que não. Eu a agradeci pelo desenho; nosso tempo havia acabado.

Na sessão seguinte, eu lhe pedi que criasse uma cena na caixa de areia. Ela encolheu os ombros, como que dizendo: "Claro, se é isso que você quer". Trabalhou muito absorta enquanto me sentei a seu lado e a observei. Examinou cada cesta na prateleira, selecionando cuidadosamente os animais, cercas, árvores, pessoas, uma casa, um rochedo. Acomodou a cena como um zoológico, com cada animal em sua área cercada e muitas pessoas olhando. Reacomodou, trocou, ergueu com paciência as peças caídas, se empenhou muito na criação de um zoológico lotado. Durante todo esse tempo, não falou nada; e até mesmo sua respiração estava suspensa. Então me dei conta de que essa não era a primeira vez que eu notava que as crianças retraídas não respiram plenamente. Numa ponta do zoológico, ela havia colocado uma pequena ponte e, sobre a ponte, um patinho.

Ergueu os olhos e se recostou na cadeira, indicando que havia terminado. Eu lhe perguntei qual animal era o seu preferido. Ela encolheu os ombros; não houve resposta. Perguntei com certa ênfase: "Se pudesse ser um desses animais, qual deles você seria?" Ela olhou para o zoológico que havia criado e apontou para o pato sobre a ponte. Eu falei: "O seu zoológico está muito lotado. Os animais estão apinhados em sua área — todos, exceto o pato. Você às vezes se sente apinhada como esses animais?" Ela encolheu os ombros. "Vejo que escolheu o animal que tem algum espaço para si mesmo. Você tem um espaço para si mesma na sua casa?" "Não" (em alto e bom som). "Com quem você divide o quarto?" "Com a minha irmã." "Gostaria de ter o seu próprio quarto?" "Sim! E ela também! Não gostamos de estar juntas no mesmo quarto." Silêncio depois disso. Ela olhava e olhava para a cena. Eu não interrompi. Por fim, perguntei no que ela estava pensando enquanto observava o zoológico. Ela encolheu os ombros. O tempo acabou.

Fiquei feliz com essa sessão. Senti que aconteceu muito mais do que eu poderia ter esperado numa segunda sessão. A cada sessão subsequente, Angie falava mais e mais — por meio de um desenho, uma fantasia, uma cena na caixa de areia. Eu a incentivei a escrever em seu caderno (ela escrevia bem). Ela registrou sonhos, pensamentos, sentimentos. Nós usamos argila e começamos a ter conversas enquanto trabalhávamos com a argila. Por meio dos desenhos, ela passou a contar histórias. Em uma sessão, fez uma colagem. Ela amou fazer isso e conversou muito mais depois dessa sessão. Por meio dessas atividades, vieram à tona cada vez mais informações — sentimentos que tinha, coisas que gostava de fazer, suas cores e canções preferidas. Eu nunca soube realmente por que ela ficou sem falar durante tanto tempo. (Eu conhecia sua história familiar e poderia fazer algumas suposições, mas qual seria o propósito? Às vezes, os pais imploram pelas minhas suposições e eu lhe digo o que penso, mas lhes asseguro que são apenas conjeturas.) Angie começou a falar comigo e com os pais, a irmã, os professores e os amigos. Ela descobriu que tinha algo a dizer.

Trabalhei com outra criança que falava, mas apenas em sussurros. Ela tinha 11 anos, a mais velha de cinco filhos. Era competente. Tomava conta dos irmãos e irmãs. Ia bem na escola e era bem-comportada. A mãe era divorciada e trabalhava. Eu já havia atendido um de seus irmãos mais novos, que estava tendo crises de birra. Como o comportamento dele melhorou, a mãe me perguntou se eu podia ver a filha de 11 anos. Tínhamos tido algumas sessões familiares, eu tinha visto a mãe várias vezes individualmente, e essa mulher começou a ver o comportamento de uma maneira muito diferente de antes. Passou a se preocupar com a quietude da filha. "Nunca sabemos o que ela está sentindo em relação às coisas, e sei que isso não é bom para ela", falou.

Fizemos muitas coisas e a menina começou a comunicar sentimentos comigo, mas apenas por meio de sussurros. Na época, eu estava atendendo um grupo de crianças e decidi tentar que ela participasse. Ela se retraiu em silêncio, mas notei algo interessante. Todas as crianças no grupo comentaram sobre o lindo cabelo ruivo e as sardas de Jill. Numa sessão particular, pedi a ela que desenhasse como era ter cabelo ruivo. Ela desenhou uma menina com cabelo ruivo e um cenho preto e a intitulou: EU. Ao redor dessa menina, desenhou outras cinco pessoas, identificando cada uma delas e desenhando um balão saindo de cada boca. Uma figura intitulada UM MENINO dizia: "Ei, bola de fogo!". Outra identificada como UM HOMEM dizia: "Onde você conseguiu essas sardas e esse cabelo vermelho?" Uma SENHORA dizia: "Eu sempre quis ser ruiva!" Um MENININHO dizia: "Cara de moranguinho!" E outro menino dizia: "Ei, chama vermelha!" Quando terminou, ela descreveu seu desenho para mim, levantando-se e imitando cada pessoa com um tom de voz alto e sarcástico.

Essa foi a primeira vez que ouvi Jill levantar a voz para além de um sussurro. Escrevi em sua folha conforme ela ditou: "É assim que eu me sinto por ter cabelo ruivo. Recebo comentários em toda parte. Se não me fizessem tantos comentários, talvez eu não me sentisse tão mal". Perguntei a Jill que cor de cabelo ela preferia. "Preto", falou, em alto e bom som. Nós discutimos a possibilidade de ela tingir o cabelo quando fosse mais velha. Ela também me disse que não conseguia se lembrar de uma vez em que alguém não tenha dito alguma coisa sobe seu cabelo ou suas sardas.

Jill tinha muitos sentimentos de raiva, tristeza e ressentimento que mantivera escondidos durante muito tempo. Ela se sentia abandonada pelo pai, se ressentia de tomar conta dos irmãos mais novos e estava ansiosa em relação à mãe, que vivia perturbada e sobrecarregada. Todos esses sentimentos mais profundos começaram a aflorar quando sua voz foi liberada. Um dia, ela me contou que talvez deixasse o cabelo ruivo, afinal. "Às vezes", falou, "é divertido receber toda a atenção por causa do meu cabelo. Mas ainda não gosto das sardas".

Sandra, de 9 anos, só se comunicava por sussurros e tinha dores de estômago frequentes. Passamos muito tempo fazendo desenhos de suas dores de estômago. Eu fiz o primeiro, já que ela ficou desconcertada quando lhe pedi que fizesse isso. Um dia, ela trabalhou por um bom tempo colocando figuras no flanelógrafo. A personagem principal parecia ser uma menina. Eu lhe pedi que me contasse sobre ela.

Sandra sussurrou: "Ela não tem ninguém com quem brincar."

"Ela parece legal. Por que ninguém brinca com ela?"

Sandra: "Ela está com problemas. Ficou tão furiosa com a família que cortou a cabeça de todos."

Ela não disse mais nada sobre a menina. Por fim, perguntei: "*Você* está furiosa?"

Sandra: "Não." (Ela mal respirava.)

Na caixa de areia, ela encenou uma história com um veado muito mandão que dava ordens para os outros animais. Na fantasia da roseira, ela disse, no papel de roseira, falando como a flor: "Eu me escondo quando as pessoas vêm. A grama e as colinas são minhas amigas. Eu converso com elas". Tive a impressão de que ela estava sussurrando menos comigo.

Um dia, ela veio e me disse em um sussurro quase inaudível: "Meu pai esteve conosco este fim de semana quando a minha mãe saiu". Eu lhe perguntei como era. "Não estou acostumada com ele. Prefiro a minha mãe." Sua voz, sua expressão facial, suas maneiras, sua postura corporal pareciam mais contidas do que da primeira vez que eu a vi. Nós nos sentamos juntas no chão e eu lhe pedi que me contasse a que não estava acostumada com o pai. Sandra virou a cabeça para o outro lado. Gentilmente, movi a cabeça dela na minha direção e olhei em seus olhos. "Ele me toca", ela falou, e começou a chorar. O relato de uma longa história de molestamento veio à tona em um tom de voz normal. Sandra nunca tinha contado isso a ninguém.

A criança retraída muitas vezes se encontra em um estado de isolamento porque é incapaz de participar de uma comunicação interpessoal livre e segura. Tem dificuldade de expressar sentimentos de afeto e também de raiva. Tipicamente se mantém num lugar seguro, evitando o risco de ser rejeitada ou magoada. A espontaneidade é pouco familiar para ela e a assusta. Apesar disso, ela admira a espontaneidade nos outros e deseja ser mais casual, aberta e fluida. Às vezes é vista pelos outros como dócil, temerosa, tímida, inibida. Outras vezes, é vista como esnobe, alguém que quer estar só, à parte. Como não é comunicativa, parece ser inarticulada, talvez pouco inteligente e enfadonha, embora possa ter boas notas na escola. Pode inclusive ser rotulada de esquizoide.

Quanto mais velha uma pessoa, mais difícil para ela atravessar seu muro protetor erguido ao longo de anos e anos. Mas o adulto pode, com esforço consciente, contrapor-se a isso por sua própria vontade, sua própria determinação de ser diferente. A criança pequena, no entanto, está imersa em sua necessidade de se proteger e, com frequência, não está ciente de seu estado de retraimento, embora talvez saiba que algo não está certo. É comum que adolescentes busquem terapia, porque eles querem muito quebrar a concha endurecida que os priva da diversão e alegria que veem nos colegas à sua volta. Sua concha excedeu seu propósito de protegê--los contra a dor e o sofrimento; eles percebem que precisam de ajuda para encontrar uma maneira não tão desconfortável de quebrá-la e vivenciar bons sentimentos.

Um jovem de 17 anos me procurou porque se sentia "diferente". Tinha poucos amigos e não conseguia desfrutar do dar e receber do contato social que observava à sua volta na escola. Disse que sempre havia sido assim, mas que isso nunca o incomodou quando pequeno. Ele tinha muitos interesses que o mantinham ocupado: coleção de selos, coleção de moedas, coleções de todo tipo. Sentia que sua vida doméstica havia sido muito estável e não conseguia pensar em nenhuma razão para ser tão pouco comunicativo. Essas declarações (em resposta a perguntas minhas) foram tudo o que ele disse por um bom tempo. Ele, literalmente, não tinha nada para dizer. Com frequência, eu sentia como se estivesse arrancando dentes, e me sentia exausta no fim de cada sessão. Imagino que senti exatamente o que os outros sentiam quando entravam em contato com ele em sua vida. Ele era tão restrito que, quando lhe pedi que fizesse alguns desenhos, considerou isso muito difícil, quase impossível. Era incapaz de descrever seus sentimentos para mim, mesmo quando lhe contei minhas próprias reações à sua dificuldade de se comunicar comigo. Durante os quatro meses seguintes, John começou a passar por uma transformação. Estas são algumas das anotações em meus registros:

Primeira sessão: Me contou sobre não gostar de ser tímido. Incapaz de fazer amigos. Gostaria de ter uma namorada. Nunca saiu com uma menina. Às vezes sai com um grupo, mas geralmente não o convidam de novo. Vai bem na escola. Planeja ir para a faculdade. Exceto por não estar à vontade com meninas e não ter amigos, não acha que exista nada de errado com ele. Não sabe por que não tem amigos. Me senti como se estivesse arrancando dentes para conseguir que me contasse isso. Não tem preocupações nem problemas, exceto por querer fazer amigos. A vida em casa vai bem. Infância boa.

Sessão seguinte: Pedi que fizesse um desenho em cores, linhas e formas mostrando seu lado fraco e seu lado forte. Fez uma tentativa. Teve muita dificuldade. Desistiu. Perguntei o que estava sentindo. Incapaz de responder. Me vi falando muito.

Algumas sessões seguintes: Muito parecidas com as anteriores. Me disse algo sobre o que havia acontecido durante a semana. Disse que gostava de vir me ver — eu era alguém com quem conversar. Falei das minhas sensações — de que conversar com ele era como arrancar dentes. Nenhuma reação. Encolheu os ombros, sorriu. Disse que concordava e que provavelmente era como as outras pessoas se sentiam.

Sessão seguinte: Eu lhe dei um papel e lhe pedi que fizesse o exercício de escrever frases depois das palavras "Eu sou / Eu estou". Ele escreveu: "Eu sou um rapaz; eu sou uma pessoa; eu sou um aluno; eu sou um filho; eu estou inseguro quanto a isso; eu sou eu mesmo; eu não sou perfeito; eu sou sensato; eu sou realista e idealista; eu sou independente por dentro; eu estou em dúvida; eu sou livre; eu sou..."

Sessão seguinte: Trouxe argila. Fiz um exercício com ele pedindo que moldasse uma imagem de si mesmo com os olhos fechados. Ficou desconfortável com a argila, mas insisti e fez. Sessão muito comovente. Disse que não se definia porque não tinha confiança. Medo de ser tonto e bobo e se magoar por dizer coisas etc.

Sessões seguintes: Começou a se lembrar dos sonhos. Trouxe anotados para trabalhar neles. Um era o sonho de estar se afogando, em que se debate na água, mas consegue nadar e se salvar.

Sessão seguinte: Fiz um exercício de *continuum* de *awareness* para ajudá-lo a ter mais consciência do que está acontecendo em seu corpo, mente, sentimentos. Foi como se jogasse um jogo comigo. Um por vez, dizíamos do que estávamos *aware*, o que víamos, ouvíamos e sentíamos em nosso corpo, nossos pensamentos (nomeando-os como tais) e assim por diante. Um sucesso!

Sessões seguintes: Percebi que John estava falando cada vez mais, tomando a iniciativa sobre o que queria fazer. Trabalhou em seus medos do ridículo. Fez um desenho disso. Nenhum problema para desenhar dessa vez! Conseguiu voltar para os sentimentos de ridículo na infância. Começou a expressar alguma raiva! De repente, percebeu que muitas coisas o deixavam com raiva.

John entrou na faculdade com novas qualidades. Relatou que estava fazendo amigos, sentindo-se feliz, falando pelos cotovelos. Ele era muito inteligente e tinha muitas ideias e muito a dizer; havia trancado tudo isso dentro de si durante muitos anos. Contou que às vezes seus velhos sentimentos voltavam, mas que sabia o que fazer quando vinham. Parou a terapia porque sua vida estava muito plena. Isso talvez soe como uma história de sucesso melosa; só posso dizer que a vida real às vezes é melosa demais para se acreditar.

MEDOS

As crianças temem mais do que percebemos. Para cada medo que expressam abertamente, há muitos outros que guardam para si. Em nossa sociedade, ter medo é equivalente a ser covarde. Os pais gastam muita energia tentando minimizar os temores das crianças, em vez de aceitá-los. As crianças aprendem a suprimir seus medos para agradar aos pais ou para não amedrontá-los com seus próprios medos.

Quando atendo crianças por comportamento agressivo, comportamento retraído ou sintomas físicos, muitos medos que elas mantiveram escondidos frequentemente vêm à tona no decurso de nossas sessões. As crianças necessitam falar sobre esses medos. Alguns deles decorrem de ideias falsas; outros se baseiam em situações reais. Muitos são resultado do lugar desigual das crianças em nossa sociedade. Todos esses medos necessitam ser reconhecidos, aceitos, respeitados. Somente quando puder olhar abertamente para eles a criança pode adquirir a força para lidar com um mundo às vezes assustador.

Alguns medos infantis se tornam fobias: crescem e atingem tais proporções que os esforços da criança para evitar as coisas que teme interferem enormemente em sua vida. Um menino de 10 anos tinha tanto medo de altura que não conseguia tolerar ir além do segundo andar em um edifício. Escalar montanhas estava fora de cogitação.

Embora eu saiba que um medo como esse é um deslocamento da causa real do medo ou da ansiedade — o medo é atribuído a algo geral, como alturas, em vez de à sua fonte real —, devo trabalhar com o que me é apresentado. Em geral, confronto diretamente a situação do medo, pedindo à criança que desenhe seu temor ou que reencene, usando bonecas ou dramatização, uma situação que a ajude a se aproximar desse sentimento.

Pedi a esse menino que escolhesse o que quisesse fazer; senti que precisávamos de mais tempo para conhecer um ao outro primeiro. Na caixa de areia, ele construiu uma rua, com casas e árvores, e, no centro, criou diligentemente um arranha-céu com peças de Lego! Seguindo a deixa, eu lhe pedi que colocasse um boneco em seu edifício alto e, depois, que *fosse* essa figura e descrevesse suas sensações. Ele respondeu prontamente e descreveu a sensação de como se fosse perder o equilíbrio e cair. Seu corpo ficou rígido, tenso, a respiração constrita. O corpo e a respiração de uma pessoa dão sinais claros para sintonizar com o medo. Esse sentimento é revelado pelo corpo de maneira muito explícita.

Entrar em contato com sentimentos não expressados relacionados com o medo específico é um passo inicial na terapia. Com esse menino, percebi que uma fonte do temor era a sensação de não ter controle — ele não teria escolha alguma sobre se aproximar da beira e sobre o que aconteceria depois. Passamos algum tempo fazendo vários exercícios que envolviam controle e equilíbrio corporal, incluindo subir e descer uma escadinha, equilibrar-se sobre uma corda e caminhar sobre uma tábua. À medida que adquiria habilidade e autoconfiança, ele começou a explorar lugares cada vez mais altos. Eu lhe expliquei que ele sentiria medo, já que essa era uma resposta antiga, mas que ele podia escolher fazer o que quisesse, apesar disso. No decurso do nosso trabalho juntos, ele compartilhou muitos sentimentos comigo que, à primeira vista, pareciam não ter relação com sua fobia. Quando liberou seus sentimentos e seus pensamentos e ideias ocultos, começou a se livrar de seu medo. Qualquer restrição de qualquer tipo, qualquer contenção, parece ter muita relação com cada aspecto da nossa vida. Aparentemente, quanto mais somos capazes de soltar e ceder, mais controle, equilíbrio e centramento sentimos. Mais uma vez, nós nunca soubemos se havíamos chegado à "causa específica" de seu medo.

Outra criança com quem trabalhei morria de medo de água. Descobrimos a origem do seu medo por meio de uma fantasia dirigida. Ela, de súbito, se lembrou de ter sido empurrada e segurada embaixo d'água pelo irmão mais velho, quando era bem pequena. Na ocasião, ficou aterrorizada e pensou que se afogaria. Essa memória foi confirmada pela mãe e trabalhamos nela de muitas formas, como entrar em contato com sentimentos de raiva pelo irmão, fazer exercícios corporais e, em casa, fazer coisas que envolviam experimentar a água aos poucos, em pequenos passos. Não eliminamos completamente seu medo, mas o reduzimos ao ponto de que deixou de ser controlador. Ela sentiu que havia percorrido um longo caminho, considerando que antes evitava completamente a água, embora nadar provavelmente nunca venha a ser uma de suas atividades preferidas. Essa criança era muito mais velha do que o menino de 10 anos que tinha medo de altura, e seu medo havia sido reforçado por muitos incidentes.

O medo de ladrões e intrusos é muito comum entre as crianças. Uma menina de 9 anos temia que um ladrão entrasse pela janela do seu quarto durante a noite e tinha dificuldade para dormir. Não era do escuro que ela tinha medo, pois sentia que uma luz só serviria para guiar o ladrão ao entrar. Eu lhe pedi que fizesse um desenho de como exatamente o ladrão entraria. Ela desenhou sua casa, a janela de seu quarto e uma árvore grande ao lado, na qual o ladrão subiria para chegar até a janela. Descreveu a cena imaginária com muitos detalhes, inclusive todas as coisas que ele levaria. Ao examinarmos seu medo de maneira bem específica, descobrimos que ela não temia ser machucada fisicamente; apenas não gostava da ideia de um estranho entrando na casa e levando coisas. Ela teve a ideia de pendurar sinos no galho da árvore mais próxima de sua janela, com a certeza de que estes a despertariam a tempo de espantar o ladrão. Essa discussão e exploração diminuiu seu medo o suficiente para lhe proporcionar um sono mais tranquilo, e então pudemos passar para outros assuntos na terapia.

Numa situação similar, uma mãe relatou para mim que o filho de 5 anos tinha medo de que ladrões entrassem na casa. Ele não discutiu o assunto comigo quando o abordei. Li para ele um livrinho chamado *Some things are scary* [Algumas coisas são assustadoras] e, depois, lhe pedi que inventasse sua própria história sobre o menino do livro e do que esse menino estaria com medo. Billy mostrou certa resistência até que preparei o gravador, que uso com frequência nas sessões de contação de histórias. Então, imediatamente contou uma história sobre um menino que tinha medo de que um ladrão entrasse em sua casa e levasse vários itens que ele listou. Não fiz nenhuma tentativa de interpretar essa história, embora ela fosse bem complexa e eu pudesse ter feito muitas suposições sobre seu significado, considerando o que conhecia sobre Billy e sua situação familiar. Quando ele terminou, eu lhe pedi que fosse o ladrão em sua história. Ele fez isso com muito gosto e muito movimento corporal, agachando-se e movendo-se tão sigilosamente quanto qualquer ladrão. Em seguida lhe pedi que fosse o menino em sua história e fingisse que podia falar com o ladrão. Ele declarou que não estava com medo desse ladrão e que bateria nele, o que então passou a fazer, usando uma almofada para representar o intruso. Ficou claro que algo importante aconteceu para ele, que esse foi uma espécie de momento decisivo. Seu comportamento subsequente na escola e em casa melhorou visivelmente. Não sei que conflitos Billy pode ter resolvido nessa sessão em particular. Penso que interpretar ou fazer conjeturas sobre o que aconteceu não serviria a outra função além de estabelecer uma conversa possivelmente interessante, mas supérflua. O que é importante é a qualidade da *experiência* terapêutica da criança, e não a análise que alguém possa fazer da situação.

Andrew, de 10 anos, sentia medo a maior parte do tempo. Ele precisava de luz acesa para dormir, verificava frequentemente se a mãe estava na cama durante a noite, tinha medo de caminhar até a escola sozinho, tinha pesadelos várias noites seguidas depois de testemunhar um acidente ou ver um programa assustador na TV. Nós trabalhamos com alguns desses medos específicos, mas aliviar alguns deles não dissipou muitos outros que continuavam emergindo.

Em uma sessão, usamos os cartões *Make-A-Picture Story* (MAPS), e ele criou algumas histórias muito assustadoras. Uma delas envolvia um cemitério onde um homem se escondia detrás de uma árvore para evitar um fantasma e um monstro. Em outra, um homem estava sangrando numa caverna e não havia ninguém para ajudá-lo. Em outra, um homem ferido, uma senhora e uma menina estavam no meio do oceano em um barquinho, sem socorro à vista. Andrew admitiu que se sentia fraco, indefeso e impotente a maior parte do tempo. Por fim, usando o cartão da cena de rua, ele contou a seguinte história:

"Primeiro tinha um carro vindo pela estrada e uma cobra gigante saiu do bueiro. Um homem parado na rua, com a perna quebrada, viu a cobra e pediu ajuda. Um policial veio e começou a atirar na cobra, mas não a feriu. Depois tinha um menino na rua. O homem no carro era o pai dele e queria que ele fosse para casa. O pai dele estava tão assustado que não queria se meter com a cobra. O menino chamou o Super-Homem e o Super-Homem veio e tirou a cobra do mundo. Fim."

Perguntei a Andrew quem ele era nessa história e ele disse que na realidade era o menino, mas que queria ser o Super-Homem para poder cuidar de tudo em sua vida. Eu lhe perguntei do que ele gostaria de poder cuidar.

Andrew: "Eu queria ter uma moto, conseguir ler melhor e nunca precisar ir para a escola."

"Está bem. E do que mais você gostaria de cuidar?"

Andrew: "Eu queria cuidar da minha mãe. Ela está sempre preocupada com as coisas, como dinheiro e nós, as crianças."

Os pais de Andrew se divorciaram quando ele tinha 5 anos. A mãe me contou que ele se adaptou bem ao divórcio e tinha um bom relacionamento com o pai, que o via regularmente. Então, pedi a Andrew que fosse o menino em sua história e conversasse com cada personagem. Como o menino, ele disse ao pai: "Você deveria ter tomado conta da cobra. O Super-Homem não pode estar sempre por perto quando precisamos dele!"

Senti que estávamos nos aproximando dos temores de Andrew. Quando ele conseguiu começar a expressar seu grande medo de ser responsável pela mãe e seu ressentimento em relação ao divórcio, pudemos começar a ajudá-lo a adquirir a força de que necessitava para lidar com seu mundo.

Cindy, de 10 anos, também sofria muitíssimo com sentimentos vagos de medo. Em uma sessão, quando lhe pedi que imaginasse que seu medo estava sentado numa cadeira na sala, ela descreveu um monstro feio com cornos e dentes verdes e pontiagudos. Eu lhe pedi que conversasse com o monstro.

Cindy: "Você é feio. Argh. Eu te odeio. Vá embora." (Virando a cabeça:) "Não consigo olhar para ele."

"Pergunte ao seu monstro por que ele está aqui, por que fica atrás de você."

Cindy: "Por que você está aqui?"

"Agora seja o monstro. Sente aqui, seja o monstro e responda para a Cindy."

Cindy: "Não! Não posso ser esse monstro feio."

"Cindy, você inventou o monstro — ele não está aí de verdade. Sente-se aí e finja que é o monstro." (Cindy, relutante, passou para a outra cadeira.) "Monstro, diga à Cindy por que você está atrás dela."

Cindy (como o monstro): "Eu quero que ela…"

"Não, não diga para mim. Diga para *ela*" (apontando para a cadeira que Cindy acabou de desocupar.)

Cindy (como o monstro): "Preciso fazer que você esteja sempre com medo."

"Monstro, diga a ela por que você quer que ela esteja com medo o tempo todo."

Cindy (como o monstro): "Quero que você fique com medo ou você pode ser estuprada."

"Sente aqui de novo, Cindy. Cindy, você tem medo de ser estuprada?" (Eu pergunto isso com muita gentileza.)

Cindy (com a voz baixa): "Tenho."

"Você já foi estuprada?"

Cindy: "Eu não sei."

"Parece que você está se lembrando de alguma coisa. Conte para mim o que está lembrando."

Cindy me conta de um incidente que sofreu aos 6 anos; dois meninos a enfiaram numa garagem, a fizeram abaixar a calça e a tocaram. E disse que nunca contou aos pais porque os meninos disseram que a matariam se ela o fizesse. E ela sempre tinha ouvido falar de meninas sendo estupradas e mortas.

Seu medo de ser estuprada foi magnificado por seu conhecimento sexual confuso. Quando mais nova, ela foi amedrontada pelos meninos mais velhos, mas não foi estuprada. Ouvir as pessoas falarem sobre estupro e assassinato aumentou seu terror. Ela equiparou a experiência de ser tocada e exposta à violência do estupro. Conversamos aberta e francamente sobre corpos, atividade sexual, gravidez, os prazeres do sexo e assim por diante, dissipando muitos de seus temores paralisantes.

Às vezes as crianças expressam medo de alguma maneira, mas não conseguem identificar especificamente um objeto temido. O sentimento é prevalente, vago e indistinto. Os desenhos são um ótimo meio para se chegar ao medo. Eu peço às crianças que fechem os olhos, imaginem como mostrariam o medo em cores, linhas e formas, ou símbolos. Uma criança desenhou uma bola preta perto de uma porta intitulada "porta fechada". Outra mostrou um quadrado preto pairando sobre um retângulo azul intitulado "felicidade", o qual, por sua vez, estava sobre um triângulo amarelo intitulado "tristeza". Posso pedir à criança que seja a forma preta e descreva completamente o símbolo do medo: "Sou redonda, preta e escura" etc. O símbolo pode "falar" com as outras partes do desenho ou com a criança, e a criança pode falar com o símbolo. Durante esse processo, observo atentamente as pistas no corpo e as mudanças na voz, bem como o significado do que é dito. Fragmentos de memória sobre situações de vida que são importantes às vezes se revelam durante essa atividade.

Há ocasiões em que quero que uma criança expresse seu medo plenamente. Susan, uma menina de 11 anos que havia sido atacada por um homem que invadiu sua casa, conversou comigo sobre sentir-se com medo. Mas a maneira como ela falou sobre isso pareceu superficial para mim — ela parecia não ser capaz de dar vazão total a seus sentimentos por meio de palavras. Então lhe pedi que pintasse seu medo. Isso a ajudou a expressar o medo e também outros sentimentos. Quando terminou de pintar o medo, entrelaçou outros tipos de linhas. A pintura parecia uma garatuja sem sentido, mas estava longe de ser sem sentido para Susan. Quando terminou, ela descreveu as partes de medo, e eu lhe perguntei o que eram as outras linhas. Susan as observou pensativa e então sussurrou: "raiva". Esse foi o começo de uma mobilização de energia furiosa que ela mantivera suprimida por meio de seu medo.

Os temores baseados em fantasia são, no entanto, sentimentos reais de medo. Uma criança não podia tolerar estar longe da mãe. Ela sofria de preocupação e ansiedade quando não sabia onde a mãe estava. A mãe tinha que levá-la e buscá-la na escola e raramente tinha babás. Há muito tempo, alguém havia deixado cair a roupa lavada ao voltar de uma lavanderia, e esta havia voado até o pátio da escola. A roupa, que incluía algumas peças femininas, foi recuperada, mas não antes de algumas crianças inventarem uma história sobre um assassinato sinistro. Debby, que na época estava no primeiro ano, ouviu a história e ficou aterrorizada. Como as peças pertenciam a uma mulher, ela imaginou que a vítima era sua mãe. Contaram-lhe muitas vezes que esse episódio nunca aconteceu e que não passava de uma história inventada, mas ela continuava apavorada. A mãe, não querendo traumatizar ainda mais a filha, alimentou seu medo e raramente a deixava sozinha. Por fim, depois de um ano inteiro, trouxe a menina para a terapia.

Minha abordagem nesse tipo de situação é muito direta. Conversei seriamente com Debby sobre o "assassinato", pedi a ela que desenhasse suas impressões da cena, pedi que a atuasse com bonecos e examinei cada detalhe. Logo se tornou uma espécie de piada entre nós. Até que, um dia, Debby, cansada de falar do assassinato, me disse: "Violet, não houve assassinato — foi só a roupa de alguém que caiu do carro! Vamos parar de falar sobre isso!" Debby se livrou desse medo em particular e a mãe se sentiu livre para se separar dela de vez em quando. Mas outros temores ocuparam o lugar deste — não é raro que isso aconteça. Ela temia que a mãe sofresse um acidente de avião numa viagem que estava prestes a fazer, temia que a mãe sofresse um acidente de carro etc. Nós atuamos cada um desses medos, sem negar a possibilidade concreta de que essas coisas acontecessem. Por fim, enquanto desenhava sua própria raiva em relação a alguma coisa, Debby anunciou que estava tão furiosa com a mãe que queria que a cabeça dela caísse. No mesmo instante, ela ficou branca, pôs a mão sobre a boca e sussurrou: "Não, não queria!". Depois disso pudemos começar a lidar com o poder e a normalidade de seus desejos furiosos de morte.

Penso que as crianças frequentemente ficam empacadas em medos e não sabem como superá-los. Candy, uma menina de 10 anos, foi trazida a uma consulta comigo porque tinha medo de dormir fora de casa. Isso nunca havia sido um grande problema, até que ela chegou à idade em que as meninas gostam de dormir na casa das amigas às vezes. Ela sentia que estava perdendo muita diversão. Por insistência dos pais, ela tentava, mas nunca conseguia passar a noite fora. Em algum momento da noite eles iam buscá-la. Estavam desesperados tentando resolver esse dilema.

Candy não sabia ao certo por que que tinha medo. Eu lhe pedi que desenhasse como imaginava que seria dormir na casa de uma amiga. Ela fez o desenho da família da amiga assistindo TV e da amiga na cama em seu quarto.

"Onde você está?"

Candy: "Não estou onde você pode me ver. Estou no banheiro."

"O que está fazendo lá?"

Candy: "Chorando. Quero ir para casa."

"Parece que foi isso que aconteceu."

Candy: "É."

"Está bem. Você está no banheiro. Diga o que está sentindo."

Candy (fingindo chorar): "Quero ir para casa. Estou pensando no que a minha mãe e o meu pai estão fazendo. No que os meus irmãos estão fazendo. Sinto falta deles. Quero a minha cama."

"O que aconteceu?"

Candy: "O pai da minha amiga me levou para casa. Todo mundo estava em casa na minha casa."

"Você achou que eles não estariam?"

Candy: "Não sei. Eu não gosto de não saber o que está acontecendo em casa quando não estou lá."

"Agora faça um desenho de como seria *não* chorar e ter que ir para casa.

Candy desenhou o quarto da amiga, a amiga e ambas no chão em sacos de dormir. Eu lhe pedi que fosse a menina no saco de dormir que a representava.

Candy: "Estou neste saco de dormir no quarto da minha amiga."

"Você gosta de estar aí?"

Candy: "Gosto! É divertido. A minha amiga e eu estamos conversando e rindo.

"O que está acontecendo no outro quarto?"

Candy: "Os pais dela estão vendo TV."

"O que está acontecendo na sua casa?"

Candy: "Os meus irmãos estão dormindo. Os meus pais estão vendo TV, acho. Ou talvez meus irmãos estejam com uma babá e eles tenham ido ao cinema."

"O que você estaria fazendo se estivesse em casa? Imagine."

Candy: "Provavelmente estaria na cama dormindo. Está tarde."

"Pergunte à menina no saco de dormir se ela está com medo."

Candy: "Candy, você está com medo?"

Candy (no saco de dormir): "Não! Por que eu deveria ter medo? Isso é divertido. Vamos preparar o café de manhã — panquecas."

"Pergunte a Candy se ela está preocupada com o que está acontecendo em casa."

Candy: "Está bem. Ela disse que não."

Candy continuou dialogando consigo mesma, desfrutando desse processo. Ela disse que tentaria dormir na casa da amiga. Eu a lembrei que, como ela estava acostumada a sentir medo, provavelmente sentiria um pouco; ainda assim, poderia escolher dormir na casa da amiga. Vi Candy por três sessões. Então ela dormiu na casa da amiga; e isso foi tudo.

Às vezes não tenho sucesso em ajudar uma criança a eliminar seus medos. John, de 10 anos, tinha muito medo do escuro. Suas primeiras palavras para mim foram: "Você não pode me ajudar com o meu problema". Segundo sua mãe, durante a sessão familiar inicial, ele tinha muitos outros problemas: "Odeia mudanças, tem medo de tentar coisas novas, é muito negativo, não gosta de ser tocado, abraçado ou beijado, não tem amigos, não gosta de ir à casa das pessoas, tem medo de tomar a iniciativa, assiste muito à TV".

As objeções de John aos comentários da mãe foram, tipicamente, "As pessoas vão me bater" e "Eu tenho amigos — na escola". Quando pedi à mãe que me contasse sobre as qualidades do filho, John pareceu surpreso quando ela disse que ele era uma pessoa generosa, tinha um bom coração, era bom com os dois irmãos mais novos e fazia ótimas apresentações de teatro de bonecos para eles.

Em nossa primeira sessão a sós, John me confiou sua preocupação sobre ser assaltado e golpeado. Ele contou como revidaria. Começou a me contar as histórias de terror da TV que o assustavam e disse que tinha medo de lobisomens e bruxas à noite. Eu lhe pedi que desenhasse alguma coisa que o assustava. Ele fez um desenho de "coisas muito assustadoras que sugam as pessoas até a morte", que ele chamou de "succibus". A imagem era de uma figura grande similar a um monstro, com um manto negro e cabelo branco que ficava totalmente em pé. John, claramente, gostava de falar sobre ele, mas não queria sê-lo.

Então ele notou os bonecos e fez uma apresentação com dedoches para mim; foi divertida e criativa. Depois da apresentação, eu lhe pedi que desenhasse uma casa, uma pessoa e uma árvore. Ele fez um desenho com muitos detalhes e cores vivas, um sol sorrindo e nuvens sorrindo, e uma menina bonita sorrindo. Perto da casa havia uma longa estrada com uma placa grande do lado contendo as palavras MÃO ÚNICA. Seu único comentário sobre o desenho foi que ele havia ido pela estrada de mão única.

Essa foi a última vez que o vi. Sua mãe cancelou a consulta seguinte, dizendo que telefonaria para marcar um novo horário depois das férias. Nunca mais tive notícias dela.

De tempos em tempos, atendo uma criança que tem medo de crescer, que parece ter uma sensação vaga e dispersa de ansiedade sobre o futuro. Recentemente, atendi um menino de 10 anos que me foi trazido porque manifestou aos pais um medo de crescer — não com raiva, como uma objeção argumentativa a um adulto, mas em tom sério e grave. Uma menina de 6 anos que atendi tinha medos similares. Vi que os pais de ambas as crianças colocavam grande ênfase no futuro, dizendo a elas que o que fazem agora é uma preparação para os anos vindouros. Para o menino de 10 anos, os pais diziam coisas como: "Faça a lição de casa, você não quer ser alguém quando crescer?" e "Algum dia você vai me agradecer por te fazer praticar". A menina de 6 anos ouvia coisas como: "Se você não aprender a se comportar agora, como vai conseguir um emprego quando crescer?" Variações dessas declarações são bem comuns; todos já ouvimos ou dissemos algumas delas em algum momento. Muitos de nós ainda conduzimos nossa vida adulta com base nesse tipo de preceito que ouvimos quando crianças. Algumas crianças imaginam que nunca corresponderão ao que é esperado delas na vida adulta. Como poderão corresponder, se não correspondem agora?

Quando trabalho com crianças que têm esses temores, uso exercícios como o seguinte:

"Feche os olhos e imagine como será quando você crescer. Como você se sente? O que está fazendo? Como é o mundo para você?"

"Feche os olhos e veja a si mesmo com a idade que tem agora, vivendo a sua vida exatamente da maneira como quer. O que você está fazendo?"

Tais fantasias se tornam o ponto de partida para mais expressão e esclarecimento por qualquer meio que pareça apropriado. Também tento ajudar os pais a verem que devem permitir aos filhos que vivam no presente, como crianças. Se os pais não puderem entender isso, pelo menos posso ajudar as crianças a entenderem. Na minha experiência, se uma criança puder começar a ver as coisas por si mesma em uma perspectiva melhor — mesmo que os pais não possam —, ela começa a se sentir mais calma, mais feliz e menos temerosa e ansiosa, e vive a infância de uma maneira muito melhor. Se puder aceitar a si mesma por quem ela é *agora*, sua postura no mundo se torna mais focada e produtiva.

Muitas vezes, as crianças veem os adultos à sua volta num estado de preocupação e ansiedade. Elas veem um mundo de caos, contradições e incertezas. Embora algumas mal possam esperar para crescer para vivenciar independência e autodeterminação, com frequência essas crianças também têm, secretamente (e muitas outras, de forma mais aberta), um grande medo do futuro.

EXPERIÊNCIAS TRAUMÁTICAS OU SITUAÇÕES DE ESTRESSE ESPECÍFICAS

Às vezes as crianças têm uma experiência ruim específica que necessita ajuda terapêutica. Ou a criança, de alguma maneira, deixa os pais saberem que precisa de ajuda, ou os pais estão alertas para o fato de que algumas crianças necessitam apoio especial para ajudá-las a lidar com uma situação difícil. Divórcio, doença grave, morte, molestamento ou um terremoto são os tipos de acontecimentos que causam trauma emocional nas crianças. Com frequência, é preciso ajuda para trabalhar os sentimentos decorrentes, que podem ser avassaladores ou ficar enterrados e causar problemas indiretos. Às vezes, embora pareça algo relativamente menor, como o testemunho de um acidente, a mudança para uma nova cidade ou escola, a chegada de um novo bebê ou a morte de um animal de estimação, a situação afeta a criança de forma profunda. Outras vezes, a criança é trazida para a terapia por causa de algum tipo de comportamento preocupante que não parece estar diretamente associado com nenhuma experiência em particular. Mas, depois de trabalhar com a criança, percebo que de fato houve alguma experiência que, ao ser descoberta e elaborada, deixa de perturbá-la. Às vezes, a experiência ocorreu há algum tempo, e, desde então, todos "protegeram" a criança não conversando com ela abertamente sobre o assunto. E, às vezes, a própria criança, porque não está pronta para encará-la no momento, afasta a experiência, que emergirá mais tarde.

Com frequência, a criança é incapaz de expressar para os pais o que está sentindo porque eles também podem estar perturbados com o que aconteceu, e ela quer protegê-los; ela não quer lhes causar mais tristeza e sofrimento. Se os pais forem capazes de encarar os próprios sentimentos abertamente, a criança terá mais facilidade de ser aberta com os próprios sentimentos e confusões.

Eu abordo essas situações de maneira direta. Sei que é preciso trazer à tona o incidente, conversar sobre ele, talvez reencená-lo de maneira simbólica. Com frequência, acontece uma espécie de dessensibilização ao reexaminar e conversar sobre a experiência. Lembro-me da dra. Wilbur, na adaptação para a TV do livro *Sybil* (sobre uma mulher que tinha 16 personalidades separadas), dizendo a Sybil que, como ela sobreviveu à experiência real, certamente poderia sobreviver à *memória* da experiência.

Uma menina de 12 anos foi trazida à terapia por um comportamento que incomodava seu pai e sua madrasta. Embora o problema de comportamento não fosse nada sério, era tão irritante para eles que os dois decidiram procurar ajuda terapêutica para a filha. No telefone, a madrasta explicou para mim que não era a mãe natural da criança, que a mãe verdadeira havia sido assassinada pelo padrasto, que em seguida cometeu suicídio, e que a menina havia encontrado os corpos; isso ocorreu cerca de quatro anos antes, quando ela tinha 8 anos de idade. Os adultos não tinham conversado muito com ela sobre o incidente, porque não queriam perturbá-la ainda mais.

Cada vez que eu mencionava o incidente, Patricia só encolhia os ombros, sem mostrar sentimento algum. Tivemos muitas sessões com pintura, argila e histórias, por meio das quais muitas das queixas e dificuldades que ela tinha naquele momento foram reveladas e exploradas. Até que, um dia, Patricia anunciou que havia sonhado com a mãe. Ela começou a falar sobre esse sonho e então me inundou com sentimentos guardados durante muito tempo em relação a esse acontecimento traumático. Ela fez desenhos do assassinato, da casa, da delegacia de polícia e até mesmo do seu antigo bairro, que nunca mais viu depois de ter sido levada no dia em que isso aconteceu. Ela se lembrou e falou sobre conversas que aconteceram naquele dia. Lembrou-se inclusive de ter medo da polícia quando eles vieram, sentindo que, de alguma forma, havia feito algo errado. Ela começou a sonhar muito com os velhos amigos, a velha casa e, sobretudo, com a mãe. Ao elaborar seu luto, ficou muito mais calma e mostrou uma melhora acentuada em suas relações familiares.

Às vezes a morte de um animal de estimação provoca pesar e um misto de emoções. Janet, de 8 anos, tinha um porquinho-da-índia que morreu. A menina se sentiu muito culpada, e esse sentimento só emergiu quando abordei o assunto da morte do animal. Ela havia brincado muito com ele e a mãe mencionara que talvez essa tivesse sido a causa da morte. Eu disse a ela que, quando trabalhava em escolas, tínhamos porquinhos-da-índia na sala de aula e as crianças sempre brincavam com eles. Elas os alimentavam, trocavam o jornal, os seguravam, os acariciavam, os amavam. Possivelmente eles morriam um pouco mais depressa do que se nunca tivessem sido tocados; mas os porquinhos-da-índia gostavam do toque, e as crianças ganhavam mais tendo a oportunidade de amá-los do que se meramente os observassem numa jaula estéril. Janet começou a chorar e perguntou se podia fazer um desenho do seu mascote para me mostrar como ele era. Sob o desenho, escreveu: "Squeaky, meu amor". Nós conversamos sobre seus sentimentos e ela deu adeus ao animal retratado em seu desenho, dizendo: "Sinto muito por não ter conseguido levar você para a escola como eu tinha prometido". Quando a sessão terminou, ela me deu o desenho para que o guardasse — já não precisava dele.

Um menino de 10 anos chamado Brad veio para uma sessão certa vez, obviamente perturbado. Ele havia testemunhado um acidente e, como estava tão vívido em sua cabeça, passamos a sessão inteira lidando com isso. Ele fez um desenho elaborado do acidente, com ambulância, carro de polícia e caminhões de bombeiro. Ele nomeou cada detalhe, mostrando inclusive o hospital onde imaginava que os feridos foram levados. Escrevi em seu desenho, conforme ele ditou para mim: "Um dia, houve um grande acidente em San Pedro, Califórnia. Um caminhão de bombeiro, um carro de polícia e uma ambulância do Hospital Hoover. Houve um grande acidente. Quatro carros capotaram. Um quase caiu de um precipício. A polícia ajudou aqueles que estavam gravemente feridos. Uma pessoa morreu no carro número dois. O resto só ficou ferido". Ele intitulou o desenho: "Um acidente horrível".

Por meio desse desenho, começamos a falar sobre alguns de seus temores e ansiedades em relação a acidentes e morte. Ele disse que, depois de ter presenciado esse acidente, ficava muito preocupado ao andar de carro. Brad *precisava* falar sobre o acidente e seus sentimentos. Seus pais, que estavam com ele no momento, também ficaram perturbados, mas eles o faziam calar, nunca o deixavam falar sobre isso. Pude perceber seu alívio ao expressar seus sentimentos para alguém que escutaria.

Um menino chamado Greg, de 9 anos, chegou dizendo que precisava desenhar uma coisa. Ele desenhou uma cena em que apareciam um trem e um caminhão de mudança. Esta era a sua história, que ele ditou para mim:

"Um dia eu estava andando na calçada. Era um dia de sol e vi um trem passar por uma ponte e falei: 'Eu gostaria de estar nesse trem'. Eu gostaria de ir para a Inglaterra (com a família toda) num avião. Há muitos vagões no trem. Contei cada vagão e o trem ia muito rápido. Era como se todos os vagões estivessem indo devagar enquanto eu os observava. Então, vi passar um carro de polícia e vi um caminhão de mudança e o semáforo estava verde e eles tinham postes gigantes e grossos segurando os trilhos do trem. Há pessoas no trem se mudando para Michigan e o caminhão Allied Van está levando os móveis para lá. O nome do menino é John e ele está feliz por estar se mudando. O carro de polícia está indo para a delegacia."

Então eu soube que Greg estava se mudando, mas, ao contrário de John em sua história, ele não estava feliz. Estava assustado e ansioso. Sua mãe era da Inglaterra e falava com frequência sobre voltar para lá; esta era outra fonte de ansiedade para ele.

Outro menino, de 10 anos, foi trazido porque sua mãe tinha uma doença terminal. Os pais haviam conversado abertamente com os filhos sobre a doença, mas ele se recusava a participar das conversas. Em geral, inventava alguma desculpa para sair da sala. A mãe se sentia muito triste com isso; ela queria e precisava dizer muitas coisas para o filho. À minha maneira usual, direta, mas moderada, eu mencionei a doença da mãe. Levou um par de sessões antes de ele responder. Um dia, quando trabalhávamos com argila, seus sentimentos vieram à tona.

O divórcio é uma experiência estressante comum para as crianças. Normalmente, as crianças têm consciência dos problemas entre os pais muito antes de a separação acontecer. Embora os pais considerem difícil ser francos com os filhos quando estão tendo problemas conjugais, as crianças são extremamente sensíveis às tensões do relacionamento.

Penso que é impossível proteger as crianças do trauma do divórcio. Elas ficam muito assustadas com a iminência da separação: Onde vão morar? O que vai acontecer? As coisas vão mudar? É culpa delas? Elas imaginam terrores que vão muito além da situação real. O livro de Richard Gardner, *The boys' and girls' book about divorce* [O livro do divórcio para meninos e meninas], ajuda a esclarecer parte da confusão que elas podem ter. Eu o recomendo como um excelente guia para dar aos pais algum *insight* sobre o que os filhos podem estar sentindo. Em seu livro *Psychotherapy with children of divorce* [Psicoterapia com filhos do divór-

cio], Gardner oferece um bom resumo do tipo de conselho que um terapeuta talvez necessite dar aos pais que estão ansiosos quanto a como
proteger os filhos de trauma desnecessário.

Penso que os pais precisam reconhecer que seus filhos partilharão alguns dos sentimentos intensos acerca de um divórcio. Com frequência, as
crianças escondem seus sentimentos porque não querem causar mais tristeza e sofrimento aos pais. Não há maneira de protegê-las desses sentimentos,
como não há maneira de protegê-las dos sentimentos que surgem em resposta a qualquer outra coisa. Elas têm o direito de ter sentimentos, e estes
devem ser esperados, reconhecidos, aceitos e respeitados.

A mãe de Kelly estava preocupada porque a filha de 7 anos estava
apresentando comportamentos preocupantes desde a separação dos pais.
Ela estava tendo pesadelos e despertares noturnos, causando problemas
para os professores na escola, brigando com a irmã mais do que o usual,
agindo de modo queixoso e chorando com frequência por pequenas coisas.
Grande parte do trabalho de Kelly comigo envolvia o pai de alguma maneira. Quando lhe pedi que desenhasse sua família, ela falou: "Não quero desenhar o meu pai porque me faz lembrar de quando ele e minha mãe
estavam juntos". Essa declaração abriu o caminho para que falássemos sobre como era quando eles viviam juntos.

Na sessão seguinte, ela colocou uma menina na casa de bonecas depois
de acomodar os móveis cuidadosamente. Ela falou: "Esta menina mora sozinha. Os pais dela morreram na guerra". Então conversamos sobre seus
sentimentos de solidão com relação ao pai.

Em outra ocasião, ela construiu uma casa na caixa de areia, colocou
pessoas dentro e depois fez que os dinossauros atacassem e matassem todas
elas. Nesse ponto, Kelly foi capaz de expressar parte de sua própria raiva
pelo que havia acontecido.

Uma menina de 5 anos cujos pais tinham acabado de se separar fez
uma cena na areia que incluía figuras representando uma família e animais
selvagens. O leão atacou o pai e Janie o enterrou na areia, observando: "O
pai foi morto e agora eles só têm a mamãe".

"E como eles se sentem com isso?"

Janie: "Tristes. Todos eles choraram."

"Você chorou quando o seu pai se mudou para outra casa?"

Janie: "Sim."

"Você sente muita falta dele."

Janie: "Sim... mas eu o vejo e ele me leva para passear."

Outra criança, de 8 anos, foi capaz de expressar seus sentimentos sobre o divórcio dos pais quando lhe pedi que desenhasse, em rabiscos coloridos, algo que ela achava ruim sobre o divórcio, algo que achava bom, algo que achava mais ou menos e algo que ela escolhesse. Ela dividiu o papel em quatro partes e me pediu que intitulasse as seções: "Ruim", "Bom", "Mais ou menos", "Tudo certo". Em "Ruim", ela rabiscou em preto e ditou para mim: "Não jantar e ficar juntos quando vamos dormir." Em "Bom", rabiscou em rosa e ditou: "Nós o vemos com mais frequência e fazemos coisas". Em "Mais ou menos", rabiscou em azul e ditou: "Às vezes sinto que está tudo bem e outras vezes sinto que não". E, por fim, em "Tudo certo", rabiscou em turquesa e ditou: "Está tudo certo com o divórcio, porque eles não eram felizes juntos".

Mais tarde, quando pedi a essa mesma criança que fizesse um desenho da pior coisa e da melhor coisa em sua vida, ela desenhou um grande edifício e escreveu: "A pior coisa da minha vida é ter que ir para a escola". Depois, fez um desenho de si mesma ao lado de uma amiga e, do outro lado da folha, a mãe e o pai; ela escreveu: "A melhor coisa da minha vida é ter amigos com quem brincar e ter mãe e pai". Nesse momento, ela levantou os olhos para mim, sorriu e falou: "Mesmo eles sendo divorciados!"

SINTOMAS FÍSICOS

Um exemplo da criança que cuida de si mesma é a que molha a cama. Eu digo a essa criança e a seus pais que o fato de ela fazer xixi na cama é um sinal de saúde! Há algum tempo, essa criança era incapaz de expressar de algum modo o que necessitava, então começou a fazê-lo de outra maneira. Se não tivesse encontrado uma forma de se expressar molhando a cama, talvez o tivesse feito desenvolvendo asma ou eczema. Não penso que seja mera coincidência o fato de que muitas das crianças que atendi que urinavam na cama são muito tranquilas e amigáveis e não expressam muita raiva.

A mãe de uma criança com quem eu vinha trabalhando reclamou comigo que seu filho estava expressando muita raiva verbalmente desde que começou a terapia e, portanto, não estava melhorando. Ela sentia que, como ele estava com raiva, devia estar infeliz. Eu lhe perguntei se ele continuava urinando na cama, caminhando durante o sono e tendo pesadelos que acordavam a família toda — as ações que a levaram a buscar terapia para ele. Ela pareceu desconcertada, então falou: "Ah, isso! Ele não faz essas coisas há um bom tempo!"

Eu abordo a enurese noturna, bem como outras manifestações físicas, de várias maneiras. Primeiro, quero que os pais — e, às vezes, a família toda — partilhem seus sentimentos sobre a situação. Também tento devolver a responsabilidade sobre o corpo a quem corresponde: a criança é responsável pelo xixi na cama. Além disso, quero ajudar a criança a experienciar os sintomas físicos tanto quanto possível. Por fim, quero ajudá-la a aprender uma maneira mais adequada de expressar o que quer que necessite ser expressado. Tento determinar a causa original da enurese noturna. Não estou interessada em saber como foi seu processo de desfralde. Estou muito mais interessada em seu processo atual — seu modo de ser na vida hoje.

É de extrema importância uma primeira sessão com os pais e a criança. Mais tarde, se sinto que outros na família estão envolvidos, uma sessão familiar é importante. Todos têm uma porção de sentimentos em relação à criança, que podem ou não estar relacionados com o fato de ela urinar na cama. É necessário que esses sentimentos aflorem e sejam compartilhados. A maioria dos pais já tentou de tudo para resolver o dilema: de ser amáveis e compreensivos a berrar e gritar, de fazer a criança lavar os próprios lençóis a ignorar toda a situação. Há muitíssimos sentimentos revolvendo dentro de cada um — preocupação, culpa, ansiedade, ressentimento, medo, raiva, tristeza. A maioria desses sentimentos não são compartilhados diretamente; eles vêm à tona de muitas outras maneiras. Não é de admirar que a criança, que em geral não expressa sentimentos diretamente de todo modo, tenha que continuar molhando a cama. Nenhuma criança quer fazer isso. Às vezes os pais imaginam que o filho quer, de propósito, acordar numa cama molhada, fria, malcheirosa e desconfortável só para contrariá-los.

O passo seguinte é dar à criança a responsabilidade por molhar a cama. Esse é um pré-requisito muito importante para que ela pare. Eu lhe digo que ela está fazendo isso para cuidar de si: *ela* está fazendo isso, não outra pessoa. Fica claro que ela não quer continuar, ainda que tenha gritado, em tom desafiador: "Eu não me importo", ou tenha adotado uma postura despreocupada. Além disso, é importante que os pais compreendam que é a criança que é responsável, não eles. Ela se levanta na cama molhada; eles, não. Ela pode aprender a trocar os próprios lençóis. Se eles quiserem fazer isso por ela, devem assumir a responsabilidade por essa escolha. Se ela for muito pequena (embora a maioria das crianças trazidas à terapia por esse problema tenha idade suficiente), pode pedir a ajuda que necessita. Os pais devem aprender que o xixi na cama não é território para prêmio ou castigo, aprovação ou desaprovação. O elogio quando a criança não molha a cama não é útil; tampouco as recriminações quando ela o faz. (Em geral, não elogiamos uma criança por *não* ter dor de cabeça nem a chamamos de estúpida se ela tem.)

Depois de deixar claro quem é responsável pela cama molhada, o próximo passo é trabalhar para ajudar a criança a *experienciar* seu corpo e o fazer xixi na cama. Dou à criança um caderno para que ela anote cada episódio. Isso a ajuda a se tornar mais consciente e *aware* do que está fazendo. Uma coisa curiosa acontece quando registramos um comportamento indesejado: ele automaticamente é reduzido. Se você usar um contador de pontos para registrar cada vez que se perceber roendo as unhas, roerá menos. Assim que a criança começar a manter um registro de seus episódios de xixi na cama, eles se reduzirão drasticamente. Se a criança for adepta de escrever, posso lhe pedir que registre em seu caderno palavras e frases que descrevam a sensação de acordar numa cama molhada. Com frequência, peço a ela que pinte a sensação de estar numa cama molhada. Quando trabalhamos com essas imagens, os sentimentos começam a vir à tona. George von Hilsheimer, em *How to live with your special child* [Como conviver com seu filho especial], escreve sobre um método interessante para ajudar as crianças a ter *awareness* de seu corpo ao urinar durante o sono. Ele oferecia dinheiro a essas crianças por molharem a cama, levando-as, assim, a tentar fazer isso de maneira consciente.

Ajudar essas crianças a ter *awareness* de seu corpo é uma parte importante do procedimento terapêutico para elas. Fazemos muitos tipos de exercícios corporais, incluindo respiração, meditação, movimento, jogos. Conhecer o próprio corpo e aprender a dominá-lo e controlá-lo é gratificante, entusiasmante e essencial.

Às vezes, os episódios *aumentam* por um breve período durante alguma fase da terapia. Um menino urinou na cama com muito mais frequência por um certo período quando seus pais decidiram deixar de se envolver no drama. Talvez ele estivesse testando os pais para ver se eles manteriam seu pacto de deixá-lo ter responsabilidade pela situação (eles o mantiveram), ou talvez estivesse se dando permissão para viver plenamente essa experiência.

O último passo, e o mais importante, é ajudar a criança a expressar seus sentimentos sobre molhar a cama e outros aspectos relevantes de sua vida. É interessante notar que, com frequência, a criança continua com esse comportamento mesmo que os acontecimentos originais, reais ou imaginados, que a levaram a isso já não estejam presentes. Um dia, o corpo recebeu uma mensagem para fazer xixi na cama e, desde então, os circuitos corretos para receber uma boa mensagem não foram localizados. A criança deixará de molhar a cama quando começar a tomar o controle de si mesma e quando encontrar novas maneiras de expressar seus sentimentos. Ela sempre terá sentimentos para expressar, mesmo que agora tudo esteja maravilhoso em sua família.

Discuti esse assunto em detalhes aqui porque é um problema muito comum. Considero que trabalhar com crianças que molham a cama não é muito diferente de trabalhar com crianças que têm outras manifestações físicas de problemas psicológicos, embora, obviamente, eu use algumas variações dependendo do problema em questão.

Algumas crianças defecam na calça durante o dia, e esse é um tipo especial de problema. Todos à sua volta percebem o problema por causa do cheiro. Com frequência, essas crianças sofrem constipação, retendo os movimentos intestinais durante dias, o que as leva a ter dores abdominais. Elas sujam a calça em momentos inoportunos e, com frequência, escondem dos pais a roupa interior. Nunca sei ao certo o que leva uma criança a apresentar encoprese, mas explico à criança que é alguma expressão da busca de seu corpo por saúde. As fezes saem porque o corpo percebe a toxicidade desses dejetos, e a retenção inicial é substituída por algum tipo de expressão.

O procedimento para trabalhar com crianças que enfrentam esse problema é muito parecido com o descrito para a enurese noturna. Frequentemente guio as sessões para dar máxima oportunidade para a expressão dos sentimentos de raiva reprimidos. Muitas das crianças que atendi com esse problema são hostis, sarcásticas, extremamente verbais, argumentativas. Mas parecem nunca expressar totalmente seus sentimentos de raiva.

No entanto, algumas vezes me equivoquei ao seguir a premissa da raiva reprimida. Trabalhei com uma menina de 10 anos por um bom tempo, oferecendo-lhe muitas experiências com argila, um bastão acolchoado, bonecos. Muita raiva veio à tona, mas o problema persistia. Começaram a surgir momentos de melhora, mas qualquer situação estressante imediatamente trazia o problema de volta com toda força. Em uma sessão, por meio de uma pista que surgiu durante a contação de histórias, percebi que ela estava com medo. Essa foi a primeira vez que o medo se revelou. Descobri, então, que ela tinha alguns temores muito profundos que mantivera escondidos. Um deles era o medo de se afogar, embora ela soubesse nadar e não mostrasse temor ao fazê-lo. Ninguém, nem mesmo os pais dela, sabia desse medo! Nós exploramos a fundo todos os aspectos dessa área de medo. Ela não se lembrava de ter vivenciado um problema na água ou de conhecer alguém próximo que o tivesse vivido.

Um dia, por intuição, fiz uma fantasia com ela, pedindo-lhe que imaginasse que era uma menininha de 2 anos sentada no vaso sanitário. Fizemos isso de maneira leve, com risada e humor. Ela estava sorrindo com os olhos fechados, escutando minha voz enquanto eu guiava a fantasia. De repente, endireitou as costas, arregalou os olhos e disse que estava com medo de cair no vaso e de ser levada embora junto com a descarga. Ela ficou muito excitada com essa descoberta, convencida de que era a causa original de seu problema. Nós exploramos os temores de uma menininha de 2 anos diante de um vaso sanitário enorme e dos mistérios da descarga. Desenhei um rápido esboço de uma criancinha num vaso grande, e ela tranquilizou a menina no desenho como uma mãe o faria.

Esta pode ou não ter sido a causa original do problema. Talvez essa criança simplesmente necessitasse se dar a permissão final para passar a um novo crescimento. Seu medo de se afogar, um segredo que mantinha bem guardado, era real, e ela experimentou grande alívio ao compartilhar esse medo comigo e, quando se sentiu pronta, com seus pais. Começou a assumir responsabilidade por um programa de uso do banheiro e descobriu que podia ter seus movimentos intestinais a uma regularidade quase precisa.

Outros tipos de sintomas físicos que podem levar uma criança à terapia incluem dores de cabeça, dores de estômago, tiques, alergias, asma. Às vezes esses problemas físicos surgem no decurso do trabalho, mesmo quando não foram o motivo original para iniciar a terapia.

Uma jovem de 16 anos reclamava de um grande nó na nuca. Eu lhe pedi que fizesse um desenho desse nó. Ela desenhou seu pescoço com um ponto preto grande e redondo. Eu lhe pedi que desemaranhasse o ponto preto em outra folha. Ela pegou o giz de cera e começou a rabiscar furiosamente. Eu a interrompi e lhe pedi que o fizesse bem devagar, concentrando-se no nó e em seus sentimentos enquanto fazia isso. Ela passou a desenhar seu desenredo de maneira muito deliberada. Quando terminou o desenho, o nó em sua nuca tinha desaparecido.

Embora não tenhamos focado nenhum conteúdo em particular durante esse processo, minha cliente aprendeu algo sobre prestar atenção à dor e sobre as consequências de experimentá-la em vez de evitá-la. Ela aprendeu que controlava os músculos que lhe causavam a dor e que também poderia eliminar a dor.

Um menino de 11 anos veio para uma sessão em grupo anunciando que não poderia ficar porque estava com muita dor de estômago. Eu lhe pedi que me contasse um pouco sobre sua dor e lhe perguntei onde doía.

Ken: "Aqui. Eu não sei."

"Conte-me como é."

Ken: "É como um nó e está me apertando, e dói muito." (Sua voz estava triste e chorosa quando ele disse isso.)

"Você parece muito triste."

Ken: "Eu estou. É triste o que está acontecendo comigo."

"Eu gostaria que você me contasse."

Ken: "É o meu pai. Ele não está bebendo, mas está tão nervoso! Ele desconta tudo em mim — grita comigo por nada, joga coisas em mim, me bate. É tão ruim quanto se ele estivesse bebendo. Ele desconta em mim porque eu sou o mais velho. Aconteceu hoje de novo."

A essa altura, Ken chorava desconsolado. Depois de um tempo, falou: "Talvez eu fique um pouco mais". Ele ficou durante a sessão inteira, a dor de estômago esquecida. Eu gostaria de acrescentar aqui que Ken estava tendo dores de estômago com frequência. A mãe lhe dava muita atenção por causa delas — sempre o levava ao médico, lhe dava comida especial e estava preocupada de que ele tivesse uma úlcera. O que ela não fazia era ouvi-lo e sintonizar com seus sentimentos. Finalmente, Ken precisou aprender a cuidar de si mesmo de outras maneiras além de se dar dores de estômago. Ele passou a perceber que essa era uma maneira — mas não a única — de receber muita atenção da mãe.

Carl, de 13 anos, veio para a sessão cansado demais para fazer qualquer coisa. Eu lhe pedi que fizesse um desenho do seu cansaço. Usando marrom, preto e roxo, ele fez um desenho representando seu cansaço, "especialmente nos meus ombros". Então, eu lhe pedi que fizesse um desenho de como se sentiria se estivesse o oposto de cansado. Ele fez dois cilindros, um de frente para o outro, ambos com cores muito brilhantes, separados por uma linha marrom que fazia lembrar uma cadeia montanhosa. Eu lhe pedi que criasse um diálogo entre essas duas formas, que, segundo ele, representavam suas mãos e pés. Seu diálogo levou a um desejo de fazer alguma coisa, ir a alguma parte, mobilizar seu "velho" corpo cansado. Ele começou a falar sobre sua agitação, seu desejo de estar onde não estava, sua frustração com a vida em casa e na escola. (Normalmente, Carl, que urinava na cama, anunciava que estava tudo bem.)

Tammy, agora com 15 anos, começou a ter convulsões leves quando tinha 12. Ela foi levada a um neurologista que achou que suas convulsões eram de fundo psicológico. Ela parecia se comportar de maneiras que acabavam levando a mãe a ficar furiosa. A mãe falou: "Se falo com ela, piora. Ela parece me forçar a bater nela. Faz isso há anos. É quase como se ela gostasse de apanhar! Quando bato nela, ela fica calma e feliz. Quando não bato, ela continua até ter uma convulsão".

Tammy e eu trabalhamos juntas durante várias semanas. Um dia, enquanto brincava com argila, começou a me contar sobre algo que aconteceu entre a mãe e ela que a deixou com raiva. Como ela já estava usando a argila, lhe pedi que expressasse sua raiva por meio desse material. Ela olhou para a argila e disse que não podia fazer isso. Eu lhe propus que fizesse um desenho. Ela concordou e desenhou um círculo no meio com as letras YEEEKE grafadas nele. Isso era um grito, segundo me contou. Depois desenhou dois triângulos vermelhos. "Estas são orelhas de demônio. Sinto vontade de bater muito forte em alguém, como o meu irmão." Então desenhou um par de olhos com linhas vermelhas e amarelas em zigue-zague saindo deles. "Isso é fogo saindo dos meus olhos. Meus olhos ficam vesgos e me incomodam." Ela desenhou algumas linhas vermelhas, amarelas e azuis. "Isso é fogo na minha garganta. Dói quando eu grito." Desenhou uma forma preta. "Isso é fumaça preta saindo das minhas orelhas. Minhas orelhas ficam quentes e entupidas." Tammy estava consumida por sentimentos de raiva — sentimentos violentos que a enchiam de culpa e medo. Pouco a pouco, à medida que trabalhamos sua raiva intensa, expressada tão vividamente por meio do desenho, sua necessidade de punição ao ponto de se provocar uma convulsão começou a se dissipar.

Certa vez, enquanto eu trabalhava com uma jovem, ela se dobrou reclamando de cólicas menstruais intensas. Eu lhe dei um pedaço de argila e lhe pedi que modelasse seu útero tal como o imaginava. Quando terminou, lhe pedi que descrevesse o útero como se ele pudesse falar, que *fosse* o útero e dissesse o que estava acontecendo. Ela disse algo como: "Eu sou o útero da Cathy. Estou apertando e apertando e ela não consegue suportar". Ela continuou com isso por um tempo, enquanto eu a incentivava. Quando terminou, anunciou, surpresa, que a dor havia desaparecido. Nós conversamos sobre como tensionar os músculos para tentar evitar dor frequentemente causa mais dor. *Ser* o próprio útero ajudou Cathy a experienciar como ela fazia isso consigo mesma.

Ellen, de 16 anos, conversou sobre uma dor que sentia com frequência, logo abaixo do peito. Ela estava tendo a dor naquele momento. Eu lhe pedi que fechasse os olhos, entrasse na dor e a descrevesse para mim.

Ellen: "É como um buraco logo abaixo do meu peito, um buraco vazio e profundo. Como uma mola. Vai bem fundo. É difícil descrever."

"Você estaria disposta a desenhar?"

Ellen: "Eu não sei desenhar."

"Finja que você só tem 3 anos e desenhe. Você pode explicar para mim enquanto desenha."

Ellen (desenha um túnel circular em espiral): "Vou usar preto. É claro que o meu túnel é preto. É muito fundo, preto, escuro. Não tem fim. Não sei o que há ali. Esta sou eu (bonequinho de palito na beira do túnel). Estou sentada na beira e me sentindo muito pequena."

"Como é agora — a dor?"

Ellen: "Bem, é menor, mas é assim que ela é — aumenta e diminui. Posso fazer isso a qualquer momento."

"Seja a pessoinha e fale sobre si mesma."

Ellen: "Bem, estou sentada aqui na beira deste túnel. Minhas pernas estão encolhidas."

"Sente-se no chão e faça isso. *Seja* a pessoinha no seu desenho.

Ellen (sentada no chão com as pernas dobradas, abraçando os joelhos, a cabeça baixa): Estou encolhida, me sentindo muito pequena, sentada à beira de um túnel."

"Você pode ver do outro lado do túnel?"

Ellen: "Não. Mas sei que tem alguma coisa ali. Tem muita coisa ali, mas não consigo alcançar." (Ela começa a chorar.)

"O que você vê ao olhar dentro do túnel?"

Ellen: "Não consigo ver muita coisa. Está escuro. Não sei o que tem ali, mas imagino que são coisas muito assustadoras."

"Feche os olhos e imagine que está entrando no túnel." (Ela fecha os olhos.) "O que está acontecendo?"

Ellen: "Eu não entrei. Não posso entrar ali. É muito assustador. Ainda estou sentada aqui na beira."

"Tudo bem. Não precisa entrar. Agora quero que você seja o túnel e se descreva para mim."

Ellen: "Sou um túnel dentro da Ellen. Eu a faço sofrer. Sou profundo e infinito e forte e poderoso."

"O que está sentindo agora, Ellen?"

Ellen: "Eu me sinto forte e poderosa. Ainda estou com o túnel."

"Precisamos parar por hoje. Da próxima vez, talvez você queira explorar seus temores sobre entrar no túnel, para que possamos descobrir o que tem lá. Lembre-se, é o seu túnel, e os sentimentos do túnel também são seus."

Ellen: "É. Ops. Agora me sinto como aquela pessoinha outra vez!"

Ainda havia mais a ser feito, mas esse foi um bom começo.

Beth, de 16 anos, sofrera de fadiga extrema durante vários meses. Ela não tinha energia. O médico disse que sua saúde estava bem, mas de algum modo ela estava cansada demais para fazer qualquer outra coisa além de ir para a escola, cuidar de alguns afazeres domésticos e desabar. Ela não tinha energia para coisas de que antes gostava: esportes, projetos de arte, sair com os amigos. Usei muitas técnicas expressivas para dar a Beth uma oportunidade de sair de sua concha de inércia. À medida que trabalhávamos, muitos sentimentos reprimidos afloraram. Reprimir sentimentos requer muita energia.

Provavelmente, o exercício mais revelador foi a lista "Eu sou / Eu estou". Beth passou uma sessão inteira trabalhando com frases que começavam com "Eu sou / Eu estou": "Eu sou uma filha. Eu sou uma aluna. Eu sou alta. Eu estou muito cansada. Eu estou com medo de ficar sozinha. Eu estou com medo dos meus sentimentos [...]."

Na sessão seguinte, Beth leu sua lista para mim e chorou. Três meses depois da nossa primeira sessão, ela trabalhou com argila e fez um objeto com os olhos fechados. Modelou um animal que, segundo me disse, não podia enxergar e não podia se mover, mas se sentia feliz e tranquilo. Eu lhe perguntei como ela poderia ajudar o animal a enxergar. Ela fez buracos no animal "para deixar a luz entrar": "Estes são buracos bons que deixam a luz entrar e trazem uma nova percepção e consciência". Eu lhe perguntei sobre ajudar o animal a se mover. "Bem, preciso que a Beth me pegue e me faça ir", ela falou, enquanto movia o animal pela mesa. Ela sorriu e olhou para mim. "Ei, acho que vou para casa fazer uma pipa." E fez — e empinou.

INSEGURANÇA; GRUDE; COMPLACÊNCIA EXCESSIVA

O termo "inseguro" é amplamente usado ao descrever crianças que se comportam de muitas maneiras diferentes. O dicionário define a palavra como "não a salvo do perigo, sentindo mais ansiedade do que parece justificada, desprotegido". Considero que a maioria das crianças que atendo são inseguras, embora expressem isso de muitas maneiras diferentes.

Às vezes, atendo uma criança que literalmente se agarra às pessoas, o que faz que se afastem. Quando as pessoas se tornam esquivas, elas tentam se agarrar mais ainda. Essas crianças agarram fisicamente as pessoas como que para apaziguar seus sentimentos de insegurança e sentir-se mais protegidas.

Vi Mellisa pela primeira vez quando ela tinha 5 anos. Era uma clássica "grudenta", pendurando-se em todo mundo que pudesse, ao ponto de afastar as pessoas. Nem mesmo a mãe dela conseguia tolerar esse comportamento. As crianças de sua idade ficavam desconfortáveis com seus toques e abraços excessivos e se afastavam dela.

Mellisa não conseguia fazer um desenho sem me perguntar o tempo todo: "Está bom? Que cor eu devo usar? Você gosta deste círculo?" e assim por diante. A cada pergunta, eu sorria e ela voltava ao trabalho, aparentemente satisfeita com a minha reação. Quando usava a caixa de areia, ela tirava praticamente todas as cestas da prateleira, colocando-as no colo ou no chão ao lado dos seus pés. Fazia o mesmo com os brinquedos, parecendo necessitar da segurança de ter à mão o máximo de coisas possível. Quando ouviu a própria voz numa gravação pela primeira vez, não a reconheceu. "Quem é?", perguntou, e quando eu lhe disse que era a voz dela, que ela havia acabado de gravar, pareceu verdadeiramente surpresa e quis ouvir repetidas vezes. Um dia, foi cativada por um desenho grande que fiz dela. Olhou-se no espelho quando lhe perguntei: "De que cor é o seu cabelo?" e depois observou, com alegria, enquanto eu desenhava seu cabelo liso e castanho.

Depois de cerca de cinco sessões, uma mudança começou a acontecer. Ela parecia começar a se ver como uma pessoa separada dos outros em sua vida. Começou a expressar sentimentos, pensamentos e ideias próprios. Quando lhe pedi que pintasse sua família, ela agora pintou absorta, sem a habitual necessidade de reafirmação constante. Falou acerca de cada integrante da família: "Minha mãe brinca e fica boba... Meu pai é mau com a minha mãe e eles brigam... Eu, eu sempre fico olhando quando eles brigam. Eu não gosto. Fico com medo".

Quando lhe pedi que pintasse algo que a deixava triste, ela pintou a si mesma sentada em seu quarto e ditou para mim: "Eu não gosto de ficar sentada no meu quarto. Eu me sinto mal quando às vezes tenho que ficar sentada no meu quarto." Quando conversamos sobre o que aconteceu para que sua mãe a mandasse para o quarto, ela falou: "A minha mãe fica brava porque ela diz que eu não fiz o que ela falou, que eu sempre quero dizer a ela o que fazer". Eu lhe perguntei se ela gostava de dizer às pessoas o que fazer. "Sim! Mas os meus amigos não gostam disso." Então jogamos um jogo no qual nos revezávamos dizendo uma à outra o que fazer; ela se divertiu muito.

Mais tarde, quando lhe pedi que pintasse o que quisesse, ela pintou um menino e ditou para mim: "Este é o David. Ele é mau. Eu não gosto do David. Ele me bate muito". Depois, pintou um autorretrato e ditou para mim: "Estou muito brava aqui. Fico muito, muito brava quando a minha mãe não me deixa fazer o que quero fazer. Odeio quando a minha mãe me chama para entrar. Odeio. Fim".

Quando Mellisa começou a falar sobre si mesma, seus sentimentos, do que gosta e do que não gosta, quando começou a fazer declarações claras sobre si mesma e sobre a vida, seu comportamento grudento diminuiu visivelmente. Era como se, ao começar a se conhecer melhor, a ter um senso de si mesma, ela já não tivesse necessidade de se aferrar a outras pessoas para verificar sua existência.

A criança (ou adulto) que precisa se agarrar fisicamente aos outros tem um senso tão vago de si que só se sente bem se puder se fundir com outra pessoa. Só existe num estado de confluência com outra pessoa. Ser separado é um conceito assustador e estranho para ela. Ela não sabe onde começa e onde termina. Ela se confunde com outros em sua necessidade intensa de identidade.

Trabalhar com crianças assim requer experiências progressivas de fortalecimento do *self*. Precisamos trazer a criança de volta a si mesma, apresentá-la a si mesma, dar a ela uma identidade que ela possa reconhecer. Podemos começar com atividades sensoriais; passar para exercícios e jogos que a ajudem a familiarizar-se com seus sentimentos, autoimagem e imagem corporal; e, por fim, integrar tudo isso com experiências de fazer escolhas, expressar opiniões, determinar suas necessidades, desejos, declarações sobre do que gosta e do que não gosta, e aprender a comunicar verbalmente suas necessidades, desejos e opiniões.

Quando trabalhamos, surge material com o qual lidar, pois essa criança *não* é uma não entidade; ela é um ser humano único, real, vivo e importante que, no momento, está perdido de si mesmo. Quando começa a se encontrar, suas habilidades de contato melhoram, até que ela já não sente necessidade de se agarrar a outras pessoas. Agarrar-se foi sua maneira anterior de sobreviver; agora ela tem outras opções, outras maneiras de ser.

As crianças que fazem todo o possível para agradar os adultos e que parecem ser excessivamente obedientes têm sentimentos similares de insegurança. Elas procuram aprovação de uma maneira que, com frequência, é muito reforçada pelos adultos em sua vida. Não é incomum ver adultos que ainda estão vivendo de acordo com esses padrões da infância, que nunca conseguem dizer "não" a nada, que nunca parecem ter uma opinião ou pensamento próprios, que são tão compulsivamente obedientes e "bons" que podemos considerá-los chatos e enfadonhos.

Estamos lidando, aqui, com um desequilíbrio para o lado "bom" da personalidade. Todas as crianças querem aprovação; todas elas têm dentro de si a capacidade de ser "boas", seguir instruções e fazer "a coisa certa". Mas elas também têm dentro de si a capacidade de ficar com raiva, de se rebelar, de discordar, de defender sua posição e expressar suas opiniões quando discordam. Precisamos ajudar as crianças que são "boazinhas demais" a se encontrarem, a encontrarem aqueles outros lados de si mesmas que lhes parecem assustadores e lhes causam medo. Então, elas poderão escolher se expressar livremente da maneira que quiserem, em vez de ficarem presas a um único modo de expressão. A criança que está preocupada em agradar usa grande parte de sua energia dessa maneira. Ela está constantemente dirigindo energia para fora em vez de para atender às suas próprias necessidades.

Cabe ao terapeuta proporcionar experiências para a autoexpressão, pois essa criança, calada e discretamente, espera que você lhe diga o que fazer. As atividades eficazes são aquelas que possibilitam identificar, aprimorar e apreciar o *self*. "Desenhe algo que *você* gosta ou quer, um lugar de que você gosta." Dar a elas a oportunidade de fazer escolhas — "Qual destes dois jogos você prefere jogar comigo?" — é importante. Aos poucos, passamos a ajudá-la a expressar sua assertividade.

Frank, de 14 anos, estava sempre querendo agradar. Havia morado com vários parentes desde que a mãe e o pai morreram num acidente quando ele tinha 7 anos. Agora sua irmã, cerca de oito anos mais velha, se casou e queria muito que Frank morasse com ela. O marido estava de acordo, e eles se esforçavam ao máximo para que a vida dele fosse confortável. A irmã procurou terapia para ele porque sentia que Frank era bonzinho demais. Não havia um dar e receber natural em casa. Ele fazia tudo que lhe pediam, nunca falava a não ser que falassem com ele, nunca reclamava de nada. Ela disse que ela e o marido lhe garantiram que, não importava o que acontecesse, a casa deles era dele também. Seus modos extremamente complacentes estavam causando tensão na família.

Frank também não era comunicativo comigo. Eu sentia minha própria frustração diante de sua absoluta aquiescência. Mas, em meu trabalho com ele, o uso de técnicas expressivas fez toda a diferença. Como roseira, ele falou: "Estou na frente de uma casa... talvez esteja abandonada. Não vi as pessoas. Talvez eu seja silvestre. Talvez alguém tenha tomado conta de mim um dia. Estou no meio do nada. Não sei sobre as minhas raízes. Tenho espinhos. Não sei se estou crescendo. Tem ervas daninhas à minha volta. Não estou sozinha... não me sinto sozinha. As ervas daninhas me fazem companhia". Eu quase pude sentir sua relutância em reconhecer alguma dessas declarações em relação à própria vida. Gentilmente, repeti cada declaração que ele ditara e eu anotara. "Talvez esteja abandonada." *Você* já sentiu que foi abandonado?" Hesitante, ele finalmente respondeu: "Bem, sim. Eu costumava me sentir assim quando era pequeno. Depois que os meus pais morreram".

Frank contou sua história usando o cartão do bote no conjunto *Make-A--Picture Story* (MAPS): "Tem um bote. Nele, tem um homem que está morrendo, um padre, um menino, uma senhora, um cachorro. Eles sobreviveram a um naufrágio. Estão boiando no oceano, mas vão encontrar terra depois de muito tempo. Os parentes do homem que está morrendo estão chorando".

"Frank, qual deles é você? Seja um dos personagens."

Frank (depois de olhar por um bom tempo para a imagem com as figuras): "Sou o cachorro."

"Quero que me conte o que está acontecendo com você como o cachorro."

Frank: "Bem, estou observando e esperando para ver o que vai acontecer. Não tem nada que eu possa fazer. Estou com medo. Com muito medo."

"Isso lembra você de alguma coisa na sua vida?"

Frank (olhando para mim, suspirando): "Sim. Não tinha nada que eu pudesse fazer quando os meus pais morreram. Eu estava com tanto medo. Eu só tinha que ir para onde quer que eu fosse levado."

Finalmente Frank pôde expressar sua tristeza, sua raiva e seu medo de "ser mandado embora". Começou a arriscar ser ele mesmo, não só comigo, mas no seu mundo.

De vez em quando, vejo uma criança que parece tão frágil que penso que ela poderia quebrar. Essa criança é uma mera sombra de si mesma. Necessita que eu use todas as minhas habilidades para ajudá-la a se recuperar e se fortalecer. Começo com experiências seguras, não ameaçadoras. No início, ela talvez precise ser capaz de desfazer o que faz — apagar o desenho feito a giz na lousa, borrar a pintura a dedo, desmontar a cena na caixa de areia. Aos poucos, começará a permitir mais permanência em suas expressões. À medida que permita que suas expressões comecem a aparecer, com frequência parecerá se tornar fisicamente mais robusta. Tara era uma dessas crianças. Quando Tara, magra, frágil e temerosa, começou a se expressar por meio de pintura, histórias, argila e areia, ela pareceu ficar fisicamente mais robusta e mais forte. Jogos envolvendo movimento corporal foram um aspecto importante de sua terapia. Ela parecia sentir prazer em descobrir seu corpo e tudo que era capaz de fazer. Começou a sentir prazer em si mesma, em viver.

O SOLITÁRIO

Algumas crianças que são solitárias têm capacidade suficiente para se manter ocupadas e encontrar seu próprio caminho. Podem passar longas horas classificando coleções de selos ou dedicando-se a uma variedade de outros *hobbies*.

Algumas crianças se perdem em livros (embora isso esteja se tornando uma raridade) e outras assistem muita TV. Em geral, não são esses os solitários que atendo. Embora sentir-se confortável sozinho mostre uma segurança saudável em relação a si próprio, todos precisamos equilibrar nossa vida — momentos para estar sozinhos e momentos para estar com outras pessoas.

Em sua maioria, as crianças que passam a maior parte de seu tempo livre sozinhas por escolha (à diferença daquelas que não têm com quem brincar) o fazem porque temem ser rejeitadas por outras. As crianças que são trazidas à terapia geralmente têm algum tipo de problema presente além da solidão. Estas são as não tão habilidosas, que exasperam os pais, são emburradas, argumentativas e hiperativas, mostram comportamento agressivo ou antissocial, odeiam ir para a escola ou se saem mal na escola, ou são atipicamente retraídas. No decurso da terapia, com frequência vemos que elas não só passam muito tempo sozinhas como não têm amigos próximos e são muito solitárias.

As crianças que são solitárias tendem a continuar assim na vida adulta. Em muitos casos, a criança nega veementemente que tem um problema em relação aos colegas, e sem dúvida é verdade que a última coisa que necessita é que o pai ou a mãe insista para ela "sair e fazer amigos". Ela precisa de uma atmosfera onde possa ser aceita como é; isso, por si só, às vezes dá a força e a coragem necessárias para que ela comece a procurar outras pessoas e a experimentar construir seus próprios relacionamentos.

Muitos dos solitários problemáticos se sentem diferentes de todos os demais. Às vezes, sentem-se tão diferentes que fazem o oposto, tentando agir como os outros o máximo que conseguir. É claro que, durante certo período, a maioria das crianças faz um grande esforço para se encaixar, para ser como os demais ou como o que imagina que sejam. Até mesmo aquelas que vão contra a "norma" geralmente o fazem em bandos. Querer ser como os outros indica uma busca de identidade própria como membro de alguma comunidade desejada. Mas, como os solitários sentem que todos os outros são tão diferentes deles, enfrentam um dilema.

Uma das principais tarefas ao trabalhar com essas crianças e suas famílias é enfatizar que sua singularidade deve ser valorizada. Com demasiada frequência, os pais querem que todos os seus filhos sejam iguais, enfatizando a conformidade. Os pais precisam respeitar a singularidade de cada criança.

A maioria da crianças experimenta várias maneiras de ser até chegar à sua própria maneira. Mas algumas necessitam ajuda, e essas geralmente se comportam mal de formas que sinalizam essa necessidade. Infelizmente, talvez não haja ninguém por perto para ler esses sinais. Quando trabalhamos com essas crianças para melhorar sua autoestima, fortalecer sua autoidentidade e promover autossuporte, elas começam a aprender a se relacionar com outras crianças.

Um dos exercícios mais impressionantes que já fiz com crianças, para dramatizar o quanto a singularidade é fascinante e desejável, é a experiência da laranja. Primeiro leio sobre ela no livro de George Brown, *Human teaching for human learning* [Ensino humano para aprendizagem humana]. Num grupo de crianças de 11 e 12 anos com o qual trabalhei essa experiência, as crianças conversaram sobre ela durante meses. Eu trouxe uma sacola de laranjas, uma para cada criança. Nós examinamos nossas laranjas, as cheiramos, comparamos suas formas e marcas, as seguramos, as movemos em nossas mãos e fizemos tudo mais que conseguimos pensar em fazer com uma laranja exceto comê-la. Então a descascamos. Cada um de nós provou a casca, por dentro e por fora, e explorou a textura da superfície interna com as pontas dos dedos. Depois, pelamos cuidadosamente o que restava da parte branca da casca da fruta, conversando sobre como a sentíamos. Dividimos nossa laranja em gomos, então sentimos um gomo, o cheiramos, o lambemos e finalmente o comemos. A parte mais fascinante e interessante do exercício veio depois — trocar nossos gomos uns com os outros. Descobrimos que não havia dois gomos com o mesmo gosto! Creio que ninguém no grupo ficou mais entusiasmado com essa descoberta do que eu. Um gomo era mais doce, outro era mais suculento, um era mais ácido, um era um pouco seco e assim por diante; mas todos eram agradáveis, e ainda mais deliciosos! Nós nos divertimos muito com esse experimento e passamos facilmente a uma discussão sobre as crianças em nosso grupo — sobre as diferenças e similaridades entre *elas*, cada uma delas maravilhosa.

Ao trabalhar com crianças que são solitárias, faço muitas das mesmas coisas que faço para as crianças que precisam readquirir um senso e uma apreciação do *self*. Mais que isso, eu as incentivo a experimentar se comunicar com outros. Elas têm vontade de se aproximar dos demais e de se unir a eles, mas têm medo e não sabem como fazê-lo. Então, preciso lidar com o medo e ajudá-las a explorar novas maneiras de ser.

Adam, de 11 anos, era uma criança que não tinha amigos. Ele era inteligente e arrogante e parecia não se importar de passar a maior parte do tempo sozinho. A mãe procurou ajuda para ele porque considerava que era um "problema de disciplina". Ele nunca fazia o que ela lhe pedia, era arisco e rude com ela e argumentava e brigava constantemente com o irmão mais novo. Quando perguntei a ela se ele tinha amigos, ela disse: "Não, ele não parece ter amigos e não parece querer ter".

Adam resistiu muito em vir à terapia. Em nossa primeira sessão a sós, reclamou de dor de cabeça e disse que achava bobagem que a mãe gastasse dinheiro para ele me ver. Eu lhe pedi que fizesse um desenho de sua dor de cabeça. Ele ficou muito entretido fazendo uma garatuja de várias cores. Eu lhe perguntei qual era seu maior problema com sua mãe. "Ela nunca acredita em nada do que eu digo", ele respondeu prontamente. "E quanto ao seu pai?", perguntei. (Seus pais eram divorciados.) "Ele é legal, mas está sempre pensando nos próprios problemas."

Adam, com um ar divertido, participava das técnicas projetivas que eu propunha. Cada vez que o fazia, revelava mais e mais de si mesmo. À medida que trabalhávamos juntos, ficava claro que ele se sentia rejeitado e sem valor. Em uma sessão, me disse: "Sou como uma tartaruga com uma carapaça dura. Se falo sobre as coisas que estão dentro de mim, as pessoas gritam comigo. Então continuo dentro da minha carapaça". Ao ficar fora da carapaça com cada vez mais frequência em suas sessões comigo, ele começou a se sentir melhor em relação a si mesmo e mais forte em relação a se comunicar com outras crianças. Fizemos sessões conjuntas com a mãe e com o pai, e, como sua comunicação com eles melhorou, sua disposição e interação familiar melhoraram marcadamente.

O pai de Seth estava na Marinha e sua família se mudava muito. Cada vez que ele fazia amigos, logo precisava se despedir deles. Quando tinha 9 anos, havia parado de fazer o esforço de conhecer os novos vizinhos e rejeitava qualquer aproximação por parte de outras crianças. A escola o encaminhou para aconselhamento psicológico por sua insociabilidade e sua recusa a participar de qualquer coisa.

Seth respondeu com grande interesse a nossas sessões. Ele gostava de pintar, trabalhar com argila, criar cenas na caixa de areia, contar histórias, participando com entusiasmo. Dessa atividade emergiram seus sentimentos profundos de solidão. Com frequência, seu pai passava meses no mar, e sua mãe tinha dificuldade de se adaptar a essas separações e desenraizamentos. Conversamos muito sobre a dor de fazer amigos e depois deixá-los. Quando Seth começou a sentir seu próprio autossuporte por meio da autoexpressão, apresentou esta ideia para mim: "Tenho sorte de conhecer tantas pessoas e ver tantos lugares diferentes". Seis meses depois, a família se mudou para o Japão, e depois disso recebi uma carta de Seth me contando com entusiasmo sobre sua nova escola, as novas coisas que estava fazendo e os novos amigos que tinha feito.

SOLIDÃO

A solidão aparece repetidas vezes em meu trabalho com crianças. Quem de nós, ao olhar para a própria infância, não reconhece esse sentimento? Mas descobri que as crianças, defensivas a princípio, raramente admitem que se sentem sozinhas.

Crianças consideradas desajustadas em seu ambiente são especialmente solitárias. O processo terapêutico parece bloqueado até que elas consigam expressar esse sentimento de alguma maneira, seja verbalmente ou por meio de técnicas expressivas. No prefácio de seu livro, *Loneliness* [Solidão], Clark Moustakas diz:

> [...] a solidão é uma condição da vida humana, uma experiência de ser humano que possibilita ao indivíduo sustentar, estender e aprofundar sua humanidade. O homem é para sempre solitário, seja vivendo no isolamento ou na doença, na sensação de ausência causada pela morte de um ente querido ou na alegria pungente vivenciada na criação triunfante. Acredito que é necessário que toda pessoa reconheça sua solidão, perceba intensamente que, em última instância, em cada fibra do seu ser, o ser humano está sozinho — terrivelmente, totalmente sozinho. Os esforços para superar ou escapar da experiência existencial da solidão só podem resultar na alienação de si mesmo. Quando o ser humano é removido de uma verdade fundamental da vida, quando consegue evadir e negar a terrível solidão da existência individual, ele se fecha para um caminho importante do seu próprio crescimento.

Moustakas acredita que somos inevitavelmente solitários — que todos temos uma solidão existencial básica com a qual lutar. A maioria de nós considera a solidão difícil de aceitar e faz todo o possível para escapar da dor desse sentimento. Nós, como adultos, somos adeptos de encontrar maneiras de suprimir nossa solidão, como com atividade incessante. Concordo com Moustakas que, quando fazemos isso, muitas vezes nos alienamos ou nos perdemos. Alguns de nós não nos sentimos confortáveis com o *self* que somos e preferiríamos não o conhecer, encarar, examinar, estar com ele; por isso, tentamos freneticamente evitá-lo de todas as formas que podemos.

As crianças, tateando em busca da própria identidade, certamente não sabem lidar com sua solidão existencial. Acredito que as crianças se sentem especialmente solitárias porque, bem no fundo, elas se sentem diferentes, e não se sentem confortáveis com a própria singularidade, não a aceitam, não a apreciam. As crianças têm suas próprias maneiras de encobrir seus sentimentos de solidão aterradora. Com frequência, os métodos que escolhem contrariam totalmente o conceito que a nossa sociedade tem de um comportamento bom, normal, ajustado. Para piorar as coisas, seu comportamento antissocial quase sempre serve para aliená-las e isolá-las ainda mais, levando-as a aumentar sua capa defensiva e protetora. Isso, por sua vez, promove mais isolamento, e assim o ciclo se perpetua.

Suzanne Gordon, em seu livro *Lonely in America* [Sozinhos na América], resume seu estudo sobre a solidão de crianças e adolescentes da seguinte maneira:

> Para essas crianças, a solidão vem como uma *awareness* avassaladora de que não há suporte em parte alguma — de que as pessoas das quais dependem para a sobrevivência, o afeto, o carinho e o interesse só podem proporcionar a atenção mais mesquinha às suas necessidades. Nessa situação, as crianças também se sentem impotentes. Elas não têm para onde ir, não têm a quem recorrer, e ninguém, nem elas mesmas, pode atender às suas necessidades. A resposta da criança a essa sensação avassaladora de solidão é ansiedade. No caso das crianças pequenas, a ansiedade e o medo fazem que elas se agarrem à figura materna. (p. 48)

Penso que, muitas vezes, as crianças se sentem impotentes e ansiosas porque têm dificuldade de expressar seus sentimentos de vazio e solidão. As crianças que vêm à terapia podem ser consideradas sortudas — pois aqui elas têm uma oportunidade de trazer à tona esses sentimentos. Vi crianças expressarem sentimentos de solidão de várias maneiras, não necessariamente usando a palavra "sozinho". Mesmo crianças bem pequenas confessaram o sentimento de querer morrer ou se matar. Ouço isso como uma expressão não só de um profundo desespero interno, mas também de solidão.

A solidão é, frequentemente, aliada de uma busca quase sempre fútil por felicidade Todos os contos de fadas terminam com "e viveram felizes para sempre". Muitos de nós passamos a vida à procura de um estado vago chamado felicidade, como se ao encontrá-lo cruzássemos alguma fronteira para um novo estado onde jamais sentiremos tristeza, dor ou mágoa novamente. Dissemos a nós mesmos que sentir-se "infeliz" é estar doente. Falamos sobre crianças com transtornos como "infelizes", equiparando isso a doença, algo que necessita ser curado.

Um incidente em minha própria vida teve um impacto duradouro em mim. Quando nossa mãe morreu em um acidente, meu irmão e eu nos encontramos para uma reunião penosa na casa dela. Eu me sentia profundamente deprimida, pois essa era a terceira pessoa muito próxima a mim a morrer, e meu próprio filho na época tinha uma doença terminal. Quando meu irmão e eu passamos pelos trâmites de cuidar de tudo, revisando os pertences dela, tomando as providências necessárias, em certo momento, eu, em meio às lágrimas, falei para ele: "É isso, eu não consigo suportar mais nada. Se alguma outra coisa acontecer comigo, eu desisto". Meu irmão, que tinha passado pelas mesmas tristezas que eu, e mais, olhou para mim surpreso e falou: "Violet! Que coisa ridícula de se dizer! Quanto mais você viver, mais coisas vai vivenciar, incluindo as coisas dolorosas. Alguma coisa *sempre* vai acontecer!" E, com isso, ele encerrou a conversa. Eu nunca esqueci o que ele disse, embora ele provavelmente tenha esquecido.

Se a felicidade que sente quando mal pode esperar por alguma coisa torna-se a forma dominante de felicidade na vida de uma pessoa, ela criou uma armadilha cruel para si mesma. Conforme aprendi a concentrar minhas experiências de vida no presente, em vez de me apoiar em memórias passadas e em fantasias elegantes do futuro, aprendi que *consigo* suportar.

Quanto mais nova a criança, mais ela ainda tem a capacidade de viver no aqui e agora. Então, quando trabalho com crianças que expressam sentimentos de solidão, quero ajudá-las a readquirir essa habilidade de experimentar a si mesmas plenamente em vez de se agarrar a sentimentos de impotência. Penso que, quando conseguem se fortalecer e aceitar a si mesmas, as crianças podem aprender a mobilizar suas energias, suas forças vitais, para atender a algumas das próprias necessidades.

Reprimir sentimentos resulta em solidão. Quanto menos um indivíduo é capaz de expressar o que acontece dentro de si, mais isolado e alienado ele se sente. Cada vez que os sentimentos deixam de ser expressados, o muro ou casco protetor fica mais grosso e o sentimento de solidão aumenta detrás dessa barreira.

A criança cujos sentimentos não são escutados e reconhecidos se sente sozinha. Seus sentimentos são seu próprio cerne, seu próprio ser, e, se são rejeitados, ela se sente rejeitada. Então, quando uma criança diz: "Eu me sinto sozinha quando fico com raiva — ficar com raiva me faz sentir muito sozinha", é porque ela se depara com um mundo de pessoas que não se mantêm em contato com ela quando ela expressa seus sentimentos de raiva. Ela é admoestada, repudiada, castigada, evitada, e tudo isso a empurra para o isolamento.

Quando eu, como terapeuta, proporciono os meios para uma criança expressar seus sentimentos abertamente, escutando-os e aceitando-os, ela se sente menos sozinha e começa a ver o mundo como um lugar mais amigável. Pode começar a se abrir novamente e a fazer conexões com os outros.

Penso que uma das razões pelas quais as crianças procuram tanto umas às outras é que elas sentem que talvez outras crianças tenham alguma compreensão do que elas estão vivendo e de como se sentem. Nos grupos de crianças com que trabalho, tenho o privilégio de ouvir algumas das coisas que elas conversam umas com as outras. Normalmente não percebemos a abrangência e a profundidade do que elas pensam e sentem, porque elas tomam todo o cuidado de censurar o que dizem na frente dos adultos em seu mundo.

A CRIANÇA QUE ESTÁ DENTRO E FORA DA REALIDADE

Tive alguma experiência com crianças que às vezes estão lúcidas e em contato e outras vezes simplesmente não parecem fazer sentido, entraram em um mundo próprio.

Chris, de 11 anos, era uma delas. Durante muito tempo em nosso trabalho juntos, tive dificuldade de entender o que ele dizia. Eu me esforçava para me manter no mundo dele. Cada coisa que eu dizia o fazia partir para lugares aonde eu tinha dificuldade de ir. Ele gostava de trabalhar com argila, tinta (especialmente pintura a dedo) e a caixa de areia. Também gostava de contar histórias. E suas histórias, criações na caixa de areia e trabalhos de arte refletiam um lugar que eu tinha dificuldade de entender. Mas seu trabalho parecia ter intenção e propósito para ele. Tudo que ele fazia parecia ter algum significado para ele.

Chris conversava comigo, embora eu não o acompanhasse. Ele sorria para mim e me cumprimentava afetuoso quando chegava à sessão. Às vezes, começava a me contar sobre alguma coisa em sua vida que fazia sentido para mim, mas de repente partia para outro mundo. Ele dizia: "Meu irmão mais velho chegou da faculdade ontem". Em resposta ao brilho em seus olhos, eu dizia: "Você parece estar contente". Ele respondia: "É, eu estou e quando eu estava andando na rua vi um grande fogo e uma luz que disparou para o céu, tão grande que se você pudesse entrar nela poderia atravessar o oceano e faria uma grande explosão e então um leão veio pulando e não sei de onde ele veio e três crianças na escola dividiram o almoço comigo e você já viu grandes fogos de artifício que chegam até a lua e a minha casa é maior do que tudo isso e o meu irmão entrou com um sussurro…"

Por muito tempo, eu não o freava — só o acompanhava, ou parava de tentar com tanto esforço e só ouvia. Então, um dia, eu disse firmemente: "Chris, você não respondeu à minha pergunta. Você está dizendo uma coisa que não tem nada a ver com o que eu perguntei". E ele olhou para mim e a respondeu.

Sei que Chris tinha muito medo de seu mundo. Precisava sair dele para sentir-se seguro. À medida que aprendia a confiar em mim, foi se tornando capaz de permanecer no meu plano terreno. Por meio de muitos exercícios, ele adquiriu um forte senso do que podia fazer. Era importante que eu o acompanhasse, estivesse com ele onde ele queria estar, necessitava estar. Enquanto fazia suas pinturas enigmáticas, ele falava com uma linguagem igualmente enigmática, e eu prestava atenção ao som de sua voz, observava seu corpo e seu rosto. Eu conseguia responder a ele com base nessas observações. Eu dizia à tristeza em sua voz: "O que você está me dizendo parece triste." Dizia à vivacidade de sua pintura: "Este lugar que você fez parece colorido e feliz." Dizia, no dia em que ele entrava com os ombros caídos: "Hoje deve ter acontecido alguma coisa de que você não gostou — você não está caminhando ereto". Chris me dava resposta imediata a essas observações, lançando olhares rápidos e repentinos de surpresa e assentindo com a cabeça.

Nessa época, eu tinha um grupo de crianças mais ou menos da idade dele. Achei que seria bom para ele participar do grupo. Ele não tinha amigos em casa e não se relacionava com crianças da sua idade. Estava em uma classe especial na escola e também não tinha amigos lá. Chris entrou no grupo temeroso. Regrediu a comportamentos cada vez mais "fora da realidade". As crianças ficaram atônitas, mas obtinham as pistas de mim e da minha coterapeuta. Quando fazíamos rodas, ele dizia coisas que ninguém conseguia entender. Nós escutávamos com atenção e agradecíamos, às vezes tendo que lembrá-lo gentilmente de que precisávamos prosseguir. Quando fazíamos desenhos, os dele eram incompreensíveis. Ele os mostrava e às vezes falava sobre eles, mas não conseguíamos acompanhar. Ele fazia um esforço para participar de tudo à sua maneira.

Ele tinha uma queda por uma das meninas e queria se sentar ao lado dela, tocá-la, segurar a mão dela. Isso a incomodava muito e ela o evitava e se afastava. Nós sabíamos que era preciso falar sobre isso abertamente. Pedimos às crianças que desenhassem algo que as incomodava e algo de que gostavam em alguma pessoa no grupo. Sally fez um desenho de Chris agindo de modo bobo para ela, em suas palavras. Quando ela compartilhou isso, com nosso incentivo, os olhos de Chris se encheram de lágrimas. Tivemos uma boa oportunidade de aceitar o incômodo dela, aceitar a tristeza dele e conversar sobre a realidade do que estava acontecendo. O clima ficou muito mais relaxado depois disso. Mais tarde, fizemos um exercício oral similar ao exercício do desenho, e Sally disse para Chris, "Eu gosto do fato de você não me incomodar mais... Eu não gosto quando você fala coisas que não entendo." Muitas das crianças partilharam este último sentimento com ele. Disseram isso de um modo gentil, amável, cuidadoso. Ele olhava para elas enquanto elas falavam, contente porque elas correspondiam ao seu olhar.

Logo notamos que, quando fazíamos desenhos, ele fazia dois: um que era todo rabiscado, um enigma para nós, e outro que era claramente em resposta às orientações.

Um dia, jogávamos um jogo em que pedimos que cada criança fosse um animal. Chris disse que era um gato perdido com asma. Ele engatinhou pela sala ronronando e querendo ser acariciado. As crianças corresponderam, para sua alegria. Nós lhe perguntamos se ele sabia o que era asma. Ele falou: "Sei! Eu tenho um bloco grande aqui (apontando para o peito) e ele não consegue respirar muito bem!" (Chris frequentemente dizia "ele" quando queria dizer "eu".) Nós sabíamos que ele não tinha asma, mas acreditamos que ele tinha um bloco grande no peito. Sabíamos que estávamos nos aproximando de sua expressão desse bloco.

Começamos a notar que Chris era capaz de fazer cada vez mais contato conosco, e passei a insistir nisso. Eu sentia que lhe havíamos permitido divagar sem sentido (do nosso ponto de vista) durante muito tempo. Então agora, quando ele fazia isso, eu dizia com firmeza: "Eu não entendo o que você está dizendo, Chris. Diga de novo para que eu possa entender". Ou, quando ele começava e depois partia para o seu próprio lugar seguro: "Conte para mim do que ou de quem você está com raiva". (Qualquer coisa relacionada com a raiva o assustava muitíssimo e certamente o deixava atordoado.) Eu sabia que era hora de, com paciência e propósito, trazer Chris de volta ao grupo conosco cada vez que ele "decolava". Eu sabia que ele era capaz disso agora.

No fim de cada sessão em grupo, nós incentivávamos comentários finais, reações à sessão, qualquer coisa que alguém quisesse dizer. Certa vez, um menino falou: "Estou contente que o Chris seja um de nós agora!" Quando lhe pedi que dissesse isso *para* o Chris, ele falou: "Estou contente que você seja parte do nosso grupo agora. Estou contente que você não fala do jeito louco que costumava falar". Chris ficou radiante, e os dois foram embora juntos, abraçando um ao outro.

AUTISMO

Não vou escrever muito sobre trabalhar com crianças autistas. Sem dúvida, este é um assunto que necessita a atenção de um livro inteiro. Trabalhei com crianças autistas apenas brevemente, mas gostaria de compartilhar algumas informações interessantes de alguns colegas meus que têm ampla experiência com crianças com autismo severo.

Cathy Saliba descobriu, depois de trabalhar com crianças autistas por algum tempo, que elas comunicam suas necessidades prontamente, mas de maneiras que costumam ser ignoradas. Suas necessidades eram indicadas de maneiras um tanto sutis que interferiam na estrutura preparada de um programa. Saliba descobriu que, se sintonizasse com o que a criança queria fazer, em vez de forçá-la a fazer o que havia planejado, algumas coisas interessantes aconteciam. Por exemplo, um menino de 5 anos ficou parado na frente de um espelho de corpo inteiro na parede, ignorando seu chamado para montar um quebra-cabeças com ela. Ela percebeu que ele estava se *vendo*. De repente, ele notou que o reflexo dela também estava no espelho, e ficou tão contente e entusiasmado que se sentou no colo dela. Vinte minutos haviam se passado e a professora não havia dito uma palavra nem dado uma ordem sequer. Saliba começou a nomear a parte dos rostos dele, conforme ele apontava para elas, olhando-se no espelho. Mas quando ele chegou à boca, ela não respondeu. Ele olhou para ela expectante através do espelho e gritou: "boca!" Saliba descreve esse processo, que se tornou regular e com resultados muito positivos, da seguinte maneira:

> Até aquele primeiro dia, quando Sean mostrou interesse pelo espelho, eu tinha planejado o que cada aluno faria durante minhas horas de contato com eles. Eu sabia exatamente qual quebra-cabeças seria montado por qual aluno em que momento e durante quanto tempo. Eu acreditava que as crianças autistas necessitavam muita estrutura e, em essência, estava exigindo que eles desempenhassem o que, quando, como, onde e em que medida eu achava que eles necessitavam o dia todo. Quando permiti a Sean aquele tempo na frente do espelho, eu estava obtendo uma pista dele, que era: "Ei, eu *quero* estudar meu reflexo e *gosto* de fazer isso". Daquele momento em diante, fui capaz de me abrir o suficiente para ver que Sean podia comunicar suas necessidades e desejos para os outros. De fato, eu só necessitava me permitir ver e responder a essas pistas em vez de estar sempre impondo minhas próprias demandas sobre ele.

E então Saliba começou a experimentar *estar com* as crianças e descobriu, por meio desse método, que muito aprendizado acontecia. Também descobriu, para seu grande assombro, que cada criança sabia muito mais do que se percebia. Por exemplo, uma criança lia as propagandas em muitas revistas. Ela começou a usar isso como base para ensiná-la a ler outras coisas. Esse tipo de atenção é difícil, a não ser que na sala de aula haja adultos suficientes para permitir que um professor acompanhe uma criança quando a necessidade surge.

Outra amiga me contou sobre o uso de pintura a dedo de uma maneira singular com crianças autistas. As crianças, com frequência, se pintavam inteiras. Um dia, ela as acompanhou e pintou partes do rosto de cada criança na frente do espelho, nomeando as partes ao fazer isso. As crianças adoraram e, depois de um tempo, foram capazes de fazer isso sozinhas enquanto se olhavam no espelho. Depois, fizeram o mesmo com a professora. Elas não só estavam adquirindo um novo senso de *self*, de que tanto necessitavam, como também estavam mostrando comportamento social e cheio de contato.

Ariel Malek experimentou uma abordagem similar à de Saliba. Ela também descobriu que ficar com o processo da criança em vez de com as atividades prescritas colhia recompensas muito maiores. Ela diz: "Posso planejar uma lição para ensinar a cor vermelha, mas depois ficar mais focada em superar sua resistência a participar". Deve-se manter um cuidadoso equilíbrio entre seguir os planos do professor/terapeuta e seguir as pistas da criança. "Normalmente estou disposta a renunciar à lição planejada a fim de seguir uma pista importante que a criança está me dando. Também acredito que criar as oportunidades para que a criança lidere nossas interações tem grande valor."

Parece que as diretrizes que uso com crianças mais normais também se aplica a crianças autistas. Comece onde a criança está. Fique com ela. Observe as pistas que ela dá. Esteja alerta ao processo e aos interesses dela (e não aos seus). Traga-a de volta à própria *awareness* repetidas vezes, proporcionando muitas atividades sensoriais, como brincadeira com água, pintura a dedo, caixa de areia e trabalho com argila.

Saliba descreve levar as crianças à praia, onde elas podiam sentir o cheiro do mar, podiam ver, sentir, sentar e rolar na água e na areia, e podiam sentir o sol e o ar. O trabalho corporal é essencial — usando tapetes, fazendo massagens, "lutando" com elas e incentivando-as a lutar umas com as outras, usando um trampolim e outros equipamentos de praças de jogos. Essas crianças necessitam muitas oportunidades de fazer uso controlado do próprio corpo.

Embora esse tipo de atividade seja em um nível muito menos verbal, os sentimentos estão lá. Ao observar a linguagem corporal e as expressões faciais das crianças, o professor/terapeuta pode adivinhar o que a criança está sentindo e começar a refletir verbalmente para a criança o que ela imagina que sejam esses sentimentos. (Com frequência, os sons e os movimentos corporais da criança são expressões muito explícitas de seus sentimentos.) A linguagem é entremeada em todas as atividades, para que a criança possa começar a ver a relação entre a comunicação verbal e tudo que ela faz. Por meio da linguagem, ela aprende que pode ter algum controle sobre sua vida, expressar claramente suas necessidades e assim por diante.

O aspecto mais importante disso é se familiarizar com a própria criança, um passo necessário antes que ela possa fazer mais contato com os colegas, os pais, os professores e o ambiente. Saliba e Malek descobriram que quanto mais entravam em contato consigo mesmas — seus sentidos, seu corpo — e quanto mais se autodescobriam, mais calmas essas crianças ficavam. Os movimentos repetitivos e a autoestimulação sem sentido diminuíram. (Saliba fala dos que visitaram a sala e afirmaram que as crianças não eram realmente autistas, já que seu "comportamento autista" havia diminuído de maneira tão acentuada.) Essas crianças estavam começando a aprender; estavam se relacionando umas com as outras e com os professores muito mais do que antes.

CULPA

A culpa é, geralmente, ressentimento ou raiva retrofletida — voltada contra si mesmo em vez de dirigida ao objeto de raiva. Grita-se com uma criança porque ela derramou leite. O grito a deixa com raiva, mas como ela é incapaz de expressar essa raiva, a suprime e sente-se culpada por ter derramado leite. Se a raiva for expressada diretamente, a culpa pode ir embora, ou a criança pode sentir-se culpada por expressar raiva, dependendo da resposta do adulto.

O ressentimento acompanha toda culpa. Se a criança não puder expressar a raiva e se sente culpada, torna-se ressentida com o adulto (ou talvez com outra criança) por esse sentimento desagradável. Junto com o ressentimento, geralmente há uma demanda não expressada. A criança pode se ressentir de que a mãe ou o pai grite com ela, e a demanda pode ser que o pai seja mais tolerante quando ela derrama leite.

A criança também fica confusa sobre de quem é a falta por uma situação desencadeadora como derramar leite, e prontamente assume a culpa, sempre ouvindo gritos por algo que sabe que não fez de maneira intencional. Ela se culpa e sente que é má. Portanto, a raiva, a culpa, o ressentimento e a autoacusação tornam-se difusas e misturadas com a autoimagem da criança. Algumas crianças são levadas a sentir vergonha por derramar leite e tudo mais que fazem, e, em pouco tempo, começam a sentir vergonha de estar vivas.

Para diminuir seus sentimentos de culpa, a criança que se sente muito culpada pode sair por aí fazendo o que acha que os outros querem que ela faça, mas está ressentida o tempo todo. Ela é confusa e insegura sobre o que se espera dela, mas tem certeza de que deve suprimir a raiva e a fúria que inflamam dentro dela. Ela se esforça para agradar e se torna confluente com todos à sua volta. Cessa de ser diferenciado das pessoas em sua vida, perdendo completamente seu senso de *self* e direitos.

Entender alguns dos elementos que entram no processo de criação da culpa ajuda o terapeuta a guiar a criança em esclarecer as coisas. Uma criança que desenvolveu um padrão de evitar a culpa tentando nunca fazer nada errado necessita ajuda para se separar das pessoas em sua vida. Necessita ajuda para descobrir quem é, o que quer. Necessita ajuda para aprender a verbalizar seus desejos, opiniões, pensamentos. Necessita ajuda para fazer escolhas claras e assumir a responsabilidade por suas escolhas.

A criança necessita experimentar expressar sua raiva, seu ressentimento e suas demandas. Quanto mais direta ela for com seus sentimentos de raiva, menos culpa haverá para enfraquecê-la e imobilizá-la.

Ralph, de 7 anos, ateava fogo nas coisas. Quando a mãe dele o trouxe para uma consulta, ela me contou que ele havia apanhado muito — ela o espancara e machucara dos 2 aos 5 anos, quando recebeu a ajuda que tanto necessitava. Embora já não o agredisse, ela se sentia culpada por seu comportamento presente de atear fogo e por sua atitude hostil e beligerante.

Em uma sessão, eu pedi a Ralph que fizesse um desenho de si mesmo ateando fogo. Ele desenhou um grande fogo vermelho e uma criança acendendo um fósforo para ele, dizendo "Faça isso, você também" para outra criança que responde "Tá." (Ralph explicou que ateia fogo porque outra criança sempre lhe diz para fazer isso.) Ocupando metade da imagem, havia o desenho de um sol enorme chorando e franzindo o cenho. Pedi a Ralph que fosse o menino na imagem e dissesse como se sente ao atear fogo.

Ralph: "É um fogo grande. Eu gosto de fazer isso."

"Agora seja o fogo. Finja que você pode falar como o fogo. Diga do que você gosta."

Ralph. "Eu sou um fogo grande. Um fogo muito grande. Você pode me ver por toda parte."

"Como você se sente sendo o fogo?"

Ralph: "Forte!"

"Agora seja o sol. O que o sol diz?"

Ralph (como o sol): "Estou triste. Estou chorando. O Ralph vai se meter em problemas."

"Diga isso ao Ralph, sol."

Ralph (como o sol, conversando com o menino que ateia fogo no desenho): "Você vai se meter em muitos problemas. Você é muito mau."

"Sol, diga ao Ralph como ele vai se meter em problemas."

Ralph (como o sol): "Ah, a sua mãe vai te matar, ela vai ficar furiosa." (Então, para mim) "Você sabia que eu sou adotado?"

"Não, eu não sabia disso."

Ralph: "É. A minha mãe de verdade tinha só 16 anos quando me teve e não podia tomar conta de mim, então a minha mãe me adotou. Se eu digo 'mãe de verdade' para a minha mãe, ela chora."

"Você tem medo de que a sua mãe o machuque de novo como fazia quando você era pequeno?"

Ralph: "Tenho, mas eu era mau. Eu ainda sou mau, mas ela não me machuca agora."

Ralph carregava os sentimentos de culpa — ele ainda se culpava pelo abuso anterior. Ele testava continuamente a mãe para ver se ela o machucaria e finalmente o daria embora como a mãe de verdade fez. Atear fogo o fazia sentir-se forte e poderoso. Quando ele começou a expressar seu ressentimento, raiva e tristeza, quando foi capaz de sentir sua própria legitimidade, valor e poder, o comportamento hostil começou a diminuir.

James, um menino de 9 anos que sujava as calças, um dia expressou seus sentimentos de culpa quando moldou uma figura de si mesmo e do irmão em argila e depois esmagou a sua, deixando a do irmão intacta. O irmão, dois anos mais velho, o provocava por tudo. James nunca ficava com raiva, mas me contou que merecia as provocações porque sempre sujava as calças como um bebê. "Eu também o provocaria se ele fizesse isso." Sua incapacidade de concentrar sua raiva no irmão era típica de seu comportamento geral. Ele, secretamente, admitiu para mim que achava que havia algo de errado com ele "desde que nasci". Ele se sentia culpado por estar vivo. Quando James começou a expressar seus sentimentos por meio de muitas técnicas expressivas, ele começou a ser mais direto com seus sentimentos em casa. A mãe dele interrompeu a terapia um dia, dizendo: "Ele só está piorando. Costumava ser tão tranquilo. Agora age com raiva e bate no irmão e inclusive responde a mim e ao pai." Eu não consegui convencê-la de que era muito mais saudável que ele fosse direto com seus sentimentos de raiva do que se os expressasse contendo a defecação e sujando as calças, e que sua assertividade representava seu novo sentimento de autoestima.

Muitos dos adultos com quem trabalho têm muita culpa remanescente da infância. Os sentimentos de culpa que se instalaram há muito tempo permearam todas as áreas de sua vida, causando muito sofrimento. Os sentimentos e as mensagens da infância podem permanecer conosco por um bom tempo e podem inclusive nos afetar para toda a vida.

Atendi um homem que era incapaz de desfrutar um relacionamento sexual com a esposa. Robert sofria de dor na virilha sempre que tinha uma ereção. Ele havia tentado ignorar isso durante toda a sua vida sexual madura, mas agora seu casamento estava se deteriorando em consequência disso. Ele havia consultado muitos médicos, e nenhum deles descobriu a razão para a dor.

Em uma de nossas sessões, eu lhe pedi que fechasse os olhos e fantasiasse a dor, ficasse com ela, e me relatasse se teve algum sentimento, ideia, sensação ou memória ao fazer isso. Sentado com os olhos fechados, ele, de súbito, se lembrou de algo que havia esquecido completamente há muito tempo:

"Quando eu tinha 8 anos, lembro de acordar à noite precisando ir ao banheiro. Achei que fosse no meio da noite, mas não devia ser tão tarde, porque a minha mãe estava na sala com visitas. Caminhei do meu quarto até a sala, meio dormindo. Eu estava de pijama. Quando entrei na sala, minha mãe olhou direto para a minha virilha e tomou um susto. Ela gritou: "Robert! O que há com você? O que está fazendo?" Ela me agarrou e me arrastou para fora da sala. Eu não me lembro o que aconteceu depois, exceto que acho que devo ter tido uma ereção. Deus! Posso me lembrar de quão confuso e péssimo eu me senti."

A memória de Robert pode não ter recapitulado a cena exata (as memórias nunca o fazem), e este talvez não tenha sido o único incidente que causou sua dor atual. O que é importante é que durante a terapia ele contatou alguns sentimentos que havia suprimido quando criança. Pudemos trabalhar com sua memória como faríamos com um sonho, e ele teve a oportunidade de lidar com alguns sentimentos e conflitos há muito esquecidos (mas ainda incapacitantes).

Sentimentos de culpa como esse costumam ser devastadores. A lembrança acima pode ter sido entremeada com uma fantasia; Robert pode ter imaginado que a mãe estava perturbada com sua ereção quando, na verdade, ela talvez só tivesse se incomodado com o fato de ele ter saído de seu quarto. Ela talvez não tenha olhado para sua virilha, embora ele se lembre de ela ter feito isso. Aconteceram coisas suficientes antes desse incidente, e certamente depois dele, para reforçar os sentimentos de culpa que ele tinha em relação ao pênis ereto. Vergonha, culpa e uma boa dose de raiva e ressentimento não expressados, esquecidos, suprimidos necessitavam sair para que Robert tivesse um senso de autoestima, autossuporte e bem-estar em sua vida.

AUTOESTIMA; AUTOCONCEITO; AUTOIMAGEM

Sempre fiquei um pouco incomodada por palavras como autoestima, autoconceito, autoimagem. Estima se refere a quanto valorizamos alguma coisa. Um conceito é uma ideia, uma noção, o que pensamos. Uma imagem é uma representação de algo, não a coisa real. As definições na literatura em relação a crianças são vagas e elusivas, e diferem segundo a interpretação individual. Muitos autores evitam definir o autoconceito, mas discutem prontamente as manifestações de um autoconceito negativo e a necessidade de melhorar o autoconceito da criança.

Um bebê não nasce com sentimentos desagradáveis sobre si mesmo. Todos os bebês pensam que são maravilhosos. Como uma criança se sente em relação a si mesma depois de um tempo, no entanto, sem dúvida é determinado, em grande medida, pelas mensagens que ela recebe dos pais sobre si mesma. Mas, em última análise, é a própria criança que traduz essas mensagens para si mesma. A criança seleciona do ambiente qualquer coisa que reforce as mensagens dos pais.

Haim Ginott, em *Between parent and child* [*Entre pais e filhos*] e *Between parent and teenager* [*Entre pais e adolescentes*], diz que, quando uma criança afirma que é tonta ou feia ou má, não há nada que possamos dizer para mudar sua autoimagem de imediato. "A opinião arraigada que uma pessoa tem de si mesma resiste a tentativas diretas de alteração. Como uma criança disse ao pai: "Eu sei que você tem boa intenção, pai, mas não sou estúpido a ponto de acreditar em você quando diz que sou inteligente". Ginott alerta os pais a distinguir entre o elogio generalizado e o elogio descritivo. Se o pai diz: "Obrigado por lavar o carro. Gosto de como ficou", a criança talvez traduza essa mensagem sobre si mesma como: "Posso fazer um bom trabalho ao lavar um carro". Se o pai diz: "Que criança maravilhosa você é! Você é o melhor lavador de carros do mundo!", a criança talvez traduza como: "Eu sei que não sou assim tão maravilhoso, ele deve estar me enganando".

Nem sempre é fácil localizar a origem do baixo autoconceito de uma criança. Às vezes as mensagens que ela recebeu são muito vagas e sutis. Às vezes a criança as embeleza com seu próprio material fantasioso. Às vezes resultam de — ou são reforçadas por — situações e acontecimentos sobre os quais os pais não têm controle ou dos quais nunca souberam. No mínimo, a falta de respeito pelas crianças como seres humanos dotados de direitos, algo generalizado em nossa sociedade, serve para deteriorar o senso de autoestima de todas as crianças.

A maioria das crianças com quem trabalho na terapia e a maioria das crianças que atendi nas salas de aula para crianças com transtornos emocionais têm baixa autoestima. Isso não é uma surpresa, já que a maneira como nos percebemos e nos valorizamos determina, em grande medida, como nos comportamos, como encaramos a vida e como lidamos conosco.

As crianças manifestam sua baixa autoestima de muitas maneiras. Podem nem mesmo perceber que não se sentem tão bem em relação a si mesmas, embora saibam que há algo de errado. Alguns sinais comuns são: choramingar, necessitar ganhar, trapacear em jogos, ser perfeccionista, gabar-

-se exageradamente, doar doces, dinheiro ou brinquedos, tentar chamar a atenção com recursos como fazer palhaçada, agir de modo tonto, provocar os outros, apresentar comportamento antissocial, ser autocrítico, retraído ou tímido, culpar os outros por tudo, criar desculpas para tudo, pedir desculpas o tempo todo, ter medo de experimentar coisas novas, desconfiar das pessoas, querer muitas coisas, estar sempre na defensiva, comer demais, agradar demais, sentir-se incapaz de fazer escolhas e tomar decisões, nunca dizer "não".

Essa lista inclui praticamente todo tipo de comportamento que costuma trazer uma criança à terapia. Como nossa sociedade valoriza os rápidos e ágeis, as crianças que são mais desajeitadas costumam ter baixa autoestima. E, portanto, a sociedade em geral pode ser a origem de um senso diminuído de autovalor. Aqueles que são favorecidos em nossa cultura — pessoas magras, atraentes, ricas, brancas — podem não se sentir melhor em relação a si mesmas do que pessoas mais gordas, menos atraentes, mais pobres e pertencentes a minorias, mas estas podem ser afetadas de maneira adversa pelos valores de nossa sociedade.

Quando atendo uma criança em terapia, tenho a oportunidade de devolvê-la a si mesma, pois, em certo sentido, um autoconceito ruim é um senso de *self* perdido. Tenho uma chance de colocar a criança em contato com sua própria potência, de ajudá-la a se sentir em casa no mundo. Posso ajudá-la a abandonar as mensagens negativas e formar mensagens positivas novamente. Ao readquirir seu senso de *self*, ela pode se entregar plenamente ao processo de explorar e descobrir todas as coisas em seu mundo.

Estas são algumas das diretrizes básicas para os pais para aprimorar o sentimento de *self* da criança:

Ouça, reconheça e aceite os sentimentos da criança.

Trate-a com respeito. Aceite-a como ela é.

Faça elogios específicos e diretos.

Seja honesto com ela.

Use mensagens que começam com "Eu", em vez de mensagens que começam com "Você": "Eu estou incomodado com o barulho" em vez de "Você é tão barulhenta".

Faça críticas específicas, em vez de "Você sempre…" ou "Você nunca…"

Embora necessite consistência, normas e controles, ela necessita com ainda mais urgência algum espaço para aprender a lidar com a própria vida. Dê a ela responsabilidades, independência e a liberdade de fazer escolhas.

Envolva-a na solução de problemas e na tomada de decisões relativas à própria vida. Respeite seus sentimentos, necessidades, desejos, sugestões, sabedoria.

Permita que ela experimente, siga seus próprios interesses, sejam criativos ou não.

Lembre-se do princípio da singularidade: ela é maravilhosa e incrível em sua própria singularidade, embora possa ser uma singularidade muito diferente da sua.

Seja um bom modelo — pense bem de si mesmo, faça coisas para si mesmo.

Perceba que é bom apreciar a si próprio. Está tudo bem sentir-se satisfeito com cumprimentos. Está tudo bem sentir prazer por si mesmo.

Evite emitir juízos, dizer muitos "deveria" e dar conselhos desnecessários.

Leve-a a sério. Aceite seu discernimento; ela sabe quando não está com fome.

Se a criança expressar sentimentos negativos em relação a si mesma, os pais ou o terapeuta devem tomar cuidado para não contradizer a criança. Por exemplo, se a criança disser: "Sou tão feia!", podemos ser tentados a dizer: "Ah, não! Você é tão bonita!" Fazer isso só serviria para aumentar os sentimentos desagradáveis em relação a si mesma, e não para mudá-los, porque a mensagem implícita é "Você está errada de pensar que é feia". A mudança deve vir de dentro da própria criança, e isso só pode ser alcançado permitindo e aceitando seus sentimentos desagradáveis.

Uma vez que os sentimentos ruins tenham sido expressos abertamente, podem ser explorados. Se uma criança fala sobre a péssima jogadora que é, posso lhe pedir que me conte mais sobre quão mal ela realmente joga. O que geralmente acontece é que, em algum lugar no meio do caminho, a criança para e diz: "Bem, na verdade eu não sou tão ruim" ou talvez. "Bem, não sou tão boa em jogar bola, mas nado bem". Este é um bom exemplo da "teoria paradoxal da mudança", de Arnold Beisser. Em seu artigo publicado em *Gestalt Therapy Now*, ele diz:

> *A mudança ocorre quando o indivíduo se torna o que é, e não quando tenta se tornar o que não é.*
>
> A mudança não ocorre por meio de uma tentativa coerciva de mudá-lo por parte do próprio indivíduo ou de outra pessoa; ocorre se ele dedica o tempo e o esforço de estar onde está — de investir totalmente em sua situação atual. Ao

rejeitar o papel de agente da mudança, tornamos possível a mudança significativa e ordenada. (p. 77)

Uma menina de 7 anos que eu estava atendendo falava constantemente do quanto era popular com outras crianças, do quanto era inteligente, de como podia fazer qualquer coisa melhor que os demais etc. Um dia, comecei a lhe contar uma história que começava assim: "Era uma vez uma menininha que não fazia nada direito".

Ela me interrompeu para perguntar o nome da menina. Eu falei que não sabia e pedi a ela que escolhesse um nome. Ela pensou por um instante e depois apontou para si mesma, de boca fechada, assentindo vigorosamente com a cabeça. "É você?" Assentiu com mais veemência dessa vez, com uma expressão de tristeza. Este foi o primeiro passo para lidar com seus sentimentos reais em relação ao *self* — e o primeiro passo para a mudança. As crianças pequenas geralmente usam a frase "Eu nunca faço nada direito" como uma expressão de sentimentos desagradáveis em relação a si mesmas.

As crianças com baixa autoestima necessitam muitas atividades envolvendo experiências com os sentidos, focando nas similaridades e diferenças entre elas e objetos, animais, pessoas, frutas e hortaliças. Por meio de uma *awareness* das diferenças, elas podem começar a se ver com uma nova apreciação e começar a ver, abordar e contatar os outros sob a mesma ótica.

A *awareness* corporal é essencial para um senso de *self* forte. Exercícios de respiração e relaxamento são úteis, bem como experiências com movimento corporal. A imagem corporal é um aspecto importante da autoaceitação. A maioria das crianças com autoconceito baixo não só não estão familiarizadas com o próprio corpo — como se sentem, o que podem fazer — como geralmente não gostam de sua aparência (ou de como percebem sua aparência). Então, faço muitas atividades envolvendo desenhar autorretratos, olhar-se no espelho, conversar com a imagem no espelho, ver fotografias de quando bebê, ver novas fotografias que eu tiro, desenhar o contorno do corpo numa folha grande de papel, entrar no corpo em uma fantasia dirigida e assim por diante. Às vezes faço um desenho da criança numa folha grande e discutimos cada característica, cada peça de roupa, cada parte do corpo enquanto desenho. As crianças pequenas adoram essa técnica.

Para ajudar uma criança a se sentir melhor em relação a si mesma, necessitamos devolvê-la a si mesma. O primeiro passo, fundamental, nesse processo é aceitar seus sentimentos atuais — os sentimentos ruins, de vácuo, nada, desespero que ela tem hoje. Quando ela aceita esses sentimentos, pode voltar a se familiarizar com os sentidos e o corpo e com tudo que é capaz de fazer com ele. Pode aprender sobre si mesma e sobre sua singularidade de dentro para fora, em vez de por meio dos critérios e opiniões de outros, e começar a ter uma sensação de bem-estar — de que está tudo bem ser quem ela é.

11. Outras considerações

Algumas atividades e abordagens são mais adequadas para certas idades do que outras; algumas são mais apropriadas para contextos grupais, ao passo que outras funcionam melhor em sessões individuais. A maioria das técnicas pode ser *adaptada* para praticamente qualquer pessoa e qualquer tipo de situação. Resumo, a seguir, algumas das minhas reflexões e opiniões sobre maneiras particularmente eficazes de lidar com uma variedade de faixas etárias, agrupamentos, contextos etc.

GRUPOS

Os grupos têm a vantagem de ser uma espécie de pequeno mundo isolado em que é possível vivenciar o comportamento presente e explorar novos comportamentos. O trabalho em grupo é um cenário ideal para crianças que necessitam praticar habilidades de contato. Para a maioria das crianças, é natural procurar outras crianças. Propiciar um espaço para aquelas que têm dificuldade de se relacionar com seus pares pode ajudá-las a descobrir e explorar o que quer que tenha bloqueado esse processo natural.

Penso que cada terapeuta precisa decidir sobre o tamanho e o tipo do grupo que considera mais produtivo; não pode haver uma regra geral para todos. Em minha prática, explorei várias situações grupais e descobri minhas preferências. Quando as crianças têm menos de 8 anos, gosto de trabalhar com outro terapeuta e prefiro que o grupo seja pequeno — de três a seis crianças. Quando são mais velhas, prefiro que o grupo seja mais numeroso — de seis a dez crianças. Em geral, meus grupos se reúnem durante 90 minutos, embora às vezes esse tempo pareça insuficiente.

Certos procedimentos e técnicas são particularmente eficazes em contextos grupais. Normalmente começo cada sessão grupal pedindo que as crianças formem uma roda, na qual cada uma tem a sua vez de relatar seus sentimentos e sua *awareness* e dizer alguma coisa, se quiser, sobre algo que tenha acontecido com ela desde nosso último encontro. Esta técnica é especialmente útil para dar a cada criança uma oportunidade de participar. Às vezes, peço que as rodas foquem apenas a situação presente; que cada criança relate sua *awareness* do momento — o que sente agora, o que sente em seu corpo, o que vê, no que está pensando naquele instante. No entanto, deixo claro para a criança que se algo do que aconteceu durante a semana continua presente e ela não precisa procurar na memória, sem dúvida é parte de sua *awareness* atual. Com frequência, a criança chega ao grupo irritada, magoada ou entusiasmada com alguma coisa que aconteceu logo antes, e precisa expressar isso a fim de trazer sua plena atenção ao grupo.

Em geral, as sessões em grupo com crianças são estruturadas; isto é, tenho uma boa noção do que faremos durante a sessão. No entanto, é importante ser aberta, flexível e criativa. Depois das rodas, posso perguntar ao grupo se alguém gostaria de compartilhar alguma coisa, falar sobre alguma coisa, expressar algo que esteja pensando ou sentindo. Às vezes, uma criança apresenta um problema que envolve muita participação de outras no grupo. Por outro lado, pode ser que o problema requeira atenção individual; nesse caso, a criança e eu trabalhamos juntas enquanto as demais observam. As crianças que se reúnem durante certo tempo tornam-se mais sofisticadas em relação ao que podem obter do grupo. Essas crianças fizeram seu "trabalho", pediram que outras crianças partilhassem suas experiências, trouxeram seus sonhos para explorar com o grupo e assim por diante. Se, no decurso de uma sessão, eu interrompo a atividade do grupo para trabalhar com uma criança, o faço com a percepção de que, ao mesmo tempo, as demais obterão muitos benefícios indiretos desse trabalho. Ruth Cohn, num artigo chamado "Therapy in groups: psychoanalytic, experiential and Gestalt" ["Terapia em grupos: psicanalítica, experiencial e Gestalt"], publicado em *Gestalt Therapy Now*, escreve:

> Dei oficinas sobre os "Cinco modelos de interação grupal", que incluíam os modelos de terapia vivencial, analítica e gestáltica junto com o grupo T e minha própria abordagem interacional centrada em temas. Nessas oficinas, os alunos foram levados a vivenciar cada modelo demonstrado por meio da participação. Invariavelmente, os grupos reagiram com mais envolvimento pessoal na oficina de Gestalt-terapia, apesar do fato de que, a maior parte do tempo, foram espectadores, e não participantes ativos. Observar o diálogo terapêutico

dramático tinha mais impacto do que a interação pessoal. O mergulho do paciente em emoções até então evitadas pareceu comover o grupo de observadores no verdadeiro sentido da identificação e purificação de uma tragédia grega. Os membros desse coro grego, com efeito, pareciam vivenciar, dentro de si mesmos, os sentimentos trágicos e alegres das reações dos pacientes. (p. 138)

Considero que isso também se aplica aos grupos de crianças de qualquer idade: o que faço com uma criança individualmente também tem impacto e significado para os observadores. Os temas são especialmente adequados para os contextos grupais. Com frequência, as crianças sugeriam seus próprios temas depois de compreender a ideia. Um bom exemplo de tema é "Ridículo" ou "Que riam de mim". Numa sessão, conversamos sobre o que isso significava para cada um de nós, se já o tínhamos vivenciados, o que fizemos ao passar por isso, como nos sentimos, e a diferença entre nossos sentimentos e nossas ações. Conversamos sobre fazer isso com os outros. Em seguida, todas fecharam os olhos e lhes pedi que entrassem em contato com uma ocasião em que se lembram de ter sentido que estavam rindo, zombando ou se burlando delas. Falei que, se não conseguiam se lembrar de uma situação como essa ou nunca tinham passado por uma, podiam imaginá-la. Instiguei suas lembranças com perguntas e sugestões como: "O que está acontecendo — qual é a situação? Quem está envolvido — quem está por perto? Há outras pessoas observando? O que você está sentindo? Tente vivenciar o que está sentindo enquanto riem de você". As crianças, então, desenharam seus sentimentos, ou o incidente, e nós compartilhamos os desenhos e conversamos sobre eles. Elas conversaram calmamente, compartilharam coisas profundas e escutaram com atenção.

Às vezes, só temos tempo suficiente para que cada criança compartilhe sua expressão criativa (sem jamais forçar aquelas que não desejam fazê-lo) ou compartilhe sentimentos e experiências despertados por um exercício específico. Outras vezes, temos tempo de trabalhar em mais profundidade com uma ou mais crianças. Se necessário, continuamos o trabalho na reunião seguinte. Posso dizer: "Da próxima vez, podemos querer trabalhar com o sentimento de solidão que você expressou ao falar sobre sua figura de argila". Mas nenhuma atividade planejada previamente tem prioridade sobre o que quer que esteja acontecendo de importante no momento com o grupo ou com uma criança específica.

O processo grupal é o aspecto mais valioso do trabalho em grupo com crianças. A maneira como vivenciam umas às outras e como reagem e interagem no grupo da terapia mostra claramente como são suas relações interpessoais em geral.

O grupo é um lugar para que a criança adquira *awareness* de como interage com outras crianças, aprenda a assumir responsabilidade pelo que faz e experimente novos comportamentos. Além disso, toda criança necessita conectar-se com outras crianças, saber que outras têm sentimentos e problemas similares aos seus.

Dar às crianças a oportunidade de jogar umas com as outras lhes proporciona experiências fundamentais de interrelação. Às vezes, o grupo joga em conjunto; outras vezes, é dividido em duplas ou trios. Em uma das minhas sessões em grupo, levei uma série de jogos simples, como cinco-marias, jogo da velha tridimensional, Blockhead!, pega-varetas, dominós. As crianças, de 10 a 12 anos, foram divididas em duplas, e cada dupla recebeu um jogo. Colocamos um *timer* de 10 minutos. Quando o *timer* tocou, cada dupla trocou de jogo. Depois desse tempo de jogo, conversamos sobre a experiência. Estes foram alguns dos comentários:

"Esta foi a primeira vez que joguei cinco-marias com um menino. Precisei ensiná-lo a jogar. Foi ótimo!"

"Sou o primeiro menino a aprender a jogar cinco-marias!"

"Eu perdi e me senti péssimo. Fiquei feliz quando o *timer* tocou."

"Chris trapaceou, mas parou quando eu falei para ele que não gostava disso."

"Ele não trapaceou comigo. Foi muito colaborador."

"Eu tive dificuldade com as cinco-marias, mas a Susan me ajudou."

O tom geral das crianças era gentil e tolerante. Um ar de contentamento e calma permeou a sala durante e depois do período de jogo. Houve muito barulho, também — o tipo de barulho que se ouve quando as pessoas conversam umas com as outras.

Podemos usar o grupo para lidar com as projeções da criança. Se ela diz: "Não gosto de como ele está me olhando!", lhe peço que descreva o que imagina que esse olhar está lhe dizendo e então diga isso para si mesma, de modo que possa perceber se projetou a expressão facial da outra criança para apoiar sua própria autocrítica. Este é um exemplo desse tipo de diálogo:

Phillip: "Eu não gosto de como o Allen está me olhando!"

"O que você imagina que ele está te dizendo com esse olhar?"

Phillip: "Está dizendo: 'Você é estúpido'."

"Phillip, finja que você está sentado naquela almofada e diga essas palavras para si mesmo: 'Você é estúpido'."

Phillip (para a almofada): "Você é estúpido!"

"Tem uma voz dentro de você que te diz isso às vezes?"

Phillip: "Sim."

As crianças precisam aprender que ver uma careta não é o mesmo que saber os pensamentos da pessoa. A outra criança talvez esteja com dor de estômago. Às vezes, no entanto, a outra criança realmente está sentindo o que a primeira imaginou, e isso também precisa ser verificado com ela.

Podemos examinar os introjetos da criança, ajudando-a a abrir mão do que não se encaixa. Podemos jogar um jogo em que cada pessoa no grupo representa a própria mãe ou pai, *seja* a própria mãe ou pai numa sessão em grupo simulada e nos conte sobre seu "filho". Essa atividade fica muito melhor se o líder entra nela de corpo inteiro.

John Enright, em seu artigo "An introduction to Gestalt techniques" ["Uma introdução às técnicas Gestalt"], publicado em *Gestalt Therapy Now*, descreve como usa as técnicas a seguir na terapia em grupo para melhorar as habilidades de *awareness*, responsabilidade e escuta. Todas essas técnicas podem ser aplicadas às crianças de maneira eficaz.

1. Diga às crianças que falem diretamente umas com as outras em vez de se dirigir ao terapeuta: "Ele me cutucou!" torna-se "Eu não gosto que você me cutuque!" O poder e a força são evidentes nesta última declaração; a queixa e a fraqueza são características da primeira.

2. Um bom exercício para ajudar as crianças a praticarem ser diretas é fazer que cada uma caminhe pela sala fazendo declarações a cada uma das outras, como: "Algo de que gosto em você é…; algo que me incomoda em você é…" Ou: "Algo que eu gostaria que você soubesse sobre mim é…; algo que eu não quero que você saiba sobre mim é…".

3. Oriente as crianças a substituírem as perguntas por declarações. Muitas perguntas mascaram declarações implícitas. Por exemplo: "Por que você me empurrou?" na verdade significa "Eu não gosto quando você me empurra". Isso não só fortalece a criança que foi empurrada, que fez uma declaração clara, como também a que empurrou, já que esta deve

encontrar outros meios de se comunicar além do empurrão, indireto e tortuoso. O terapeuta pode orientar a criança que empurrou a fazer sua própria declaração para substituir a comunicação original, mascarada.

4. Preste atenção a como as crianças escutam umas às outras. Isso é vital em grupos nos quais as crianças interrompem com frequência, se retraem e passam a sonhar acordadas ou apresentam outros comportamentos perturbadores: falam com outras crianças, batem, fazem barulho, caminham pela sala. Pode ser útil concentrar-se na criança que interrompe. A interrupção ou outras maneiras de não escuta são mensagens tortuosas e indiretas que necessitam ser traduzidas para declarações diretas, como "Estou entediado", "Preciso de atenção" etc. Houve momentos em que pedi à criança que interrompia que saísse da sala até que ela se sentisse pronta para voltar. As interrupções podem ser incômodas tanto para as outras crianças quanto para mim.

Normalmente, estabelecemos regras para o grupo, como deixar que uma pessoa termine de falar sem ser interrompida. Com frequência, o próprio grupo monitora e implementa essas regras, dizendo a uma criança se ela interrompe continuamente. Se todo o grupo é disruptivo, parece claro que o terapeuta deve analisar o que *ele* está fazendo. O papel do terapeuta é importante em situações de grupo. É ele que deve dar o tom do grupo como um lugar onde as crianças podem se sentir seguras e aceitas. É preciso modelar comportamentos; as crianças se espelham no terapeuta.

Também é importante que o terapeuta participe de muitas das atividades com as crianças. Quando jogamos, encenamos personagens ou contamos histórias, eu participo. Se não desejo participar de um exercício específico, faço uma declaração positiva a esse respeito. Vejo que acontece muito mais quando me envolvo nas atividades, quando me entrego e compartilho minha *awareness* e meus sentimentos presentes.

O terapeuta deve estar sempre alerta e consciente de cada criança. Se uma criança estiver visivelmente magoada ou incomodada, o terapeuta precisa ser capaz de perceber isso. É essencial que o grupo seja um lugar no qual as crianças possam confiar e no qual nada que seja doloroso para alguma criança passe despercebido pelo terapeuta.

As sessões em grupo devem ser experiências agradáveis. Uma sessão satisfatória é aquela em que cada criança se sente interessada, interessante, segura e aceita. Quando a criança se sente mais livre para revelar a si mesma e suas emoções, pensamentos e opiniões, quando sabe que encontrará apoio e conexão com o terapeuta e com as outras crianças, ela se fortalece em seu interior.

Em geral, em toda reunião eu dedico um tempo para o encerramento. É um momento em que as crianças podem fazer algum comentário sobre a atividade ou a sessão, dizer algo que precisam dizer para alguém na sala, relatar como se sentem e expressar apreciações, ressentimentos ou desejos. Normalmente, nas sessões iniciais, as crianças dizem muito pouco durante o encerramento, mas à medida que o tempo passa e elas começam a se sentir confortáveis consigo mesmas e umas com as outras, esse momento se torna uma parte integral e importante do processo terapêutico do grupo.

ADOLESCENTES

Muitos terapeutas sentem que o adolescente perturbado é vítima do contexto familiar e, a não ser que a família passe por mudança terapêutica, não se pode fazer muito pelo filho desafortunado. Mas meus sentimentos em relação a essa faixa etária não diferem muito dos que tenho em relação às demais. Todas as crianças podem se beneficiar do tipo de experiência em autossuporte que um terapeuta pode proporcionar. Quanto mais velha a criança, mais maturidade e conhecimento ela traz para o processo terapêutico.

As sessões familiares, quando possíveis, contribuem, mas não devem excluir o trabalho individual com o adolescente. A sessão familiar é um lugar para trazer à luz as dinâmicas de interação e comunicação que acontecem na família. No entanto, o adolescente perturbado pode fazer muito por si mesmo. Como já é quase um adulto, introjetou muitas mensagens errôneas que afetam seus sentimentos em relação a si próprio. Ele tem muitos sentimentos, memórias e fantasias do passado que interrompem seu fluxo natural. Tem sentimentos profundos que considera difícil compartilhar com a família. Necessita ajuda para expressar seus sentimentos de ansiedade, solidão, frustração, baixa autoestima, confusão sexual e medo. Precisa entender como pode assumir responsabilidade pela própria vida tanto quanto possível, e de que forma está interrompendo seu próprio fluxo organísmico.

Muitos adolescentes são relutantes em receber intervenção terapêutica (embora outros a solicitem). Os pais os levam à terapia porque as coisas ficaram tão ruins na família que eles sentem que chegaram a um beco sem saída. Ou, às vezes, uma decisão judicial exige que busquem aconselhamento psicológico. Em geral, na primeira sessão consigo ver que as percepções do adolescente em relação à vida são tão diferentes das de seus pais que eles são incapazes de conversar. Para os adolescentes que resistem à terapia, é particularmente importante saber que estou escutando ambas as visões divergentes sobre a vida. Somente quando cada parte puder começar a ouvir o que a outra tem a dizer, quando os membros da família puderem ao menos começar a conversar e compartilhar sentimentos de maneira harmônica, algo construtivo pode começar a acontecer na família.

Sou muito direta nessas situações. Se um membro da família foi tão obstinado em comunicar seu ponto de vista que nem sequer escutou o que outro tinha a dizer, eu logo sinalizo isso, seja para um dos pais, seja para o filho. Também quero garantir que as mensagens e os sentimentos subjacentes sejam trazidos à *awareness* de todos. Se um pai diz à filha: "Não gosto de como você se veste", ambos precisam saber que o que ele quer dizer é: "Não gosto da maneira como você exibe os seios incipientes" ou "Queria que você continuasse sendo a minha menininha". Por trás dessa mensagem, pode haver "Eu me preocupo com a sua segurança e com perder você para o mundo lá fora". Esse pai também precisa saber se sua mensagem é recebida pela filha como "Eu não gosto de você" ou "Eu não confio em você".

Penso que a maioria dos pais de adolescentes é relutante em permitir que os filhos cresçam. Os pais amorosos têm medo de perder os filhos para o mundo; no entanto, devem fazê-lo. Repetidas vezes, eu me vejo me posicionando sobre isso com os pais. Eles não podem assumir a responsabilidade pelo trabalho escolar, pelos amigos ou pelos planos futuros dos filhos. Não podem segui-los a toda parte para garantir que não estão fazendo sexo, fumando maconha, bebendo etc. O que podem fazer é declarar sua visão sobre esses assuntos. Também podem esperar que os filhos participem no cuidado da casa em que vivem, negociar certos limites que consideram importantes e estar disponíveis para oferecer amor e apoio. Mas também devem começar a soltar e a ver o filho ou filha como um ser humano separado e com direitos.

Para o adolescente relutante, às vezes digo: "Considerando que você vem aqui me ver por um tempo, usemos esse tempo para descobrir coisas sobre você". Com frequência, uso testes psicológicos projetivos para dar a esses jovens uma chance de aceitar ou rejeitar afirmações feitas como interpretações sobre eles. *Linda Goodman's sun signs* [Os signos do zodíaco de Linda Goodman], um livro de astrologia, é um ponto de partida divertido para conversar sobre o *self*. Leio um parágrafo escrito neste livro sobre o signo de um indivíduo e então discutimos se, em sua opinião, coincide com ele ou não.

Certa vez, fui convidada a fazer um trabalho num lar para "adolescentes delinquentes". Fui recebida por um grupo misto de jovens que exibiam hostilidade ou indiferença. Eu me apresentei, dizendo a eles que podia sentir sua rejeição e desconfiança, mas, como me pediram que fosse e fizesse meu trabalho, eu o faria o melhor que pudesse. Expliquei um pouco sobre o uso de fantasia e desenhos para ajudá-los a se conhecer melhor, e então apresentei um exercício que começava pedindo que eles fechassem os olhos e se visualizassem como muito fracos, usando apenas cores, linhas e formas. Foi assim que os instruí:

"Veja a si mesmo como sentindo-se muito fraco. A fraqueza pode significar coisas diferentes para pessoas diferentes. Fique com o que significa para você. Se tivesse que se desenhar como alguém fraco, que cores usaria, que formas veria, que tipos de linhas? Você cobriria todo o papel ou apenas parte dele? Você se apoiaria com força ou com leveza sobre o papel? Algum símbolo da sua fraqueza lhe vem à mente? Se nada lhe vier à mente, só escolha uma cor enquanto pensa em fraqueza e deixe a mão se mover sobre o papel. Quando você começar, algo virá. Sinta-se livre para acrescentar qualquer coisa à medida que avança. Quando estiver pronto, pode começar."

Depois de um tempo, fiz um exercício similar, pedindo a eles que se desenhassem como pessoas muito fortes. Muitos dos jovens se afastaram, desinteressados. Vários ficaram e o fizeram. Quando terminaram, compartilhamos os desenhos e os explorei com vários voluntários. Enquanto trabalhávamos, muitos dos que não haviam se interessado começaram a voltar, talvez por curiosidade. Eles nos escutaram em silêncio, com atenção. Depois da conversa, um menino que não havia participado me disse: "Espero que você volte... eu queria ter feito esse desenho".

Numa sessão individual, um jovem de 17 anos só falou sobre seus desejos de se suicidar depois de ter feito a fantasia da roseira e ter desenhado os galhos como mortos. Uma garota de 15 anos falou sobre seus sentimentos de mágoa profunda pela rejeição do pai; ela só se abriu para mim depois que contou uma história enquanto observava uma imagem do *Thematic*

Apperception Test (TAT), sobre um homem que não escutava a esposa. Esse tipo de experiência não é incomum; é típico das aberturas que acontecem por meio do uso de técnicas projetivas e expressivas.

Muitos adolescentes vêm à terapia por vontade própria, e muitos continuam por vontade própria apesar de ter resistido no início. Os jovens têm muitas preocupações que são difíceis de compartilhar com outros. Uma garota de 16 anos falou:

"Posso conversar com qualquer pessoa, posso contar sobre mim, sobre o que faço, sobre uma porção de coisas. Mas na hora de falar sobre algumas coisas, não é tão fácil. Tipo, se me sinto insegura, se sinto como se não tivesse amigos de verdade, não posso dizer isso às pessoas com quem converso sobre qualquer coisa — não posso dizer isso para os meus amigos, ou para a minha mãe ou para o meu pai. Não posso contar coisas como essas pra eles, não posso dizer o que estou sentindo, o que *sou* realmente, o que *realmente* está dentro de mim. Sobretudo, não posso contar essas coisas para os meus pais. Não posso contar para eles nem mesmo o que conto para os meus amigos."

O que essa jovem disse é típico do que muitos adolescentes me disseram. Conversei com outra jovem em um de meus grupos sobre seus sentimentos em relação ao valor do grupo. Ela disse:

"O grupo é bom por muitas razões. Lá, posso falar sobre coisas que são difíceis de falar em outros lugares. E a autodescoberta — posso começar a me descobrir. Acho que nem *eu mesma* me conheço. Não sei como colocar para fora as coisas que sinto; não sei como expressá-las. É difícil. Como o que penso de mim. O que sinto de mim. Meio que me sinto muito atrevida. Sei que se pudesse me sentir muito bem comigo mesma poderia ser uma pessoa muito melhor. Mas acho que, em geral, não me sinto muito bem comigo mesma. Todo mundo pensa que tenho um monte de amigos, mas me sinto muito insegura em relação a amigos. Sempre parece que todo mundo tem um monte de amigos — eles estão sempre fazendo alguma coisa, sempre se reunindo, coisas assim. Vejo outros amigos que têm isso e sinto inveja. Não acho que eu tenha isso. Talvez eu não me encaixe nem num tipo de grupo e nem no outro; um tem gente que é meio falsa, gente que faz muito teatro para todo mundo, e o outro são pessoas tão abertas que não se importam com o que os outros estão pensando, e agem de um jeito estranho às vezes. Eu estou em algum lugar no meio. O grupo é um bom lugar para estar. Eu me sinto muito confortável e mal posso esperar as reuniões. Você sabe que as pessoas realmente se importam com o que você tem a dizer e com os seus sentimentos."

Quando trabalho com adolescentes, sinto que eles apreciam se lhes explico em que consiste a terapia. Eles querem saber como vou ajudá-los a descobrir sobre si mesmos e qual a vantagem disso. Este é um exemplo de conversa que tive com uma jovem cliente:

Rachel: "O que você faz quando trata de descobrir a si mesma, seu eu interior? Como faz para conseguir isso?"

"Bem, é uma questão de ter clareza das coisas que você pensa, das coisas de que gosta, o que sente, de como você é no mundo — como é com seus amigos, seus pais, seus professores. Também é ter clareza do que está acontecendo com você, do que te faz fazer o que faz. Por exemplo, lembra quando, no nosso grupo, a Chris falou sobre o namorado dela — como ele a fez se sentir mal e ainda assim ela não queria terminar com ele? Quando trabalhamos nisso, ela descobriu que, embora não gostasse do que estava acontecendo, não queria desistir do relacionamento porque ter um relacionamento a fazia se sentir segura."

Rachel: "É, ela estava reclamando disso, e então descobriu que era escolha dela estar com ele."

"Exatamente. Quando exploramos os sentimentos dela, descobrimos isso. Ela se abriu só de contar como se sentia. Ninguém sabia que ela não gostava de estar com ele! Nós fomos os primeiros a saber."

Rachel: "Parece que ela sentiu um grande alívio de nos contar. É assim que eu sinto, às vezes."

"Você sabe como é isso. Também, abrir-se daquele jeito a impediu de ficar bloqueada. Quando guardamos coisas demais, ficamos bloqueados, cheios de nós, e é difícil crescer plenamente e sentir nossa força interior. Agora podemos começar a examinar o que há nela e na vida dela que a faz permanecer em um relacionamento doloroso apenas por segurança. Podemos examinar isso para que ela, talvez, encontre maneiras melhores de sentir-se segura, ou então assuma um risco e simplesmente se permita sentir insegurança."

Rachel: "Talvez ela se sentisse insegura quando era pequena e tenha medo de se sentir assim novamente."

"Isso. Você descobriu que faz algumas coisas agora por causa do que sentia ou do que aconteceu com você quando era mais nova. E toda vez que descobre algo novo sobre si mesma, ou compreende realmente o que está fazendo e como é, você se abre para um novo crescimento e para novas escolhas. Nós nunca ficamos parados; quanto mais sabemos sobre nós mesmos, mais se abre para nós. E podemos começar a nos sentir mais fortes, mais calmos, mais centrados."

Rachel: "Às vezes, fazemos atividades como desenhar e descubro coisas sobre mim mesma que eu achava que já soubesse, mas que parecem diferentes quando faço dessa forma. Como quando desenhamos a raiva. Eu achava que soubesse como eu era quando estava com raiva. Eu desenhei porque sabia. Mas, ao desenhar, outras coisas vieram à tona, coisas em que eu nunca havia pensado."

"Você consegue se lembrar de algumas?"

Rachel: "Bem, eu me lembro de ter desenhado uma grande explosão porque é o que acontece quando fico com raiva. Eu realmente explodo, sobretudo com a minha mãe. Acho que fico destrutiva... nada de bom surge daí. Quando conversei sobre isso, lembro que me senti como se fosse um ratinho ou um hamster e meus pais estivessem me cutucando e espetando quando estavam bravos comigo, ou me criticando ou me dando um sermão, ou algo assim. Eles não me cutucam *de verdade*, mas eu *sinto* como se fizessem isso. E sinto que não consigo me defender. Eu *sei* o que sinto, mas não consigo expressar de um modo que faça sentido, então acabo ficando totalmente descontrolada. É como se eles viessem até mim e eu fosse um ratinho e precisasse recuar cada vez mais até que não há lugar para ir. Eu simplesmente explodo! Eu grito, choro e berro. Queria poder me manter no controle da situação, me manter calma. Quero trabalhar mais nisso."

"Claro, faremos isso, se é o que você quer."

A escola, os amigos, os pais, sentir-se diferente, com raiva, estúpido, não corresponder às próprias expectativas nem às dos pais — estas são apenas algumas das questões que preocupam os jovens. O corpo e a sexualidade também são questões importantes. Uma das coisas que descobri foi que os adolescentes com quem trabalhei não falavam sobre sexo ou imagem corporal, a não ser que eu abordasse o assunto.

Com uma colega terapeuta, conduzi um *workshop* de um dia inteiro com um grupo de 18 meninas de 14 a 17 anos, sobre sexualidade. O *workshop* foi organizado por uma organização comunitária e era gratuito e aberto ao público. As meninas chegaram sozinhas, em duplas, em trios.

Eram de vários contextos religiosos, econômicos e culturais. A maioria delas não conheciam umas às outras e nem a nós. Elas se sentaram e esperaram que começássemos.

Depois que nos apresentamos, começamos com uma série de experiências de fantasia que envolviam entrar em contato com primeiros acontecimentos: a primeira memória, a primeira memória de ser mulher, a primeira menstruação etc. A primeira partilha foi com o grupo todo; as seguintes foram em pequenos grupos de quatro ou cinco. Depois de uma discussão aberta dos sentimentos sobre a menstruação, apresentamos nossa próxima primeira memória: "Feche os olhos novamente e volte para o momento em que você se recorda de ter se masturbado pela primeira vez. Consegue se lembrar de quando se tocou pela primeira vez, quais foram as sensações, como você se sentiu em relação a isso, o que aconteceu? Se não conseguir se lembrar, entre em contato com a primeira vez que ouviu falar nisso e com o que sentiu".

Diante da palavra "masturbação", todas as meninas se endireitaram na cadeira e abriram os olhos. As reações foram de vergonha, riso, desconforto, temor, horror, negação. Eu lhes disse que todas elas haviam se masturbado quando bebês; que todos os bebês descobrem os prazeres sensuais do próprio corpo. Se elas já não se masturbavam, ou haviam se esquecido, ou se sentiam constrangidas ou envergonhadas, era porque haviam recebido algum tipo de mensagem de que era errado tocar e conhecer o próprio corpo e ter sensações agradáveis.

O que se seguiu foi uma das discussões mais tocantes, abertas e honestas sobre sexualidade que já vivenciei. Todas essas meninas haviam participado de aulas de educação sexual na escola, mas as coisas que elas queriam saber, as dúvidas e confusões, os conflitos e sentimentos mais profundos que tinham não eram abordados nessas aulas.

Desde aquela ocasião, abordo o assunto da sexualidade com os adolescentes que atendo. Se esperasse que eles abordem, poderia esperar para sempre. Faço isso com garotos e garotas, em sessões individuais e em grupos. Conto a eles minha vivência nesse *workshop* e faço vários exercícios para ajudá-los a se sentir confortáveis para falar, compartilhar e perguntar. Estes são alguns:

Peça aos integrantes do grupo que escrevam (ou ditem enquanto você escreve) todas as palavras que já ouviram serem usadas para nomear ou descrever os genitais femininos, os genitais masculinos, os seios, o ato sexual, a masturbação etc. Examine essas palavras, leia-as em voz alta, fale sobre como elas afetam seus sentimentos sobre sexo e corpos.

Peça aos integrantes do grupo que anotem numa folha algum segredo relacionado com a sexualidade: algo que um dia fizeram e nunca contaram a ninguém, algo que lhes aconteceu, algo que gostariam de saber, mas não têm coragem de perguntar etc. Essas folhas não são assinadas. Coloque-as no meio da sala e peça que cada pessoa pegue uma e a leia. A participação e discussão que se segue é sempre valiosa e comovente. Segundo as regras desse jogo, a pessoa que escreveu a pergunta ou afirmação específica não tem o direito de se identificar.

Volte às primeiras memórias, como descrito acima. Junto com a primeira memória de ser mulher ou homem, e a primeira memória da menstruação e da masturbação, pode-se incluir a primeira memória de ter um orgasmo durante o sono, a primeira memória de ter uma ereção, a primeira memória de envolvimento sexual com alguém.

Peça a eles que desenhem como se *sentem* sobre o próprio corpo usando apenas cores, linhas e formas. Sempre comece esses exercícios com os olhos fechados e algum tipo de exercício respiratório ou meditativo.

Peça a eles que desenhem como se sentem sobre a própria sexualidade, ou onde estão com sua sexualidade: "Como você se sente como mulher? Como você se sente como homem?"

Peça a eles que desenhem como são com indivíduos do sexo oposto e com indivíduos do mesmo sexo.

Peça a eles que desenhem como imaginam que são vistos pelas pessoas do sexo oposto e pelas pessoas do mesmo sexo.

Leia um poema relacionado com algum aspecto da sexualidade enquanto a pessoa ou o grupo escuta com os olhos fechados. Peça a eles que desenhem os sentimentos que surgem com o poema ou qualquer coisa que o poema os evoque. O livro *Male and female under 18* [Homens e mulheres menores de 18] contém muitos bons poemas escritos por pessoas jovens sobre seus papéis sexuais no mundo de hoje.

A imagem corporal é uma grande preocupação para os adolescentes e, mais uma vez, um assunto que eles dificilmente mencionam. Descobri que tanto os meninos quanto as meninas se preocupam com a aparência. Às vezes, peço aos adolescentes que façam um desenho de como pensam que são e de como gostariam de ser fisicamente. Ou peço a eles que façam um desenho de seu corpo, exagerando as partes de que não gostam. Às vezes faço um exercício de fantasia pedindo-lhes que imaginem que estão numa sala escura e que começam a caminhar em direção a uma área iluminada, onde encontram um espelho grande de corpo inteiro. Eles param diante do espelho e iniciam um diálogo com a própria imagem sobre seu corpo. Esses exercícios ajudam o adolescente a compartilhar sentimentos que não são fáceis de compartilhar. Também passamos um tempo conversando sobre como a mídia influencia o que sentimos em relação a que aparência devemos ter.

O adolescente é muito afetado pelas realidades do mundo. Enquanto a criança pequena parece postergar encarar o mundo por meio da brincadeira — uma atividade que os adultos aceitam como normal para os menores —, o adolescente sabe que logo será lançado no mundo para trilhar seu próprio caminho. Ele anseia pela liberdade e independência do mundo adulto e, ao mesmo tempo, está temeroso e ansioso por si mesmo. Muitos jovens tentam aprender a lidar com o mundo — encontrar um emprego, tomar suas próprias decisões e experimentar independência. Mas a maioria deles é ignorada, rejeitada, não levada a sério.

Considero os adolescentes inteligentes e muito mais sábios do que a sociedade reconhece. Eles me ensinam muito sobre a vida. Mas muitos estão confusos e perplexos por causa das mensagens mistas que recebem sobre si mesmos, seja dos pais, seja da sociedade — mensagens que menosprezam suas habilidades e sua sabedoria. Às vezes, eles se tornam ansiosos, deprimidos, preocupados e temerosos em relação a si próprios e à vida, sobretudo em relação ao futuro. Alguns assumem uma atitude indiferente, do tipo "Eu não me importo". Outros se rebelam abertamente. Alguns se esforçam muito para afirmar seu ponto de vista. Aqueles que vêm à terapia têm uma oportunidade de obter clareza sobre si mesmos, suas necessidades e seus desejos. Podem adquirir força para lidar com os problemas e conflitos do mundo que precisarão enfrentar.

ADULTOS

Com adultos, muitas dessas abordagens e técnicas são úteis tal como apresentadas aqui, ou podem ser facilmente usadas com pequenas modificações.

Uma vez que os adultos geralmente vêm à terapia para trabalhar com um programa estabelecido, em geral não preciso apresentar muitas técnicas projetivas. Se, no entanto, alguém parece não fazer ideia de para onde seguir em seu trabalho, posso apresentar uma técnica como método para trazer ao primeiro plano algum material inacabado. Isso também funciona bem para um grupo em que todos estão apenas sentados e ninguém parece querer começar.

Assim como posso determinar que uma criança em particular necessita mais experiência com trabalho corporal, sensações táteis ou exercícios e jogos que envolvem fazer declarações específicas de escolha, posso fazer esse tipo de determinação em relação a um adulto. Um adulto que fala incessantemente e tem dificuldade de se manter em contato com suas sensações corporais se beneficiará muito de trabalhar com argila, por exemplo.

Com frequência, no decurso do trabalho, sei que usar uma técnica específica irá melhorar e esclarecer o processo. Uma mulher tinha dificuldade para descrever as sensações em seu peito. Quando as desenhou em cores, linhas e formas, o trabalho fluiu com facilidade. Muitos terapeutas consideram útil usar imagens de fantasia. Um homem que tinha dificuldade para dialogar com a parte de si que o levava a comer demais considerou mais fácil fazê-lo quando criou uma imagem visual de um porco muito gordo com quem conversar. Alguém que estava trabalhando sua dor de cabeça viu essa dor como a imagem de um martelo pesado, e essa imagem trouxe nova clareza ao trabalho.

Grande parte daquilo com que lidamos na terapia se relaciona com introjeções, experiências e memórias da infância. Muitos de nós ainda fazemos as coisas que fazíamos quando crianças — aquelas que necessitávamos fazer para sobreviver, para seguir em frente. Eram as únicas coisas que sabíamos fazer na época. Pode ser que ainda as estejamos fazendo, ainda que hoje sejam inapropriadas e interfiram muitíssimo em nossa vida. Uma cliente minha estava trabalhando na parte dela que a impedia de praticar os tipos de atividade física que desejava praticar. Ela queria andar de esqui, por exemplo, mas sentia medo. Ao longo do trabalho, descobriu uma parte de si que era uma menininha muito medrosa. Nós duas conversamos com essa menininha; primeiro, ela; depois eu. A menininha tinha dificuldade de se expressar, então lhe pedi que fizesse um desenho de como era se sentir com medo. Desse desenho, emergiu muito material que se relacionava diretamente com sua necessidade de se manter protegida. Quando trouxemos isso à tona, minha cliente pôde começar a ver a separação de sua experiência de *self* no passado e no presente.

AS PESSOAS IDOSAS

Não gosto de diferenciar os idosos em uma categoria especial. No entanto, sei que agora precisamos fazer isso de uma maneira diferente — não para apartar os mais velhos, mas para começar a entender algo sobre a idade avançada e todos os mitos que a rodeiam. Durante muito tempo, os terapeutas trabalharam com pessoas idosas com hesitação, como se fosse tarde demais para fazer alguma coisa. Hoje reconhecemos que essa ideia é mais uma concepção equivocada e mais uma forma de opressão sutil, e estamos vendo o processo de envelhecimento sob nova luz.

Penso que é verdade que muitos idosos ocultam seus verdadeiros sentimentos para se proteger de um mundo hostil. Ultimamente, com a nova compreensão de que exercem um papel importante em nossa sociedade (e, com efeito, logo serão mais numerosos que os jovens), tem-se dado muita atenção a eles. Têm-se desenvolvido programas em benefício das pessoas idosas, e alguns desses programas incluem aconselhamento psicológico. Todos nós, incluindo os próprios idosos, engolimos os muitos mitos em torno do envelhecimento. Eles, como o resto de nós, necessitam ajuda para descartar introjetos errôneos e readquirir o poder e a autodeterminação que são seus por direito.

Os estudos de gerontologia têm aumentado nas universidades — programas para ajudar as pessoas a compreenderem do que trata o envelhecimento. Os alunos desses programas também têm participado diretamente de vários tipos de trabalhos com pessoas idosas. Vários dos participantes dos meus cursos me disseram que usaram muitas destas técnicas para ajudar idosos a expressar sentimentos profundos sobre si mesmos e sobre a vida.

IRMÃOS

Ocasionalmente, tenho a oportunidade de trabalhar com irmãos que estão tendo problemas de relacionamento. Com frequência, vejo que irmãos e irmãs se agridem mutuamente — batem, empurram, mordem, chutam e gritam — a uma distância ao alcance da vista ou dos ouvidos dos pais. Quase sempre está claro que esse comportamento é mais uma comunicação para os pais do que um para o outro.

Considero, no entanto, que pode ser muito valioso e esclarecedor ver essas crianças sem os pais. Trabalho com elas como faria com qualquer grupo, apresentando atividades que são divertidas e levam a maior autoexpressão. Vejo que, quando começam a conhecer um ao outro, ouvir um ao outro, falar um com o outro e expressar ressentimentos, sentimentos de raiva e ciúme — e também o que apreciam um no outro —, eles começam a desenvolver uma cooperação que os ajuda a lidar com a situação familiar como um todo. Acho incrível que essas crianças possam viver sob o mesmo teto e ainda assim saber tão pouco uma da outra. Às vezes os pais dizem: "Eles são muito próximos", ignorando a distância que existe entre eles.

Não acho que irmãos devam necessariamente gostar um do outro só porque são irmãos. Acho que eles também necessitam apreciar as próprias diferenças em relação ao outro, assim como os pais necessitam apreciar a singularidade de cada filho. Às vezes, no processo da terapia, eles aprendem a gostar um do outro.

CRIANÇAS MUITO PEQUENAS

Em geral, quando me pedem para atender uma criança muito pequena, talvez com 4 ou 5 anos, tenho certeza de que há alguma dinâmica familiar específica à qual a criança reage comportando-se de maneiras que causam preocupação. Ainda assim, depois da primeira sessão, vejo a criança sozinha. Posso identificar muita coisa na situação familiar por meio do que acontece enquanto a criança brinca. As crianças pequenas se envolvem livremente na brincadeira e algumas delas me convidam para participar.

Embora muitas crianças pequenas encenem algumas preocupações e conflitos em suas brincadeiras, a ludoterapia, por si só, não é suficiente para superar um relacionamento difícil entre pais e filhos. Quando começo a entender o que a criança me diz sobre sua vida por meio da brincadeira ou das conversas comigo, posso começar a envolver os pais.

Quando temos uma sessão familiar, as crianças pequenas logo ficam entediadas e inquietas. Mas preciso garantir que a criança participe ativamente. Uma maneira de fazer isso é pedir aos pais que façam um desenho de um problema específico. Tento passar do geral ao particular sempre que possível; então, se o pai ou a mãe diz: "Ele nunca faz o que eu peço", posso lhe pedir que desenhe uma coisa que o filho nunca faz. A criança também é convidada desenhar algo que o pai ou a mãe não faz.

A mãe de um menino de 5 anos reclamou do relacionamento dele com a irmã mais velha e com o irmão mais novo. Enquanto ela falava, o menino ficou sentado tapando os ouvidos com as mãos. Eu pedi a ela que desenhasse algo que a incomodava. Ele observou fascinado enquanto ela desenhou uma mesa na hora da refeição com a família sentada ao redor, comendo. Ela descreveu esse momento como particularmente estressante. Eu lhe pedi que conversasse com o filho de 5 anos no desenho.

Mãe: "Paul, eu queria que você não provocasse o seu irmão e não batesse na sua irmã durante o jantar. Ultimamente, este é o único momento que temos para estar juntos." (Ela, mãe solo, trabalhava e estudava.) "Quando você faz isso, eles começam a gritar e a bater também, e eu não suporto e começo a gritar com você."

Paul (de fora): "A Cathy sempre me bate primeiro!" (Eu instruí a mãe a continuar falando com o menino no desenho.)

Mãe: "Para mim é difícil saber quem começou, Paul. Eu só sei que você faz muito isso, e talvez se não fizesse ela também não faria." (Eu continuo pedindo à mãe que diga ao Paul no desenho como ela gostaria que fosse o horário da refeição.)

Mãe: "Eu quero ouvir o que está acontecendo com cada um. Quero estar com todos vocês. Quase nunca consigo estar com vocês ultimamente." (Ela começa a chorar.)

"Diga às crianças no desenho sobre o seu choro."

Mãe: "Me sinto tão mal por não ter tempo para estar mais com vocês. Me preocupo que isso não seja bom para você, Paul. Sei que às vezes você briga porque precisa mais de mim, e agora estou tão cansada." (Ela chora desconsolada. Paul se aproxima da mãe e ela o abraça.)

Paul: "Mãe, você disse que quando terminarem as aulas vai ter mais tempo com a gente."

Mãe: "É isso mesmo!"

Eles se sentaram e se abraçaram. Nós conversamos um pouco mais antes de a sessão terminar. Mais tarde, a mãe de Paul me contou que a tensão na hora do jantar havia diminuído muito. Paul se tornou um líder, fazendo que o irmão mais novo e a irmã mais velha adotassem uma atitude de mais consideração para com a mãe, sobrecarregada de trabalho.

As crianças respondem muito bem à proposta de conversar por meio de imagens. Um menino de 4 anos desenhou uma figura com a boca aberta que intitulou "mãe gritando". Eu lhe pedi que fosse o desenho e gritasse. Ele começou a gritar com um menino imaginário, ele mesmo. Em outro momento, lhe pedi que desenhasse sua casa com uma pessoa, talvez ele mesmo, parada ao lado dela. Ele desenhou sua casa e uma grande cabeça com uma boca muito triste. No papel da cabeça, expressou muitos sentimentos desagradáveis sobre o que acontecia naquela casa.

Com frequência, faço desenhos no papel, na lousa ou na lousinha mágica enquanto as crianças falam comigo. Posso fazer um grande retrato da criança enquanto ela descreve a si mesma — às vezes olhando-se no espelho. Ou faço desenhos para pendurar no tabuleiro de dardos. Um menino que não tinha feito o menor esforço para esconder sua raiva contra mim e contra toda a ideia de estar no meu consultório ficou meu amigo quando fiz um autorretrato, o afixei no tabuleiro de dardos e falei: "Toma, se está tão furioso comigo, porque não dispara contra mim?" O menino adorou acertar bem na boca do meu desenho com os dardos com ponta de borracha.

Quando vejo crianças muito pequenas sozinhas, às vezes peço à mãe (que geralmente é quem traz a criança) que participe no começo da sessão, para que possamos conversar sobre como estão as coisas em casa. Vi que, muitas vezes, a mãe aborda alguma questão relacionada com o filho que depois ele pode explorar em sua brincadeira.

Atendi Kenny, um menino de 5 anos cujos problemas de comportamento eram fazer birra, brigar com outras crianças e bater em todo mundo. Depois de três meses de sessões semanais, algumas das quais incluíram um ou ambos os pais e outras, os irmãos, Kenny aparentemente já não precisava bater e pedir ajuda como antes. Eu pedi à mãe dele que participasse no começo de uma sessão para discutir um possível encerramento da terapia. Kenny ouviu enquanto a mãe falou sobre sua alegria pelo filho e pelas mudanças que haviam acontecido para toda a família. A mãe sentia, no entanto, que o filho não estava pronto para encerrar a terapia porque ela, agora, estava começando a perceber algumas coisas que não havia notado antes. Eu lhe pedi que me falasse sobre essas coisas. Ela se preocupava com o fato de que ele parecia ter muitos medos exacerbados; ela nunca havia notado esses temores antes, já que ele os escondera com seu comportamento agressivo. Kenny escutou tudo isso enquanto rabiscava padrões com canetinha. Embora ele não dissesse nada, nós o tratamos como um participante na conversa, e não como alguém sobre quem estávamos conversando.

Quando a mãe saiu da sala, ele imediatamente se sentou ao lado da caixa de areia úmida. Fez uma grande colina com a areia ao lado do lago e colocou dinossauros na colina e dentro da água. Na caixa de areia seca, colocou tanques, jipes e soldados. Prosseguiu criando um combate entre os soldados e os dinossauros, fazendo muitos sons para expressar a ação que estava acontecendo. Finalmente, os soldados capturaram um grande dinossauro e o cercaram na areia seca. Então, ele pegou um indígena de um cesto e o fez caminhar até o dinossauro. Ele me disse que o indígena era o único que não tinha medo. Eu lhe pedi que fosse o indígena e falasse sobre sua valentia. Uma das coisas que ele disse foi: "Eu não tenho medo de você, mesmo você sendo tão grande". Eu perguntei: "O mundo parece grande demais às vezes, Kenny?" Ele fez que sim, com os olhos arregalados. Nós conversamos sobre seu sentimento de ser pequeno num mundo avassalador. Antes, ele tinha necessidade de mostrar a todos quão grande pensava que era. Essa sessão abriu o caminho para um trabalho frutífero com Kenny sobre seus medos. Um mês depois, ele estava pronto para começar a espaçar nosso tempo juntos.

A FAMÍLIA

Com frequência, me perguntam como fazer terapia com crianças quando não consigo fazer que a família venha e faça alguma mudança. Às vezes, as crianças são encaminhadas para mim como se fossem apêndices dos pais. Sem dúvida, uma criança muitas vezes é o bode expiatório de uma família disfuncional, mas não por isso ela deixa de ser uma pessoa em seu próprio direito. Às vezes os pais escolhem apontar o dedo para um filho em particular como a origem de um problema porque a criança está tornando a vida desconfortável para eles de alguma maneira. Eu jamais me negaria a atender essa criança, mesmo quando talvez sejam os pais que necessitam ajuda psicológica, mas a recusam. Ela está fazendo sua rebelião por meio do comportamento que motiva os pais a procurarem ajuda para ela. Essa criança precisa saber que pode encontrar apoio e conexão com alguém que a respeita como um indivíduo com direito ao seu próprio crescimento.

Meu primeiro contato com a família, depois da conversa telefônica inicial com um dos pais, é na primeira sessão. Raramente um membro da família diz: "A nossa família toda está tendo dificuldades e todos precisamos de terapia". A maioria dos profissionais concorda que, em geral, os adultos na família identificam uma única pessoa como aquela que tem todos os problemas.

Como só posso começar a trabalhar com o que me é apresentado, começo com a criança identificada como problemática. Na primeira sessão, que geralmente não inclui irmãos, a não ser que o relacionamento entre irmãos seja o problema identificado, eu me reúno com a criança e os pais. Como atendo muitas famílias de mães solo, com frequência apenas a mãe está presente. A primeira reunião é importante: permite minha primeira experiência da criança. Posso observar a fonte da preocupação — o problema que se apresenta. A criança pode descobrir quais são as preocupações dos pais a seu respeito. Ela tem uma chance de me observar e de avaliar a mim e o que faço. Acima de tudo, posso ter uma ideia da dinâmica do relacionamento entre mãe (e/ou pai) e filho. Com frequência, nessa primeira sessão posso decidir sobre a utilidade de atender a criança sozinha, a mãe e/ou o pai sozinhos, ou com a criança, ou, se houver outras crianças ou familiares importantes (como avós), a família toda.

Se cometo um erro em minha avaliação inicial, este logo fica nítido. Com isso em mente, sigo minhas observações e minha intuição, sentindo-me livre para mudar de direção a qualquer momento.

Embora possa ser óbvio que a criança é meramente um bode expiatório numa família caótica ou disfuncional, eu quase sempre começo atendendo a criança sozinha. O próprio fato de ela ter sido identificada como o problema e de ter feito algo que chamou a atenção para si mesma indica que a criança necessita uma oportunidade de adquirir certo autossuporte.

Depois de algumas sessões com a criança, a situação começa a adquirir uma perspectiva mais clara. Nesse momento, posso decidir se é hora de a família participar. Pode ser que, a essa altura, esteja claro que, a não ser que mudemos o sistema de relacionamento familiar, pouca coisa irá acontecer para aliviar o comportamento ou sintoma perturbador. Ou talvez eu sinta que necessito ter uma visão ainda mais clara de como os membros da família interagem uns com os outros antes de prosseguir meu trabalho com a criança.

Quando sinto que a família deve ser convidada para uma sessão, discuto isso com a criança. Às vezes, ela se opõe violentamente, revelando-me ainda mais sobre a dinâmica de sua família. Se faz isso, lidamos com sua objeção, sabendo que a expressão e resolução dessa recusa é uma oportunidade importante de crescimento. Às vezes uma criança tem tanto medo de uma sessão conjunta com a família que precisamos continuar nosso trabalho individual até que ela esteja preparada para lidar com seus temores. Mas, com frequência, a criança é receptiva à ideia, e às vezes fica muito feliz com a proposta.

Fazia um mês que eu vinha atendendo Don, de 9 anos, quando programei uma sessão familiar. Quando a família (mãe, pai, irmão mais velho, irmã mais nova) chegou, Don pediu para entrar na sala sozinho primeiro. Ele entrou e, imediatamente, começou a arrumar a sala! Foi de um lado para outro ordenando as prateleiras, colocando as cadeiras no lugar, ajeitando as almofadas. Depois, anunciou que estava pronto para recebê-los. Quando a família entrou na sala, ele dirigiu cada pessoa a um assento específico e me apresentou ao irmão e à irmã (eu havia conhecido os pais na primeira sessão). A família, não acostumada com esse comportamento diretivo e organizado do menino, seguiu as instruções docilmente. Quando todos estavam sentados (Don, ao meu lado), ele abriu um largo sorriso para mim, como que dizendo: "Agora, pode começar".

Não uso as sessões familiares como fóruns para avaliação do progresso e do comportamento da criança. Quero ter uma ideia geral de como a família funciona reunida. Walter Kempler, em seu livro *Principles of Gestalt family therapy* [Princípios de Gestalt-terapia familiar], descreve seis procedimentos para a intervenção terapêutica nesse sentido: 1) iniciar uma conversa familiar; 2) procurar necessidades pessoais; 3) refinar a mensagem; 4) comunicar de forma rápida e pungente; 5) proporcionar tempo para a resposta; 6) monitorar a conversa familiar.

A conversa familiar possibilita que o terapeuta determine padrões de relacionamento. Posso começar propondo um tema ou esperar que alguém tome a iniciativa. Geralmente, a mãe ou o pai faz algum comentário do tipo "Ficamos nos perguntando por que você queria que viéssemos" ou "Don nos surpreendeu pela maneira como nos disse onde sentar" ou "Don parece estar se saindo melhor em casa". Assim que possível, peço que os comentários sejam dirigidos à criança, e não a mim:

Mãe: "Don, você me surpreendeu pela maneira como nos disse onde sentar."

Don: "Por quê?" (Sei que ele quer dizer mais do que "por quê", já que sua pergunta tem uma declaração implícita. Talvez queira dizer: "Eu posso fazer uma porção de coisas que vocês não sabem porque nunca prestam atenção". Mas não investigo isso nesse momento inicial.)

Se Don não responde, posso pedir que o faça. Ou posso pedir à mãe que diga algo a Don sobre sua surpresa diante da competência do filho, para que a reação dela fique mais clara:

Mãe: "Bem, você nunca fez nada assim antes. Gostei de que tenha feito."

E iniciamos uma conversa com pelo menos dois integrantes da família. Posso intervir novamente para perguntar ao pai e aos outros filhos se eles ficaram surpresos. Ou, seguindo a deixa da reação da mãe, pedir a ela que diga a Don o que gostaria que ele fizesse em casa. Kempler sugere perguntas como: "O que vocês desejam obter uns dos outros que não estão obtendo ultimamente?" ou "Falem de um problema que todos vocês querem que seja solucionado hoje". Em muitas famílias, os desejos, necessidades, anseios e esperanças individuais raramente são ouvidos em toda a sua profundidade.

Vejo que as famílias tendem a ser muito gerais em suas interações. Constantemente, solicito dados mais específicos. Se um adulto diz: "Eu não gosto da sua atitude para comigo", peço: "Dê um exemplo específico de como a atitude dela o incomoda, ou de como o incomoda aqui". A criança também pode fazer queixas generalizadas, como "Você nunca me leva a lugar algum", e posso dizer: "Diga a ela a que lugar você gostaria que ela te levasse".

Nas sessões familiares, as mensagens precisam ser dirigidas à pessoa em questão. Deve ficar claro que cada pessoa pode falar *sobre* si mesma ou *para* alguém. "Estou me sentindo muito triste agora" é uma autoexpressão. "Don me faz sentir triste quando age da maneira como age" não só é uma distorção, como também uma acusação dirigida a Don, à qual ele só pode reagir de modo defensivo. Pedir à mãe que dirija seu comentário *a* Don pode esclarecer o significado e promover a comunicação.

Mãe: "Don, eu me sinto triste quando vejo você se metendo em problemas na escola."

Peço a ela que explique isso melhor.

Mãe: "Bem, isso me faz sentir que não fiz um bom trabalho como mãe."

Quando a mensagem é direta, os sentimentos ocultos começam a emergir. Os integrantes da família começam a ver uns aos outros de novas maneiras. Às vezes, sugiro um exercício para promover a comunicação direta. Por exemplo, peço aos membros da família que caminhem pela sala e digam uma coisa de que gostam e uma coisa que os incomoda em cada um dos demais.

Em seu artigo "Experiential family therapy" [Terapia vivencial familiar], Kempler postula três princípios como requisitos para entrevistas familiares frutíferas: sem interrupções, sem perguntas (em vez disso, deve-se fazer a declaração que geralmente está por trás da pergunta) e sem fofoca (falar diretamente *para* a pessoa, e não *sobre* ela). Kempler enfatiza a importância de respostas rápidas e diretas por parte dos integrantes da família. As interrupções também são comuns, e o terapeuta necessita lidar com o padrão interruptivo quando este se revela.

Devo determinar quando intervir e quando esperar e observar. Preciso prestar muita atenção ao conteúdo e aos sentimentos que este encerra. Preciso estar alerta às generalizações e às palavras sofisticadas que as crianças talvez não entendam. Preciso observar as posturas corporais, os gestos, as expressões e a respiração de cada um, usando-os como pistas para dirigir a *awareness* para o que está acontecendo com cada pessoa. Preciso determinar padrões no processo que vejo se desenrolando diante dos meus olhos. Preciso lembrar as pessoas de permanecer na situação presente, no aqui e agora, e saber quando é necessário lidar com assuntos inacabados do passado. Preciso manter a comunicação focada, em vez de dispersa, difusa e fragmentada. Preciso garantir que a mensagem de cada pessoa seja clara e que seja ouvida. Talvez precise pedir a alguém que reformule a mensagem recebida, para ter certeza de que foi compreendida. Posso perguntar, por exemplo: "Mãe, o que o Don acabou de dizer?"

Na sessão terapêutica familiar, eu me torno os olhos e os ouvidos adicionais de toda a família. No calor de seu envolvimento, ou detrás do muro de seu isolamento, os membros da família, com frequência, não conseguem ver nem ouvir o que eu consigo. Preciso dirigir a atenção para o que penso e sinto que é importante.

Nesse tipo de sessão, preciso prestar atenção aos meus próprios sentimentos. Se estou ficando com dor de cabeça por causa de um alvoroço frenético que saiu do controle, exponho meus sentimentos. Se fico comovida com a resposta de uma criança, digo isso a ela. Sou parte do grupo, com meus próprios sentimentos, mensagens e respostas.

Certa vez, conduzi um *workshop* de um dia inteiro com um grupo de crianças e seus pais, durante o qual desenhamos, trabalhamos com argila e fizemos alguns exercícios de fantasia. Muitos dos pais ficaram surpresos com as respostas dos filhos, e os filhos também ficaram fascinados ao ouvir os próprios pais partilharem suas vivências com os exercícios. Depois de um exercício com argila em que todos foram solicitados a fechar os olhos e moldar alguma forma, um pai falou, como se fosse seu objeto de argila: "Sou uma forma retangular e sobre mim há uma grande massa. A massa está pressionando minha forma retangular e tenho dificuldade de sustentá-la. É pesada e não muito firme. É assim que me sinto às vezes (em voz baixa), como se houvesse pressão demais sobre os meus ombros". Seu filho de 11 anos estendeu a mão para tocar o pai e, com lágrimas nos olhos, falou: "Eu não sabia disso, pai". O pai olhou para o filho e eles se abraçaram. No restante do grupo, que observava e ouvia, foram poucos os olhos sem lágrimas.

A palavra "comunicação" tem sido usada em excesso. Com frequência, um pai ou mãe diz: "Não sabemos nos comunicar uns com os outros. O que queremos é que você nos ensine a nos comunicar". Ou: "Ela nunca fala conosco". Embora eu saiba que a comunicação é importante e que existem exercícios valiosos para ajudar a melhorar as habilidades de comunicação, muitas vezes o verdadeiro problema é mais profundo. Quando a comunicação é apresentada como um problema, posso ter certeza de que os sentimentos não estão sendo escutados, reconhecidos e aceitos. Quando uma comunicação falha é apresentada como a origem de todos os problemas, não tenho dúvidas de que alguém está se sentindo manipulado, impotente ou preso numa disputa de poder. Também posso ter certeza de que sob esses sentimentos que não estão sendo ouvidos há alguns que nem sequer estão sendo expressados. Comunicação não é só falar uns com os outros de uma maneira amável e civilizada. Em primeiro lugar, falar uns com os outros não é fácil. E, para manter um bom nível de comunicação e uma interação saudável, deve-se esperar e estar disposto a vivenciar conflito, dor, raiva, tristeza, ciúme, ressentimento etc., junto com os bons sentimentos que vêm com trocas íntimas, sólidas e vigorosas.

A criança que diz: "Meus pais não me escutam. Eles nem sabem quem eu sou!" é uma criança cujos sentimentos foram ignorados. O pai que diz: "Ora, eu o conheço, ele gosta de jogar bola, prefere estar com os amigos a estar conosco ou fazer a lição de casa, gosta de música, fica com raiva com facilidade..." não faz ideia dos verdadeiros sentimentos do filho. Alguns pais admitem: "Eu já não o conheço". A filha há muito parou de expressar para os pais seus sentimentos, dúvidas, preocupações e indagações. Ela foi ignorada, rejeitada, anulada muitas vezes. Quando tenta expressar suas opiniões e sentimentos, como talvez faça de vez em quando, pode sentir a desaprovação e o desacordo dos pais, mesmo quando eles tentam escutá-la educadamente. Em algum lugar no caminho, ela deixou de corresponder às expectativas deles — à *imagem* da filha que eles pensavam estar criando — e, por isso, eles já não a conhecem.

A sessão familiar proporciona um bom espaço no qual o terapeuta pode estabelecer a diferença e a singularidade dos vários integrantes da família. Os pais que querem se relacionar verdadeiramente com seus filhos muitas vezes ficam chocados ao descobrir quanto enxergam com parcialidade e desaprovação a individualidade do filho — seus gostos, aversões, desejos, estilo de vida, amigos, opiniões, planos futuros e às vezes até mesmo aparência. Podem ter dificuldade até mesmo de *ver*, quem dirá reconhecer, que ele é uma pessoa única e separada, com seus próprios gostos. Talvez continuem a vê-lo como a criança de 5 anos que um dia conheceram ou que presumiram que seria exatamente como eles.

Em *Conjoint family therapy* [Terapia familiar conjunta], Virginia Satir afirma: "As famílias disfuncionais têm grande dificuldade para reconhecer a diferença ou a individualidade. Nessas famílias, ser diferente é ser mau, e um convite a ser não amado". Ela prossegue dizendo que essas famílias tendem a "ignorar" ou "apagar" seus desacordos, sejam de percepção ou de opinião, e que "as famílias disfuncionais têm dificuldade de se comunicar tanto sobre o prazer quanto sobre o sofrimento".

Os pais necessitam começar a aprender a dar mensagens claras à criança, bem como reconhecê-la e respeitá-la como um indivíduo separado, único, com direitos e com valor próprios. Isso irá promover os sentimentos de autoestima e autossuporte da própria criança e melhorar suas habilidades e capacidades de contato. À medida que os pais se tornam capazes de vê-la em sua individualidade e singularidade, ela pode aprimorar suas próprias habilidades de vivenciar seu ambiente e lidar com ele.

Parte do meu trabalho com os pais torna-se mero ensinamento e orientação. Muitos pais imploram por conselhos e diretrizes específicas para trabalhar com os filhos, e estou disposta a fazer sugestões para aliviar a tensão familiar. No entanto, acredito que o resultado mais duradouro vem quando dou aos pais a oportunidade de se tornar cientes de suas atitudes, reações e interações com os filhos e explorá-las.

Na seção sobre autoestima, apresento uma lista de muitas sugestões que são úteis para ajudar a fortalecer os sentimentos de *self* da criança. Com frequência, recomendo aos pais alguns livros sobre parentalidade que considero úteis. A seguir estão duas sugestões adicionais que trazem resultados muito rápidos e positivos:

Com crianças pequenas, proporcione um momento regular todos os dias para uma "sessão-raiva". É um momento em que a criança pode dizer todas as coisas que a deixaram com raiva naquele dia sem argumentações, contradições, explicações, justificações ou comentários por parte da mãe ou do pai. A hora de dormir é um bom momento para isso — ao contrário do que alguns poderiam pensar, *não* deixa a criança maldisposta para dormir.

Todos os dias, ou a cada dois dias, passe um tempo especial com seu filho que seja exclusivamente de ambos. Esse tempo pode ser curto, 20 ou 30 minutos, e pode-se usar um *timer* para marcar o fim do período. A criança decide a atividade. As mães talvez digam: "Mas eu passo muito tempo com ele". A maior parte do tempo, no entanto, não é um tempo em que ela dá toda a atenção ao filho fazendo algo que *ele* quer fazer. Os rituais à hora de dormir não contam para isso.

Às vezes observo para os pais que estão à beira de um ataque de nervos que o que quer que eles vinham fazendo não está funcionando. Eles precisam ver claramente o que está acontecendo e fazer algum esforço para quebrar o círculo vicioso. Em geral, tentar um novo comportamento é útil. Mesmo que não seja particularmente útil em si mesmo, pode ajudar a tornar mais claro o padrão existente. E, ao introduzir algo novo, pode aliviar a rigidez da situação presente.

Repetidas vezes, devo lembrar os pais de que eles não são seus filhos. Muitos pais ficam tão identificados com os filhos que têm dificuldade de reconhecer que estes são pessoas separadas. Por exemplo, uma mãe ficava furiosa quando seu filho se demorava. Quando essa mãe era criança, sua própria mãe havia gritado com ela por se demorar. Agora, quando o filho se demorava, ela gritava com ele, embora ela, quando criança, tivesse odiado o grito da própria mãe. Nessas horas, ela parecia tornar-se o próprio filho e a própria mãe ao mesmo tempo. Ao adquirir *awareness* do que estava acontecendo, ela foi capaz de começar a ver essas cenas de uma nova perspectiva e a se comportar de maneira mais apropriada.

Com frequência, os pais projetam nos filhos o que estão sentindo. Os filhos não só são seres separados, como também têm seus próprios sentimentos. Uma mãe me disse: "Eu sei que Jackie está evitando seus sentimentos sobre sua deficiência" (ele mancava ao caminhar). "Tento conversar com ele sobre isso, mas ele não parece tão preocupado quanto sei que deve estar." Certamente, Jackie tinha alguns sentimentos sobre o fato de mancar, mas nem de longe eram tão intensos quanto a mãe presumia que fossem. *Ela*, no entanto, tinha muitos sentimentos intensos sobre a situação, e tinha dificuldade de lidar com eles.

ESCOLAS, PROFESSORES E FORMAÇÃO

Como as crianças passam a maior parte do tempo na escola, me parece lógico que todas as pessoas que trabalham com crianças fora do contexto escolar devam se dedicar a descobrir como são as escolas para as crianças hoje. Nossas próprias experiências escolares, se não foram esquecidas, podem ter sido muito diferentes.

Preocupa-me o fato de que muitas das crianças que atendo em terapia não gostam da escola. Pode ser que tenham uma professora de que gostem e que desfrutem de estar com os amigos, mas, no geral, parecem ver a escola como uma espécie de prisão. Em *Crisis in the classroom* [Crise na sala de aula], Silberman apresenta uma análise brilhante baseada em seus quatro anos de pesquisa sobre o sistema de educação pública dos Estados Unidos. Ele defende a necessidade de uma mudança radical e dá inúmeros exemplos do fracasso das escolas em atender às necessidades das crianças, tanto intelectuais como emocionais.

A atitude negativa das crianças em relação à escola deveria nos alarmar. Mas, exceto por alguns programas inovadores aqui e ali, não vejo mudanças reais acontecendo. Como trabalho com crianças que têm problemas suficientes para terem sido encaminhadas à terapia, fico particularmente preocupada com o que acontece nas escolas. Um lugar onde as crianças necessitam passar tanto tempo deveria ser um lugar alegre, um lugar para experimentar e aprender no sentido mais amplo. Parece que sentimos uma necessidade de martelar as habilidades de leitura, escrita e aritmética, mas prestamos pouca atenção ao fato de que se não atendemos às necessidades psicológicas e emocionais das crianças estamos ajudando a criar e manter uma sociedade que não valoriza as pessoas.

Há muito tempo, sinto que os professores devem receber formação não só pedagógica, mas também terapêutica. As necessidades emocionais das crianças devem ser prioridade na situação de aprendizagem. Muitos professores, hoje, sentem necessidade desse tipo de formação e procuram ajuda por conta própria quando não conseguem encontrá-la nas faculdades ou nos programas internos dos sistemas escolares.

Dei muitos cursos para professores sobre o tipo de trabalho que faço. Não pretendo dar nenhum tipo de capacitação em profundidade, mas apresento uma reflexão básica e várias ideias e técnicas para que usem com seus alunos. Isso pode ajudar os professores a estabelecer um contato melhor com as crianças, ajudar as crianças a sentir que a sala de aula pode ser um lugar seguro e confortável e ajudar a todos a se abrirem uns aos outros como seres humanos com problemas humanos. Quero ajudar os professores a começar a ver as crianças sob uma nova luz. Quero que eles vejam que se as crianças estão ansiosas ou sofrendo de alguma maneira, ou se estão sentindo que não têm valor, elas não vão aprender. As crianças que veem o professor como indiferente e frio em relação a elas, e que não são tratadas como seres humanos dignos e com direitos, obviamente aprenderão menos. Então, apresento algumas novas atitudes e maneiras pelas quais eles podem ajudar a melhorar o autoconceito das crianças, alguns métodos para expressar interesse pelos sentimentos e pela vida delas e outros para possibilitar que elas também se expressem.

Muitos professores são, eles próprios, desestimulados, frustrados e negativamente afetados pelo regime escolar e pelas exigências que as escolas lhes impõem. Eles carregam o peso das atitudes de rejeição das crianças em relação à escola, e às vezes, por sua própria frustração, voltam seus sentimentos negativos contra os alunos.

Tenho muita *awareness* de que até mesmo os professores mais humanistas e dedicados enfrentam uma árdua batalha. Não há muito mais a ser feito até que se mude a estrutura de poder para atender melhor às necessidades das crianças. Muita coisa deve ser feita fora da sala de aula. Há, no entanto, maneiras de promover algumas aberturas do lado de dentro. Os professores podem se unir aos alunos para que todos se conheçam melhor, vejam de uma perspectiva realista as tarefas de cada um no contexto escolar e ajudem uns aos outros a se sentirem mais fortes e melhor consigo mesmos.

Embora os professores não tenham formação como terapeutas, ainda podem usar esses métodos no nível em que se sentirem confortáveis. Os professores que encontro em meu trabalho têm um profundo interesse pelas crianças e usam essas ideias de maneira responsável. Ainda não me deparei com um professor que tenha usado alguma dessas técnicas para constranger uma criança ou para vasculhar sua psique de maneira imprudente, ou que tenha quebrado a confiança do aluno relatando informações particulares aos pais ou aos funcionários da escola.

Muitos professores querem tornar as escolas um lugar melhor para as crianças e necessitam algumas ferramentas e técnicas para ter por onde começar. Alguns desses professores são estimulados pela administração a fazer o que puderem. Outros temem as consequências. Alguns vão em frente, apesar do medo. Uma professora me escreveu certa vez: "Este verão vou dar aulas de reforço em matemática, e pode ter certeza de que usaremos algumas dessas técnicas todos os dias, mesmo que me demitam por isso. Mal consigo acreditar na diferença que isso fez na minha aula regular. Eu estava mais feliz, as crianças estavam mais felizes, era possível simplesmente sentir as boas vibrações na sala. Era como um segredo que todos nós compartilhávamos, e havia um sentimento de cuidado e de que 'estávamos nisso juntos' que era levado para tudo que fazíamos".

Fico impressionada com comentários com esse, e também com as novas sugestões que continuo a receber de professores que conheci por meio dos meus cursos e do meu trabalho de consultoria.

Em geral, os comentários falavam sobre mudanças de atitudes entre professor e alunos, uma relação melhor entre os alunos, e crianças que pareciam estar mais relaxadas, calmas e concentradas, que pareciam mais felizes e mal podiam esperar pelas vivências, das quais desfrutavam. Esses métodos *podem* fazer diferença. Foram usados por professores da educação infantil ao ensino médio. Estes são alguns dos comentários de professores depois de colocar em prática algumas dessas técnicas:

Professora do 7º ano: "Eu me senti muito mais próxima dos meus alunos e muito mais feliz com eles; eles reagiram de maneira muito mais positiva e afetuosa em relação a mim. Acho que começaram a se importar uns com os outros."

Professora do 4º ano: "Fiquei realmente surpresa ao ver quão educados e interessados uns pelos outros eles ficaram (40 crianças significa que é preciso ouvir muito sem falar ou ser rude, e isso foi feito sem que eu os obrigasse!)."

Professora de inglês do 8º ano: "No próximo ano, eu gostaria de começar isso mais cedo para poder aprender mais sobre os meus alunos e fazer que eles se sintam mais confortáveis com os colegas e comigo. É interessante ver que os alunos queriam se livrar dos problemas, mas também queriam ser protegidos e cuidados pelos outros. Acho que é o clássico dilema dos adolescentes. Por exemplo, uma garota queria estar numa montanha sozinha, mas também queria ser um gato, porque queria muita atenção." (O exercício que ela fez foi: "Desenhe o seu animal favorito e o lugar onde você gostaria de estar".)

Professora do 1º ano: "Um dos meus alunos tem dificuldade de aprendizagem e também problemas de disciplina, e o exercício me ajudou muito a compreender como ele pensa." (A professora havia colocado vários objetos no chão. Cada criança foi convidada a pegar um objeto e dizer como é ser aquele item.) "Esse menino pegou uma estrela grande e vermelha de papelão; ele disse que a escolheu porque fazia as pessoas felizes, porque estaria na folha delas quando elas fizessem bons trabalhos."

Professora de inglês do 8º ano: "Houve silêncio absoluto durante toda a experiência da fantasia da roseira. Todos eles pareciam estar muito envolvidos no que estava acontecendo. Quando os lápis de cor foram passados, este foi um momento em que não houve briga nem discussão pelos materiais. Fiquei surpresa e comovida com a honestidade e os sentimentos pessoais que eles expressaram para mim quando lhes pedi — depois que alguns expressaram oralmente — que escrevessem alguma coisa sobre sua roseira. Essa foi a última semana do ano letivo, e depois desse exercício percebi que não conheço muito bem alguns dos alunos. Eu queria tê-lo feito antes. No ano que vem, vou fazer logo no começo; estou animada com isso."

Professora de álgebra do 1º ano do ensino médio: "Passei cinco minutos fazendo uma fantasia em que eles fecharam os olhos e concluíram seus sentimentos e pensamentos inacabados antes de vir para a aula, e os conduzi por uma fantasia de um lugar onde eles gostariam de estar. O tempo gasto fazendo isso não foi mais longo do que o tempo usual de começar a aula, mas a produtividade pareceu muito maior. O exercício teve uma influência muito calmante, e os alunos pareceram capazes de se concentrar melhor em seus estudos depois da experiência. Eles inclusive pareceram se relacionar muito melhor uns com os outros."

Enfermeira em escola de ensino médio: "Não tive tempo de fazer desenhos e coisas, mas, graças à minha nova *awareness* de mim mesma e dos meus alunos, parece que o meu relacionamento com eles e com os funcionários da escola melhorou. As meninas que estiveram na minha sala para aconselhamento sobre gravidez me olhavam com novos olhos, olhos que diziam que elas *viam* que eu *realmente me importo* com elas, e não me limito a dar informações."

Professora do 5º ano: "Quando cada criança falava sobre seu desenho, parecia adotar uma personalidade diferente da que tinha na escola."

Professora de inglês do 8º/9º ano: "Todos escutavam a todos e acho que todos nós passamos a conhecer melhor uns aos outros. Descobrimos que tínhamos coisas em comum e que outras pessoas partilhavam dos nossos interesses."

Professora do 2º ano: "Nunca imaginei que um desenho pudesse ajudar alguém a ter mais *awareness* de si mesmo ou de outras pessoas. Quando fiz um exercício pedindo às crianças que desenhassem sua família como animais, fiquei surpresa com o que surgiu. A parte mais interessante, para mim, foi pedir a elas que explicassem os desenhos. Se eu tivesse feito minhas próprias interpretações, teria passado *muito longe*. A turma ama fazer esses desenhos."

Professora de inglês do 2º ano do ensino médio: "Depois de aplicar algumas das técnicas que aprendi e ver os resultados, eu voltei a sentir interesse e entusiasmo por lecionar. Dois meninos sempre perturbavam e nunca faziam nenhuma das atividades propostas. Agora, desde que comecei a prestar atenção aos sentimentos deles como pessoas, por meio desses exercícios, eles estão fazendo todos os trabalhos — e, mais do que isso, nós nos tornamos amigos."

Para mim, a melhor maneira de ensinar terapeutas, professores e outras pessoas a usar essas técnicas é lhes proporcionar experiência direta. Uma das dificuldades com ler um livro é que não vivenciamos nada além da leitura. Até mesmo as ideias que apresento serão compreendidas e absorvidas pelo leitor por meio do que ele traz de si mesmo para a leitura — suas próprias experiências, ideias, opiniões.

Nas minhas aulas, vejo que quando as pessoas *fazem* algumas das coisas sobre as quais falo, quando trabalham comigo por meio dessas experiências, a integração das técnicas é muito maior. Por meio da experiência, elas adquirem uma nova compreensão de si mesmas e trazem uma nova profundidade ao seu trabalho com crianças.

A representação de papéis é uma das várias técnicas projetivas que é especialmente útil para essa aprendizagem. Quando representamos um personagem em particular, trazemos a nós mesmos, nossas próprias experiências, à encenação daquele personagem.

Por exemplo, em um dos meus grupos estávamos conversando sobre a primeira sessão, com mãe e filho. Senti que as pessoas não estavam captando totalmente as ideias que eu tentava comunicar. Propus que encenássemos uma primeira sessão: uma das participantes fez o papel de uma menina de 6 anos, ao passo que outra se ofereceu para ser a mãe. Eu atuei como a terapeuta, ainda que outra pessoa pudesse ter assumido esse papel. Nós não determinamos previamente como a situação seria, mas permitimos que a menina de 6 anos decidisse como atuar e a "mãe" apresentasse o problema e decidisse como se comportar na sessão. Cada uma se permitiu reagir livremente conforme a sessão avançava, e essa espontaneidade contribuiu muitíssimo para a encenação.

Cada um de nós, se tentar, consegue entrar em contato com o próprio *self* de 6 anos e também com a mãe (tanto a mãe introjetada quanto a mãe que talvez sejamos na vida real). As duas pessoas se permitiram "ser" plenamente esses personagens, e suas ideias sobre as quais eu vinha falando ficaram claras quando as colocamos em prática.

Uma dificuldade que encontrei nas sessões de formação é a apresentação de material teórico. Os alunos vêm de muitos níveis diferentes de formação profissional e, às vezes, tenho dificuldade de encontrar uma base comum para apresentar a teoria. Eu mesma adquiri a maior parte do meu conhecimento teórico no processo de fazer.

Sem dúvida, dar aulas sobre a teoria e recomendar livros sobre a teoria é parte do processo de formação. No entanto, a melhor maneira de apresentar a teoria é integrá-la com a prática. Ao trabalhar com as pessoas em sua experiência das técnicas que apresento, quero conectar essa experiência com a compreensão teórica. Não faço isso *enquanto* trabalho, pois isso interromperia o próprio fluxo da experiência, mas o faço isso assim que puder, numa discussão e interação posterior. Quando as pessoas conseguem associar conceitos teóricos ao seu próprio trabalho, ao trabalho de outros que observam e ao trabalho das crianças sobre as quais falamos, elas começam a integrar uma compreensão da teoria que corresponde à prática.

SEXISMO

O preconceito ou discriminação com base no gênero é parte da nossa cultura há tanto tempo que nem sequer o questionamos. Portanto, para eliminá-lo, devemos começar por reconhecê-lo em todas as suas formas sutis e insidiosas.

O sexismo afeta o crescimento das crianças. Suprime muitas de suas capacidades naturais, impedindo o desenvolvimento organísmico pleno, livre e fluido. As meninas, muitas vezes, só são incentivadas a desenvolver o que rotulamos como "feminino", e os meninos só são incentivados a fazer o que é considerado "masculino", o que, portanto, inibe grandes áreas de capacidades inerentes ao ser humano em cada grupo. Essas capacidades continuam pressionando para aflorar de todo modo, e o que acontece quando o fazem afeta enormemente a saúde emocional da criança.

O que chamamos de qualidades masculinas e femininas deve ser considerado parte da composição total de cada um de nós. Costumávamos nos preocupar muito com a necessidade de uma criança de se identificar com o genitor do mesmo sexo. Sentíamos que ela necessitava um modelo masculino e um modelo feminino. Penso que passamos a perceber que tanto homens como mulheres necessitam *todas* as qualidades do ser humano: sentimento e ação, dependência e afirmação, raiva e tristeza etc. As qualidades que antes reconhecíamos como masculinas e as que chamávamos de femininas precisam ser percebidas em todo ser humano, independentemente do gênero. As crianças precisam saber que o que fazemos na vida pode ser obtido do total da experiência humana, não estando limitado ou determinado pelas expectativas culturais, e pode ser direcionado para a singularidade, os interesses, os talentos e as habilidades de cada indivíduo.

Embora tenha havido progresso, nossa sociedade ainda está cheia de atitudes sexistas, e às vezes precisamos enfatizar e exaltar todas as possibilidades disponíveis para nossas crianças. Quando meu filho fez 2 anos, as pessoas se espantaram porque lhe demos um carrinho de bebê e uma boneca de presente de aniversário. Hoje elas sorriem transigentes quando o veem cuidando do próprio filhinho com gentileza e ternura. Penso que minha filha foi muito influenciada ao observar o meu próprio esforço por ser eu mesma numa época em que isso era ainda mais difícil do que hoje. Eu a vejo como alguém com grande vitalidade e independência e, ao mesmo tempo, muita amorosidade e gentileza, e penso que minhas próprias lutas intensas comigo mesma e com minha vida lhe deram a permissão e o ímpeto para cultivar sua própria força.

Muitos de nós ainda estamos travando essa batalha. Nossas próprias atitudes sexistas frequentemente nos invadem, impedindo nosso avanço rumo à plena autorrealização. Ao trabalhar com crianças e adolescentes, vejo que os efeitos das atitudes sexistas penetraram seus sentimentos e comportamentos, e fico surpresa quando percebo tais atitudes em mim mesma. Vejo, também, seus esforços confusos contra suas próprias necessidades e desejos naturais.

As atitudes dos pais, da mídia e das escolas exercem um papel importante na formação das atitudes sexistas. Mesmo aqueles de nós que queremos mudar essas atitudes muitas vezes ajudamos a perpetuá-las. Recomendo muitíssimo o livro *And Jill came tumbling after – Sexism in American education* [E Jill chegou tropeçando — Sexismo na educação americana]. Esse livro apresenta uma variedade de escritos que explicam, de maneira suscinta, como perpetuamos atitudes sexistas desde a primeira infância, não só nas escolas, como também em casa e no mundo, um mundo que inclui o consultório do terapeuta.

12. Uma nota pessoal

Este livro cresceu e mudou muito durante meu processo de escrita. À medida que o escrevia, eu me vi me abrindo para novas ideias; me vi querendo expandir e explicar alguns dos temas que apresentei, mas senti que, para fazer isso, precisava dos comentários de vocês. Eu queria saber o que os comoveu, o que os aborreceu, o que os intrigou, com o que concordaram, do que discordaram. Muitas vezes, considerei difícil escrever para um público silencioso e invisível. Eu queria entrar em contato com vocês.

Sei que escrevi muito sobre algumas coisas e não o suficiente sobre outras. Se deixei vocês no ar e se perguntando sobre algo, espero que me escrevam e me digam isso. Toda vez que eu dava uma aula, aprendia coisas novas sobre o meu trabalho e sobre mim mesma. Escrever este livro também fez isso por mim, e espero que tais aprendizados continuem, se possível, por meio das reações e dos comentários de vocês.

Comecei escrevendo um livro prático, realista, fácil de ler. Eu não queria acrescentar mais um livro esotérico e acadêmico às estantes das bibliotecas. Embora, ocasionalmente, tenha sentido o desejo de impressionar aqueles (que, como eu) valorizam a academia, o tempo todo lembrei a mim mesma que eu queria escrever um livro sobre o que faço, como o faço e o que penso sobre trabalhar com crianças, e não um livro para impressionar. Eu queria compartilhar minha experiência com aqueles de vocês que precisam de uma mão sobre o que fazer com uma criança. Sei que muitas pessoas que trabalham com crianças estão se esforçando, batalhando, necessitando confirmação para o que fazem. Outras simplesmente precisam de algumas ideias sobre o que poderiam fazer para se comunicar com as crianças. Espero que este livro as ajude.

Agora quero escrever sobre como desenvolvi minhas noções sobre a infância e o trabalho com crianças. Li muitos livros sobre o desenvolvimento infantil e sobre como as crianças são. Mas quando trabalho com crianças, trago algo mais ao meu trabalho e ao meu relacionamento com elas do que todo o conhecimento que adquiri em livros e cursos. Estou muito empenhada em descobrir o que é esse "algo", porque estou convencida de que é importante e vem de um lugar que é tão parte de mim que já nem "penso" a respeito. Quando estou com uma criança, tenha ela 4 ou 14 anos, percebo que consigo me relacionar com essa criança de um lugar que está muito sintonizado com ela e, ao mesmo tempo, não me perder de mim mesma. Não vejo essa criança como uma estranha. Com isso, não quero dizer que presumo saber tudo sobre ela, mas que consigo me comunicar com ela facilmente, e ela reconhece isso.

Eu me lembro muito claramente de como era ser criança. Não são tanto lembranças de incidentes e acontecimentos, mas lembranças de *ser*. Recordo claramente que tinha sentimentos e conhecimentos profundos que nunca contei a ninguém. Eu sabia coisas. Perguntava-me sobre a vida. Filosofava. E ninguém nunca conheceu realmente esse meu lado. Eu pensava na morte e ficava admirada com o fato de a vida existir antes de eu ter nascido. Eu me admirava de meus pais terem vivido tanto e me perguntava se também viveria muito tempo. Eu via meus avós como sábios de outra época e lugar. Como meus pais costumavam me contar histórias de sua infância nos guetos russos, eu sabia que havia lugares distantes e diferentes de Cambridge, Massachusetts, e ficava admirada e maravilhada. Consigo lembrar que quando eu tinha uns 7 anos, enquanto íamos de carro de Cambridge a Lowell, eu observava as casas e me perguntava sobre as famílias que viviam do outro lado das vidraças brilhantes nas cidades e nas granjas. Eu, a socióloga de 7 anos, me perguntava sobre essas pessoas: Como eram? Como viviam? O que faziam?

Lembro-me de que quando eu era criança tinha inquietações e sentimentos que vinham de um lugar tão profundo dentro de mim que sei que nunca poderia ter colocado em palavras, se quisesse. Nunca falei sobre eles nem mesmo com meus pais, que me amavam e se interessavam muito por mim. Lembro, também, que cada momento da experiência de vida era muito grande e importante para mim, e que esse sentimento permanecia comigo enquanto eu tratava de me guiar pelos adultos à minha volta para saber como agir. Eles se preocupavam com dinheiro e comida e segurança, e de alguma maneira eu sentia que era melhor manter para mim mesma aquelas coisas que para mim eram de extrema importância, porque poderiam parecer tontas e insignificantes para eles.

Talvez seja a minha capacidade de evocar essas memórias da infância o que me dá uma certa visão das crianças à qual elas respondem. Estou pensando, agora, na diversão, na alegria, na ingenuidade e nos risos das crianças. É interessante que quando falamos sobre "entrar em contato com a criança em nós", nos referimos principalmente à alegria da infância.

Também estou me lembrando de que, quando criança, eu permitia que meu *self* despreocupado se expressasse (e recebia muita aprovação) e certamente expressava algumas lágrimas de dor e tristeza, e um pouquinho de raiva. Mas logo senti que estas últimas causavam dor nos adultos que eu amava, e rapidamente aprendi a ser cuidadosa quanto a expressá-las. Penso que a maioria das crianças recebe esse tipo de mensagem e, em algum ponto, começa a pelo menos amenizar suas expressões.

Comecei a trabalhar com crianças como monitora em acampamentos quando era adolescente. Em teoria, eu não sabia nada sobre crianças; mas sabia que gostava muito delas, conseguia conversar com elas, conseguia entusiasmá-las e torná-las interessadas nas coisas, podia lhes ensinar canções, natação e como montar uma peça de teatro. Eu gostava de ouvi-las e de estar perto delas. Na época, pensei que poderia gostar de ser assistente social e trabalhar com grupos de crianças. Mesmo então, eu tinha afinidade com aquela criança que não era a típica criança americana bem-sucedida e que parecia ter algumas dificuldades na vida. Eu sabia que essas crianças gostavam de conversar comigo e isso me agradava. Talvez eu sentisse isso porque eu tinha uma imagem, um conceito, da típica criança americana (branca, anglo-saxã, magra, atlética, graciosa, loira, muito calma e comportada). Meus pais eram imigrantes judeus russos (emocionais, afetuosos, intelectuais, falantes, revolucionários). Lembro de, quando criança, às vezes ter sentido grande inveja das famílias americanas, tranquilas, quietas, adaptadas e sem sotaque, das crianças que eu conheci durante a minha infância em Massachusetts. Eu me sentia diferente.

Eu me casei jovem, tive três filhos e me joguei na maternidade com o mesmo tipo de compromisso, convicção e interesse que levei comigo para quase todas as minhas missões na vida. Tornei-me uma especialista em cada fase pela qual meus filhos passaram. Aprendi muito, em especial sobre desenvolvimento na primeira infância (já que eu sempre parecia ter um filho nessa etapa), e inclusive dei aulas numa escola de educação infantil por alguns anos. Eu considerava maravilhosas e interessantes crianças de todas as idades. Voltei a estudar quando o meu filho mais novo tinha quase 3 anos, e me tornei professora principalmente porque era uma boa profissão para uma mãe. Eu realmente amava crianças, e agora que os meus filhos estavam na escola, me interessei por educação.

Fui uma professora "alternativa" antes que o termo fosse inventado, e enfrentei muitas dificuldades no sistema escolar. Minha diretora me disse que eu dava "espaço demais" para a recreação. Ela sabia que eu havia trabalhado com grupos numerosos de crianças nos Centros da Comunidade Judaica em todo o país e instou para que eu retomasse esse tipo de trabalho — onde se divertir era bem-aceito. Enquanto isso, todas as crianças com problemas, de alguma forma, eram matriculadas na minha turma. Depois de três anos de ensino "regular", me ofereceram um emprego no programa de educação especial do distrito como professora de crianças classificadas como portadoras de transtornos emocionais. Os seis anos em que trabalhei com essas crianças (período no qual obtive meu mestrado em Educação Especial) foram quando mais aprendi sobre crianças.

Quando estava estudando para obter meu mestrado em Educação Especial, eu queria que me permitissem fazer um estudo independente, queria ler em profundidade a literatura e os estudos disponíveis sobre o trabalho terapêutico com crianças. Como eu era uma das únicas quatro pessoas em um programa especial financiado pela Secretaria de Educação dos Estados Unidos, finalmente obtive permissão para obter alguns dos meus créditos para o mestrado nesse tipo de estudo que eu sentia que precisava. Eu já havia passado quatro anos trabalhando com crianças com transtornos no sistema de educação pública e acreditava que *sabia* o que necessitava em minha educação e onde estavam minhas deficiências. Eu sabia, por experiência própria, que as crianças não aprendem a ler e escrever e fazer contas quando estão se sentindo péssimas em relação a si mesmas. Já havia descoberto, no meu trabalho com crianças, que quando eu dedicava tempo para fazer terapia com elas e ajudá-las a liberar parte de seus sentimentos bloqueados, elas faziam trabalhos acadêmicos muito melhores. Planejei escrever minha dissertação de mestrado sobre esse assunto. Eu queria saber mais e aprender mais sobre fazer terapia com crianças. Mas descobri que as aulas sobre desenvolvimento infantil avançado, psicologia anormal e orientação e aconselhamento de crianças com deficiência, bem como os seminários sobre educação especial e remediação de dificuldades de aprendizagem etc., *não me ensinavam a fazer terapia com crianças*. Solicitei que me permitissem estudar por conta própria e visitar, com a aprovação da universidade, programas terapêuticos em andamento. Depois de muito esforço, essas solicitações foram finalmente atendidas.

Então eu li muitos livros, revistas e estudos; visitei muitos tipos de programas, aulas, clínicas, escolas e organizações; conversei com muitas pessoas que trabalhavam com crianças para descobrir o que faziam, como o faziam, e o que estava acontecendo com elas. Esses tipos de experiências — entrevistar, observar, ler — me foram creditados como dois anos completos de aula na universidade. Desse modo, eu tive um bom tempo e condições para fazer o que queria, e me reuni regularmente com dois dos meus professores para relatar minhas experiências.

Essa experiência única me ensinou muito, mas não o que eu havia esperado e almejado. Ensinou-me que eu provavelmente sabia tanto quanto qualquer outra pessoa sobre trabalhar com crianças. Percebi que o que era mais valioso na minha formação viera não dos cursos ou livros, mas das crianças com quem eu trabalhara. Descobri que uma abordagem acadêmica frequentemente contradiz a outra, mesmo quando ambas derivam dos ensinamentos do mesmo "especialista" renomado. Descobri que todos estavam tateando, como eu. Muitas pessoas estavam fazendo um bom trabalho, mas não parecia haver uma lógica consistente.

Por um bom tempo, antes da moda de modificação do comportamento e objetivos de comportamento, eu tive completa liberdade para estruturar minhas aulas para crianças "com prejuízo emocional" como eu considerasse apropriado. Fiz muita experimentação com diferentes métodos de trabalho com crianças para ajudá-las a se sentir melhor consigo mesmas e a aprender a lidar com sua vida caótica; ajudá-las a expressar diretamente seus sentimentos, em vez de indiretamente por meio de comportamento beligerante chamativo ou o retraimento absoluto. Durante esse tempo, entrei no programa de formação do Instituto de Gestalt-Terapia de Los Angeles, e a abordagem gestáltica passou a orientar meu trabalho com crianças à medida que eu me tornava cada vez mais adepta da teoria e da prática da Gestalt-terapia. Durante esse período da minha vida, eu mesma também fiz terapia — pois precisei de ajuda para lidar com os 18 meses de doença e a morte subsequente do meu filho de 14 anos, e, logo depois disso, com o fim do meu casamento. Voltei a estudar mais uma vez, obtive um mestrado em

Terapia de Crianças, de Casais e de Famílias, obtive minha licença para exercer a profissão, me tornei membro oficial do Instituto de Gestalt--Terapia e iniciei minha carreira em consultório particular. Na primavera de 1978, obtive um doutorado em psicologia pela International College, e este livro é adaptado da minha tese.

Quando penso na minha relação com crianças ao longo da minha vida — lembrando como é ser criança, trabalhando com crianças em centros de recreação, sendo professora assistente e depois professora titular, trabalhando com crianças com transtornos emocionais (abertamente rotuladas e reconhecidas dessa maneira) e fazendo terapia com crianças em consultório particular, lembro de muitos, muitos incidentes, histórias que poderia contar, que me fazem rir e que me fazem chorar. Penso nos meus sentimentos enquanto convivia com todas as crianças na minha vida, incluindo eu mesma quando pequena.

Percebo, agora, que *aprendi a trabalhar com crianças com as próprias crianças, inclusive com a criança que fui*! Agora isso parece tão óbvio para mim, quase elementar demais para escrever. As crianças são nossos melhores professores. Elas já *sabem* como crescer, como se desenvolver, como aprender, como se expandir e descobrir, como sentir, rir e chorar e sentir raiva, o que é certo para elas e o que não é, o que precisam. Já sabem como amar, ser alegres e viver a vida plenamente, trabalhar, ser fortes e cheias de energia. Tudo que elas (e as crianças dentro de nós) precisam é de espaço para fazer isso.

Referências bibliográficas

100 ways to enhance self-concept in the classroom. CANFIELD, J.; WELLS, H. Engle-wood Cliffs, NJ: Prentice-Hall, 1976.

A frog and toad are friends. LOBEL, A. Nova York: Harper and Row, 1970. [Ed. bras.: *Rã e sapo são amigos.* São Paulo: Companhia das Letrinhas, 2021.]

Actions, styles and symbols in kinetic family drawings. BURNS, R.; KAUFMAN, S. H. Nova York: Brunner/Mazel, 1972.

"An introduction to Gestalt techniques..." ENRIGHT, J. B. In: *Gestalt Therapy Now.* FAGAN, J.; SHEPHERD, I. L. (orgs.) Nova York: Harper and Row, 1971, cap. 8. [Ed. bras: "Uma introdução às técnicas Gestalt." In: *Gestalt-terapia.* 4. ed. Rio de Janeiro: Zahar, 1980.]

American folk songs for children. SEEGER, R. C. Garden City, NY: Doubleday, 1948.

Analyzing children's art. KELLOG, R. Palo Alto, CA: National Press Books, 1969.

And Jill came tumbling after — Sexism in American education. STACEY, J.; BE-REAUD, S.; DANIELS, J. Nova York: Dell, 1974.

Anger and the rocking chair. LEDERMAN, J. Nova York: McGraw Hill, 1969.

Are you listening to your child? KRAFT, A. Nova York: Walker, 1973.

Art — Another language for learning. COHEN, E.; GAINER, R. Nova York: Citation Press, 1976.

Art as therapy with children. KRAMER, E. Nova York: Schocken Books, 1975.

Art for the family. D'AMICO, V.; WILSON, F.; MASER, M. Nova York: The Museum of Modem Art, 1954.

Awareness — Exploring, experimenting, experiencing. STEVENS, J. Moab, Utah: Real People Press, 1971. [Ed. bras.: *Tornar-se presente — Experimentos de crescimento em Gestalt-terapia.* 14. ed. São Paulo: Summus, 1988.]

Be a frog, a bird, or a tree. CARR, R. Garden City, NJ: Doubleday, 1973.

Begin sweet world — Poetry by children. PEARSON, J. Garden City, NY: Doubleday, 1976.

Between parent and child. GINOTT, H. Nova York: Macmillan, 1965.

Between parent and teenager. GINOTT, H. Nova York: Macmillan, 1969.

The boys' and girls' book about divorce. GARDNER, R. A. Nova York: Jason Aronson, J 970.

Cateer awareness — Discussions and activities to promote self-awareness. WILLIAMS, S.; MITCHELL, R. MONTEREY Park, CA: Creative Teaching Press, 1976.

The centering book. HENRICKS, G.; WILLS. R. ENGLEWOOD. Cliffs, NJ: Prentice--HaU, 1975.

Childhood and society. ERIKSON, E. H. Nova York: Norton, 1963.

Children in play therapy. MOUSTAKAS, C. E. Nova York: Jason Aronson, 1973.

Children's Apperception Test (CAT). BELLAK, L.; BELLAK, S. S. Larchmont. NY: C.P.S., Inc., 1949.

Children's drawings as diagnostic aids. DI LEO, J. H. Nova York: Brunner/Mazel, 1973.

The children's rights movement — Overcoming the oppression of young people. GROSS, B.; GROSS, R. (orgs.) Garden City, NY: Anchor, 1977.

The child's world of make-believe. SINGER, J. Nova York: Academic Press, 1973.

Conjoint family therapy. SATIR, V. Palo Alto, CA: Science and Behavior Books, 1967.

"Costume play therapy." MARCUS, I. In: *Therapeutic use of child's play.* SCHAEFER, C. (org.) Nova York: Jason Aronson. 1976.

Creative dramatics in the classroom. MCCASLIN, N. Nova York: David McKay, 1968.

Crisis in the classroom. SILBERMAN, C. Nova York: Random House, 1970.

Dance therapy in the classroom. BALAZS, E. Waldwick, NJ: Hoctor Products for Education, 1977.

"The Despert Fable Test." DESPERT, J. L. In: *Emotional disorders of children — A case book of child psychiatry.* PEARSON, G. Nova York: Norton, 1949.

Dramakinetics in the classroom. COMPLO, Sister J. M. Boston, MA: Plays Inc., 1974.

Dr. Gardner's fairy tales for today's children. GARDNER, R. A. Englewood Cliffs, NJ: Prentice-Hall, 1974. [Ed. bras.: *Contos de fadas para as crianças de hoje.* São Paulo: Gaivota, 1975.]

Dr. Gardner's modern fairy tales. GARDNER, R. A. Filadélfia, PA: George F. Stickley, 1977.

Dr. Gardner's stories about the real world. GARDNER, R. A. Englewood Cliffs, NJ: Prentice-Hall, 1972. [Ed. bras.: *Estórias sobre o mundo real.* São Paulo: Gaivota, 1975.]

"The emperor's new clothes" In: ANDERSEN, H. C. *Anderson's fairy tales.* Nova York: Grossett and Dunlap, 1945.

Escape from childhood — The needs and rights of children. HOLT, J. Nova York: Ballantine, 1975.

"Experiential family therapy." KEMPLER, W. *International Journal of Group Psychotherapy*, v. 15, n. 1, jan. 1965.

The family of man. STEICHEN, E. NOVA York: The Museum of Modem Art, 1955.

Famous folk tales to read aloud. WATTS, M. Nova York: Wonder Books. 1961.

Fantasy and feeling in education. JONES, R. M. Nova York: Harper and Row, 1968.

Fantasy encounter games. OTTO, H. A. Nova York: Harper and Row, 1974.

Feelings — Inside you and outloud too. POLLAND, B. K.; DeRoy, C. Millbrae. CA: Celestial Arts, 1975.

Fish is fish. LIONNI, L. Nova York: Pantheon Books, 1970.

"Four Lectures." PERLS, F. In: *Gestalt Therapy Now.* FAGAN, J.; Shepherd, I. L. (orgs.) Nova York: Harper and Row, 1971. cap. 2. [Ed. bras: "Quatro palestras." In: *Gestalt-terapia.* 4. ed. Rio de Janeiro: Zahar, 1980.]

Freedom to learn. ROGERS, C. Columbus, OH: Charles E. Merrill, 1969.

Free to be... you and me. THOMAS, M. Nova York: McGrawHill, 1974.

The Gestalt art experience. RHYNE, J. Monterey, CA: Brooks/Cole, 1973.

Gestalt therapy integrated. POLSTER, E.; POLSTER, M. Nova York: Brunner/Mazel, 1973.[Ed. bras.: *Gestalt-terapia integrada.* Summus: 2001.]

Go away, dog. NODSET, J. L. Nova York: Harper and Row, 1963.

Go see the movie in your head. SHORR, J. E. Nova York: Popular Library, 1977.

Grownups cry too. HAZEN, N. Chapel Hill, NC: Lollipop Power, Inc., 1973.

The Hand Test. WAGNER, E. E. Los Angeles, CA: Western Psychological Services, 1969.

Have you seen a comet? — Children's art and writing from around the world. Comitê dos Estados Unidos para o Unicef. Nova York: The John Day Co., 1971.

"The House-Tree-Person Test.". BUCK, J. *Journal of Clinical Psychology*, v. 4, p. 151-9, 1948.

How children fail. HOLT, J. Nova York: Pitman, 1964.

How children learn. HOLT, J. Nova York: Pitman, 1967.

How it feels to be a child. KLEIN, C. Nova York: Harper and Row, 1977.

How to meditate. LeSHAN, L. Nova York: Bantam, 1975.

How to live with your special child. VON HILSHEIMER, G. Washington, DC: Acropolis Books, 1970.

Human figure drawings in adolescence. SCHILDKROUT, M. S.; SHENKER, I. R.; SONNENBLICK, M. Nova York: Brunner/Mazel, 1971.

Human teaching for human learning — An introduction to confluent education. BROWN, G. Nova York: Viking Press, 1971.

Improvisation for the Theatre. SPOLIN, V. Evanston, IL: Northwestern University Press, 1963.

I never saw another butterfly — Children's drawings and poems from Terezin concentration camp, 1942-1944. VOLAVKOVA, H. Nova York: McGraw-Hill, 1964.

I see a child. HERBERT, C. Garden City, NY: Anchor, 1974.

I'll build my friend a mountain. KATZ, B. Nova York: Scholastic Book Services, 1971.

If I ran the zoo. GEISEL, T. (DR. SEUSS). Nova York: Random House, 1950.

Is this you? KRAUSS, R.; JOHNSON, C. Nova York: William R. Scott, 1955.

Just Imagine. (Mini-Poster-Cards Book.) Trend Enterprises, 1972.

Le centre du silence — Work Book. AVITAL, S. Boulder, CO: Aleph-Beith, 1975.

Learning time with language experiences for young children. SCOTT, L. B. St. Louis: McGraw-Hill, 1968.

Learning to feel — Feeling to learn. LYON, H. Columbus, OH: Charles E. Merrill, 1971.

Left-handed teaching — Lessons in affective education. CASTILLO, G. Nova York: Praeger, 1974.

Leo the late bloomer. KRAUS, R. Nova York: Young Readers Press, 1971.

Let's do yoga. RICHARDS, R.; ABRAMS, J. Nova York: Holt, Rhinehart and Winston, 1975.

Linda Goodman's sun signs. GOODMAN, L. Nova York: Bantam Books, 1971.

The live classroom. BROWN. G.; YEOMANS, T.; GRIZZARD, G. (orgs.) Nova York: Viking, 1975.

The lives of children. DENNISON, G. Nova York: Vintage, 1966.

Loneliness. MOUSTAKAS, C. E. Englewood Cliffs, NJ: Prentice-Han, 1961.

Lonely in America. GORDON, S. Nova York: Simon and Schuster, 1976.

The Lüscher Color Test. LÜSCHER, M. Nova York: Pocket Books, 1971.

The magic hat. CHAPMAN, K. W. Chapel Hill, NC: Lompop Power, Inc., 1973.

Make-A-Picture Story (MAPS) Test. SCHNEIDMAN, E. S. Nova York: The Psychological Corporation, 1949.

Making it strange. SYNECTICS, Inc. (orgs.) Nova York: Harper and Row, 1968. Série de 4 livros.

Male and female Under 18. LARRICK, N.; MERRIAM, E. (orgs.) Nova York: Avon, 1973.

Man and his symbols. JUNG, C. G. Nova York: Deli, 1968. [Ed. bras.: *O homem e seus símbolos.* 2. ed. Rio de Janeiro: HarperCollins, 2016.]

Math, writing, and games in the open classroom. KOHL, H. Nova York: Vintage, 1974.

The me nobody knows — Children's voices from the ghetto. JOSEPH, S. (org.) Nova York: Avon, 1969.

Me the flunkie — Yearbook of a school for failures. SUMMERS, A. (org.) Nova York: Fawcett, 1970.

Meditating with children. ROZMAN, D. Boulder Creek, CA: University of the Trees Press, 1975.

Memories, dreams, reflections. JUNG, C. G. Nova York: Vintage Books, 1961.

Miracles. LEWIS, R. (comp.) Nova York: Bantam Books, 1977.

"Moods and emotions." TESTER, S. Elgin, IL: David C. Cook, 1970. (Pacote de imagens educativas e caderno de atividades.)

Mooney Problem Checklist. MOONEY, R. L. Nova York: The Psychological Corp., 1960.

Movement games for children of all ages. NELSON, E. Nova York: Sterling, 1975.

"Music therapy." DREIKURS, R. In: *Conflict in the classroom — The education of emotionally disturbed children.* LONG, N. J., MORSE, W. C.; NEWMAN, R. G. (orgs.) Belmont, CA: Wadsworth, 1965.

My body feels good. SINGER, S.; OLDERMAN, S.; MACEIRAS, R. Nova York: The Feminist Press, 1974.

My sister looks like a pear — Awakening the poetry in young people. ANDERSON, D. Nova York: Hart Publishing Co., 1974.

The new games book. FLUEGELMAN, A. (org.) Garden City, NY: Doubleday, 1976.

Nobody listens to Andrew. GUILFOILE, E. Nova York: Follet, 1957.

The non-coloring book. CAZET, C. São Francisco, CA: Chandler and Sharp, 1973.

Not this bear! MYERS, B. Nova York: Scholastic Book Services, 1967.

One little boy. BARUCH, D. Nova York: Deli, 1952.

"The paradoxical theory of Change." BEISSER, A. R. *Gestalt Therapy Now.* FAGAN, J.; SHEPHERD, I. L. (orgs.) Nova York: Harper and Row, 1971. cap. 6. [Ed. bras: "A teoria paradoxal da mudança." In: *Gestalt-terapia.* 4. ed. Rio de Janeiro: Zahar, 1980.]

Personality projection in the drawing of the human figure — A method of personality investigation. MACHOVER, K. Springfield, IL: Charles C. Thomas, 1949.

P.E.T. — Parent Effectiveness Training. GORDON, T. Nova York: New American Library, 1975.

Play, dreams and imitation in childhood. PIAGET, J. Nova York: Norton, 1962.

Play in childhood. LOWENFELD, M. Nova York: John Wiley, 1967.

Play therapy. AXLINE, V. M. Nova York: Ballantine, 1947.

Principles of Gestalt family therapy. KEMPLER, W. Costa Mesa, CA: The Kempler Institute, 1973.

The psychology of play. MILLAR, S. Nova York: Jason Aronson, 1974.

The psychology of the child. PIAGET, J.; INHELDER, B. Nova York: Basic Books, 1969.

Psychosynthesis. ASSAGIOLI, R. Nova York: Viking, 1965. [Ed. bras.: *Psicossíntese — As bases da psicologia moderna e transpessoal.* São Paulo: Cultrix, 2013.]

Psychotherapeutic approaches to the resistant child. GARDNER, R. A. Nova York: Jason Aronson, 1975.

Psychotherapy with children. MOUSTAKAS, C. E. Nova York: Ballantine, 1959.

Psychotherapy with children of divorce. GARDNER, R. A. Nova York: Jason Aronson, 1976.

Put your mother on the ceiling. DE MILLE, R. Nova York: Walker and Co., 1967.

Rainbow activities. Seattle Public School District n. 1. South El Monte, CA: Creative Teaching Press, 1977.

Rose, where did you get that red? — Teaching great poetry to children. KOCH, K. Nova York: Vintage, 1974.

The second centering book. HENDRICKS, G.; ROBERTS, T. Englewood Cliffs, NJ: Prentice-Hall, 1977.

Some things are scary. HEIDE, F. P. Nova York: Scholastic Book Services, 1969.

Some things you just can't do by yourself. SCHIFF, N.; SCHIFF, B. S. Stanford, CA: New Seed Press, 1973.

Somebody turned on a tap in these kids — Poetry and young people today. LARRICK, N. (org.). Delta, 1971.

The sensible book — A celebration of your five senses. POLLAND, B, K.; HAMMID, H. Millbrae, CA: Celestial Arts, 1974.

"The sorcerer's apprentice, or the use of magic in child psychotherapy." MOSKOWITZ, J. A. *International Journal of Child Psychotherapy*, v. 2, n., 2, p. 138-62, abr. 1973.

Spectacles. RASKIN, E. Nova York: Atheneum, 1968.

The story of Ferdinand. LEAF, M. Nova York: Viking, 1936. [Ed. bras: *O touro Ferdinando*. Rio de Janeiro: Intrínseca, 2017.]

"Subpersonalities." VARGIU, J. G. In: *Synthesis*, v. 1, n. 1, 1974. p. WB 9-47.

Sybil. SCHREIBER, F. R. Chicago: Henry Regnery, 1973.

Sylvester and the magic pebble. STEIG, W. Nova York: Dutton, 1969. [Ed. bras.: *Silvestre e a pedrinha mágica*. São Paulo: Companhia das Letrinhas, 2017.]

The Talking, Feeling, and Doing Game — A psychotherapeutic game for children. Creative Therapeutics (155 Country Road, Cresskill, NJ 07626), 1973.

Talking time. SCOTT, L. B.; THOMPSON, J. J. St. Louis, MO: Webster, 1951.

Taylor-Johnson Temperament Analysis. TAYLOR, R. M. Los Angeles, CA: Psychological Publications, Inc., 1967.

Teaching human beings — 101 subversive activities for the classroom. SCHRANK, J. Boston, MA: Beacon Press, 1972.

The temper tantrum book. PRESTON, E. M. Nova York: Viking, 1969.

Theater in my head. CHEIFETZ, D. Boston, MA: Little, Brown, 1971.

Thematic Apperception Test (TAT). MURRAY, H. A. Cambridge, MA: Harvard University Press, 1943. [Ed. bras.: *Teste de Apercepção Temática*. São Paulo: Casa do Psicólogo, 2005.]

Therapeutic communication with children — The mutual storytelling technique. GARDNER, R. A. Nova York: Science House, 1971.

Therapeutic consultation in child psychiatry. WINNICOTT, D. W. Nova York: Basic Books, 1971. [Ed. bras.: *Consultas terapêuticas em psiquiatria infantil*. Rio de Janeiro: Imago, 1984].

Therapeutic use of child's play. SCHAEFER, C. (org.) Nova York: Jason Aronson, 1976.

"Therapy in groups: Psychoanalytic, experiential, and Gestalt." COHN, R. C. In: *Gestalt Therapy Now*. FAGAN, J.; SHEPHERD, I. L. (orgs.) Nova York: Harper and Row, 1971. cap. 10. [Ed. bras: *Gestalt-terapia*. 4. ed. Rio de Janeiro: Zahar, 1980.]

There's a nightmare in my closet. MAYER, M. Nova York: Dial, 1968. [Ed. bras.: *Pesadelo no meu armário*. São Paulo: Kalandraka, 2006.]

Toward humanistic education — A curriculum of affect. WEINSTEIN, G.; FANTINI, M. D. (orgs.) Nova York: Praeger, 1970.

Transpersonal education. HENDRICKS, G.; FADIMAN, J. (orgs.) Englewood Cliffs, NJ: Prentice-Hall, 1976.

Treasure book of fairy tales. McGOVERN, A. Nova York: Crest, 1969.

The ultimate athlete. LEONARD, G. Nova York: Viking, 1974.

The un-coloring book — Doodles to finish. Book II. SCHUMANN, K. Los Angeles, CA: Media for Education, 1976.

The ungame. Garden Grove, CA: Au-Vid, Inc., 1972.

"The use of puppetry in therapy." WOLTMANN, A. G. In: *Conflict in the classroom — The education of emotionally disturbed children.* LONG, N. J.; MORSE, W. C.; NEWMAN, R. G. (orgs.) Belmont, CA: Wadsworth, 1967.

The uses of enchantment — The meaning and importance of fairy tales. BETTELHEIM, B. Nova York: Knopf, 1976. [Ed. bras.: *A psicanálise dos contos de fadas.* Trad. Arlene Caetano. 41. ed. São Paulo: Paz e Terra, 2021.]

What is a boy? What is a girl? WAXMAN, S. Culver City, CA: Peace Press, 1976.

What is your favorite thing to hear? GIBSON, M. T. Nova York: Grosset and Dunlap, 1966.

What is your favorite thing to touch? GIBSON, M. T. Nova York: Grosset and Dunlap. 1966.

Where the sidewalk ends. SILVERSTEIN, S. Nova York: Harper and Row, 1974.

Where the wild things are. SENDAK, M. Nova York: Harper and Row, 1963. [Ed. bras.: *Onde vivem os monstros.* 2. ed. São Paulo: Cosac & Naify, 2014.]

The whole word catalogue 1. BROWN, R.; HOFFMAN, M.; KUSHNER, K.; LOPATE, P.; MURPHY, S. (orgs.) Nova York: Virgil Books, 1972.

The whole word catalogue 2. ZAVATSKY, B.; PADGETT, R. (orgs.) Nova York: McGraw-Hill, 1977.

Wishes, lies and dreams — Teaching children to write poetry. KOCH, K. Nova York: Vintage Books, 1970.

Yoga for children. DISKIN, E. Nova York: Warner Books, 1976.

Your child's sensory world. LIEPMANN, L. Baltimore, MD: Penguin, 1974.

The Zen of seeing — Seeing/drawing as meditation. FRANCK, F., Nova York: Vintage Books, 1973.

Testes psicológicos

Ações, estilos e símbolos em desenhos cinéticos da família: ver *Actions, styles and symbols in kinetic family drawings*, op. cit.

Análise de temperamento de Taylor Johnson: ver *Taylor-Johnson Temperament Analysis*, op. cit.

Cartões de Rorschach [N.E.: ver *Psychodiagnostik*. RORSCHACH, H. Nova York: Grune & Stratton, 1949.]

Casa-Árvore-Pessoa: ver "The House-Tree-Person Test", op. cit.

Crie uma história visual: ver *Make-A-Picture Story (MAPS) Test*, op. cit.

Desenho da figura humana: ver *Personality projection in the drawing of the human figure*, op. cit.

Lista Mooney de verificação de problemas: ver *Mooney Problem Checklist*, op. cit.

Teste das cores de Lüscher: ver *The Lüscher Color Test*, op. cit.

Testes de frases incompletas [N.E.: ver "The Sentence Completion Test." SACKS, J. M.; LEVY, S. In: *Projective psychology – Clinical approaches to the total personality*. ABT, L. E.; BELLAK, L. Nova York: Knopf, 1950. p. 357--402.]

Teste da mão: ver *The Hand Test*, op. cit.

Teste das fábulas de Despert: ver "The Despert Fable Test", op. cit.

www.gruposummus.com.br